MÉMOIRES
DU
DUC DE LUYNES

TYPOGRAPHIE DE H. FIRMIN DIDOT. — MESNIL (EURE).

MÉMOIRES

DU

DUC DE LUYNES

SUR LA COUR DE LOUIS XV

(1735 — 1758)

PUBLIÉS

SOUS LE PATRONAGE DE M. LE DUC DE LUYNES

PAR

MM. L. DUSSIEUX ET E. SOULIÉ

TOME NEUVIÈME

1748 — 1749

PARIS

FIRMIN DIDOT FRÈRES, FILS ET Cie, LIBRAIRES

IMPRIMEURS DE L'INSTITUT, RUE JACOB, N° 56

1862

Tous droits réservés

MÉMOIRES
DU
DUC DE LUYNES.

ANNÉE 1748.

AVRIL.

Spectacles des cabinets, acteurs et décorations.— Cadeaux faits aux musiciens et à M. de Moncrif. — Nouveau contrôleur des bâtiments de Compiègne. — Grâce accordée au duc de Randan et mariage de sa fille avec le duc de La Trémoille.— Réception de M. de Paulmy et de Gresset à l'Académie. — Mort de Moustier, cuisinier. — Mouvements de l'armée dans les Pays-Bas. — Adoration de la croix. — La Reine fait ses pâques. — Présentation des princes de Wurtemberg. — Le Dauphin et la Dauphine font leurs pâques. — Investissement de Maëstricht. — Patente donnée au comte de Clermont. — Cène du Roi et de la Reine. — Affaire de Savone. — Musicien nouveau à la chapelle. — Concerts spirituels chez Mme de Pompadour. — Manufacture de porcelaine de Vincennes. — Ouverture de la tranchée devant Maëstricht. — Mort de M. de Savines et de M. de Caumartin. — Gouvernement et capitainerie de Choisy donnés. — Présentation. — Concert spirituel chez Mme de Pompadour. — On arrache une dent à Mme Victoire. — Présentation. — Nouvelles de Maëstricht. — Présentation du duc de Modène. — Nouvelles de Maëstricht. — Chasse du vol. — Mort du marquis de Saint-Pierre. — Signature de contrat de mariage. — Présentation. — Le cardinal de la Rochefoucauld revient de Rome. — Visites de l'ambassadeur de Venise. — Usages des ambassadeurs de la République. — Présentation et audience de congé. — Canonicats et grande prévôté du chapitre de Strasbourg. — Mort du grand fauconnier. — Nouvelles du siége de Maëstricht. — Le duc de Saint-Aignan gagne un procès contre les trésoriers de France. — Mort de la petite Madame, fille du Dauphin. — Signature de contrat de maraige. — Mort de Barjac. — Préparatifs du départ du Roi. — Intendant nommé conseiller d'État. — Signature de contrat de mariage. — La petite Madame emportée aux Tuileries. — Défense de porter des haltes à la tranchée devant Maëstricht. — Autopsie et convoi de la petite Madame.

Du lundi 1ᵉʳ avril, Versailles. — Avant-hier on exécuta les trois actes d'opéra dont j'ai parlé dans l'article précédent, avec deux petits morceaux détachés, dont l'un étoit un compliment au Roi. Ce fut M. de la Salle qui le chanta. On ne peut rien ajouter à la perfection du jeu, du goût et de la voix de Mᵐᵉ de Pompadour. Mᵐᵉ Marchais a une petite voix, mais jolie. Mᵐᵉ Trusson en a une plus grande et plus agréable. Les décorations sont charmantes; le vaisseau de Cléopâtre est beaucoup mieux qu'à l'Opéra; et dans l'acte de *la Vue*, l'arc-en-ciel d'Iris est parfaitement bien représenté.

Samedi fut la dernière représentation de ces petits spectacles. Aussi dit-on en badinant que c'est pour la capitation, comme c'est réellement l'usage à l'Opéra. Il n'y aura plus de ces sortes de divertissements qu'au mois de décembre prochain.

Hier, Mᵐᵉ de Pompadour distribua les présents que le Roi a faits à tous ceux qui composent l'orchestre. M. de Dampierre, M. Ferrand et M. Duport ont eu chacun une tabatière avec le portrait du Roi; les autres, qui ne sont point musiciens de profession, ont eu une montre ou tabatière; M. de Moncrif, comme auteur, a eu une montre à répétition. Les musiciens du Roi qui sont à l'orchestre et sur le théâtre sont payés en argent, 25 ou 30 louis chacun.

Jeudi sera la dernière comédie qui sera représentée ici jusqu'à la Toussaint, et samedi le concert, jusqu'au lundi d'après la Quasimodo.

Le conseil des parties, qui s'assemble ici et auquel préside M. le chancelier, s'est assemblé aujourd'hui et s'assemblera encore le lundi saint; il aura ensuite vacance jusqu'après la Quasimodo; c'est l'usage.

Le sieur Mignotel, qui étoit inspecteur des bâtiments de Compiègne, a été nommé contrôleur desdits bâtiments à la place du sieur Billaudel.

Du mercredi 3, Versailles. — La nouvelle d'ici aujourd'hui est la grâce qui vient d'être accordée à M. le duc de Randan. M. de Randan, n'ayant qu'une fille unique et peu d'espérance d'avoir d'autres enfants, avoit désiré marier sa fille, qui a treize ans, avec son neveu, fils du comte de Lorges, lequel a neuf ou dix ans ; mais Mme de Randan ne l'a pas voulu, et d'ailleurs la disproportion d'âge étoit un obstacle. M. de Randan s'est déterminé à marier sa fille à M. le duc de la Trémoille, et pour dédommager M. son frère qui espéroit le mariage, il a obtenu du Roi pour son neveu la survivance de sa charge de lieutenant général du comté de Bourgogne, avec à peu près le même brevet de retenue qu'il a, qui est de 180,000 livres et qui est seulement diminué de 20,000 livres. Outre cela, pour prévenir tout sujet de difficulté et de procès entre le cousin et la cousine germaine, Mme de Randan assure au fils de M. le comte de Lorges une terre qu'elle a dans le comté de Bourgogne, et qui vaut 10 à 11,000 livres de rente. Le duché de Randan ou Lorges doit vraisemblablement être recueilli par le fils du comte de Lorges ; mais Mlle de Randan n'a pas moins de droits de succession à exercer sur cette terre ; ces droits peuvent aller à 10 ou 12,000 livres. Le don que fait Mme de Randan mettra le fils du comte de Lorges en état d'échanger la terre qu'il aura contre les droits de sa cousine germaine. L'agrément du Roi pour le mariage a été demandé en même temps, et l'on fera signer ce contrat incessamment. M. de la Trémoille, qui a douze ans, jouit de 150,000 livres de rente au moins ; et M. de Randan donne à sa fille, en la mariant, 18,000 livres de rente, 12,000 livres de plus à la mort de Mme de Poitiers, sa grand'mère, et 20,000 livres de rente encore de plus après Mme de Randan, sa mère ; ainsi à tout événement d'enfants qu'auroit Mme de Randan, sa fille aura toujours 50,000 livres de rente ; et il est vraisemblable qu'elle aura 140,000 livres de rente. Voilà une fort bonne affaire de part et d'autre.

Du samedi 6, Versailles. — Avant-hier, M. de Paulmy et M. Gresset furent reçus à l'Académie françoise. Ce fut M. de Boze qui leur répondit. Il paroît que l'on a été assez content du discours de M. Paulmy, et beaucoup plus de celui de M. Gresset.

Moustier mourut ici avant-hier, d'une fièvre maligne. C'étoit un homme fameux dans son état; il avoit environ quarante-deux ans. Il avoit été cuisinier de M. de Nevers. Le Roi l'avoit pris pour travailler dans les petits cabinets, et lui avoit ensuite donné une charge à la bouche. Il travailloit à Choisy, et depuis quelque temps il y étoit chargé de toute la dépense et y servoit quelquefois sur la table du Roi.

Nos troupes font actuellement des mouvements importants dans les Pays-Bas. M. de Lowendal avec un corps considérable a passé la Meuse, s'est avancé jusqu'à Marche en Famine, sans trouver d'autres troupes ennemies que quelques hussards. M. Fischer, un de nos fameux partisans, a enlevé plusieurs bagages aux ennemis. Pendant ce temps, M. le maréchal de Saxe a fait conduire un convoi considérable à Berg-op-Zoom pour que cette place soit abondamment pourvue de tout pour trois mois. Il avoit d'abord commandé une escorte de 20,000 hommes; mais ayant appris quelques mouvements des ennemis, il a commandé 10,000 hommes de plus; il y a marché lui-même. On eut nouvelle hier que le convoi étoit entré dans Berg-op-Zoom sans que les ennemis aient osé l'attaquer.

Du mardi 9, Versailles. — On attend à tout moment des nouvelles de l'investissement de Maëstricht, qui doit avoir été formé hier ou aujourd'hui.

Dimanche dernier, jour des Rameaux, le Roi et la Reine descendirent en bas pour l'office, suivant l'usage. Il y a ce jour-là une adoration de la croix qui est dans le péristyle, vis-à-vis la chapelle. On dresse un autel dans la partie la plus près de la voûte; il n'y a que le

Roi et la Reine et la famille royale qui adorent la croix ce jour-là. Il n'y eut point d'évêque qui officiât dimanche dernier; ce fut Mme de Chastellux, la belle petite-fille de M. le chancelier, qui quêta.

Dimanche, M. le duc de Randan et M. le prince de Talmond vinrent demander l'agrément du Roi pour le mariage de Mlle de Randan avec M. le duc de la Trémoille. Ce mariage ne peut se faire de trois ans, M. de la Trémoille n'en ayant actuellement que onze.

La Reine fit ses pâques hier à la paroisse. Ce furent Mme de Luynes et Mme de Fitz-James qui tinrent la nappe de communion. Mme d'Antin la tint l'année passée, quoique Mme de Fitz-James y fût. J'ai marqué que c'étoit une faute que l'on a reconnue et qui a été réparée cette année.

Le Roi a permis à M. le prince de Turenne d'aller faire cette année la charge de colonel général de la cavalerie; il commandera la cavalerie de l'armée du Roi en Flandre. M. le duc de Bouillon, son père, lui donne un équipage considérable et se charge de payer tous les frais.

Les deux petits princes de Wurtemberg sont venus ici aujourd'hui, et ont été présentés au Roi par M. de Verneuil. Il y a déjà quelques mois qu'ils sont en France; ils viennent de passer l'hiver à Angers, où ils ont monté à cheval.

Il y a environ quinze jours que le Roi a donné ordre pour le départ de sa bouche pour la Flandre, le 29 de ce mois; cet ordre a été donné de bonne heure pour éviter l'augmentation de dépense de l'année passée causée par la trop grande précipitation.

Du jeudi saint 11, Versailles. — M. le Dauphin et Mme la Dauphine allèrent mardi dernier à la paroisse faire leurs pâques; ce furent M. de Fleury et M. le comte de Noailles qui tinrent la nappe de communion à celle de M. le Dauphin; et à celle de Mme la Dauphine ce furent Mmes de Rohan (Châtillon) et de Lauraguais. Mme la duchesse de Brancas étoit allée à Paris.

Hier, il arriva un courrier de M. de Lowendal; il paroît que l'investissement de Maëstricht est presque entièrement fait. Les ennemis ont été surpris par la promptitude de nos mouvements; ils ont fui partout devant nous. Le corps que M. de Lowendal commande a passé sur une partie des terres dépendantes du Luxembourg. M. de Saint-Germain, qui étoit à la tête d'une division, a trouvé un bataillon et un escadron des ennemis qui étoient en quartier dans un village dépendant de Luxembourg; comme ces troupes ne s'attendoient point à l'arrivée des François, elles n'avoient d'autre parti à prendre que de se rendre prisonniers de guerre. Mais, en vertu de la neutralité du pays de Luxembourg, M. de Saint-Germain les a renvoyés avec une escorte dans la ville de Luxembourg. Cette neutralité est une convention verbale faite il y a plusieurs années entre M. le maréchal de Belle-Isle, commandant à Metz, et le général Neufbert [sic], commandant à Luxembourg, et a toujours été observée avec la plus grande régularité de part et d'autre, et elle a été très-utile aux deux partis. Ce passage dans le pays neutre s'est fait avec tout l'ordre possible, et toutes les mesures ont été prises si justes que nos troupes n'ont point été à charge au pays de Luxembourg. M. de Lowendal fait l'investissement de Maëstricht par la rive droite de la Meuse, et M. le maréchal de Saxe par la rive gauche.

Il y a environ quinze jours ou trois semaines que M. le comte de Clermont a eu une patente à peu près pareille à celle de M. le prince de Conty, c'est-à-dire pour commander M. le maréchal de Lowendal et M. le maréchal de Tonnerre, qui sont les deux seuls maréchaux de l'armée de Flandre; car M. le maréchal de Saxe est nommément excepté dans la patente. On avoit cru que cet arrangement pourroit former quelque embarras pour le départ de M. le comte de Clermont; mais cette opinion est sans fondement, et M. le comte de Clermont doit partir incessamment.

La cène du Roi s'est passée aujourd'hui comme les années précédentes; c'est-à-dire les plats ont été portés par M. le Dauphin, par M. le duc de Chartres, M. le prince de Condé, M. le comte de Clermont, M. le prince de Conty, MM. de Dombes, d'Eu et de Penthièvre, et ensuite des gens de condition. L'usage ancien et le droit des pairs qui avoit été rétabli l'année dernière n'a pas eu lieu cette année.

Mme la duchesse de Brancas (Moras) a perdu ces jours-ci son frère qui étoit religieux. Le Roi et la Reine ont envoyé lui faire des compliments.

L'évêque qui a officié à la cène du Roi et à celle de la Reine est M. de Saint-Brieuc (du Breignon). Le prédicateur de la cène du Roi (1), n'ayant pas paru, on a averti celui qui étoit préparé pour la cène de la Reine. C'est un abbé qui s'appelle Boismont, chanoine de la cathédrale de Rouen; il ne comptoit que sur le sermon de la Reine et il n'étoit point habillé quand on vint l'avertir de la part de M. le cardinal de Soubise, et comme il n'avoit de compliment préparé que pour la Reine, il n'en fit point au Roi. L'après-dînée, il prêcha le même sermon devant la Reine. Je ne l'ai point entendu, mais il me paroît que tout le monde en est fort content.

La cène de la Reine s'est passée suivant l'usage ordinaire. Madame, Mme Adélaïde, Mme Victoire et Mme la duchesse de Chartres portoient des plats; il n'y avoit point d'autres princesses. Les dames titrées qui en portoient ensuite étoient Mmes de Brancas douairière, de Rohan (Châtillon), de Beauvilliers (Creil), de Boufflers (Villeroy), de Fitz-James (Matignon), d'Antin (Luxembourg),

---

(1) C'étoit un cordelier. (*Note du duc de Luynes.*)

d'Agénois (Plélo) et de Fleury (d'Auxy). Les dames non titrées étoient Mmes de Flavacourt (Mailly), de Rupelmonde (Gramont), de Talleyrand (Cany) et de Bellefonds.

Du vendredi saint 12, Versailles. — Il arriva hier un courrier d'Italie avec la nouvelle que M. de Richelieu avoit eu connoissance que les ennemis, voulant faire une entreprise sur l'île de Corse, avoient pour cet effet assemblé un assez grand nombre de munitions et provisions dans le faubourg de Savone, que l'on pouvoit leur enlever. En conséquence il avoit détaché M. d'Agénois avec un corps de 3,000 hommes, soutenu d'autres détachements par échelons. De Gênes à Savone, il y a dix lieues par terre, et il n'y en a que huit par mer. M. d'Agénois s'embarqua sur de petits bâtiments génois, comptant arriver à Savone avant le jour. Les patrons des barques ne s'étant point trouvés à l'heure qu'il auroit fallu partir, on n'a pu arriver qu'à une heure de jour. L'entreprise étant découverte ne pouvoit réussir entièrement; cependant M. d'Agénois ne jugeant pas à propos de se retirer sans rien tenter, il attaqua un poste des ennemis, les culbuta; leur fit 197 prisonniers et 8 ou 9 officiers, et après avoir perdu seulement 25 ou 30 hommes tués ou blessés; il se retira à Gênes par terre. On espère que cette petite aventure aura au moins retardé les projets sur la Corse. C'est de M. le maréchal de Belle-Isle que je sais ce détail; cette action s'est passée le 26 mars.

Avant-hier, hier et aujourd'hui, le Roi n'a point été à la chasse; il n'y va que demain. Il y a eu les ténèbres à l'ordinaire sans aucun psaume en musique. Il y a un musicien nouveau à la chapelle, qui a chanté une leçon chacun de ces jours-ci; c'est un abbé qui est sous-diacre; il vient de Tours; c'est une basse-contre d'une force étonnante.

Hier et aujourd'hui, il y a eu chez Mme de Pompadour une espèce de concert spirituel dans son grand cabinet. Le Roi n'y vint point hier; aujourd'hui il est venu vers la fin. Hier, on exécuta le *Miserere* à grand chœur de M. de Lalande; ensuite Géliotte chanta un petit motet qu'il a composé. On chanta ensuite un motet de Mondonville, qui est parfaitement beau ; c'est *Jubilate Deo omnis terra*. Aujourd'hui on a exécuté deux motets de Mondonville ; l'un est *Venite excellemus*, et l'autre *Dominus regnavit*. C'est la plus belle musique qu'on puisse entendre. Entre les deux motets le petit Chrétien a joué une sonate de violoncelle de sa composition qu'il a très-bien exécutée. Ensuite Mondonville et Guillemain ont joué ensemble plusieurs petits airs doublés, triplés et brodés avec tout l'art possible ; ces duos, qui sont d'une exécution très-difficile, sont de la composition de Guillemain.

Dans les grands motets, les chœurs sont chantés par les mêmes musiciens qui formoient les chœurs sur le théâtre des petits cabinets. Les récits ont été chantés par Mme de Pompadour, par Mme de l'Hôpital (Boulogne), qui a une très-belle voix, Mme Trusson, Mme Marchais, M. d'Ayen le fils, M. de Clermont-Tonnerre, M. de la Salle, qui joua aussi du violon, M. le vicomte de Rohan. Géliotte y a aussi chanté aujourd'hui.

Du samedi saint 13, Versailles. — M. de Fulvy, qui est toujours chargé de la manufacture de porcelaine de Vincennes, a fait apporter aujourd'hui à la Reine un vase de porcelaine dont la compagnie de cette manufacture fait présent à S. M. Ce vase est de porcelaine blanche travaillée. Ce vase est accompagné de trois petites figures blanches; le tout monté sur un pied de bronze doré. Dans le vase, il y a un bouquet de fleurs naturelles, aussi de porcelaine. M. de Fulvy nous a dit qu'il y avoit quatre cent quatre vingts fleurs dans ce bouquet. Le pied, le vase et le bouquet peuvent avoir environ trois pieds de haut. La monture seule en bronze doré coûte 100 louis; la porcelaine coûte à peu près autant; c'est un ouvrage parfait dans son genre, tant pour le blanc que pour l'exécution des petites figures et des fleurs. Cette manufacture surpasse actuellement celle de Saxe pour les fleurs.

Du jour de Pâques 14, Versailles. — Il est arrivé ce soir un courrier par lequel on a appris que la tranchée devant Maëstricht sera ouverte demain 15. Il y aura deux attaques : l'une du côté du faubourg de Wyk, l'autre le long de la basse Meuse de l'autre côté de la rivière. C'est M. d'Aylwa, Hollandois, qui commande dans la place. On croit que la garnison n'est que de sept bataillons hollandois.

M. de Savines est mort ces jours-ci à Paris ; il avoit au moins quatre-vingt-sept ans. Depuis un an ou deux sa tête étoit très-affoiblie. Il étoit ancien lieutenant général et chevalier de l'Ordre de 1739.

Du lundi de Pâques 15, Versailles. — M. de Caumartin mourut hier à Paris d'hydropisie. Il n'avoit qu'environ cinquante ans. Il y avoit six mois qu'il étoit malade. Il étoit conseiller d'État, et en cette qualité avoit tenu le grand conseil l'année dernière. C'est M. de Marville qui tient le grand conseil cette année. Il laisse un fils et une fille, qui a épousé M. de la Porte, maître des requêtes.

Hier il n'y eut point de grand couvert le matin, non plus que l'année dernière, et même je crois celle d'auparavant. La Reine, qui n'a point joué pendant la semaine sainte, recommença à jouer comme à l'ordinaire, et le soir il y eut grand couvert. Le Roi avoit été le matin à la grande messe en bas avec M. le Dauphin, Mme la Dauphine et Mesdames ; la Reine étoit en grand habit, mais s'étant trouvée incommodée elle entendit la grande messe de sa niche en haut. Ce fut Mme de la Suze (Chauvelin) qui quêta. M. l'évêque de Saint-Brieuc (du Breignon) officia. L'après-dînée, le sermon suivi des vêpres, à l'ordinaire. Le compliment du P. Teinturier me parut assez bien. Après les vêpres, le Roi remonta chez lui, et revint au salut.

Le gouvernement de Choisy est enfin donné; on vient de l'apprendre : c'est au fils de feu M. le comte de Coigny, lequel n'ayant qu'onze ans n'exercera point; ce sera le fils de Champcenetz qui en fera les fonctions sous les ordres de M. le maréchal de Coigny.

La capitainerie de la plaine de Choisy a aussi été donnée à M. le duc de la Vallière.

M. le duc de la Trémoille, qui n'a que onze ans, et qui se marie, comme je l'ai marqué, a été présenté aujourd'hui par M. le duc de Bouillon; il est assez grand pour son âge et d'une jolie figure.

Du mercredi 17, Versailles. — Avant-hier il y eut encore concert spirituel chez Mme de Pompadour. On exécuta le motet *Dominus regnavit* de Lalande, et *Magnus Dominus* de Mondonville. Entre ces deux motets, M. de Dampierre joua une pièce de viole qu'il a composée; il étoit accompagné par Mondonville. Le Roi vint au concert, et y resta assez longtemps.

Avant-hier une dent arrachée fit un événement à la Cour. M. Mouton, chirurgien dentiste de Mesdames, avoit prononcé qu'il falloit arracher une dent à Mme Victoire. Cette sentence confirmée par la faculté et approuvée par le Roi étoit sans appel; mais Mme Victoire ne pouvoit se résoudre à la laisser exécuter. C'étoit le dimanche même de Pâques que la dent devoit être arrachée. Mme Victoire remettoit de demi-heure en demi-heure, et enfin la journée se passa sans qu'on pût la déterminer. Le lendemain, même incertitude, mêmes délais. M. le Dauphin et Mesdames renouvelèrent leurs instantes sollicitations. Enfin le Roi prit le parti d'y aller après les vêpres, et y resta deux heures et demie. M. le Dauphin se mettoit à genoux devant Mme Victoire, et à toutes les exhortations que la religion et l'amitié lui inspiroient, il ajoutoit des réflexions touchantes sur la bonté du Roi, qui auroit pu ordonner qu'on la tînt et qu'on lui arrachât par force, et qui cependant vouloit bien attendre et compâtir à sa foiblesse et à sa déraison, mais qu'il ne falloit pas cependant abuser de cette bonté. En effet, le Roi ne pouvoit se résoudre à donner ordre que l'on arrachât la dent; il différoit toujours, et Mme Victoire lui faisoit pendant ce temps-là mille amitiés. Elle proposa au Roi de la lui arracher lui-même. On pourroit dire que c'étoit une espèce de scène tragique et comique. La Reine avoit été chez Mme Victoire au sortir de la chapelle, et voyant que le Roi ne pouvoit se résoudre à prendre le ton d'autorité, elle lui représenta la nécessité indispensable de s'en servir; et Mme Victoire, voyant enfin qu'elle n'avoit plus qu'un quart d'heure à se résoudre, après quoi on la tiendroit par force, se laissa enfin arracher sa dent, mais elle voulut que le Roi la tînt d'un côté, la Reine de l'autre, et que Mme Adélaïde lui tînt les jambes. La Reine ne tint pas longtemps la main, et ce fut Madame qui la remplaça. Lorsque cette opération fut faite, Mme Victoire disoit : « Le Roi est bien bon, car je sens que si j'avois une fille aussi déraisonnable que je l'ai été, je ne l'aurois pas souffert avec tant de patience. »

Hier, Mme la maréchale de Belle-Isle présenta Mme de Soyecourt, sa sœur de père. MM. de Soyecourt sont parents de MM. de Gesvres par les Boisfranc. Ils sont en possession d'épouser des filles de condition, mais aucune jusqu'à ce jour n'avoit été présentée. M. de Soyecourt est riche; c'est lui à qui appartient le beau château de Tillolois, qui est entre Gournay et Roye en Picardie. Sa première femme étoit fille de M. le duc de Saint-Aignan.

Il arriva hier un courrier avec une lettre de M. le maréchal de Saxe, du 15. Ce général mandoit : « Nous ouvrirons la tranchée ce soir. L'on forme deux attaques, l'une à Wyk et l'autre de ce côté-ci de la Meuse, vers la porte de Bois-le-Duc ; il ne doit y avoir que les maréchaux de camp qui montent la tranchée. » M. le maréchal de Saxe a envoyé ordre au régiment des gardes de s'avancer sur-le-champ; ce régiment n'est arrivé que le 13 et le 14 à Bruxelles.

On avoit dit que dans Maëstricht il y avoit peu de drapeaux et que la garnison n'étoit composée que de détachements qui montoient à 7 ou 8,000 hommes. Le Roi dit hier que la garnison étoit de 22 bataillons au moins, à la vérité pas complets, mais que l'on estimoit que le tout pouvoit monter à 11 ou 12,000 hommes.

Du jeudi 18, *Versailles*. — M. le duc de Modène fut présenté hier par M. de Verneuil; il est ici incognito sous le nom de comte de Saint-Félix. Il a pris l'incognito pour éviter de demander qu'on lui rendît les honneurs qu'on a coutume de donner aux souverains. Il vit le Roi sur les huit heures du soir, dans son cabinet, après le conseil fini. Il vint ensuite chez la Reine, qui étoit à son jeu et qu'elle quitta un moment pour venir recevoir M. de Modène dans sa chambre, debout auprès de la table, suivant l'usage des audiences particulières.

Du vendredi 19. — On apprit hier la mort de Mme Sincère; elle étoit fort jeune; elle étoit fille de Mme du Roure; son mari est petit-fils du fameux Bernard.

Du samedi 20, *Versailles*. — Le courrier qu'on attendoit de Maëstricht est enfin arrivé aujourd'hui. Le Roi a dit ce matin que la garnison étoit de 23 bataillons, qui font environ 12,000 hommes, partie hollandois, partie autrichiens. Les assiégés ont fait une sortie inutile le 14, croyant trouver nos travaux commencés, mais la tranchée n'a été ouverte que la nuit du 15 au 16, comme M. le maréchal de Saxe l'avoit mandé au Roi. La garnison a fait une seconde sortie le 18, au nombre de 15,000 hommes; ils ont balayé notre tranchée et comblé une partie de nos ouvrages, mais on y a peu de regrets parce qu'ils étoient fort mal faits. Ils ont été repoussés avec perte et on leur a fait quelques prisonniers, du nombre desquels sont trois officiers. Notre perte n'a été que de 20 ou 24 hommes; on dit que que nous avons eu un ingénieur qui a eu le bras fracassé. M. de Saxe mande au Roi que le 20, qui est aujourd'hui, il y aura 60 canons ou mortiers qui tireront. Il a fait faire des lignes de circonvallation soutenues de dix redoutes, et marqué un très-beau champ de bataille en avant de ces lignes.

Le Roi alla hier en carrosse à la chasse du vol avec M. le Dauphin, Mesdames et Mme la maréchale de Duras. Mesdames n'étoient point en habit de chasse; elles étoient, aussi bien que Mme de Duras, en petite robe sans paniers.

Du dimanche 21, Versailles. — M. le marquis de Saint-Pierre mourut hier à Paris; il étoit âgé de quatre-vingt-huit ans. Il étoit premier écuyer de Mme la duchesse d'Orléans. Son fils, qui a environ cinquante-cinq ans, exerce depuis longtemps cette charge.

Le Roi a signé aujourd'hui le contrat de mariage de M. de Mastin, avec Mlle de Boulainvilliers; elle est fille de M. de Boulainvilliers, capitaine de vaisseau, qui périt malheureusement avec son vaisseau il y a quelques années; elle est attachée à Mme la duchesse de Chartres; elle a environ vingt-cinq ans. Son mari est à peu près de même âge. C'est Mme la duchesse de Chartres qui fait ce mariage.

Du mardi 23, Versailles. — Avant-hier, Mme de Surgères présenta ici Mme de Langeac; elle est, comme je l'ai marqué, fille de M. Thomas, de l'extraordinaire des guerres; M. de Langeac est, comme je l'ai dit, frère de M. l'archevêque d'Alby. Ils sont la Rochefoucauld.

Avant-hier M. le cardinal de la Rochefoucauld arriva à Paris; il vint ici hier matin; M. de Puisieux le mena au lever du Roi. Il a versé dans sa chaise en revenant de Rome, auprès de Roanne; il s'est un peu blessé, ce qui l'a retardé de quelques jours. Il est un peu vieilli, mais d'ailleurs peu changé. Il n'a que quarante-sept ans; il est de 1701. Lorsqu'il partit pour Rome, M. le duc de

Saint-Aignan lui remit un mémoire d'observations qu'il avoit fait sur la cour de Rome. M. le cardinal de la Rochefoucauld dit hier à M. le duc de Saint-Aignan que ce mémoire lui avoit été extrêmement utile, qu'il l'avoit consulté en plusieurs occasions, et qu'il y avoit toujours trouvé la plus grande exactitude.

Il y a sept ou huit jours que l'ambassadeur de Venise, Tron, rendit visite en cérémonie à nos ministres à Paris; c'est l'usage des ambassadeurs à leur arrivée et à leur départ; et ces visites étoient celles de l'arrivée. Aujourd'hui il a pris congé. Il est venu dans les carrosses du Roi, conduit par M. le prince Camille; il a eu l'honneur des armes (1), audience publique, et le Roi l'a armé chevalier suivant l'usage. L'usage des ambassadeurs de Venise est différent des autres ambassadeurs. Ils ne restent jamais que trois ans ici; la première année ils sont comme incognito. A la première audience, ils sont habillés en grande robe; à leur audience de congé ils sont habillés à la françoise. Le Roi les ceint de l'épée, en leur disant : « De par saint Georges je vous fais chevalier (2). » Ensuite le maître de la garde-robe remet entre les mains du Roi un grand baudrier très-magnifique avec une épée d'or. Le Roi met ce baudrier sur les épaules de l'ambassadeur (3), qui va ensuite, avec le baudrier, aux audiences de la Reine, de M. le Dauphin, de Mme la Dauphine et de Mesdames.

Mme la maréchale de Duras présente aujourd'hui Mme la comtesse de Bentheim, qui a vingt-six ans. J'ai déjà parlé de M. le comte de Bentheim, qui est depuis un an en-

---

(1) Les Cent-Suisses garnissent l'escalier; la hallebarde à la main, les tambours y sont, la baguette haute, mais sans battre. (*Note du duc de Luynes*.)

(2) C'est comme le chef de la chevalerie. Le hasard a fait que c'est aujourd'hui la fête de Saint-Georges. (*Note du duc de Luynes.*)

(3) Cette même cérémonie se fait en Espagne; celui qui doit succéder à M. Tron vient de Madrid, et comme il y aura été sûrement armé chevalier, il n'aura plus cette cérémonie à faire ici. (*Note du duc de Luynes*.)

viron en possession de sa souveraineté. Bentheim est un vieux château fort, bâti à l'antique, où il y a une garnison des troupes de l'évêque de Munster, lesquelles prêtent serment à M. le comte de Bentheim. Mme de Bentheim est Bournonville. Elle a deux sœurs chanoinesses de Mons; elle est la cadette de sept enfants. Son père, M. de Bournonville, qui a été connu sous le nom de baron de Capre et qui demeure à Bruxelles, y étoit pendant le temps du dernier siége que M. le maréchal de Saxe a fait de cette ville. Il étoit cousin de feu M. le prince de Bournonville, père de Mme la maréchale de Duras et qui avoit épousé ma grande-tante, dont il a eu Mme de Duras et un fils mort à quinze ou seize ans. Mme de Bentheim n'est ni petite ni grande; elle est bien faite et est fort blanche; le nez trop long, le front trop avancé, et en tout cependant une figure assez agréable; elle paroît avoir de l'esprit, de la vivacité et un caractère doux et aimable.

Du mercredi 24, Versailles. — M. le prince Constantin a pris congé aujourd'hui; il part pour aller à Strasbourg faire son stage. Il a un canonicat et outre cela la grande prévôté. La règle du chapitre est d'y être trois mois chaque année, sans quoi l'on perd le revenu de son canonicat. Les devoirs de la charge de premier aumônier pourroient faire obtenir une dispense, mais il a mieux aimé l'aller demander lui-même après un séjour de quinze jours ou trois semaines qu'il compte y faire. Les canonicats se donnent par l'élection du chapitre; le choix de l'évêque se fait aussi par élection, et le Roi la confirme. La grande prévôté se donnoit aussi autrefois par élection. Il y a environ cent ans qu'il y eut contestation sur cette élection; on s'adressa à Rome, et celui que le Pape nomma fut pourvu; depuis ce temps, c'est toujours le Pape qui a nommé. Le prince Constantin est le troisième nommé par le Pape. Avant lui c'étoit le cardinal d'Auvergne, qui l'a été quarante-six ans, et avant le cardinal d'Auvergne un prince de Nassau.

Aujourd'hui l'on parle beaucoup du départ du Roi pour les Flandres.

Du samedi 27. Versailles. — M. des Marets, grand fauconnier (1), mourut avant-hier, à Paris, d'une fluxion de poitrine; il avoit environ trente-sept ans; il ne laisse point d'enfants (2), et il n'avoit point de brevet de retenue sur cette charge; elle ne vaut que 24,000 livres d'appointements fixes, mais on prétend que par les casuels elle valoit bien 50,000 livres par an. Il paroît que le projet du Roi est de retrancher beaucoup des droits de cette charge.

Les nouvelles du 22 que l'on reçut hier par un courrier de M. le maréchal de Saxe sont que les ennemis se sont retirés à la droite de la Meuse à même hauteur que le lieu où ils étoient rassemblés. Notre cavalerie avoit eu ordre de se tenir prête à se rapprocher de M. de Saxe, mais on croit cet ordre révoqué, et l'on paroît ne point craindre d'être inquiété pendant le siége. D'ailleurs les fourrages sont encore si courts que l'on évite toutes les occasions de consommation.

Le siége avance malgré le mauvais temps et les inondations de la Meuse; l'artillerie de la place tire peu présentement, et les défenses commencent à être endommagées; cependant deux de nos ponts sous Maëstricht ont été dérangés par deux bateaux remplis de pierres et de sable que les ennemis ont laissés aller de Maëstricht au courant de l'eau pendant une nuit obscure et une pluie affreuse. Si les ennemis, qui ne sont qu'à quatre ou cinq lieues de nous, avoient saisi ce temps pour attaquer M. de Lowendal, ils nous auroient peut-être embar-

---

(1) Reçu en survivance le 13 novembre 1717, marié le 23 février 1734. (*Note du duc de Luynes.*)

(2) Il avoit épousé Mlle de Lamoignon, qui reste, à ce que l'on dit, mal dans ses affaires, ayant beaucoup signé pour son mari. (*Note du duc de Luynes.*)

rassés. Nous avons eu de l'eau dans nos tranchées, et les ennemis ont fait une sortie qui a troublé nos travaux et qui en a même comblé une partie. Nous avons eu deux officiers tués, l'un du régiment du Roi, l'autre de Normandie, qui ont été pages du Roi.

Mme de Mastin Boulainvilliers fut présentée avant-hier par Mme la duchesse de Chartres.

M. le duc de Saint-Aignan a gagné aujourd'hui un procès au conseil comme gouverneur de Bourgogne. Les trésoriers de France, malgré deux décisions du Roi et les exemples de M. de Villars en Provence et de M. de Richelieu en Languedoc et autres, disputoient à M. de Saint-Aignan le monseigneur. Il a été décidé tout d'une voix que les trésoriers de France le traiteroient de monseigneur en public et en particulier.

La petite Madame, fille de M. le Dauphin, eut hier mal aux dents et le soir un peu de convulsion. Ce matin elle étoit mieux, mais elle est morte ce soir à huit heures (1). La musique, qui étoit prête à commencer chez la Reine, à six heures, a été contremandée, et la Reine s'est enfermée dans son cabinet avec M. le Dauphin.

---

(1) On lui donna hier au soir et on lui a redonné ce matin de la poudre de Mme de Carignan pour les convulsions : c'est un remède très-connu et très-estimé ; les médecins, n'étant pas contents apparemment de l'effet de cette poudre, ont jugé à propos de lui donner de l'émétique. Ce remède très-violent par lui-même, et surtout pour un enfant de cet âge, a fait vomir Madame plusieurs fois ; mais elle ne rendoit que de l'eau dans ses vomissements. On ne sait point encore ce qui l'a fait tourner à la mort ; il paroît que, soit par l'effet de la maladie ou de l'émétique, il y avoit de l'irritation, et que ce qu'elle avaloit ne faisoit aucun effet par en bas. La Reine y a descendu à une heure après midi ; elle l'a trouvée avec un assez bon visage et qu'elle jouoit dans son lit. A six heures, M. le Dauphin est venu dire à la Reine l'état où étoit Madame ; c'est sur cette nouvelle que la musique a été contremandée. La Reine a descendu chez Mme de Tallard, et vouloit entrer chez Madame ; Mesdames y étoient déjà, et Madame, que je nommerai ici Mme Henriette, est allée au-devant d'elle, et l'a priée de ne point entrer pour ne pas voir un spectacle qui ne feroit qu'augmenter sa douleur. Madame est morte à sept heures et demie, sans convulsions et sans paroître souffrir. (*Note du duc de Luynes.*)

AVRIL 1748.

Champcenetz, premier valet de chambre du Roi, a fait signer aujourd'hui le contrat de mariage de son fils avec la fille de Texier (ci-devant notaire de feu M. Bernard), lequel acheta il y a deux ans une charge de trésorier de la grande écurie; on dit qu'il donne 500,000 livres à sa fille.

Du dimanche 28, Versailles. — Il n'y a encore rien de décidé sur la charge de grand fauconnier. M. de Souvré, beau-frère de M. des Marets, son gendre, M. de Saint-Chamant, comme ayant épousé la fille de la sœur de M. des Marets, M. le maréchal de Duras, enfin M. le prince de Conty, demandent cette charge.

Il y a environ quinze jours que Barjac est mort, à Paris. On prétend qu'il avoit environ 50,000 livres de rentes; il étoit bien connu du temps de M. le cardinal de Fleury, qu'il a servi pendant longues années et jusqu'à sa mort.

Il partit hier et avant-hier un détachement de la grande et de la petite écurie. Les équipages de la bouche partent demain ou après-demain; on en faisoit la revue aujourd'hui.

J'ai oublié de marquer que la place de conseiller d'État vacante par la mort de M. de Caumartin a été donnée à M. Le Nain, intendant de Languedoc.

Du lundi 29, Versailles. — M. de Bachi est nommé pour aller à Munich. Je ne sais pas encore quel caractère il aura; il fit hier son remerciement.

Le Roi signa hier le contrat de mariage de M. le comte de Gramont avec Mlle de Faoucq (1). M. le comte de Gramont, que nous avons connu sous le nom de comte d'Aster, est le second fils de feu M. le duc de Gramont et de Mlle de Biron. Mlle de Faoucq est fille de M. de Faoucq, homme de condition de Normandie et officier de gen-

---

(1) On prononçait de Faux, et c'est ainsi que le duc de Luynes écrit ce nom.

2.

darmerie, et de Mlle Sonning, fille d'un receveur général. On dit que Mlle de Faoucq, qui est fille unique et qui n'a plus ni père ni mère, jouit de plus de 35,000 livres de rentes. M. le comte de Gramont n'a point de biens, ou au moins fort peu. M. le duc de Gramont, son frère, et sa belle-sœur se sont engagés pour l'assurance de la dot.

On emporta hier le corps de la petite Madame aux Tuileries; elle étoit toute habillée et à visage découvert, mais on lui jeta un mouchoir sur le visage quand elle fut sortie de la cour. Mme de Tallard étoit dans le carrosse avec une sous-gouvernante, Mme de Bukler, et M. le curé de Notre-Dame à la portière à gauche, et l'abbé de Saint-Aldegonde à la portière à droite, ayant à la main chacun une étole. Elle a été ouverte aujourd'hui, et demain elle sera portée à Saint-Denis. Le guet des gardes du corps, gendarmerie, chevau-légers et mousquetaires; outre cela, les gardes françoises et suisses. C'est Mme la duchesse de Chartres qui est nommée pour conduire le corps, et Mme la princesse de Montauban. Elle étoit née le 19 juillet 1746.

J'ai oublié de marquer que M. le maréchal de Saxe a déclaré aux officiers généraux, au commencement du siége, que le Roi leur défendoit de faire porter des haltes à la tranchée, et l'on s'est conformé à cet ordre. L'on a trouvé que l'usage de porter des haltes étoit une occasion de déranger les officiers de leur poste, de boire quelquefois un peu plus qu'il ne falloit, ce qui pouvoit même s'étendre jusqu'aux soldats, et d'attirer un grand feu de la place sur l'endroit où l'on étoit assemblé, où il pouvoit arriver souvent plus d'accidents; outre cela, cet usage coûtoit fort cher aux officiers généraux.

Du mardi 30, *Versailles*. — J'ai oublié de marquer que le Roi donna il y a quelques jours les entrées de la chambre à M. le cardinal de la Rochefoucauld.

Le Roi fait payer d'avance 15,000 livres pour les frais

du convoi de Madame. Presque toute cette dépense se fait par l'intendant des Menus, sous les ordres du premier gentilhomme de la chambre. On ne croit pas qu'elle aille en total à plus de 18,000 livres.

L'ouverture du corps se fit hier aux Tuileries. On a trouvé quelques taches rouges dans le cerveau; il n'y avoit rien dans la poche de l'estomac ni de la poitrine; on trouva un intestin plus court de dix pouces que l'autre, et le choléra-morbus rentré; et on prétend que la qualité du lait qu'elle prenoit n'étoit pas bonne. Le corps a été mis dans l'appartement bas aux Tuileries, où a logé feu M. le Duc. On a envoyé 40 des gardes du corps (1), 16 des Cent-Suisses avec 1 fourrier, 4 huissiers, 8 valets de chambre du Roi; mais il n'y avoit point de gardes dans la cour, de sorte qu'il y eut hier une foule incroyable de peuple. Il y a toujours eu une sous-gouvernante dans la chambre et beaucoup de femmes de Madame. Ce sont les Feuillants qui ont gardé le corps. M. le cardinal de Rohan, qui est malade depuis longtemps et qui crache le pus, ne pouvant faire la cérémonie de l'enterrement, ni M. le cardinal de Soubise, qui a été saigné deux fois pour un crachement de sang, on a fait rester M. le prince Constantin, qui devoit partir pour Strasbourg. C'est lui qui accompagne le corps à Saint-Denis, où tout est tendu de blanc avec des armoiries. Il portera en même temps le cœur à Saint-Denis, et le rapportera ensuite au Val-de-Grâce. Les carrosses du Roi ne sont pas drapés; ce sont des carrosses dorés à l'ordinaire. M. le prince Constantin portant le cœur monte le premier, et se met à la droite; Mme la duchesse de Chartres dans le fond, à sa gauche, Mme de Tallard sur le devant. Il doit y avoir à

---

(1) Pareil nombre de mousquetaires de chaque compagnie, ainsi que des chevau-légers et gendarmes; tous ces détachements ayant chacun un flambeau, de Paris à Saint-Denis étoient rangés sur la place lors du départ. (*Note du duc de Luynes.*)

côté d'elle une autre dame titrée, mais je n'en sais pas le nom (1) ; une des sous-gouvernantes à une portière, et à l'autre une dame de Mme de Chartres.

M. de Gesvres me disoit aujourd'hui que la dame d'honneur alloit autrefois dans le carrosse de la princesse ; qu'au convoi de M. le duc de Bourgogne ou de M. le duc de Bretagne, le gouverneur du prince du sang nommé pour accompagner le corps prétendit monter dans le carrosse du Roi. Cette prétention donna occasion à des disputes qui ennuyèrent le feu Roi, qui dit que l'on fît monter comme on voudroit ; en conséquence le gouverneur monta en septième.

Pendant que le prince Constantin présente le corps à Saint-Denis, il remet le cœur entre les mains de l'aumônier de quartier (c'est ici l'abbé de Sainte-Aldegonde). L'aumônier reste dans le carrosse pendant la cérémonie, les gardes du corps autour du carrosse ; ensuite on vient au Val-de-Grâce.

MAI.

Détails sur la maladie et le convoi de la petite Madame. — Mort de M. de Terlay. — Nouvelles de Maëstricht. — M. de Bissy blessé ; le Roi lui envoie le cordon de l'Ordre ; circonstances. — Changements dans les logements à Versailles. — Le Roi à Choisy. — Capitulation de Maëstricht. — Mort de M. de Vérac. — Le duc de la Vallière nommé grand fauconnier. — Nouvelles diverses. — Détails sur la capitulation de Maëstricht. — Projets de voyages du Roi. — Détails sur la charge du grand fauconnier. — Nouvelles d'Italie. — Mort du duc d'Elbeuf. — Milady Ogilwi. — Gouvernement donné à M. de Maulevrier-Colbert. — Pension donnée à M. de Cernay. — Appartement donné à Mme de Lauraguais. — Pension donnée à la comtesse de Coigny. — Sur les charges de premier aumônier et de grand aumônier. — Présentation. — Nouvelles des négociations d'Aix-la-Chapelle. — Mort de la comtesse de Maillé. — M. Hardion chargé de l'instruction de Mme Victoire. — Somme réglée par le Roi pour les dépenses de Mme Victoire. — Détail sur les sommes payées à Mesdames pour leurs menus plaisirs. — Le maréchal de Belle-Isle nommé pair de France. — Mort de

---

(1) Mme de Montauban. (*Addition du duc de Luynes.*)

Mme Duplessis-Bellière. — La reine de Hongrie adhère aux préliminaires d'Aix-la-Chapelle. — Suspension des travaux de l'église Saint-Louis de Versailles.

Du jeudi 2 mai, Versailles. — Mme de Tallard revint ici hier saluer le Roi, la Reine, M. le Dauphin et Mme la Dauphine, à la tête de la chambre de feu Madame (Marie-Thérèse) ; elle vint ensuite voir Mme de Luynes, qui est incommodée. Elle nous raconta le détail que je vais mettre, de ce qui s'est passé dans la maladie et au convoi de Madame.

Il avoit été déterminé que Madame seroit sevrée ; et le jour que l'on commença à lui donner du bouillon fut le vendredi 26. Elle vomit le bouillon ; elle étoit de mauvaise humeur ; elle se plaignoit de quelque chose qui piquoit sa bouche ; elle avoit en effet cinq grosses dents prêtes à percer en même temps. Il y avoit déjà deux jours que l'on avoit remarqué quelque changement dans sa santé. Le vendredi au soir, pendant que Mme de Tallard soupoit, les femmes qui étoient auprès de Madame remarquèrent des mouvements de convulsions ; elles allèrent en avertir Mme de Tallard, qui y entra sur-le-champ et ne remarqua rien dans le moment ; elle envoya avertir la faculté, et il fut résolu de lui donner de la poudre de Mme de Carignan, qui est très en réputation pour les enfants qui ont des convulsions. On donna à Madame une prise de cette poudre le soir, et une le lendemain au matin. Il y avoit eu dans la journée du vendredi une bouffée de fièvre assez violente ; elle tomba le soir, et le samedi matin Madame en avoit peu, mais les vomissements continuoient. Il y eut une grande consultation de toute la faculté, en présence de M. le Dauphin qui, voyant que tous les sentiments n'étoient pas réunis, prit lui-même les opinions de chacun, et à la pluralité des voix il fut résolu qu'on lui feroit prendre de l'émétique. Il avoit été proposé de donner un coup de lancette pour ouvrir la gencive que les dents ne pouvoient pas percer ; on parla aussi, mais fort peu, d'une petite saignée pour diminuer le gonflement des vaisseaux occasionné par les cinq grosses dents. C'étoit bien le sentiment de Mme de Tallard; elle demanda à M. le Dauphin ce qu'il falloit faire; M. le Dauphin décida qu'il falloit suivre la pluralité des voix. Madame ne vouloit rien prendre que de la main de Mme de Tallard, encore falloit-il lui dire que c'étoit de la part du Roi, ou de la Reine, ou de M. le Dauphin. Mme de Tallard avant que de présenter l'émétique demanda encore les ordres à M. le Dauphin, et il ne fit prendre ce remède que les larmes aux yeux. Quoique Madame vomît continuellement, cependant l'émétique fit apparemment quelque impression et augmenta l'irritation. Ce fut alors que l'on jugea qu'il y avoit peu d'espérance. M. le Dauphin monta chez la Reine avant la musique, comme je l'ai dit, pour lui rendre compte de la maladie. La Reine, qui après sa messe avoit été chez Madame et l'avoit trouvée dans un mieux considérable, fut fort étonnée d'un changement si prompt. L'état de la maladie devenant toujours plus fâcheux, on se détermina à lui administrer les cérémonies du baptême, ayant été ondoyée en naissant suivant l'usage ordinaire. On envoya avertir M. le curé de Notre-Dame (1), et en sa présence un aumônier du Roi fit la cérémonie. M. le maréchal de la Mothe, s'étant trouvé chez Mme de Tallard, fut choisi pour parrain, et Mme de Tallard pour marraine. M. de la Mothe donna le nom de Marie-Thérèse suivant l'ordre de M. le Dauphin. Madame mourut à sept heures ou sept heures et demie du soir. Mme la Dauphine gardoit sa chambre pour une légère espérance de grossesse, qui s'est évanouie au bout de trois jours; le Roi, la Reine, M. le Dauphin descendirent chez elle jusqu'au grand couvert,

---

(1) On avertit M. le curé une heure trop tard, de sorte qu'il n'arriva qu'après la mort. On n'eut que le temps de nommer Madame et de lui lire un évangile, ce que fit l'aumônier du Roi (M. l'abbé du Barrail). (*Note du duc de Luynes.*)

où il n'y eut que Mesdames qui soupèrent. Le Roi devoit partir le dimanche pour Choisy jusqu'au mercredi ; le voyage fut contremandé. La Reine passa les soirées du dimanche, du lundi et du mardi chez Mme la Dauphine, depuis six heures jusqu'à neuf, n'ayant voulu ni musique ni jeu ; elle n'a recommencé à jouer qu'hier.

Le corps de Madame fut exposé le dimanche, dans son berceau, à visage découvert, gardée par des Missionnaires et des Récollets. Sur les six heures du soir, Mme de Tallard emporta, à Paris, dans un carrosse doré du Roi, le corps de Madame, tout habillé. M. le duc de Fleury lui fit dire en partant que l'intention du Roi étoit que les officiers de sa maison qui alloient à Paris et les femmes de chambre de Madame fussent nourris aux dépens de S. M. Ce sont les Menus qui sont chargés de cette dépense et de presque toutes celles qui regardent ces tristes cérémonies. On estime que celle-ci n'ira pas à plus de 18 ou 20,000 livres. Mme de Tallard, qui est logée aux Tuileries, dans l'appartement que le Roi lui a donné à la mort de Mme de Ventadour, et qui avoit envoyé sa maison à Paris, a voulu nourrir les huissiers et les valets de chambre du Roi et femmes de chambre de Madame, afin que ce qu'ils toucheront du Roi fût une gratification pour eux. Le lundi, dès six heures du matin, suivant les ordres que Mme de Tallard avoit reçus de la Reine et de Mme la Dauphine, elle fit venir un peintre pour peindre Madame, qui ne l'avoit pas encore été. Cet ouvrage dura jusqu'à neuf heures ; on dit que la ressemblance a été assez bien attrapée ; on en doit faire deux portraits différents : l'un comme elle étoit dans ce moment ; la Reine l'a demandé ; l'autre pour Mme la Dauphine ; on y mettra des couleurs pour la faire paroître vivante. A neuf heures la faculté entra, en présence de laquelle La Martinière, premier chirurgien du Roi, fit l'ouverture du corps (1). Toutes les

---

(1) Loustonot présenta l'instrument à La Martinière, qui ouvrit la peau de

parties essentielles à la vie se trouvèrent extrêmement saines, et rien dans l'estomac, dont la plénitude supposée avoit donné occasion à l'émétique ; beaucoup de gonflement dans le cerveau ; et il paroît qu'il a été reconnu que les dents étoient la seule cause de la mort. Le cœur fut remis à Mme de Tallard, suivant l'usage, et ensuite mis dans une boîte pour le porter au Val-de-Grâce. On dressa le procès-verbal d'ouverture, qui doit être signé par la faculté. M. Chicoyneau, premier médecin du Roi, signa le premier ; après lui M. Marcot, médecin ordinaire du Roi. M. Delavigne, qui est médecin ordinaire de Mme la Dauphine, médecin du grand commun de la Reine et médecin de quartier du Roi, mais non pas en quartier actuellement, signa le troisième. M. La Martinière ne voulut pas signer après M. Delavigne, et par conséquent aucun chirurgien ne signa. La Martinière a dit pour raison de son refus que, quoique M. Delavigne fût médecin ordinaire de feu Mme la Dauphine, il n'avoit signé qu'après M. de la Peyronie au procès-verbal de l'ouverture de Mme la Dauphine. M. Delavigne répond que ce qui le détermina à céder à M. de la Peyronie, ce ne fut pas sa qualité de premier chirurgien, mais celle de médecin consultant du Roi. M. Delavigne ajoute que malgré cela il avoit été blâmé par ses confrères. La question a été portée à M. de Maurepas ; je ne sais si elle est entièrement décidée, mais les chirurgiens ne paroissent pas contents. En effet, on prétend que le premier chirurgien est là pour opérer et faire le rapport à la faculté, et que pour ces raisons il ne doit signer que le dernier. Lorsque le corps fut mis dans le cercueil (1), il fut gardé par des

---

la tête, ensuite il rendit l'instrument à Loustonot qui fit le reste. (*Note du duc de Luynes.*)

(1) Sur lequel on mit l'inscription suivante : *C'est le corps de très-haute et très-puissante Dame Marie-Thérèse, fille de très-haut, très-puissant et très-excellent prince Louis Dauphin de France, et de feu très-haute, très-puissante et très-excellente princesse Marie-Thérèse d'Espagne,*

Feuillants, suivant l'usage, et on laissa entrer le peuple, qui ne fut pas aussi nombreux qu'on auroit pu le croire. Mme de Tallard fut presque toujours dans la chambre avec les sous-gouvernantes et les six femmes de chambre. Il y avoit quatre huissiers et huit valets de chambre du Roi; deux garçons de la chambre; des gardes du corps, mais point de garde dans la cour. Il n'y eut point non plus de garde à pied à Saint-Denis. M. de Dreux a prétendu qu'il ne devoit pas y en avoir et qu'il n'y en avoit point eu à M. le duc d'Anjou, ni à Madame troisième. Mme de Tallard, qui étoit à l'une et à l'autre de ces tristes cérémonies et qui a écrit ce qui s'y est passé, croit être sûre qu'il y avoit des gardes françoises et suisses à Saint-Denis, et m'a dit se souvenir encore de l'endroit où elle avoit vu les gardes suisses, portant leurs fusils le bout du canon en bas, suivant l'usage; mais la décision de M. de Dreux a été suivie (1).

Le lundi on ferma la porte de l'appartement de Madame à six heures, et on ne la rouvrit le mardi qu'à cinq heures après midi, à l'arrivée de Mme la duchesse de Chartres. A six heures et demie ou environ, le corps et le cœur ayant été mis dans un carrosse doré du Roi, M. le prince Constantin, premier aumônier et portant le cœur, monta le premier et se mit dans le fond à la droite; Mme de Chartres se mit à sa gauche; Mme de Tallard sur le de-

---

décédée le 27 avril, âgée de vingt et un mois huit jours. (*Note du duc de Luynes.*)

(1) M. le duc de Fleury m'a dit que lorsqu'il y avoit des gardes françoises et suisses en pareille cérémonie, l'usage étoit de donner des flambeaux aux officiers, fournis par les Menus, et qu'il n'avoit point vu de fourniture de flambeaux pour les gardes françoises et suisses dans les comptes de ce temps-là. M. le duc de Gesvres m'a confirmé la même chose, et m'a ajouté qu'il savoit de M. le duc de Biron, colonel des gardes françoises, que dans les registres de ce régiment il n'y est point marqué aucune garde à Madame troisième, ni à M. le duc d'Anjou. Il est certain que s'il n'y a point eu de garde françoise, il n'y en a point eu de suisse. (*Addition du duc de Luynes*, datée du 13 mai 1748.)

vant, vis-à-vis de lui ; Mme de Montauban, vis-à-vis Mme la duchesse de Chartres ; l'abbé de Sainte-Aldegonde, aumônier de quartier du Roi, à la portière auprès du premier aumônier, et une sous-gouvernante à l'autre portière ; toutes les dames en mantes. M. le cardinal de Rohan étant malade depuis longtemps d'un tubercule, et M. le cardinal de Soubise ayant été saigné deux fois pour un crachement de sang, le prince Constantin, qui devoit partir pour Strasbourg, comme je l'ai marqué, a été obligé de rester pour cette cérémonie. Le carrosse du Roi étoit escorté par les gardes du corps, et les quartiers des gendarmes, chevau-légers et mousquetaires. Derrière le carrosse du Roi marchoit immédiatement le carrosse de Mme la duchesse de Chartres avec sa dame d'honneur et ses dames ; ensuite celui de Mme de Tallard. Le convoi partit à sept heures et demie et arriva à dix heures à Saint-Denis, où tout étoit tendu de blanc avec des armoiries. M. le prince Constantin, en descendant, remit le cœur à l'abbé de Sainte-Aldegonde, qui resta dans le carrosse pendant la cérémonie de Saint-Denis, les gardes du corps autour du carrosse. Le compliment du prince Constantin, en présentant le corps, fut assez court ; la réponse du prieur fut plus longue. Les détachements des compagnies rouges s'en allèrent ; il ne resta que les 40 gardes du corps ; le guet des rouges n'avoit pas marché en entier, il en étoit resté environ un quart. Le carrosse du Roi avec le cœur partit à onze heures et demie ou minuit pour aller au Val-de-Grâce. Le cortège fut le même, à l'exception des rouges, comme je viens de le dire. Tout le quartier de valets de pied de Mme la Dauphine avoit marché ; il y avoit un relais de valets de pied à moitié chemin, à La Chapelle ; ils avoient tous des flambeaux, même les gens de Mme de Tallard ; les troupes en avoient aussi. Le convoi arriva sur les deux heures au Val-de-Grâce ; le compliment du prince Constantin fut encore assez court, en présentant le cœur, et la réponse de l'abbesse fort longue. Après la cérémonie, Mme la duchesse de Chartres remonta dans son carrosse et retourna chez elle ; Mme de Tallard revint dans le carrosse du Roi, accompagnée des gardes du corps, aux Tuileries ; elle vint aussi hier matin ici dans un carrosse de Sa Majesté.

Il y a trois ou quatre jours que M. de Terlay mourut à Paris ; il étoit fort âgé. Il avoit été longtemps lieutenant-colonel des gardes françoises, et s'étoit retiré il y a plusieurs années.

Du dimanche 5, Versailles. — Mme la duchesse de Nivernois accoucha hier, à Paris, d'un garçon qui mourut quelques heures après ; elle n'étoit grosse que de sept mois. On l'avoit cru blessée ici dans le commencement de sa grossesse, comme je l'ai marqué dans le temps, et il y a deux jours qu'on la saigna deux fois, parce qu'on craignoit que son enfant ne fût mort, parce qu'elle ne le sentoit pas remuer depuis quelque temps. Mme de Nivernois a deux filles et n'a qu'un garçon, qui a déjà pensé mourir et qui est extrêmement délicat.

On trouvera ici les nouvelles de Maëstricht du 29 au 30 avril et du 30 au 1er mai.

On a couronné l'angle saillant du chemin couvert de la basse Meuse, et on s'est emparé des deux flèches qui étoient sur notre droite ; moyennant quoi l'on s'est logé sur les angles saillants de cette partie. Les ennemis ont fait jouer quatre mines, et nous avons perdu à cette attaque environ 260 hommes tués ou blessés, dont plusieurs officiers du régiment d'Auvergne.

M. le marquis de Bissy, qui avoit fait la disposition de l'attaque, a eu une jambe fracassée par un éclat de bombe ; on la lui a coupé sur-le-champ, et c'est M. le marquis de Rothe, maréchal de camp de tranchée, qui a exécuté la disposition qui avoit été faite par M. le marquis de Bissy, sous les ordres de M. le maréchal de Lowendal.

Malgré cette horrible blessure, M. de Bissy continua de donner les ordres nécessaires pour le moment présent jusqu'à ce qu'on l'emporta à la queue de la tranchée, où on lui coupa la cuisse. Il a fallu depuis lui faire une seconde amputation, et l'on croira aisément qu'il est en très-grand danger. Le Roi lui a envoyé le cordon de l'ordre du Saint-Esprit (1). On sait qu'il fut nommé dans un chapitre de l'Ordre tenu en Flandre il y a trois ou quatre ans. Depuis ce temps, on n'avoit parlé de lui dans aucune promotion, et il n'avoit pu être reçu n'ayant pas encore l'âge.

Le Roi vient de faire un changement ici dans les logements. M. et Mme de Lauraguais logent depuis plusieurs années dans un appartement qui est auprès de celui de Mme de Pompadour, et auquel l'on monte par un petit escalier qui donne auprès de la petite cour qui va chez Mme la comtesse de Toulouse; le Roi donne l'appartement de Mme de Lauraguais à Mme d'Estrades, et celui de M. de Lauraguais au bailli de Froulay. M. et Mme de Lauraguais (2) auront celui de M. et de Mme de Rubempré, qui est auprès de celui de M. de Livry et fort près aussi de celui de Mme de Luynes. M. le bailli de Froulay et Mme d'Estrades ont

---

(1) Ce fut samedi dernier que le Roi assembla à Choisy ce qui se trouva de chevaliers de l'Ordre. On y fit venir le prévôt, le chancelier, le trésorier, l'huissier et le secrétaire de l'Ordre et le généalogiste. M. Amelot, maître des cérémonies, ne put y être, à cause de sa mauvaise santé. Ce fut au sortir de ce chapitre que M. de Saint-Florentin dépêcha un courrier pour lui porter le cordon. Mais M. de Bissy étoit déjà mort; on ne l'a su que depuis.

M. de Bissy, qui étoit comme l'on sait commissaire de la cavalerie et qui venoit d'acheter la charge de mestre de camp général, comptoit commander la cavalerie, d'autant plus que M. de Turenne ne devoit pas la commander de trois mois, suivant le premier arrangement qui avoit été fait. Lorsque M. de Bissy sut la permission que M. de Turenne avoit obtenue, il prit cette nouvelle avec beaucoup de douceur et de politesse, mais il dit que s'il l'avoit su il aurait demandé à aller en Italie; c'est ce qui fait que M. de Bouillon dit aujourd'hui, avec beaucoup de douleur, que c'est lui qui est la cause de la mort de M. de Bissy. (*Addition du duc de Luynes*, datée du 6 mai.)

(2) Voyez la fin de l'article du 14 mai. (*Note du duc de Luynes*.)

chacun un logement dans la même petite galerie que celui de M. le maréchal de Saxe, qui est celui de Mme de Rupelmonde première douairière. On donne à M. et à Mme de Rubempré les appartements de M. le bailli de Froulay et de Mme d'Estrades.

Le Roi partit mercredi pour Choisy, d'où il reviendra mardi. Tous les ministres sont allés à Paris; M. de Puisieux est resté seul ici pour y pouvoir travailler plus commodément; il lui est arrivé presque tous les jours des courriers, et il paroît que les négociations sont vives à Aix-la-Chapelle. Hier M. Tercier, secrétaire d'ambassade de M. de Saint-Séverin, arriva ici, et M. de Puisieux, qui ne devoit aller qu'aujourd'hui à Choisy pour le conseil, y alla hier pour recevoir les ordres du Roi. On ne disoit encore rien à Choisy, hier, sur les négociations; car M. et Mme la Dauphine, qui y allèrent hier dîner et qui vinrent voir la Reine, qui soupoit chez moi, ne savoient rien de l'arrivée du secrétaire d'ambassade.

Du mercredi 8, Versailles. — J'ai marqué ci-dessus que le Roi avoit envoyé à M. de Bissy, samedi dernier, le cordon de l'Ordre; comme il ne l'a pas reçu, il ne peut être mis au nombre des chevaliers nommés, et cela seulement à cause du chapitre de samedi dernier, car quoique le Roi eût désigné en 45 ou 46 M. de Bissy pour être chevalier de l'Ordre, ce n'étoit point être nommé. L'on ne peut être nommé que dans un chapitre; et le Roi ne tient point de chapitre sans les officiers de l'Ordre, et ils n'étoient point en Flandre lorsque le Roi déclara ce qu'il désiroit faire pour M. de Bissy.

M. de Guerchy est arrivé aujourd'hui de Maëstricht au lever du Roi; il a été trente-neuf heures en chemin. On l'attendoit dès hier, mais M. le maréchal de Saxe n'a pu le faire partir plus tôt. La capitulation même n'étoit pas entièrement finie, parce qu'il restoit à régler l'article des magistrats et de la ville; et que comme il y a une partie de la ville de Maëstricht qui appartient à l'évêque de Liége, il a été nécessaire d'entrer dans des discussions qui n'étoient pas encore finies. Cependant tout étoit convenu pour la garnison, à qui on accorde les honneurs de la guerre. L'ouvrage à cornes n'étoit point pris, mais il ne vaut rien. D'ailleurs le corps de la place n'étoit point entamé. M. d'Aylwa a envoyé demander les ordres du stathouder. Le stathouder auroit bien voulu avoir vingt-quatre heures pour envoyer aux États-Généraux, mais M. le maréchal de Saxe avoit refusé ce délai. Sur la réponse du stathouder, M. d'Aylwa a assemblé un conseil de guerre, qui a duré cinq heures; c'est ce qui a retardé le départ de M. de Guerchy. M. le maréchal de Saxe, ennuyé de ce que le gouverneur ne se déterminoit pas, lui a fait dire qu'il alloit faire recommencer à tirer. Le drapeau blanc étoit arboré et les gardes françoises devoient prendre possession des portes hier. M. de Guerchy a apporté au Roi la lettre de M. d'Aylwa à M. le maréchal de Saxe.

La capitulation prématurée de Maëstricht et les bruits de l'armée ont fait dire dans tout Paris que les préliminaires de la paix sont signés; on dit que la France, l'Angleterre et la Hollande ont signé, mais que la cour de Vienne, l'Espagne et le roi de Sardaigne n'ont pas voulu signer. Ces raisonnements peuvent bien être fondés, mais les ministres ici ne conviennent de rien. Maëstricht rendu est la seule nouvelle du jour.

Du jeudi 9, Versailles. — Il n'y a point de nouvelles de l'armée depuis le 5. La suspension subsistoit, et malgré cela il y a eu un petit combat entre un de nos détachements et des hussards ennemis, mais la perte a été médiocre de part et d'autre.

M. de Vérac, fils du lieutenant général, et officier dans les chevau-légers, vient de mourir à Paris, pour avoir pris depuis deux ans des remèdes d'un empirique.

Mme de Champagne est un peu moins mal.

La charge de grand fauconnier a été donnée à M. le duc de la Vallière; il a fait son remerciment aujourd'hui au Roi, au retour de la chasse. On dit que le Roi a donné sur la charge une pension à M^m des Marets, et que l'on a retranché le droit qu'avoit le grand fauconnier de vendre les charges de la fauconnerie. Je crois que l'on a ôté aussi les priviléges attachés aux dites charges.

Il paroît décidé que la cour ira à Compiègne au mois de juillet.

Le Roi ira mercredi 15 de ce mois à Crécy pour jusqu'au 18.

M. le duc de Penthièvre qui étoit sur son départ pour aller en Bretagne n'y va plus.

M. de Cyoïa, ministre de Modène, part ces jours-ci pour Aix-la-Chapelle.

M. le maréchal de Belle-Isle revient aujourd'hui de Bizy, et prend congé demain pour retourner en Italie; on le presse de partir.

Du vendredi 10, *Versailles.* — Le courrier de la capitulation de Maëstricht est arrivé ce main; c'est M. de Bisemont, qui est dans l'état-major. Nos troupes ne sont entrées que le 9 dans la ville. La garnison a les honneurs de la guerre, mais les Autrichiens sont traités différemment des Hollandois. Ceux-ci avoient demandé 20 pièces de canon aux armes de la reine de Hongrie, et des chariots couverts, ce qui leur a été refusé. On m'a dit cependant qu'ils avoient eu quelques pièces de canon. M. d'Aylwa en a eu 4 pour lui. Les Hollandois ont eu 4 ou 8 pièces de canon, je ne sais pas précisément lequel des deux; ils ont eu quelques mortiers et quelques chariots couverts; d'ailleurs il n'y a point de suspension avec la reine de Hongrie, et nous l'éprouvons de la part des hussards, qui nous tirent tous les jours quelques coups de fusil.

On veut douter du voyage de Compiègne; le Roi en effet ne l'a pas déclaré et a dit même à M. de Tournehem qu'il n'avoit point encore d'ordre à lui donner; mais je ne le crois pas moins assuré, et il me paroît que l'on y compte. Le Roi veut y rester cinq semaines, et être ici le 15 d'août pour tirer des perdreaux. Il y aura, comme je l'ai marqué, Crécy mercredi jusqu'à samedi; la semaine suivante, le mardi vraisemblablement, Choisy; ensuite des voyages de chasse à Rambouillet pendant tout juin; et Fontainebleau au mois de septembre.

La charge de grand fauconnier, dont les appointements sont de 24,000 livres, est réduite premièrement à 21,000 livres, parce qu'il y a 6,000 livres sur la cassette dont on retranche la moitié; outre cela, le Roi donne une pension à la veuve sur la charge; on croit qu'elle sera de 6,000 livres; resteroit à 15,000 livres; mais quoiqu'on supprime la vente au profit du grand fauconnier des charges principales, on lui en laisse quelques petites, dont le revenant bon est estimé année commune à 2,000 livres; ainsi son revenu sera de 17,000 livres.

M. le maréchal de Belle-Isle a pris congé aujourd'hui, et part lundi.

Du samedi 12, Versailles. — Il vient d'arriver un courrier de Gênes parti du 3, dépêché à M. le maréchal de Belle-Isle seulement par M. de Mirepoix, et qui comptoit trouver M. de Belle-Isle à Lyon; ainsi il n'apporte point de lettres pour M. d'Argenson. La tête de l'armée ennemie est actuellement sur le Taro. M. le maréchal de Belle-Isle compte que nous avons 41 bataillons, tant françois qu'espagnols, les françois tous complets, et les espagnols à près de 600 hommes chacun. Il en faut 9 pour Gênes et 5 environ pour la garde des places; ainsi reste à 27 en campagne, et c'est assez pour s'opposer aux entreprises des ennemis.

L'armistice est bien en effet par terre et par mer, comme dit la Gazette, mais il faut le temps d'instruire ceux qui le doivent être; et ce temps est plus ou moins long, suivant la distance des lieux.

On compte que les ennemis marchent sur la rivière du Levant avec 65 bataillons. La reine de Hongrie en a en tout 85 en Italie, dont 13 du côté de Lestri de Ponente, et 52 du côté du Levant.

Du mardi 14, Versailles. — M. le prince Charles vint hier rendre compte au Roi de la mort de M. le duc d'Elbeuf, arrivée la veille ; il est mort à sa terre d'Elbeuf, en Normandie ; il avoit près de quatre-vingt-sept ans. Son frère, le prince d'Elbeuf, qui a près de soixante et onze ans, hérite du duché. J'ai parlé l'année passée de son mariage avec Mme de Coëtenfaö (Rougé-du-Plessis-Bellière) ; il n'a point d'enfant et n'en aura vraisemblablement pas : ainsi on peut regarder ce duché comme prêt à s'éteindre. Par cette mort, M. le prince Charles entre en pleine puissance du gouvernement de Picardie, dont il avoit la survivance.

Mme la princesse de Talmond présenta hier au Roi et à la Reine milady Ogilwi ; c'est une dame écossoise, fort grande, point jolie ; elle n'a que dix-neuf ans, quoiqu'elle en paroisse d'avantage ; elle est grosse, prête d'accoucher ; elle compte aller faire ses couches en Angleterre, si elle peut obtenir un passe-port, afin que l'enfant dont elle accouchera puisse hériter des biens de la maison d'Ogilwi, dont elle est aussi, et qui est une des maisons les plus considérables d'Écosse. Milady Ogilwi a donné au prince Édouard de grandes preuves de son attachement pour ses intérêts ; elle lui a mené des troupes, elle l'a suivi dans ses expéditions ; enfin elle a été prise et conduite à la Tour de Londres, et s'en est sauvée déguisée en blanchisseuse ; elle fut quelques jours cachée dans Londres, changeant tous les jours de maison. On prétend que dans cet état elle eût l'imprudente curiosité d'aller voir le palais de Londres, qu'elle croyoit devoir être bientôt le séjour du prince Édouard. Enfin elle a trouvé le moyen de se sauver en France avec son mari, qui est entré au service de France et à qui on a donné un régiment. Son beau-père est actuellement condamné comme rebelle, et par conséquent ses biens sont confisqués de droit, à moins que Mme Ogilwi ne mette son enfant en état de les recueillir en accouchant en Angleterre, sans quoi l'enfant ne pourroit pas hériter, suivant les lois de ce royaume. Mme de Talmond s'est chargée de cette présentation parce qu'elle est extrêmement amie et outre cela parente du prince Édouard.

Le gouvernement de Saint-Jean-Pied-de-Port, qu'avoit feu M. de Terlay, fut donné il y a quelques jours à M. Maulevrier-Colbert, qui est très-digne des bontés du Roi par ses services et ses malheurs. C'est lui dont le fils unique, qui avoit épousé Mlle Chauvelin, mourut il y a peu de temps, dans le moment que son père arrivoit d'Italie, où il sert sous les ordres de M. le maréchal de Belle-Isle, qui estime beaucoup M. de Maulevrier et a extrêmement sollicité en sa faveur. Ce gouvernement valoit 2,000 écus de plus à M. de Terlay qu'il ne vaudra à M. de Maulevrier, parce que M. de Terlay avoit une pension de cette somme sur le trésor royal ou sur l'ordre de Saint-Louis, et qu'il avoit obtenu d'en être payé par augmentation sur son gouvernement.

M. de Terlay, qui étoit cordon rouge, avoit 4,000 livres en cette qualité. Ces 4,000 livres ont été données à M. de Cernay, qui a eu le bras coupé, comme je l'ai marqué dans le temps, et à qui le Roi avoit accordé la permission de porter le cordon rouge.

J'ai marqué ci-dessus que Mme de Lauraguais changeoit d'appartement avec M. de Rubempré. J'ai su depuis que M. de Rubempré étant fort attaché à son logement, tant parce qu'il l'a fait accommoder que par la commodité de sa position pour son service, a demandé et obtenu de le conserver; cela s'est fait de concert avec Mme de Lauraguais. Il n'est pas moins décidé que Mme de Lauraguais quitte son appartement, mais on ne sait pas encore celui que le Roi lui donnera.

Le mariage de M. de Gramont se fit, à Paris, mardi ou mercredi dernier.

Du mercredi 15, *Versailles*. — Je n'ai su qu'aujourd'hui que le Roi donna avant-hier un appartement à Mme de Lauraguais. C'est celui qu'avoit feu M. le comte de Coigny, dans l'aile neuve; c'est le premier à droite dans la petite galerie, à laquelle on arrive par quinze ou seize marches en venant de la galerie qui est au niveau du bas de la chapelle. Ce logement étoit celui du feu maréchal d'Estrées; il a été occupé par M. de Prie, par Mme d'Alègre, dame d'honneur de Mlle de la Roche-sur-Yon, par Mme de Conflans, sœur de Mme d'Armentières; le Roi l'avoit donné au petit de Vintimille, et en dernier lieu [il donna] à M. le maréchal de Coigny le logement qui est immédiatement après celui-là, et qui étoit à feu la maréchale d'Estrées, et celui-ci, à M. le comte de Coigny; Mme la comtesse de Coigny n'avoit point de logement, et par cet arrangement le Roi lui en donne un, qui est celui que quitte Mme d'Estrades, et dont j'ai parlé ci-dessus. Le Roi lui a donné aussi une pension de 8,000 livres.

Aujourd'hui le Roi est parti vers midi, après le conseil d'État, pour aller à Crécy.

Du vendredi 17, *Versailles*. — J'avois voulu écrire au 9 mars quelques détails sur les charges de premier aumônier et de grand aumônier, à l'occasion de M. le prince Constantin; mais non-seulement je ne suis pas assez instruit des droits de ces deux charges, mais outre cela même je ne sais pas si ces droits sont bien constatés. M. l'archevêque de Rouen prétend qu'il est le premier exemple d'un premier aumônier qui ait prêté serment entre les mains du Roi (parce que c'étoit dans le moment de la création de la maison), sans cela ç'auroit été entre les mains de la Reine, et non entre les mains du grand aumônier; que ç'avoit été une honnêteté que lui avoit faite M. l'évêque de Fréjus, alors grand aumônier; qu'il avoit voulu avoir la même politesse pour le petit-neveu de M. de Fréjus; et que lorsque M. l'abbé de Fleury avoit été nommé premier aumônier, il s'en alla à Pontoise pour pouvoir dire qu'il étoit dans son diocèse, et que M. l'abbé de Fleury pût prêter serment sans difficulté entre les mains de la Reine ; qu'il ne fit même cette démarche qu'après en avoir rendu compte au Roi, qui l'approuva. M. l'archevêque de Rouen m'a ajouté que lorsqu'il prêta serment entre les mains du Roi, comme je viens de le dire, il fut donné à M. l'évêque de Fréjus une reconnoissance portant que cette prestation de serment du premier aumônier ne préjudicieroit point aux droits de la charge de grand aumônier. Cependant ce droit du grand aumônier me paroît mériter éclaircissement. Il est certain que quoique le premier aumônier ne dépende point du grand aumônier, il ne peut prendre l'ordre de la Reine quand le grand aumônier l'a reçu, et que le grand aumônier seroit en droit à la rigueur de lui ôter tout service qui ne seroit pas commencé ; mais quoique ces mêmes droits existent chez le Roi, le premier aumônier prête sans difficulté serment entre les mains de S. M. Il seroit peut-être difficile de trouver des exemples anciens, parce que les papiers de M. de Guénégaud, secrétaire de la maison du Roi, furent brûlés en 1670. Il est constant que Marie-Thérèse n'est point la première Reine qui ait eu un grand aumônier. On trouvera ci-après (1) les grands et les premiers aumôniers de la reine Anne d'Autriche ; mais on ne voit point si les premiers aumôniers ont prêté serment entre les mains des grands aumôniers.

Du mercredi 22. — Dimanche dernier, Mme la duchesse de Gramont (Biron) présenta sa nouvelle belle-fille, Mme la comtesse de Gramont (de Faoucq), qui n'est pas jolie.

M. de Lussan, colonel du régiment de Soissonnois,

---

(1) Le duc de Luynes cite un passage de l'*Histoire ecclésiastique de la chapelle des rois de France*, par l'abbé Archon, 2 vol. in-4°. Paris, 1711 ; — t. II, p. 791.

a pris congé aujourd'hui pour aller joindre son régiment en Dauphiné. Il est l'aîné de la maison d'Aubeterre, dont le nom est Esparbès; et il prend actuellement le nom d'Esparbès. Il dit que c'est le Roi qui l'a voulu.

Du samedi 25, *Versailles.* — M. de Puisieux a reçu aujourd'hui les ratifications d'Angleterre et d'Hollande.

Il est vraisemblable que l'on est instruit depuis plusieurs jours des dispositions favorables de la cour de Vienne pour accéder aux préliminaires; car le Roi déclara il y a trois jours qu'il iroit à Compiègne tout au commencement de juillet : ce doit être le 4 ou le 6. S. M. doit y rester jusqu'à la Notre-Dame d'août. La décision de ce voyage dépendoit de la détermination de la reine de Hongrie, à cause de la continuité de bois, presque non interrompue, qu'il y a depuis la forêt de Compiègne jusqu'à celle de Soigne.

Le départ du Roi pour Choisy est toujours demain pour jusqu'à vendredi; on dit que c'est le dernier voyage.

Du lundi 27, *Versailles.* — On apprit hier la mort de Mme la comtesse de Maillé; elle est morte à Paris, grosse de six mois et âgée de trente-sept ans; elle avoit épousé en premières noces M. Hennin, dont elle n'a eu qu'une fille, qui est la femme de M. de Muys, premier maître d'hôtel de Mme la Dauphine. M. de Maillé, son second mari, dont elle a eu deux filles, est frère de Mme de Sade, et par conséquent fils de Mme de Carman, dame d'honneur de Mme la Duchesse (Hesse-Rhinfeld).

J'ai toujours oublié d'écrire que le Roi, désirant que Mme Victoire eût pour son instruction quelqu'un dont l'habileté et la sagesse fussent connues, a choisi pour cette commission M. Hardion, qui est de l'Académie, qui sait plusieurs langues et demeure toute l'année à Versailles, étant chargé de la bibliothèque particulière du Roi et de ses pierres gravées.

J'ai aussi oublié de marquer que jeudi dernier, jour

de l'Ascension, il n'y eut point de grande messe du Roi. La Reine alla à la grande messe des Missionnaires, comme elle fait presque tous les dimanches et fêtes ; elle retourna à la messe à midi et demi. Le Roi entendit la messe à sa tribune comme à l'ordinaire.

Du mardi 28, *Versailles.* — Je ne sais que depuis fort peu que le Roi a réglé 100,000 livres par an pour Mme Victoire. Cette somme comprend ses menus plaisirs, ses habits et son linge ; et c'est Mme la maréchale de Duras qui est chargée de tout ce détail (1).

Je viens d'apprendre dans le moment, par une lettre de Mme la maréchale de Belle-Isle, que le Roi a accordé la dignité de pair de France à M. le maréchal de Belle-Isle.

Il paroît que toutes les puissances belligérantes, soit par la nécessité des circonstances, soit par l'attitude de la guerre, se porteront à accéder aux articles préliminaires signés le 30 avril à Aix-la-Chapelle, les recrues que la reine de Hongrie envoyoit en Flandre et en Italie ayant eu ordre de suspendre leur marche.

Je n'appris qu'hier la mort de Mme du Plessis-Bellière, mère de feu M. du Plessis-Bellière, qui avoit épousé Mlle d'Albert, ma cousine germaine, et de Mme de Coëtenfao, aujourd'hui princesse d'Elbeuf.

---

(1) Mesdames ont 4,000 livres par mois pour leurs menus plaisirs, comme je l'ai marqué. Cette somme leur est payée par le garde du trésor royal. Mme Victoire n'a que 1,000 écus par mois pour ses menus plaisirs. Le garde du trésor royal apporte en même temps les 1,000 écus de Mme Victoire, qu'il remet à Mme la maréchale de Duras. Outre cela et les 64,000 livres qui font les 100,000 livres au total, le Roi a fait donner 72,000 livres à Mme la maréchale de Duras, à l'arrivée de Mme Victoire, pour les habits et le linge. Toutes ces sommes sont remises directement à Mme de Duras, laquelle paye aussi directement les marchands et ouvriers, donne pour Mme Victoire l'argent dont elle a besoin pour jouer ou pour des gratifications ; et lorsque Mesdames font donner quelque argent ou à ceux qui leur apportent des présents, ou pour des aumônes, cet argent est payé par la première femme de chambre de Madame (Mme de Rémond) ; Mme la maréchale de Duras fait rendre à Mme Rémond le tiers de la somme pour Mme Victoire. (*Addition du duc de Luynes,* datée du 13 juillet.)

Du mercredi 28, *Versailles*. — Le Roi reçut avant-hier, à Choisy, un courrier par lequel il apprit que la reine de Hongrie avoit accédé aux préliminaires de paix signés le 30 avril à Aix-la-Chapelle. Nous ne l'apprîmes qu'hier au soir par le retour de M. le Dauphin, qui avoit été dîner à Choisy.

Du jeudi 30, *Versailles*. — Il y a cinq ou six jours que les ouvrages de l'église de Saint-Louis ont été arrêtés, parce que M. de Muy, qui a les économats, n'a point de fonds pour continuer cet édifice, dont la dépense jusqu'à présent a été presque toute prise sur les revenus des économats.

JUIN.

Baptême du fils du comte de Tresmes. — Cérémonie des chevaliers. — Le Roi à Dampierre; il y soupe et fait lui-même son café. — Louis XV accorde les grandes entrées au duc de Luynes. — Détails sur le voyage du Roi à Dampierre. — Détails sur la signature des préliminaires d'Aix-la-Chapelle. — M. de Béthune nommé mestre de camp général de la cavalerie. — Serment prêté par les cardinaux. — Indisposition du Dauphin. — M. de Castries nommé commissaire général de la cavalerie. — Logement donné à Mme d'Egmont. — Maladie de la duchesse d'Ayen. — Le Roi soupe à La Celle. — Prix de la charge de commissaire général de la cavalerie. — Mariage de M. d'Aremberg. — Mort de Mme de Saint-Chaumont. — Fête-Dieu et procession. — Mort de Mme de Champagne. — Détails sur la signature des traités. — Mort du grand prieur et détails sur ce personnage et ses revenus. — Affaires des loups et du maître des eaux et forêts d'Amboise; à quoi est employé l'équipage de louveterie du Roi. — Procession. — Le Roi ne prend pas le deuil pour le grand prieur. — M. d'Humières se démet du gouvernement de Compiègne, qui est donné au duc d'Aumont. — Régiment Royal-Bavière. — Le Roi soupe à La Celle. — Mme Victoire commence à aller à la chasse. — Suite de l'affaire du maître des eaux et forêts d'Amboise. — Visite de Mesdames à Saint-Cyr.

Du mardi 4 *juin, Dampierre*. — Le 30 du mois dernier, le fils de M. le comte de Tresmes reçut les cérémonie du baptême à Paris; il fut tenu par M. le prévôt des marchands au nom de la Ville et par Mme la maréchale de Montmorency, sa grande-mère. La Ville fit un présent de 15,000 livres à la mère et de 10,000 livres à l'enfant.

Dimanche 2 de ce mois, il n'y eut que la cérémonie des chevaliers, à l'ordinaire, et point de chapitre. Ce fut M. l'abbé d'Harcourt qui officia ; Mme d'Herbouville, fille de Mme de Cambis, quêta. Le prédicateur fut un chanoine de l'église de Toul, que l'on appelle Roland ; il a fort peu de voix, de sorte qu'on l'entendoit très-difficilement et que l'on n'a pas pu trop juger de son sermon ; par ce que l'on a entendu de son compliment, il paroît qu'il est assez bien. Il n'y avoit à la cérémonie que vingt-deux ou vingt-trois chevaliers.

La veille il y avoit eu les premières vêpres à l'ordinaire. Le Roi et la Reine les entendirent de la tribune suivant l'usage. Le jour de la cérémonie, la Reine étoit à la tribune en haut, en grand habit et se mit sur le drap de pied avec Mme la Dauphine et Mesdames.

Dimanche, après la cérémonie, M. de la Vallière prêta serment entre les mains du Roi pour la charge de grand fauconnier.

Je viens d'apprendre dans le moment que M. de Puisieux arriva hier chez le Roi, à onze heures du soir, au sortir du grand couvert, et travailla un moment avec S. M. Le Roi a dit que la reine de Hongrie avoit accédé aux préliminaires.

Du mercredi 5, Dampierre. — Le Roi arriva hier ici, à six heures et demie ; il entra dans la maison, et vit presque tous les rez-de-chaussée. Il avoit amené avec lui Mmes de Pompadour et d'Estrades, MM. d'Ayen, de Bouillon, de Fleury, de Soubise et de Luxembourg ; M. de Chaulnes et Mme d'Egmont étoient arrivés avant le Roi ; M. le président Hénault et M. l'abbé de Salabéry étoient restés ; le Roi parut le trouver bon, et les traita avec beaucoup de bonté. Il étoit environ sept heures quand le Roi sortit avec les Dames et ceux qui avoient eu l'honneur de le suivre. La foule du peuple dans les cours et dans les jardins étoit très-grande. Le Roi alla à pied le long de la pièce d'eau par le côté du grand parc et entra dans l'île, dont il parut content. Il vit tous les cabinets, et resta un bon quart d'heure au moins à se promener dans l'île ; il passa et repassa le va-et-vient ; la chaloupe suivoit et trois calèches. S. M. alla dans le nouveau plant par delà l'île jusqu'à la grille, et sortit un moment du jardin pour avoir le coup d'œil de la patte d'oie du plant de Senlisse. Le Roi revint ensuite par le même côté de la pièce d'eau jusqu'au plant qu'on appelle Plant-Neuf, et monta à la salle des tilleuls. Il ne voulut point entrer dans le grand parc, qu'il a déjà traversé en allant à la chasse. Il suivit la route qui mène à l'étoile des charmilles, et parut content de cette étoile. Il entra dans la dernière des Chimères (1), descendit au bassin de décharge, entra dans le quinconce, traversa le canal dans le va-et-vient, se promena dans le petit bois, et rentra dans la maison par le parterre à l'angloise. Il voulut voir tous les appartements, même les hauts. Il se mit à table avant neuf heures ; Mme de Luynes lui présenta la serviette ; j'eus l'honneur de le servir pendant près d'une demi-heure ; il m'ordonna ensuite de me mettre à table. Il fut de fort bonne humeur pendant le souper et parut le trouver bon ; il resta à table jusqu'à onze heures et un quart. Il prit son café au sortir de table ; c'est du café qu'il fait lui-même ; il l'avoit commencé avant souper, et le finit pendant qu'il étoit à table. Il fit assez longtemps la conversation après souper, et fut assez touché d'une illumination qu'il trouva au sortir de table, qui en effet faisoit un bel effet, sans former d'autre dessin que celui du parterre. Il joua à la comète avec Mme de Pompadour contre MM. de Soubise et de Luxembourg.

---

(1) Les Chimères sont les bosquets situés entre le fer à cheval et l'extrémité du grand canal ; ces bosquets existent encore.

Il y eut un reversis de Mme d'Estrades, M. d'Ayen, M. de Chaulnes et moi. Le Roi alla se coucher un peu avant deux heures; il s'est levé ce matin sur les neuf ou dix heures, mais il n'a appelé qu'à onze heures passées. Il a entendu la messe à onze heures trois quarts, et est parti pour la chasse fort peu de temps après. Il est impossible de paroître plus à son aise, plus gai et plus content qu'il a paru l'être; et nous ne pouvons assez nous louer des marques de ses bontés. S. M. voulut bien me donner les grandes entrées chez lui pendant le temps de son séjour à Dampierre.

Du jeudi 6, Dampierre. — Comme Dampierre est sur le chemin de presque toutes les chasses que le Roi fait entre Versailles et Rambouillet, non-seulement S. M. connoissoit le pays, mais il avoit vu le château sans cependant entrer jamais. Il avoit passé le long de la pièce d'eau en venant de Rambouillet, tourné sur la chaussée, sans vouloir s'arrêter, et traversé le parc pour aller courre aux bois du Tartelet. Une autre fois, en revenant de la chasse à cheval, il étoit entré dans l'avant-cour. Toutes ces différentes occasions, ce qu'il avoit entendu dire de la maison à l'occasion des voyages que la Reine, M. le Dauphin et Mesdames ont bien voulu y faire, et encore plus l'empressement que je lui avois toujours marqué qu'il voulût bien un jour m'honorer de sa présence, lui avoit fait former le projet d'y venir; il me faisoit l'honneur de me dire souvent que ce projet étoit de difficile exécution pendant la guerre; peu de temps après la signature des préliminaires, le Roi voulut bien se souvenir de ce qu'il m'avoit fait espérer; il me parloit souvent de Dampierre, et me demandoit en badinant quand je voulois qu'il y allât. Enfin il me fit dire pendant le dernier voyage de Choisy que si cela convenoit à nos arrangements, à Mme de Luynes et à moi, qu'il pourroit y venir coucher le mardi de la Pentecôte, ajoutant avec bonté qu'il différeroit ce voyage si nous le désirions.

On peut croire que la première proposition fut acceptée avec joie et reconnoissance.

Le Roi arriva donc mardi à six heures et demie, dans une gondole, avec Mmes de Pompadour et d'Estrades, MM. d'Ayen, de Bouillon, de Fleury, de Soubise et de Luxembourg. Mme de Livry devoit être du voyage, mais elle ne fut point avertie. Mme de Cambis et Mme d'Herbouville, qui étoient revenues ici avec Mme de Luynes dès le dimanche, étant assez peu connues du Roi, étoient reparties quelques heures avant l'arrivée de S. M. Mme d'Egmont étoit venue exprès avant le Roi. M. de Chaulnes s'étoit rendu aussi ici. Mon fils n'y étoit point, parce qu'il n'est pas encore arrivé de l'armée; on lui a cependant envoyé son congé; le Roi me fit l'honneur de me le dire en arrivant. Pour Mme de Chevreuse, elle n'est pas en état d'y venir, à cause de sa grossesse. M. le chevalier de Manherbe, aide-major des gardes du corps, étoit arrivé quelques heures avant le Roi; il étoit arrivé aussi un détachement de douze gardes du corps. Il en arriva douze autres avec S. M. Le Roi a bien voulu n'amener personne de la faculté, pour ne pas multiplier les logements. Il a amené seulement quatre officiers des gardes du corps, deux chefs de brigade et deux exempts, un écuyer cavalcadour, un écuyer de quartier, un chirurgien de quartier, un premier valet de chambre, deux garçons de la chambre, un porte-manteau, quatre pages, quatre valets de pied, deux grands et deux petits, cinq cochers, cinq postillons, cinq garçons d'attelage. Il y avoit pour la personne ou la suite du Roi soixante chevaux qui logèrent dans mon écurie; il y logea outre cela un attelage de la Reine qui étoit venu amener une gondole avec des officiers de cuisine et d'office. Je ne compte pas dans les soixante chevaux ceux des gardes du corps.

Les trois calèches qui suivirent à la promenade ne servirent qu'à Mme de Luynes, à Mme d'Egmont et à deux ou trois hommes; Mmes de Pompadour et d'Estrades suivirent le Roi à pied.

M. le président Hénault et M. l'abbé de Salabéry avoient dîné; ils ne soupèrent point suivant leur usage.

On avoit donné la grande salle pour servir de salle des gardes; il y eut seulement six gardes qui couchèrent dans des lits de sangle dans le vestibule; les autres couchèrent dans la grande salle.

On trouvera ci-après l'arrangement de la table du Roi et le détail des autres tables.

M. le président Hénault et M. l'abbé de Salabéry ne jouèrent point après le souper; ils allèrent se coucher de bonne heure. MM. les officiers des gardes jouèrent au piquet et à la comète dans un salon auprès de celui où jouoit le Roi.

Le Roi se leva et entendit la messe, comme je l'ai marqué; il n'avoit amené ni aumônier, ni chapelain, ni même apporté de livre. Ce fut moi qui lui prêtai un livre et qui eus l'honneur de le lui présenter. Ce fut M. le curé de Dampierre qui dit la messe, assisté de son vicaire et de mon aumônier. Il n'y eut point de gardes dans la chapelle; seulement M. le duc d'Ayen, M. de Manherbe, Mme de Luynes et plusieurs hommes, et la porte fut fermée. Fort peu de temps après la messe, le Roi partit pour aller courre le cerf au Plein-Veau à deux lieues d'ici. Le Roi a paru satisfait de l'empressement que nous lui avons marqué pour tout ce qui pouvoit lui plaire.

A la table du Roi étoient Mme de Pompadour à sa droite, Mme de Luynes à sa gauche; à la droite de Mme de Pompadour et tout de suite en tournant jusqu'à Mme de Luynes; M. de Soubise, M. de Luxembourg, moi, M. de Fleury, M. de Chaulnes, Mme d'Egmont, M. de Bouillon, Mme d'Estrades et M. d'Ayen.

La table où mangèrent les officiers des gardes étoit dans la grande salle; ceux qui y mangèrent furent MM. de

Saumery et d'Espaux, chefs de brigade, MM. d'Espinchal et de Sesmaisons, exempts, M. Marchais, premier valet de chambre, M. de Billy, premier garçon de garde-robe, M. de Croismare, écuyer de la petite écurie, et M. le chevalier de Rupière, écuyer de quartier.

Il y avoit une autre table dans l'antichambre de la chambre jaune; cette table étoit tenue par Randel, et étoit composée de M............, garçon de garde-robe, M............, autre garçon de garde-robe, M. de Courtemer, porte-manteau, M. de Boiscaillaud, chirurgien de quartier, le sieur Robert, barbier du Roi, les quatre pages du Roi, deux mousquetaires qui estoient venus coucher à Dampierre pour l'ordre du lendemain (le gendarme et le chevau-léger n'arrivèrent que le mercredi). Les deux tables dont je viens de parler furent servies à peu près en même temps que celle du Roi. Il y avoit outre cela deux tables pour les gardes du corps servies à une heure l'une de l'autre.

Du vendredi 7, Versailles. — M. de Saint-Séverin arriva avant-hier à Versailles; il vient d'Aix-la-Chapelle, et ne compte rester ici que peu de jours.

J'ai marqué ci-dessus (suivant ce qu'on m'avoit dit) qu'étant retourné chez lui le jour de la signature, on l'avoit envoyé prier de revenir. Il m'a dit que ce fait n'étoit pas vrai; qu'il avoit suivi pendant quinze jours ou trois semaines un premier plan et que, le succès lui paroissant plus difficile et plus long, il s'étoit déterminé à un second, qui avoit concilié tous les esprits, et que la signature des préliminaires avoit été l'affaire de deux jours; qu'à la vérité le 30 on n'avoit signé qu'à minuit. M. de Saint-Séverin, qui je crois n'a guère que quarante-cinq ans, est actuellement le plus âgé de tous les ministres qui sont à Aix-la-Chapelle.

Du samedi 8, Versailles. — Il y a environ huit jours que l'affaire de M. de Béthune est terminée; le Roi lui a donné la charge de mestre de camp général de la cavalerie. Feu M. de Bissy avoit un brevet de retenue de 200,000 livres sur cette charge; le Roi a bien voulu, outre ces 200,000 livres, donner 50,000 livres de plus au père, pour aider à payer les dettes de son fils. Ces 250,000 livres seront payées par celui qui aura la charge de commissaire général de la cavalerie, qui n'est pas encore donnée. M. de Béthune n'avoit que 120,000 livres de brevet de retenue sur la charge de commissaire général.

Du dimanche 9, Versailles. — Il y a huit jours que M. le cardinal de la Rochefoucauld prêta serment entre les mains du Roi. C'est un usage constant que les archevêques ou évêques, lorsqu'ils sont cardinaux, prêtent un nouveau serment. Anciennement, la nomination au cardinalat rendoit vacant l'évêché du prélat nommé. Il y a environ trois cents ans qu'un archevêque de Rouen fit supprimer cet usage. Celui qui a été substitué est que tous les bénéfices à la nomination de celui qui y a été nommé tombent en régale, c'est-à-dire que le Roi y nomme de plein droit. Le Roi a bien voulu donner une surséance à M. le cardinal de la Rochefoucauld parce qu'il étoit à Rome.

M. le Dauphin nous donna de l'inquiétude avant-hier. Il avoit eu un peu d'indigestion jeudi dernier. Il se baigna vendredi de fort bonne heure, et alla à onze heures un quart au lever du Roi. L'après-dînée il alla dans la forêt de Saint-Germain, où il se promena à pied, mais pas assez longtemps pour se fatiguer. Il revint pour le grand couvert, étant dans un accablement très-effrayant; il avoit mal à la tête et de la fièvre. Le pouls ne fut pas net hier; toute la journée il demeura dans son lit. Il est parfaitement bien aujourd'hui; il s'est levé, il a fait diète et beaucoup bu; il doit être purgé après demain.

Mme la duchesse d'Ayen (Brissac) est assez mal; elle a été saignée quatre fois, grosse de huit mois; elle est accouchée d'un garçon, qui est mort, et l'on craint encore pour elle.

Nous venons d'apprendre par M. le duc de Fleury que le Roi a accordé à M. de Castries, son beau-frère, la charge de commissaire général de la cavalerie. M. le marquis de Béthune, qui avoit acheté cette charge de M. de Bissy, lorsque celui-ci eut obtenu celle de mestre de camp général qu'il acheta de M. le maréchal de Tonnerre, a obtenu depuis huit jours celle de mestre de camp général, comme il est dit plus haut.

Nous apprîmes hier que le Roi a donné à Mme la comtesse d'Egmont (Duras) l'appartement de M. le duc de Lauraguais, qui est auprès de celui que Mme d'Estrades vient d'avoir. Mme d'Egmont logeoit depuis trois ou quatre ans dans la petite galerie qui donne dans celle de M. le cardinal de Rohan; ce logement faisait partie de l'appartement de M. et de Mme de Saint-Simon; et avant cela elle étoit logée dans la galerie au-dessous de l'appartement qu'elle quitte dans l'aile neuve. L'appartement que quitte Mme d'Egmont a été donné à M. de Lauraguais.

Du lundi 10, *Versailles.* — On a appris ce matin que Mme la duchesse d'Ayen a la petite vérole; M. le duc d'Ayen reste à Paris; M. le maréchal de Noailles est revenu aujourd'hui, n'ayant pas vu sa belle-fille.

Le Roi est allé aujourd'hui souper à la petite maison de Mme de Pompadour à La Celle, qu'on appelle le petit château; c'est à une lieue d'ici.

J'ai parlé ci-dessus de la charge de commissaire général de la cavalerie. M. de Castries ne la paye que 250,000 livres, qui sont, comme je l'ai expliqué, le brevet de retenue et les 50,000 livres accordées à M. de Bissy le père; mais il ne pourra la vendre que 200,000 livres, et il n'a que 100,000 livres de brevet de retenue, au lieu que M. de Béthune avoit 50,000 écus.

Du mardi 11, *Versailles.* — Le mariage de M. d'Aremberg avec Mlle de la Mark se fit hier, à Paris. M. d'Aremberg est au service de l'impératrice-reine, et fils de la sœur de M. d'Egmont, père de Mme de Chevreuse. Il n'est point à Paris; le mariage s'est fait par procuration : c'est M. le duc de Rohan qui en a été chargé; il est cousin germain du père de la mariée. Mme de la Mark, mère du comte Louis, étoit sœur de M. le prince de Léon, père de M. le duc de Rohan. Le comte Louis a épousé en secondes noces Mlle de Noailles, dont il n'a point d'enfant; mais il avoit épousé en premières Mlle de Bienassis, dont il a eu Mme d'Aremberg d'aujourd'hui. La nouvelle mariée doit partir incessamment pour aller en Flandre; sa belle-mère n'y va point; c'est son père qui la mène et Mme la princesse de Berghes, sa grande tante.

J'appris hier la mort de Mme de Saint-Chaumont; elle est morte à Paris; elle étoit Gruyn, sœur de Mme de Cambis; elle a été très-peu de temps malade. M. de Saint-Chaumont, son mari, qui est mort il y a peu de temps, étoit fils de M. le comte de Vienne, et je crois d'une demoiselle de Saint-Chaumont.

Mme de Saint-Chaumont laisse un fils, qui n'est point marié, et une fille, mariée depuis peu à M. de Custine; j'ai parlé de sa présentation.

Du jeudi 13, jour du Saint-Sacrement, Versailles. — Hier, il n'y eut point de concert; la Reine avoit dit qu'elle ne vouloit point de musique, à cause de la veille de la fête.

Aujourd'hui, le Roi est arrivé à la paroisse un peu après dix heures. M. le Dauphin, Mme la Dauphine et Mesdames, M. le duc de Chartres, M. le comte d'Eu et M. le duc de Penthièvre étoient à la procession avec S. M. La Reine a attendu la procession à la chapelle, et l'a suivie au retour. La grande messe a commencé à midi. M. le Dauphin ayant pris des eaux hier et avant-hier, le Roi a voulu qu'il eût un parasol à la procession; il étoit le seul homme qui en eût, car le Roi n'en porte jamais.

M. le duc de Chartres avoit une coiffure assez extraordinaire ; c'est une grande calotte noire, qu'il a par-dessus ses cheveux ; il a fait usage de cette calotte à l'armée ; il ne l'a ôtée aujourd'hui que dans les temps qu'il a été à couvert du soleil.

Du dimanche, 16, Versailles. — Mme de Champagne mourut avant-hier au soir ou hier matin, à Paris, après une très-longue maladie. Elle étoit fille de Mme de Donges et avoit été nommée dame de Mme la Dauphine à la création de la maison ; elle avoit environ trente ans ; elle avoit une figure fort agréable, et un caractère fort doux et fort aimable ; elle avoit beaucoup de vertu et de piété, dont elle a donné de grandes marques dans sa maladie. Elle avoit eu deux filles, dont il ne lui en reste qu'une ; elle n'avoit jamais eu de garçon, au moins qui ait vécu.

M. de Puisieux a fait prendre congé ce matin à M. de Saint-Séverin, qui retourne à Aix-la-Chapelle.

Toutes les gazettes marquent les articles des préliminaires. Je trouvai, il y a quelques jours, dans la gazette de Cologne, que M. de Sandwich, ministre du roi d'Angleterre, parle et signe le premier et avant M. de Saint-Séverin. J'ai demandé la raison de cette primauté à M. de Saint-Séverin, qui m'a dit que l'usage entre la France, la reine de Hongrie, l'Espagne, l'Angleterre et le roi de Sardaigne, étoit que chaque ministre a une expédition particulière des traités dans laquelle son maître parle le premier. Les républiques ne signent qu'après. La Hollande et Venise alternent entre elles pour la primauté comme les couronnes ; ce sont celles dont nous avons ici des ambassadeurs. A l'égard de celles dont nous n'avons que des envoyés, elles ne signent qu'après, comme Gênes. On remet à chacune des républiques autant d'expéditions du traité qu'il y a de têtes couronnées qui y ont signé, par rapport à cette préséance de signature. Si la Hollande n'avoit que l'expédition de l'Angleterre, où le ministre anglois parle le premier, il sembleroit qu'elle seroit dépositaire d'une preuve de préséance de l'Angleterre sur les autres puissances.

Du lundi 17, *Versailles*. — M. le grand prieur (1) mourut hier, à onze heures du matin, à Paris ; il étoit dans sa quarante-sixième année. Il avoit été ce que l'on appelle jeune, et peu occupé de ce qui regarde la religion ; mais depuis plusieurs années il avoit absolument changé de conduite. L'action la plus remarquable qu'il fit peu de temps après qu'il eut commencé à penser sérieusement, ce fut son raccommodement avec le bailli de Conflans, par qui il avoit été offensé d'une manière bien sensible, par des paroles peu mesurées qu'il tint dans un chapitre de l'Ordre. Le combat du grand prieur avec M. de Conflans, neveu du bailli, suivit de près cet événement ; le grand prieur y fut blessé très-dangereusement d'un coup d'épée, au travers du corps, qui s'arrêta dans les reins, et sa santé a toujours été mauvaise depuis cette blessure. Il est aisé de juger que le grand prieur et le bailli ne se trouvoient pas dans les mêmes endroits et évitoient de se voir. Cependant le grand prieur, reconnoissant que quelque choquante qu'eût été la réponse du bailli, c'étoit lui qui y avoit donné occasion (2), et par une générosité vraiment chrétienne, surmontant les obstacles de la nature les plus difficiles à vaincre, alla chez le bailli de Conflans, lui fit des excuses et lui demanda son amitié.

La santé du grand prieur étoit déjà mauvaise, lorsqu'en 1744 il voulut aller servir comme volontaire ; il fut blessé à la cuisse, au bord du Rhin, lorsque nous marchions aux ennemis qui avoient passé cette rivière et

---

(1) Jean-Philippe d'Orléans, fils naturel du Régent.
(2) Autant que je peux m'en souvenir, sur une proposition faite dans le chapitre par le bailli, le grand prieur en s'y opposant dit : « Cela seroit infâme » ; le bailli, qui étoit brusque jusqu'à l'excès, adressant la parole au grand prieur, lui dit : « Je ne connois ici d'infâme que vous. » (*Note du duc de Luynes.*)

étoient entrés en Alsace. La blessure, qui étoit considérable, fut très-longtemps à guérir, parce qu'un morceau de drap étant demeuré dans la plaie il fallut, après plus de deux mois, faire de nouvelles opérations. Quoique ce nouvel accident eût augmenté encore les incommodités du grand prieur, et qu'il fût réduit à ne vivre que de légumes, il voulut absolument, en qualité de général des galères, aller commander celles dont le Roi avoit besoin dans la Méditerranée. Il sentoit et disoit que c'étoit un moyen sûr d'abréger ses jours, mais que rien ne pouvoit l'arrêter, puisque c'étoit son devoir. Il a fait les deux dernières campagnes sur les côtes de Provence; il y a environ deux mois qu'il est tombé malade, d'une fièvre continue avec des redoublements. On prétend qu'il étoit assez déraisonnable sur les remèdes, non pas pour refuser d'en prendre, mais au contraire pour en prendre des doses plus fortes que celles qu'on lui ordonnoit. Il a donné de grandes marques de courage, de résignation et de piété dans cette dernière maladie. Il jouissoit d'un revenu considérable; le grand prieuré vaut environ 70,000 livres de rente; il tombe à la nomination du grand maître, mais qui ne fait rien en pareil cas sans l'agrément du Roi. La charge de général des galères vaut 40,000 livres de rente; il avoit un brevet de retenue de 600,000 livres sur cette charge. Il jouissoit outre cela de l'abbaye d'Auvilliers en Champagne, qui, par un marché fait avec les moines, lui rapportoit 22,000 livres de rente, toute déduction faite des charges et réparations.

Du vendredi 21, *Versailles*. — Il y a déjà environ quinze jours ou trois semaines que sur la nouvelle que l'on a reçue qu'il y avoit des loups du côté d'Amboise, que l'on dit enragés et qui avoient tué et blessé grand nombre de personnes, le Roi a ordonné à M. de Flamarens d'y envoyer un détachement de la louveterie. M. de Flamarens me dit il y a quelques jours que le maître des eaux et forêts d'Amboise avoit fait signifier des défenses de chasser, et aux tireurs de s'assembler pour la chasse. Cette conduite est assez singulière lorsqu'il s'agit d'un équipage du Roi et du bien du pays (1).

Le Roi revint avant-hier de Rambouillet, et fut hier à la procession à l'ordinaire. La Reine n'y alla point, à cause de sa santé, ni Mme la Dauphine, parce qu'elle a pris des eaux tous ces jours-ci ; il n'y eut que M. le Dauphin et Mesdames qui y allèrent avec le Roi.

Quoique le grand prieur eût été reconnu par feu M. le duc d'Orléans, le Roi n'a point envoyé faire compliment à M. le duc d'Orléans ni à Mme la duchesse de Modène, et par conséquent n'a point pris le deuil (2). Ce n'est pas M. le duc d'Orléans qui a donné part au Roi de la mort de M. le grand prieur, c'est M. le bailli de Froulay, comme ambassadeur de Malte.

Nous apprîmes hier que M. d'Humières ayant donné sa démission du gouvernement de Compiègne, le Roi en a donné l'agrément à M. le duc d'Aumont. La santé et principalement l'âge de M. d'Humières et l'état de Mme d'Humières, qui est plus âgée que lui et dont la tête est fort affoiblie, mettoient M. d'Humières dans l'impossibilité de faire usage de son gouvernement, où il a toujours vécu fort grandement et honorablement pendant les voyages du Roi. Outre cela, ses affaires étoient fort dérangées ; ce qui lui faisoit désirer d'avoir de l'argent pour donner à ses créanciers. M. d'Humières n'avoit que 20,000 écus de brevet de retenue sur le gouvernement, et cette somme n'auroit pas suffi pour les arrangements auxquels elle étoit destinée. M. d'Aumont lui donne 40,000 écus et lui laisse sa vie durant les appointements et émoluments, et les gratifications que le Roi a la bonté d'accorder au gouverneur à chaque voyage. Le Roi

---

(1) Voy. au 28 juin.
(2) Voy. au 4 juillet.

donne à M. d'Aumont un brevet de retenue de 40,000 écus. On estime que le gouvernement vaut environ 6,000 livres de rente.

J'appris il y a quelques jours que c'est le garde-meuble du Roi qui fournit les tapisseries qui sont tendues au Palais-Royal pour la procession du Saint-Sacrement. C'est M. le duc d'Orléans qui l'a demandé, et cet usage a toujours été suivi depuis.

Du dimanche 23, *Versailles.* — Je n'appris qu'hier que le Roi a donné le régiment de Royal-Bavière à M. le baron Delphinberg, fils naturel de l'empereur Charles VII. Ce régiment avoit été levé par l'électeur de Bavière Maximilien, père de Charles VII; il le donna au Roi comme un gage de son union avec la France, désirant qu'il portât le nom de Royal et de Bavière, comme un signe plus authentique de cette union intime. Le comte de Bavière, alors chevalier de Bavière, fils naturel de Maximilien, fut le premier colonel de ce régiment. Le comte de Bavière ayant été tué à Laufeld, comme il a été marqué dans le temps, le régiment étoit vacant. Le Roi a désiré que ce fût l'impératrice, veuve de Charles VII, et l'électeur son fils qui nommassent pour commander ce régiment l'un des deux fils naturels qui restent du feu empereur. L'un des deux avoit déjà un emploi militaire en Allemagne, et celui-ci étoit au collége. Comme le régiment étoit en Provence, et que le voyage auroit été long pour un jeune homme sortant du collége, l'on a différé la nomination jusqu'au mois de février, et c'est du 11 ou du 12 de ce mois qu'est datée la commission de M. Delphinberg.

Mme la comtesse de Maillebois (d'Argenson) accoucha hier, à Paris, d'un garçon.

Du mardi 25, *Dampierre.* — Avant-hier dimanche, le Roi alla souper au petit château; c'est, comme je l'ai dit, la maison de Mme de Pompadour à La Celle. Il y coucha, et revint le lendemain matin, qui étoit hier, et alla l'après-midi courre le daim, fort tard, avec Mesdames. Mme Victoire commence à aller à la chasse; comme elle n'avoit jamais appris à monter à cheval, elle a pris quelques leçons de M. de Bridge, écuyer du Roi de la petite écurie.

Du jeudi 27, *Dampierre.* — J'appris hier que Mme de Gacé se remarie; elle épouse un homme dont le nom n'est point connu, et lui donne tout son bien; elle est fille de feu M. de Châteaurenaud et sœur de M. de Châteaurenaud qui avoit épousé Mlle de Montmorency. Il y avoit longtemps qu'elle étoit séparée d'avec feu M. de Gacé, lequel portoit le nom de comte de Matignon plusieurs années avant sa mort.

Je suis ici depuis dimanche. Mme de Luynes vint me trouver mardi, et nous retournons aujourd'hui à Versailles. Mme de Villars a été obligée d'aller à Paris à cause de l'état de Mme la maréchale de Villars, qui a la goutte dans la poitrine. La Reine, s'étant trouvée assez seule, alla mardi, après le grand couvert, jouer à cavagnole, avec Mesdames, chez Mme la maréchale de Duras. Hier elle soupa chez elle avec des dames.

Du vendredi 28, *Versailles.* — En conséquence de la défense de chasser que le maître des eaux et forêts d'Amboise a fait signifier à la louveterie, le Roi a donné ordre à M. de Saint-Florentin de le faire mettre en prison, et cet ordre a été exécuté. On vient de le faire sortir de prison, et l'on prétend qu'il a été traité un peu durement, d'autant plus qu'il n'avoit aucun tort. On dit que c'est un homme d'esprit et incapable d'un mauvais procédé. Pour sa justification, il soutient que bien loin de s'opposer aux ordres du Roi, il a donné sur-le-champ tous les moyens nécessaires pour faciliter la chasse; il convient d'une opposition signifiée, mais opposition seulement conservatoire de son droit, et dont il avoit prévenu les gens de la louveterie; il ajoute que comme maître particulier des eaux et forêts, c'étoit à lui que devoit être adressé l'équipage de la louveterie, et qu'ayant un supérieur, qui est le grand maître des eaux et forêts, il étoit obligé de lui rendre compte de la conservation des droits d'une charge dont il n'est que le dépositaire et dans laquelle il remplace le grand maître ; que par cette raison il n'a fait qu'une espèce de protestation, c'est-à-dire une opposition conservatoire, qui n'est qu'une forme ; mais que, d'une part, ayant rempli les mesures de politesse, puisqu'il en avoit prévenu les gens de la louveterie, et de l'autre ayant contribué à la prompte exécution des ordres du Roi et au soulagement du pays par les mesures qu'il a prises pour que l'on chassât sur-le-champ ; il n'est en aucune manière coupable.

Mesdames sont allées aujourd'hui à Saint-Cyr, à cause de Mme Victoire, que l'on désiroit beaucoup d'y voir depuis son arrivée ici. Mesdames ont trois carrosses, deux carrosses du corps et un carrosse des écuyers, parce qu'il y a trois écuyers de main et trois portemanteau.

JUILLET.

Changements dans les logements à Versailles. — Voyages du Roi et de la famille royale. — Audience du prince de Wurtemberg. — Le Clergé prend congé du Roi. — L'assemblée accorde 16 millions au Roi. — Pour qui le Roi prend le deuil. — Départ de la famille royale pour Compiègne. — La Chapelle se règle sur la Bouche. — Changements dans les logements de Compiègne. — Mme d'Egmont douairière et son fils gagnent un procès. — Le Dauphin à la grand'messe ; difficulté. — Mort de la maréchale de Noailles ; — ses enfants, petits-enfants et arrière-petits-enfants. — Mort de Mme de Sabran. — Les princes de Wurtemberg. — Chasses du Roi. — Indisposition de la Reine. — Maladie à Compiègne. — Mauvaise qualité des eaux de cette ville. — Le duc de la Vallière présente des oiseaux au Roi. — Inutilité de cet usage. — Le maréchal de Saxe à Compiègne. — La Reine aux Carmélites. — Morts. — Fête de Saint-Jacques à la paroisse du château de Compiègne. — Prise d'habit aux Carmélites. — Éclipse de soleil. — Usage pour les quêtes. — Abbaye donnée. — Règlement pour les carrosses du Dauphin, de la Dauphine et de Mesdames. — Salle du grand couvert à Compiègne. — Décision de Mme de Luynes.

Du mercredi 3 juillet, Versailles. — Il y a quatre ou cinq jours que le Roi a fait plusieurs changements dans les logements ; je crois même que c'étoit pendant le dernier voyage de Rambouillet. L'appartement dans la galerie des Princes vacant par la mort de M. le grand Prieur a été donné à M. le chevalier de Montaigu, menin de M. le Dauphin (1). Il avoit un appartement en entresol donnant sur la seconde cour de la surintendance en allant chez M. le contrôleur général ; cet appartement a été donné à mon frère, qui n'en avoit point encore, et qui a toujours logé chez moi jusqu'à présent. L'appartement que Mme de Champagne avoit au-dessus de la Reine, entre M. l'archevêque de Rouen (Tavannes) et M. l'évêque de Chartres (Fleury), a été donné à Mme de Civrac, ce qui la met plus à portée de Mme la duchesse d'Antin, sa mère, qui loge dans l'aile des princes ; et celui que Mme de Civrac avoit dans l'aile neuve a été donné au prince Constantin, ce qui le rend voisin de M. le cardinal de Rohan. L'appartement qu'avoit feu M. de Bissy a été donné à M. de Crémille.

Le Roi revint mercredi dernier de Rambouillet ; il est parti lundi matin pour aller dîner à Choisy, d'où il partira samedi 6, de fort bonne heure, pour Compiègne.

Mesdames allèrent toutes trois souper et coucher à Choisy ; elles vont aujourd'hui à la chasse avec le Roi. M. le Dauphin y est allé d'ici, et demain il va à Choisy. Le départ de la Reine est toujours fixé au mardi 9 de ce mois. Mesdames vont avec la Reine ; pour Mme la Dauphine, rien n'est si incertain que son départ ; il dépend absolument des circonstances de sa santé : s'il y avoit le moindre soupçon de grossesse, elle n'iroit point du tout ; sinon elle partira le samedi 6, ou peut-être le jeudi 11, et dans ce cas-là même elle ne sera que seize ou dix-sept jours à Compiègne.

---

(1) Le Roi s'y réserve un entre-sol. (*Note du duc de Luynes.*)

Dimanche dernier 30 juin, le prince de Wurtemberg eut une audience particulière du Roi dans le cabinet. C'est le prince régnant; il a environ vingt ans; il est ici incognito (1), et a pris le nom de comte de Gruningen (2). Il a avec lui plusieurs des grands officiers de sa maison, dont voici les noms : M. le baron de Reider, grand écuyer; M. le comte Welchkinstein, lieutenant général; M. le comte de Sintzheim, lieutenant-colonel; M. le comte de Papenheim, lieutenant-colonel ; M. le baron Schack, capitaine des gardes, dont plusieurs ont le cordon de son ordre, qui est rouge.

Le même jour, le Clergé vint prendre congé du Roi. Ce fut M. l'archevêque de Toulouse (la Roche-Aymon) qui porta la parole. Le départ du Roi a avancé de quelques jours cette audience de congé. L'assemblée extraordinaire du Clergé, qui dure depuis un mois ou six semaines, doit finir dans peu de jours. Cette assemblée extraordinaire a été convoquée pour satisfaire au désir du Roi, qui ayant besoin d'argent a eu recours au Clergé. Il leur a demandé 16 millions, qui ont été accordés suivant l'usage; il leur a fait remise de 500,000 livres, comme cela se fait ordinairement. Le Clergé n'a point harangué la Reine, ce n'est pas l'usage.

Du jeudi 4, Versailles. — J'ai marqué ci-dessus (21 juin) que le Roi n'avoit point envoyé faire compliment au sujet de la mort du grand prieur; j'ai appris depuis que le Roi, la Reine, et par conséquent toute la famille royale,

---

(1) S'il avoit été traité en souverain, il auroit eu l'honneur des armes et les carrosses du Roi ; mais l'incognito est toujours d'usage en pareil cas. Le Roi l'a très-bien reçu.

Il a ici ses deux frères; ils sont en France il y a quelque temps ; mais ils ne sont point venus avec lui, parce qu'ils n'auroient pu être présentés qu'à la porte du cabinet. (*Note du duc de Luynes.*)

(2) On prononçait alors *Groningue*. Le comté de Gruningen, auquel était attachée la cornette impériale, donnait au duc de Wurtemberg le droit de porter cette cornette.

envoient chez M. le duc d'Orléans, chez Mme de Modène et chez M. le prince de Conty, à cause de feu Mme la princesse de Conty, sa femme. A l'égard du deuil, le Roi ne le prend que des souverains, ou des princes et princesses de son sang ou qui en ont les honneurs.

C'est M. de Chalmazel qui a été faire des compliments de la part de la Reine.

Du dimanche 7, Versailles. — M. le Dauphin et Mme la Dauphine partirent hier à onze heures et demie du matin. Ils ont traversé Paris étant arrivés par la plaine.

Le Roi partit aussi hier pour Compiègne ; il s'embarqua à Choisy dans une gondole, à quatre heures après midi ; il avoit passé à Bercy, où il avoit monté dans ses carrosses ; il avoit vu en passant la maison de Mme de Montmartel, où il resta un bon quart d'heure.

Rien n'avoit été si incertain que le départ de Mme la Dauphine. On vouloit attendre qu'il fût assuré qu'il n'y eût aucun soupçon de grossesse ; et ce ne fut qu'hier matin qu'on en fut instruit. M. le Dauphin se leva à huit heures en robe de chambre, et alla lui-même donner l'ordre de faire avertir pour le départ, au garde du corps qui étoit en sentinelle.

La Reine a décidé aujourd'hui qu'elle partira mardi à la pointe du jour ; elle passera par le pont tournant et les remparts ; elle a chargé Mme de Luynes d'en avertir M. le prévôt des marchands.

Du vendredi 12, Compiègne. — Le Roi arriva ici le samedi 6, sur les onze heures du soir, et soupa à minuit dans ses cabinets.

La Reine alla entendre la messe le mardi 9, à la chapelle à Versailles, à trois heures du matin, et monta en carrosse à quatre heures. Dans le carrosse de la Reine il y avoit Madame dans le fond, Mme Adélaïde et Mme Victoire sur le devant, Mme de Luynes à la portière du côté de la Reine, Mme la maréchale de Duras à l'autre portière. Cette place devoit être occupée par Mme la duchesse de

Villars, qui a été obligée de s'en aller à Paris à cause de la maladie de Mme la maréchale de Noailles, sa grande-mère. La Reine avoit à sa suite ses deux autres carrosses du corps et un de Mesdames, qui étoient remplis par les dames du palais et les dames de Mesdames. Mme de Lalande et Mlle de Charleval ont monté dans un carrosse de Mesdames, parce que c'est un carrosse du Roi; elles ne montent point dans les carrosses de la Reine.

J'ai marqué ci-dessus que le premier médecin a droit d'avoir une place dans le carrosse des écuyers. M. Helvétius ayant voulu pour sa plus grande commodité venir dans son carrosse, sa place dans le carrosse des écuyers a été remplie par M. Delavigne, médecin ordinaire de Mme la Dauphine et médecin du commun chez la Reine. Outre tous ces carrosses, il y en avoit un en particulier pour la faculté de la Reine, c'est-à-dire quatre chirurgiens et un apothicaire. La sixième place étoit remplie par mon chirurgien, par un arrangement fait par Mme de Villars pour une de ses femmes.

Depuis que Mme la Dauphine est arrivée jusqu'à hier, elle a toujours vécu de la bouche du Roi, c'est-à-dire du détachement pour la bouche de M. le Dauphin, hors le dimanche au soir, qu'il y eut grand couvert. Quoique ce fût de la bouche de M. le Dauphin, Mme la Dauphine a été servie dans la même pièce où elle a coutume de manger. Sa dame d'honneur, sa dame d'atours et ses femmes l'ont servie comme à l'ordinaire; mon frère même y a fait une fois les fonctions de premier aumônier; mais depuis ce temps jusqu'à l'arrivée de la bouche de Mme la Dauphine le service a été fait par M. le cardinal de Soubise ou par un aumônier du Roi, étant certain que la chapelle aux repas doit se régler suivant la bouche. Nous avons vu dans d'autres voyages, et je dois l'avoir marqué, que la Reine donnant à souper au Roi en arrivant, l'aumônier de la Reine faisoit seul les fonctions. Au grand couvert, les deux aumôniers sont en fonction parce que les deux bouches servent; et tous les jours Mme la Dauphine donnant à souper à M. le Dauphin, mon frère ou l'aumônier de quartier dit seul le *Benedicite* et les grâces.

Le Roi, qui n'étoit point venu ici depuis 1740, y a trouvé plusieurs logements nouveaux qu'il avoit ordonnés avant d'en partir; un nouveau jeu de paume construit auprès de la porte-chapelle; l'ancien, pas entièrement détruit, dans lequel on a fait des logements et des cuisines pour Mme la Dauphine.

L'appartement qu'avoit M. le Dauphin en 1740 est occupé présentement par Madame et Mme Adélaïde, et Mme Victoire a celui d'au-dessus, qui étoit à feu Mme la Duchesse douairière. La salle des gardes, qui séparoit l'appartement de M. le Dauphin en 1740 et celui destiné à Mme la Dauphine qu'occupoit Mme de Châtillon, a été séparé en deux et forme deux antichambres, l'une pour Mesdames et l'autre pour Mme la Dauphine.

L'appartement qu'occupoit en 1740 M. le cardinal de Fleury est présentement celui de M. le Dauphin. Celui qu'avoit M. le Cardinal auparavant et qui depuis a été à M. le duc d'Orléans, a été donné à Mme de Luynes et à moi; il donne sur la terrasse de la Reine. Celui que j'avois auparavant a été donné à M. le Premier; il est en bas dans la cour, ainsi que celui qu'occupoit Mlle de Clermont, et qui a été donné à Mme de Modène.

M. le cardinal de Soubise a le logement qu'avoit M. le cardinal de Rohan dans la cour de l'ancien jeu de paume.

M. le cardinal de Tencin est logé à l'abbaye Sainte-Corneille.

La Reine alla hier aux Carmélites, où elle s'est fait faire un petit appartement, qui n'a été fini qu'en 1740 et qu'elle n'avoit pas encore vu. M. le Dauphin et Mme la Dauphine y avoient déjà été deux fois et Mesdames une fois.

Les ministres étrangers arrivent ici depuis deux jours;

ils sont logés ici dans la ville, comme à Fontainebleau.

Nous avons appris aujourd'hui, par une lettre de Mme de Chalais à Mme de Luynes, que Mme de Périgord est accouchée à Versailles d'un garçon.

Nous avons appris aussi que Mme d'Egmont douairière et M. son fils ont gagné un procès considérable au sujet de la substitution de la maison d'Egmont, qu'on prétendoit faire casser en rapportant un testament fait par l'un des ancêtres de M. d'Egmont; mais il s'est trouvé que ce testament n'étoit olographe qu'en partie et qu'il étoit fini par la main d'un secrétaire, et d'ailleurs il s'est trouvé rempli d'absurdités insoutenables. Entre autres, le testateur ne donnoit que 1,000 écus une fois payés à sa sœur, et laissoit 4,000 livres de pension à son page. Les parties adverses ont été condamnées aux dépens et à l'amende.

Du mercredi 17, *Compiègne.* — M. le Dauphin et Mme la Dauphine allèrent dimanche dernier entendre la grande messe à la paroisse Saint-Jacques. L'aumônier de quartier du Roi qui est auprès de M. le Dauphin et mon frère y étoient. Ce fut l'aumônier de quartier (l'abbé de Sainte-Aldegonde) qui présenta l'évangile et la paix à baiser à M. le Dauphin et à Mme la Dauphine et le pain bénit; il avoit raison pour le pain bénit, mais non pas pour l'évangile. M. le Dauphin en a fait l'observation aujourd'hui à mon frère, et en effet ce ne peut être une question; elle a été décidée provisionnellement en faveur de M. le cardinal d'Auvergne, qui n'étoit plus premier aumônier lorsque le Roi alla au *Te Deum* à Notre-Dame, au retour de la campagne de 1745. Le même cas arriva au mariage du duc de Penthièvre; il n'est pas douteux que lorsqu'il il y a un cardinal, un archevêque ou un évêque, quoiqu'ils ne soient point en charge, ils doivent présenter l'évangile et la paix à baiser, de préférence à un simple prêtre quoiqu'en charge. Il est vrai que mon frère n'étoit point en rochet et camail; mais M. de Sainte-Aldegonde n'étoit pas non plus en rochet et en manteau long.

Du jeudi 18, *Compiègne.* — Nous apprîmes ici avant-hier que M%me% la maréchale de Noailles mourut, à Paris, la nuit du 15 au 16. Elle étoit Bournonville ; elle avoit au moins quatre-vingt-treize ans, on avoit dit même quatre-vingt-seize. Elle avoit eu vingt et un enfants, dont dix garçons, dont il ne reste que M. le maréchal de Noailles, et onze filles, dont huit ont été mariées et une religieuse. Ces huit sont : M%me% la duchesse de Gramont, M%me% de Coëtquen, M%me% la maréchale d'Estrées, M%me% de la Vallière, M%me% de Beaumanoir, M%me% de Gondrin, depuis comtesse de Toulouse, la première femme de M. de Châteaurenaud, et M%me% de Louvois, qui est aujourd'hui M%me% de Mancini. Il ne reste plus que cinq de ces filles, savoir : M%me% de la Vallière, M%me% de Beaumanoir, M%me% la comtesse de Toulouse, M%me% de Mancini et la religieuse, qui est aux filles Sainte-Marie de la rue du Bac. Les enfants, petits-enfants et arrière-petits-enfants de M%me% la maréchale de Noailles, tant morts que vivants, ont été au nombre de près de cent; il en reste encore près de soixante vivants. Il y a trente-six ou trente-sept personnes chez qui il faut se faire écrire indispensablement, sur quoi vingt-six de titrés, chez qui le Roi, la Reine, M. le Dauphin, M%me% la Dauphine et Mesdames envoient faire des compliments.

Il y a quatre ou cinq jours M%me% de Sabran mourut de la poitrine ; elle étoit fille de M%me% de Coëtlogon du Revest, qui étoit attachée à M%me% la Duchesse. Elle étoit extrêmement petite, le nez fort long. Elle étoit dame d'honneur de M%me% la duchesse de Chartres.

Les princes de Wurtemberg arrivèrent ici lundi, et soupèrent chez M. de Puisieux ; mardi ils dînèrent chez M. d'Argenson et soupèrent chez moi. Hier, le cardinal de Tencin leur donna à dîner et M. de Maurepas à souper. Aujourd'hui ils ont déjeûné chez le prince Charles, qui les a menés au rendez-vous; ils ont été à la chasse du cerf sur des chevaux du Roi de la petite écurie et iront coucher ce soir à Chantilly. L'aîné est le duc de Wurtemberg, qui a 10 ou 12,000 hommes de troupes et 9 millions de revenus. Il est d'une assez jolie figure; ils sont tous trois catholiques. J'ai marqué que l'aîné s'appeloit le comte de Gruningen (1), à cause d'une espèce d'incognito. C'est un comté qui est dans ses États. Il s'en retourne dans fort peu de jours chez lui. Il doit épouser le 30 du mois prochain une princesse de Bayreuth, fille de la sœur aînée du roi de Prusse. Les deux princes sont : l'un, le prince Louis, qui est chevalier de Malte; l'autre, le prince Frédéric, qui a l'ordre de Wurtemberg.

Du nombre de ceux des principaux officiers du duc de Wurtemberg qu'il a amenés avec lui, le baron de Reyder, son grand écuyer, n'est point venu ici : il est resté malade à Paris; et le comte de Papenheim est parti pour retourner à Stuttgard. Celui-ci est un jeune homme, qui cependant a le grade de lieutenant-colonel. Il est fils du grand maréchal de l'Empire. Les autres principaux officiers du duc ou des princes qui sont venus avec eux sont au nombre de six, savoir : le comte de Walkenstein, qui a le grade de lieutenant général et le cordon rouge de Wurtemberg; le comte de Sintzeim, qui a le grade de lieutenant-colonel; le baron de Schack, capitaine des gardes du duc de Wurtemberg; un François réfugié; que l'on appelle M. de Montaulieu, qui est protestant; il est gouverneur des deux princes; le fils de M. de Montaulieu et un autre jeune homme, que l'on appelle le baron de Ickschel [?]. Les deux princes ne s'en vont point avec le duc de Wurtemberg; ils restent encore quelque temps.

Le Roi va à la chasse ici ordinairement quatre fois

---

(1) Ou Groningue.

dans la semaine ; trois chasses du cerf et une du sanglier. Mesdames ont été beaucoup à la chasse, et toujours à cheval toutes trois. Mme la Dauphine court souvent en calèche. M. le Dauphin monte à cheval aussi à presque toutes les chasses de cerf, mais il paroît s'en amuser peu.

La Reine a presque toujours été incommodée depuis qu'elle est ici ; elle eut de la colique dès le lendemain de son arrivée, qui l'a obligée de se purger au bout de trois ou quatre jours. Elle n'a fait encore d'autres promenades que sur la terrasse et n'a été à d'autres couvents qu'aux Carmélites. Cette incommodité de la colique est fort à la mode ici depuis le commencement du voyage. Le Roi même s'en est un peu senti, mais heureusement sans aucune suite. On prétend que les eaux en sont la cause, parce que ce sont presque toutes des eaux de puits ; cependant le Roi et la Reine boivent ici la même eau qu'à Versailles, et presque tous ceux qui sont en état d'envoyer querir de l'eau à Mouchy, à deux lieues d'ici, ou à une autre fontaine qui est à une lieue, ne font point d'usage de l'eau de Compiègne.

Du mardi 23, Compiègne. — Avant-hier, M. le duc de la Vallière vint faire les premières fonctions de sa charge de grand fauconnier. Il présenta au Roi des oiseaux que l'on envoie tous les ans pour la fauconnerie et qui sont pris dans différents endroits du royaume ; c'est apparemment un usage ancien, mais très-peu utile. J'ai entendu dire au Roi que de ces oiseaux il y en avoit peut-être trois ou quatre dont on faisoit usage et que l'on tuoit les autres.

Il y a deux ou trois jours que M. le maréchal de Saxe est arrivé ici avec plusieurs de ses aides de camp, entre autres M. le comte de Frise, son neveu, colonel d'un régiment nouveau, qui porte le nom de Mme la Dauphine. Il a laissé le commandement de l'armée à M. de Lowendal ; il est venu faire une course et s'en retourne après-demain. Il a été très-bien reçu, cela est aisé à croire.

Depuis que la Reine est entièrement guérie de la colique qu'elle a eue en arrivant, elle a beaucoup fait usage des Carmélites ; elle y fit porter hier son dîner, y dîna avec Mme de Saint-Florentin, Mme d'Agénois, et y resta jusqu'à six heures. Hier étoit le troisième jour d'une solennité qu'il y a eue dans cette maison à l'occasion de la centième année de leur établissement à Compiègne. Le Saint-Sacrement a été exposé samedi, dimanche et lundi ; il y a eu sermon tous les jours, par différents ecclésiastiques de Compiègne. La Reine a assisté à deux sermons ; samedi et lundi, il y eut un salut chanté par la musique du Roi. Cette maison n'est actuellement composée que de quatorze religieuses de chœur, cinq sœurs au voile blanc et une postulante ; elles n'ont que 1,000 livres de rente et doivent 26 ou 27,000 livres. Le Roi leur fait donner tous les ans ; la Reine, cette année, leur a fait donner 100 louis ; M. le Dauphin et Mme la Dauphine 50, et Mesdames 25 entre elles trois. Il y a eu aujourd'hui une élection dans cette maison ; la prieure étoit morte il y a trois mois. C'est Mme Descajeuls qui a été élue à sa place ; elle est sœur d'un chef de brigade des gardes du corps, qui est maréchal de camp.

La Reine alla pour la première fois dimanche à la grande messe à Saint-Jacques et au prône. Tous les autres jours elle a entendu la messe ici à la chapelle, où tout se passe comme à Versailles, excepté qu'on n'allume point de flambeaux au *sanctus*, ni à la messe du Roi ni à la sienne (1).

Le départ de Mme la Dauphine est fixé au 3 du mois prochain ; on croit que celui du Roi et de la Reine pourroit bien être retardé de plusieurs jours.

---

(1) M. l'archevêque de Rouen m'a dit en avoir demandé la raison. On lui a dit que ce sont les missionnaires de la chapelle de Versailles qui sont chargés de fournir les flambeaux, et que cet usage n'a point été établi ici, où ce sont les Capucins qui desservent la chapelle, et que l'on n'a point chargés de cette fourniture. (*Note du duc de Luynes.*)

Il y a ici une mauvaise comédie établie dans la ville comme les autres voyages, et l'on commence à y aller.

J'ai oublié de marquer la mort de M. l'évêque de Dol (Sourches), âgé de soixante-quinze ans. Il est mort dans son diocèse, le 30 juin. L'abbé de la Briffe est mort, à Dijon, le 23 juin, âgé de trente-sept ans; et le 20, à Paris, l'abbé Raguet, prieur d'Argenteuil, âgé de quatre-vingt-un ans.

On a appris depuis plusieurs jours la mort de M. de Guitaut, le 10, âgé de soixante-six ans, ancien lieutenant général. Sa veuve est Villatte-Chamillart, sœur de Mme de Brienne.

J'ai aussi oublié de marquer l'accession de M. de Soto-Major aux articles préliminaires, au nom du roi d'Espagne, et celle de M. Doria pour la république de Gênes. Cet article est du 28 juin. La ratification de la reine de Hongrie est arrivée à Aix-la-Chapelle à peu près dans le même temps.

Du vendredi 26, Compiègne. — Hier étoit la Saint-Jacques, patron de la paroisse du château. M. le Dauphin et Mme la Dauphine allèrent à la grande messe. M. le Dauphin alla à l'offrande, et Mme la Dauphine n'y alla point, parce que c'étoit M. le Dauphin qui rendoit le pain bénit. Dans tous les voyages de Fontainebleau et de Compiègne, c'est l'usage. Le Roi, la Reine, M. le Dauphin, Mme la Dauphine, et tous les princes et princesses qui ont leur maison, rendent le pain bénit; quoique M. le Dauphin n'ait point de maison à lui, cependant il a un détachement de la bouche du Roi pour sa personne. Il n'y eut que M. le duc de Fleury qui suivit M. le Dauphin à l'offrande. Ce fut mon frère qui présenta l'Évangile et la Paix à baiser à M. le Dauphin et à Mme la Dauphine, ce qui est de droit comme évêque; je l'ai dit ci-dessus. L'aumônier du Roi, qui est auprès de M. le Dauphin, étoit occupé pendant ce temps à marcher à la tête du pain bénit ; mais il auroit été présent, les deux fonctions dont je viens de parler auroient toujours appartenu à mon frère. L'aumônier fut revenu assez tôt pour présenter le pain bénit à M. le Dauphin ; il le présenta aussi à Mme la Dauphine, ce qui est suivant la règle.

Aujourd'hui, Mme la Dauphine a fait la cérémonie d'une prise d'habit aux Carmélites, et c'est mon frère qui y a officié en rochet et camail. L'évêque officiant reste à la grille en dehors. Tout ce qui étoit à la suite de M. le Dauphin et de Mme la Dauphine, hommes, femmes, les gardes du corps, les valets de pied et porteurs de chaises, tout est entré ; on nous a fait entrer aussi, Mme de Luynes et moi, quoique nous n'eussions pas eu l'honneur de les suivre. Quoique M. le Dauphin ait assisté à toute la cérémonie, il n'y avoit que Mme la Dauphine qui fût en représentation ; et c'est à elle que le prédicateur, qui est le recteur des Jésuites d'ici, a adressé la parole.

Hier, le Roi a été occupé toute la matinée à observer l'éclipse du soleil, qui a été de neuf doigts. M. de Thury, fils de M. de Cassini, et M. de la Condamine, tous deux de l'Académie des sciences, étoient venus ici exprès pour faire les observations, et ils en sont venus à bout quoique le temps fût assez couvert. Le Roi, la Reine et toute la famille royale allèrent l'après-dînée entendre les vêpres à Saint-Jacques, et Mme de la Rivière quêta. Lorsque c'est une dame qui quête, il n'est pas douteux que c'est le Roi qui donne lui-même, et l'argent est remis à S. M. par l'un de ses aumôniers ; mais lorsque ce sont des quêteuses de la paroisse, c'est l'aumônier qui donne pour le Roi. C'est l'usage qui s'observe à la paroisse Notre-Dame à Versailles. Ici le Roi donna lui-même il y a quelques jours à une quêteuse de la paroisse. Mme la maréchale de Duras prit la liberté de lui faire l'observation que je viens de marquer, et le Roi lui répondit que ce n'étoit pas comme à Versailles, que c'étoit ici les dames de Compiègne qui quêtoient. M. le Dauphin et Mme la Dauphine ont suivi l'exemple du Roi, et ont donné eux-mêmes.

M. l'archevêque de Tours est venu ici faire son remerciment; le Roi vient de lui donner l'abbaye de Vauluisant, diocèse de Sens, vacante par la mort de l'ancien archevêque de Besançon (Monaco).

Du lundi 29, *Compiègne.* — Le Roi a réglé depuis peu de jours que lorsque M. le Dauphin, Mme la Dauphine ou Mesdames iroient avec lui ou avec la Reine, leurs carrosses marcheroient devant, au lieu qu'ils avoient coutume de marcher derrière. Les dames qui montent dans les carrosses de Mme la Dauphine et de Mesdames ne pouvant arriver soit au rendez-vous de chasse, soit dans une église, que longtemps après le Roi, Mme la Dauphine et Mesdames se trouvoient seules en arrivant, et au rendez-vous de chasse même elles étoient obligées d'attendre. J'ai déjà marqué que cet usage avoit été pratiqué à Versailles pour les carrosses et les dames de la Reine à l'occasion des ballets. J'ai vu partir le Roi aujourd'hui pour le rendez-vous, en gondole, avec Mme la Dauphine et Mesdames; tous les autres carrosses marchoient devant celui où étoit le Roi. M. le Dauphin n'a point été à la chasse; il a une fluxion sur les deux joues; il ne soupa point hier au grand couvert.

Je dois avoir parlé, à l'occasion d'autres voyages, de la position de l'appartement de la Reine ici. Je répéterai donc seulement qu'une grande pièce à trois croisées, donnant sur la cour que l'on trouve après avoir traversé la salle des gardes, est également le passage pour entrer chez le Roi en tournant à gauche, ou chez la Reine en allant tout droit. Cette pièce est celle où le Roi mange au grand couvert. Tout le jour elle est censée être de l'appartement du Roi; mais le soir, lorsqu'il y a grand couvert, elle fait par extraordinaire une partie de l'appartement de la Reine, et est gardée par des huissiers de l'antichambre de la Reine, parce qu'il est de règle que lorsque le Roi mange au grand couvert avec la Reine, c'est toujours chez la Reine. Dans cette pièce, il y a deux chandeliers dont le revenant bon des bougies est partagé par la moitié entre les huissiers du Roi et ceux de la Reine par un accord fait entre eux. La première femme de chambre, qui a droit sans contredit sur toute la bougie de l'appartement de la Reine, et par conséquent sur celle de la pièce où le Roi mange ordinairement au grand couvert, a prétendu que les bougies de cette pièce devoient lui revenir; elle en a même parlé au Roi, chez qui elle a les entrées familières, ayant été sa nourrice ; mais le Roi n'entre point dans de pareils détails. L'affaire est revenue à Mme de Luynes, qui, sachant que le Roi n'avoit point donné de décision, a décidé en faveur des huissiers, parce que c'est un extraordinaire. J'ai déjà marqué une décision semblable donnée par Mme de Luynes contre la première femme de chambre de la Reine, par rapport aux bougies de l'appartement de M. le comte de Clermont, dans le temps que la Reine l'occupoit, parce que cela fut regardé comme extraordinaire.

AOUT.

Fluxion du Dauphin. — Mort de M. de Mailly. — Présentation. — Le Roi blesse M. de Buttler à la chasse. — Difficulté entre les aumôniers. D'où viennent en général les difficultés. — Chasses du Roi. — Chapitre de l'Ordre. — Travaux dans les appartements à Versailles. — La Reine, le Dauphin et la Dauphine font leurs dévotions. — Chasses du Roi. — Piété de la Reine et de ses enfants. — MM. de Saint-Séverin et de Lowendal font leurs révérences au Roi. — Aventure arrivée à la Martinique. — Procession pour le vœu de Louis XIII. — Aventure tragique arrivée pendant la procession. — Pourquoi la maison-bouche du Roi et celle de la Reine rendent le pain bénit le 16 août. — Indisposition de Madame. — Attention du Dauphin et de la Dauphine pour la Reine. — Retour de la Reine à Versailles ; elle s'arrête à Sèvres chez Mme d'Armagnac. — Le Roi tombe de cheval. — Réduction de l'armée. — Mort de l'orfévre Germain. — Retour du Roi à Versailles ; il fait collation à La Celle. — Grand couvert le jour de la Saint-Louis. — Panégyrique de saint Louis. — Le Roi à Choisy. — Audience du Roi à la Ville et aux États de Languedoc. — Nouvel arrangement à la chapelle. — Le Dauphin et la Dauphine à Paris et à Sèvres chez Mme d'Armagnac. — Le roi de Pologne à Trianon et à Versailles.

Du jeudi 1er août, Compiègne. — M. le Dauphin et Mme la Dauphine devoient partir demain pour retourner à Versailles; cet arrangement est changé d'hier. M. le Dauphin a depuis trois ou quatre jours une fluxion assez considérable sur la joue, qui vient d'une dent gâtée. La fluxion s'est étendue sur l'autre joue. Il s'est formé un petit abcès qui donna occasion avant-hier au soir à un petit mouvement de fièvre. La nuit, la douleur fut assez grande; M. le Dauphin désira fort qu'on lui donnât un petit coup de lancette, ce que La Martinière fit hier matin; il sortit peu de matière dans le moment, mais il en vint dans la journée; l'enflure diminua et la douleur se calma dans le moment. On a fait venir de Paris le nommé Mouton, arracheur de dents, qui a arraché la dent ce matin; c'étoit une grosse dent qui étoit gâtée; il ne reste plus présentement d'autre douleur que celle de l'opération. On ne dit encore rien du jour du départ de M. le Dauphin et de Mme la Dauphine. Les dames qui doivent suivre Mme la Dauphine étoient dès hier en robe de chambre. Elles ont été deux jours dans cet habillement.

On apprit hier matin la mort de M. de Mailly; il avoit environ cinquante-trois ou cinquante-quatre ans et étoit malade depuis bien longtemps. C'est l'aîné de la maison de Mailly. Il avoit épousé la fille aînée de M. de Nesle, qui fut faite dame du palais de la Reine à la mort de Mme de Nesle sa mère. Mme de Mailly, en se mariant, n'avoit point eu de douaire; mais tout le bien de M. de Mailly, montant à 15 ou 16,000 livres de rente, lui avoit été assuré par le contrat de mariage.

M. le duc et Mme la duchesse de Chartres viennent de temps en temps ici, mais ils ont presque toujours été à Villers-Cotterets. Mme la duchesse de Chartres présenta il y a sept ou huit jours, ici, sa nouvelle dame d'honneur,

Mme de Polignac, qu'elle a prise auprès d'elle à la place de Mme de Sabran. Mme de Polignac est Curzé; son mari, qui est de même maison que le cardinal de Polignac, est chambellan du roi de Pologne duc de Lorraine.

Il y a sept ou huit jours que le Roi alla tirer des perdreaux ici dans la forêt. M. de Buttler, écuyer de la grande écurie, qui court toujours à cheval devant le Roi, étoit à cheval à la suite de S. M.; il vit partir un petit perdreau qui voloit fort bas, il leva la main pour le prendre; le Roi, qui vouloit tirer ce perdreau, vit le mouvement de M. de Buttler et laissa le perdreau s'éloigner, après quoi il le tira; malgré cette précaution, il y eut un grain de plomb qui se sépara des autres et qui perça un doigt de part en part de la main droite de M. de Buttler, dans les chairs; la blessure fut très-légère et n'a eu aucune suite. Dès que le Roi l'aperçut, il vint à M. de Buttler avec toutes sortes de marques de bonté, et parut affligé de cet accident et infiniment occupé de tout ce qui pouvoit contribuer à le guérir promptement.

Du samedi 3, Compiègne. — J'ai parlé ci-dessus de ce qui s'est passé ici à Saint-Jacques au sujet de présenter l'Évangile à baiser. Le prince Constantin a écrit à M. le cardinal de Rohan au sujet des droits que pouvoit lui donner sa charge de premier aumônier. En pareil cas, le prince Constantin a dit à M. l'archevêque de Rouen, de qui je le sais, la réponse qui lui a été faite par M. le cardinal de Rohan. M. le cardinal de Rohan convient que lorsqu'il y a un évêque en rochet et camail, quoiqu'il ne soit pas en charge, il doit présenter au Roi et à la Reine, et en l'absence de l'un et de l'autre à M. le Dauphin et à Mme la Dauphine, l'Évangile et la Paix à baiser, à l'exclusion de l'aumônier de quartier du Roi; mais il faut pour cela, à ce qu'il prétend, que l'évêque soit en rochet et camail. Il ajoute que ce n'est pas la même chose pour le grand et le premier aumônier; que l'un et l'autre sont en charge, au lieu que les aumôniers de quartier n'y sont pas ; et qu'ainsi, quoiqu'il y ait un évêque en rochet et camail, quand même il seroit grand aumônier de la Reine ou premier aumônier de Mme la Dauphine, le premier aumônier du Roi doit avoir la préférence pour présenter au Roi ou à la Reine, ou en leur absence à M. le Dauphin et à Mme la Dauphine, l'Évangile et la Paix à baiser. Il sembleroit que les exemples devroient décider cette prétention (1); mais comme on n'a aucune attention à écrire les faits qui se passent journellement et que l'on oublie souvent ceux qui se sont passés l'année d'auparavant, à plus forte raison ignore-t-on les faits anciens. On ne se souvient que d'un premier aumônier qui le fut avant que d'être évêque et qui le fut depuis ; c'étoit M. de Coislin, évêque de Metz, et on n'a aucune idée de ce qui se passa dans ce temps-là. Ce qui pourroit donner quelque fondement à la prétention du premier aumônier, c'est qu'il a droit d'être en rochet et camail noir, quoiqu'il ne fût pas évêque ; cela a été décidé par le Roi en faveur de M. le prince Constantin. M. l'abbé de Fleury, aujourd'hui évêque de Chartres, lorsqu'il fut fait premier aumônier, demanda de pouvoir être en rochet et camail, ce qui lui fut refusé. Il demanda en même temps de pouvoir avoir un tabouret devant le prie-Dieu du Roi et de la Reine, ce qui

---

(1) Il y en a même d'assez récents : l'un est à Notre-Dame à Paris en 1745. Le Roi y entendant la grande messe, à son retour de la campagne, M. l'abbé d'Andlau, aumônier de quartier de S. M., prit le livre des Évangiles pour le présenter à S. M., qui lui dit : « Ce n'est point à vous, c'est à M. le cardinal d'Auvergne. » En conséquence, M. le cardinal d'Auvergne fit cette fonction, quoiqu'il ne fût plus en charge.

Un autre exemple est au mariage de M. le duc de Penthièvre. M. l'archevêque de Bourges et M. l'archevêque de Rouen étant présents, lorsqu'on apporta le livre des Évangiles pour le présenter, S. M. demanda lequel des deux archevêques étoit le plus ancien et lui adjugea l'honneur de lui présenter le livre des Évangiles. On pourroit citer beaucoup d'autres exemples. (*Note du duc de Luynes.*)

lui fut accordé seulement pour les jours que la Reine seroit à la chapelle, le Roi n'y étant point. M. l'archevêque de Rouen, qui m'a raconté tout ce détail, m'a ajouté que M. l'abbé de Breteuil, qui a été depuis évêque de Rennes, et qui avoit la charge de maître de la chapelle, avoit pris une fois le rochet et camail en conséquence de sa charge, mais qu'on lui avoit dit de ne plus faire usage de cet habillement. Aux cérémonies de l'Ordre, M. l'abbé d'Harcourt, quoiqu'il ne soit que prêtre, porte le rochet et le camail violet. M. l'abbé de Pomponne porte aussi le même habillement à ces cérémonies; ce qui est encore plus remarquable, parce qu'il fait ses révérences comme les commandeurs laïques, et non pas comme les ecclésiastiques. M. le cardinal de Rohan, pour confirmer le droit du premier aumônier, privativement aux évêques, ajoute l'exemple de M. de Coislin, alors évêque de Metz et premier aumônier, qui se trouva à une grande messe avec le Roi, M. le cardinal de Polignac y étant; et ce fut lui, et non pas M. le cardinal de Polignac, qui donna l'Évangile à baiser au Roi.

Du lundi 12, *Compiègne.* — Je partis d'ici dimanche 4 de ce mois pour aller passer quelques jours à Dampierre. Je revins ici hier. Je trouvai en chemin le Roi, qui alloit tirer dans la plaine de Saint-Denis et qui de là a été coucher à la Meutte, d'où il compte continuer à tirer aujourd'hui et demain, et revenir ici mardi ou mercredi matin pour courre le cerf ce même jour mercredi.

Le départ du Roi, de M. le Dauphin, de Mme la Dauphine est fixé au 21. Le Roi couchera à la Meutte, et retournera le 24 au soir à Versailles. M. le Dauphin, Mme la Dauphine iront tout droit à Versailles.

La Reine part d'ici le 19 avec Mesdames. Pendant mon absence, la Reine a fait l'honneur à Mme de Luynes de venir souper chez elle; elle y est venue tous les jours qu'il n'y a pas eu grand couvert, c'est-à-dire le lundi 5, le mercredi 7, le jeudi 8 et le samedi 10.

Il y eut ici vendredi dernier un chapitre de l'Ordre pour recevoir les preuves de M. de Saint-Séverin (1). Je ne m'y trouvai point; j'étois, comme je l'ai dit, à Dampierre, et M. de Saint-Florentin ne voulut point qu'on m'envoyât un courrier pour m'avertir. Il y avoit ici la surveille deux ou trois chevaliers de l'Ordre qui allèrent à Paris pour leurs affaires et n'assistèrent point au chapitre; ils avoient demandé permission. Il s'y trouva dix-huit ou vingt chevaliers, et il ne fut uniquement question que de la lecture d'un mémoire contenant les preuves de M. de Saint-Séverin; en conséquence, le Roi lui permettra sans doute de porter le cordon de l'Ordre.

La Reine avoit paru déterminée à n'aller ici dans aucun couvent que dans ceux où elle iroit avec le Roi et aux Carmélites, qu'elle aime particulièrement; cependant elle alla dimanche dernier entendre le salut à la Congrégation, avec M. le Dauphin, Mme la Dauphine et Mesdames.

Dans mon petit voyage, j'ai passé par Versailles; j'y ai vu le nouveau plafond du cabinet du conseil, qui est fini et qui est trois pieds plus bas que l'autre; on a gratté et blanchi tout ce qu'il y avoit de dorure dans ce cabinet, et on la refera à neuf pendant le voyage de Fontainebleau.

On travaille aussi à quelque nouveau changement dans l'appartement que le Roi a donné à Mme de la Rivière, qui n'en avoit point; cet appartement est celui qu'occupoit M. des Marets, grand fauconnier. C'est dans l'aile neuve, dans la petite galerie, en haut, auprès de ce qu'on appelle la rue de Noailles, où logent actuellement M. et Mme de Chalais, Mme de Boufflers, M. et Mme de Talleyrand.

---

(1) Chacun y assista en habit ordinaire. On ne se sert des habits de cérémonie que lorsque l'on va du chapitre à l'église. (*Note du duc de Luynes.*)

J'ai appris pendant mon absence que les ordres ont été envoyés pour faire revenir la maison du Roi, qui se mettra en marche du 12 au 15 de ce mois.

Pendant que j'ai été absent, la Reine a envoyé Madame faire la cérémonie de donner le voile à une fille postulante aux filles Sainte-Marie d'ici.

Du mardi 13, *Compiègne.* — M. de Saint-Séverin, dont on annonçoit l'arrivée depuis plusieurs jours, est enfin arrivé ce matin; il ne doit y passer que trois ou quatre jours.

Du mercredi 14. — La Reine a fait ses dévotions aujourd'hui aux Carmélites, M. le Dauphin aux Jésuites, et ensuite Mme la Dauphine. Mesdames ont été à la Congrégation.

M. le duc de Gesvres m'avertit hier au soir que M. le Dauphin souhaitoit que j'eusse l'honneur de le suivre pour tenir la nappe de communion. Je me suis rendu à huit heures chez M. le Dauphin, qui s'étoit levé dès six heures et s'étoit habillé tout de suite. Le P. Pérusseau l'attendoit dans sa chambre; il l'a fait entrer dans son cabinet, où il s'est confessé; il est sorti fort peu de temps après avec l'habit, le manteau, le collier du Saint-Esprit et celui de la Toison; il est monté en carrosse à la porte de la cour, le Roi n'étant point éveillé. M. de Gesvres a monté ensuite le premier, comme service, et s'est mis sur le devant. M. le Dauphin m'a fait signe de monter; je me suis mis à côté de M. de Gesvres; il a fait signe ensuite à M. de Sassenage, il s'est mis à la portière du côté de M. le Dauphin; il n'y avoit que lui de menin. On ne peut faire un voyage plus court, les Jésuites étant à la porte du château. M. le prince Constantin attendoit M. le Dauphin aux Jésuites, pour lui dire la messe. M. le cardinal de Rohan est dans son diocèse; M. le cardinal de Soubise, qui a une très-mauvaise santé, se trouva mal, étant aux Jacobins au salut avec le Roi, le dimanche 4. C'étoit le commencement d'une maladie qui l'a obligé d'aller à Paris. M. de Gesvres s'est mis avec son carreau derrière le fauteuil de M. le Dauphin, et moi avec le mien à la droite de M. de Gesvres. Le P. Pérusseau étoit à côté du prie-Dieu en rochet; il avoit à sa droite, en avant du prie-Dieu, l'aumônier de quartier du Roi qui sert auprès de M. le Dauphin et qui étoit aussi en rochet. M. le prince Constantin est venu d'abord donner de l'eau bénite à M. le Dauphin, suivant l'usage ordinaire. On sait que l'on ne présente jamais l'eau bénite au Roi, à la Reine, à M. le Dauphin, à Mme la Dauphine et à Mesdames, et qu'elle se donne par aspersion après l'évangile. Le clerc de chapelle est venu apporter à l'aumônier de quartier plusieurs pains, sur la patène, non consacrés; l'aumônier en a pris un, avec lequel il a touché tous les autres et l'a donné au clerc, qui l'a mangé sur-le-champ; l'aumônier a présenté ensuite la patène à M. le Dauphin, qui a pris un pain et l'a remis au clerc de chapelle; c'est ce pain qui a été consacré. Le clerc a aussi apporté le livre des Évangiles, ouvert et couvert du voile du calice; il l'a présenté à l'aumônier de quartier, qui l'a donné à baiser à M. le Dauphin; ensuite il l'a rendu au clerc qui l'a fermé et reporté à M. le prince Constantin, qui attendoit à l'autel, parce qu'à la messe d'aujourd'hui il n'y a point de *Credo*. La nappe de communion étoit placée sur le balustre du chœur. L'aumônier de quartier a passé en dedans du chœur, et s'est placé au coin de la nappe, du côté gauche de M. le Dauphin; je me suis mis à la droite de M. le Dauphin et M. de Gesvres à sa gauche, et nous avons soutenu chacun un coin de la nappe. J'ai pris la droite, comme plus ancien duc et pair, parce que, comme je l'ai dit ailleurs, ceci est une fonction de dignité et non de charge. La messe finie, le prince Constantin est venu apporter le livre corporal à baiser à M. le Dauphin, et le clerc de chapelle a présenté le goupillon à l'aumônier de quartier, qui a donné de l'eau bénite à M. le

Dauphin, et a rendu ensuite le goupillon au clerc. Je n'ai mis tout ce détail que pour en parler une fois ; c'est ce qui se pratique ordinairement ; j'ai eu peu d'occasion de voir cette cérémonie. M. le Dauphin a entendu une seconde messe dite par un clerc de chapelle, après quoi il a remonté en carrosse pour revenir au château ; il n'a pas descendu dans la cour, parce qu'il n'étoit pas jour chez le Roi, qui n'étoit arrivé qu'à quatre heures du matin.

Du jeudi 15, jour de Notre-Dame, Compiègne. — Le Roi arriva la nuit d'avant-hier à hier sur les quatre heures du matin. Dimanche, il monta à cheval au Bourget, à la fin d'un grand orage dont il essuya une grande partie en chemin. Il tira dans la plaine Saint-Denis et dans le petit parc de la Meutte. Le dimanche, le lundi et le mardi, on compte qu'il y a eu environ 3,000 pièces de gibier tuées ou estropiées, tant par le Roi que par ceux qui avoient l'honneur de le suivre avec des fusils. Le Roi en a tué environ 400. Le mardi, après sa chasse, il vint à Louvres, dans une assez belle maison à la porte de Louvres, en deçà, et qui appartient à M. Le Féron, officier aux gardes. Comme cette maison est entièrement démeublée, M. le Premier y avoit fait porter de la Meutte, par ordre du Roi, tout ce qui étoit nécessaire pour le souper. Le Roi y soupa avec les dames et les hommes qu'il avoit menés à la Meutte, et repartit après souper pour revenir ici. Il courut le cerf hier, et aujourd'hui il a été entendre une messe basse à la Congrégation.

La Reine a été entendre deux messes basses aux Carmélites. M. le Dauphin, Mme la Dauphine et Mesdames ont été entendre la grande messe à Saint-Corneille. Les Bénédictins de Saint-Corneille sont curés primitifs de Compiègne. La Reine alla hier aux Carmélites, où elle entendit le salut.

M. de Saint-Séverin, qui arriva avant-hier, fit hier sa

révérence au Roi entre le lever et la messe; il avoit le cordon bleu; aussitôt après le chapitre de vendredi, on lui dépêcha un courrier, qui le trouva en chemin.

M. le maréchal de Lowendal, qui arrive de Flandre et vient passer quelques jours ici, a fait aujourd'hui sa révérence.

Le Roi parla ici, il y a quelques jours, d'une aventure arrivée à la Martinique. Un jeune homme, qui n'y étoit point connu et qui ressemble beaucoup à Mme la duchesse de Modène, a débarqué dans cette île; ayant remarqué que des gens qui connoissent Mme de Modène étoient frappés de la ressemblance, il en a pris occasion de composer une histoire. Il a dit qu'il étoit le fils aîné de M. le duc de Modène; que l'arrangement fait par les traités ayant obligé M. de Modène de céder ses États d'Italie pour servir d'augmentation à ceux que l'on abandonnoit à l'Infant don Philippe, il avoit été convenu entre la France et l'Espagne que l'île de Saint-Domingue lui seroit donnée pour dédommagement, et que c'étoit en conséquence qu'il venoit prendre possession de l'île au nom de M. de Modène. Une figure agréable, des manières polies et engageantes, lui ont acquis beaucoup d'amis en peu de temps; on désiroit que ce qu'il avoit dit fût vrai, et on ne pouvoit pas le regarder absolument comme sans aucun fondement. M. le chevalier de Caylus, qui commande pour le Roi à la Martinique, paroissoit par les dernières nouvelles qu'on a reçues assez embarrassé sur la conduite qu'il devoit tenir. Ce prétendu prince de Modène a dit qu'il étoit un peu brouillé avec Mme sa mère, mais qu'il espéroit qu'elle lui pardonneroit; et en conséquence il a écrit une lettre dont il a chargé un officier de marine qui est venu ici. Cet officier, en arrivant, étoit pleinement convaincu de la vérité du prétendu prince, et croyoit qu'on se moquoit de lui quand on lui disoit que ce prince étoit un imposteur. Il faut que cette affaire ait fait beaucoup de chemin, car le Roi a dit que cette illusion étoit plus sérieuse qu'on ne l'avoit cru d'abord.

M. de Rubempré, premier écuyer de Mme la Dauphine, étant devenu l'aîné de sa famille par la mort sans enfants de M. le comte de Mailly, prend le nom de Mailly.

Du vendredi 16, *Compiègne.* — Hier le Roi, la Reine, M. le Dauphin, Mme la Dauphine et Mesdames allèrent entendre les vêpres à Saint-Corneille et le salut. Après les vêpres on fit la procession pour le vœu de Louis XIII, suivant l'usage observé ce même jour dans tout le royaume. La procession sortit par une porte au coin à gauche en entrant, passa par la place de l'Hôtel-de-Ville, et continua par le chemin le plus court jusqu'au grand portail par où elle rentra. La Reine ne suivit point la procession; pendant ce temps elle se promena dans la maison, et alla voir le logement de M. le cardinal Tencin dans ce cloître. On porte à cette procession une figure de la sainte Vierge. Lorsque la procession fut rentrée, on dit le salut.

Il arriva aux environs de Saint-Corneille une aventure tragique. Un garde du corps, qui n'étoit point de garde, se sentant marcher sur le pied dans la foule, donna un soufflet à l'homme; c'est un menuisier de Compiègne, qui a été soldat aux gardes et qui rendit le soufflet à ce garde du corps, lequel tua le menuisier de trois coups de l'épée qu'il arracha au nommé Pastourelle, ayant d'abord cassé la sienne sur la tête de ce misérable (1). Il vint ensuite se jeter aux pieds de M. le duc de Villeroy pour lui demander sa grâce; M. de Villeroy répondit qu'il ne pouvoit pas s'en mêler pour pareil cas; en conséquence le garde du corps a pris le parti de se sauver.

M. Dutheil, qui est depuis longtemps employé dans les affaires étrangères, a fait aujourd'hui son remerci-

---

(1) Les deux ou trois coups d'épée ont été réellement donnés, mais l'homme n'est pas mort. (*Note du duc de Luynes*.)

ment au Roi. S. M. vient de le nommer deuxième plénipotentiaire aux conférences pour la paix à Aix-la-Chapelle.

Ce matin, le maître d'hôtel de quartier de la Reine, qui ne prend jamais le grand bâton de service qu'au grand couvert, l'a pris un moment lorsque la Reine s'est mise à table à dîner pour lui présenter un morceau de pain bénit et une brioche. C'est l'usage que le lendemain de l'Assomption la maison-bouche du Roi et de la Reine rendent chacun le pain bénit, à cause de Saint-Roch, qu'ils regardent comme leur patron. La bouche du Roi présente un morceau de pain bénit (1) et une brioche au Roi, et n'en présente point à la Reine; celle de la Reine en présente à la Reine, et point au Roi. Ordinairement ces pains bénits sont rendus à la chapelle du grand commun à Versailles.

Du samedi 17, Compiègne. — Le voyage que Mesdames devoient faire à Arcy a été dérangé par l'incommodité de Madame. Mesdames allèrent hier courre le cerf à cheval avec le Roi. Pendant la chasse, Madame se trouva mal d'étouffement et de palpitations de cœur, ce qui l'empêcha de suivre la chasse, mais elle ne voulut pas revenir; en rentrant chez elle elle se trouva extrêmement mal. La Reine, qui a coutume de voir arriver toujours chez elle Mesdames au retour de la chasse, fut fort étonnée de ne voir arriver que Mme Adélaïde, et lui demanda des nouvelles de Madame, et ayant su qu'elle étoit incommodée, la Reine quitta son jeu avec précipitation, et alla chez Madame; on croit que ce pourroit être l'effet de la limaille que Madame a prise pendant deux jours.

Du mercredi 21, Dampierre. — Je partis de Compiègne

---

(1) C'est à la chapelle que l'on a béni le pain bénit du Roi; celui de la Reine a été béni aux Carmélites, parce qu'elle l'a ordonné. (*Note du duc de Luynes.*)

dimanche au soir, 18 de ce mois. Ce même jour, M. le Dauphin, Mme la Dauphine vinrent après le grand couvert chez Mme de Luynes, qui étoit alors chez la Reine; ils y attendirent que la Reine y fût arrivée, et lui dirent qu'ils avoient apporté de l'argent pour faire son jeu et contribuer à son amusement. La Reine fut extrêmement sensible à cette marque d'amitié; la soirée se passa en conversation.

La Reine partit le lundi, à neuf heures un quart. Elle dîna dans la forêt de ce côté-ci de Senlis; son dîner dura environ cinq quarts d'heure; elle arrêta à Sèvres, dans la maison de Mme d'Armagnac, où étoit Mme la duchesse de Villars; elle y fut un quart d'heure, et arriva à Versailles à sept heures et demie; elle vint souper et passer la soirée chez Mme de Luynes.

Ce même jour, le Roi alla à la chasse à Compiègne, et y fit une chute de cheval, mais sans se faire aucun mal. La Reine, dès qu'elle en fut instruite, envoya un page savoir des nouvelles du Roi. Le Roi lui a mandé que ce petit événement ne l'avoit point empêché de continuer à courre, et qu'il se portoit très-bien.

Le Roi a ordonné une réforme de 30,000 hommes de ses troupes. Il y a près de trois semaines que cet arrangement est fait; c'est en conséquence des articles préliminaires par lesquels il est réglé que les troupes russiennes, montant à ce même nombre, à la solde des États-Généraux, retourneront dans leur pays.

Germain, fameux orfèvre en grande réputation dans toute l'Europe, mourut à Paris, il y a environ quinze jours.

Du dimanche 25, Versailles. — Le Roi revint le samedi 24 de la Meutte à la Celle, que l'on appelle, comme je l'ai dit, le petit château; il y fit un léger repas, et arriva ici avant quatre heures. Il alla à la chapelle aux premières vêpres de saint Louis, chantées par les missionnaires. Comme saint Louis est le patron de la chapelle, la veille on dit les premières vêpres et on fait mémoire de saint Barthélemy (1). C'est ordinairement le curé de Notre-Dame qui vient officier à la chapelle; mais il est actuellement absent. Le soir il y eut grand couvert avec une grande affluence de peuple.

Aujourd'hui mon frère a dit la messe à Paris pour l'Académie françoise, et a assisté au panégyrique de saint Louis, prononcé par l'abbé Poule, dont il m'a paru fort content; c'est un usage, qui s'observe tous les ans.

Le mariage de la petite Mme de Rohan, chanoinesse, seconde fille de Mme de Montauban, avec M. de Brionne, est conclu; on le déclarera dès qu'on aura demandé l'agrément.

Du mardi 27, Dampierre. — Je partis avant-hier de Versailles pour venir ici. Le Roi soupa ce jour-là au grand couvert. Il partit hier à trois heures après midi pour aller coucher à Choisy, où il reste jusqu'à samedi prochain.

Hier matin S. M. donna deux audiences à la Ville pour le scrutin (suivant l'usage ordinaire, et comme je l'ai marqué ailleurs) et aux États de Languedoc. Ce fut M. l'archevêque d'Alby (la Rochefoucauld) qui harangua; il y a, comme l'on sait, huit ou neuf harangues.

Je ne sais si j'ai marqué que depuis l'arrivée de Mme Victoire le Roi a décidé un nouvel arrangement à la chapelle. On sait qu'en bas M. le Dauphin est à genoux derrière le Roi sur le drap de pied, et quand le Roi est assis il est à sa droite, et tous les princes et légitimés à la droite de M. le Dauphin. De même Mme la Dauphine est à genoux sur le drap de pied derrière la Reine, et Mesdames aussi sur le drap de pied derrière M. le Dauphin et Mme la Dauphine; et lorsque la Reine est

---

(1) La fête de saint Barthélemy, apôtre, tombe le 24 août.

assise, Mme la Dauphine et Mesdames se mettent toutes à sa gauche. Le même arrangement s'étoit toujours observé à la tribune, même depuis le mariage de M. le Dauphin. On en avoit déjà remarqué l'incommodité, la place qui est à gauche de la Reine pouvant à peine contenir trois personnes. L'arrivée de Mme Victoire a rendu cet arrangement impossible, et il a été décidé qu'elles alterneroient à la tribune, c'est-à-dire que Madame seroit à la droite de M. le Dauphin, et Mme Adélaïde à la gauche de Mme la Dauphine.

Du jeudi 29, Versailles. — M. le Dauphin et Mme la Dauphine allèrent hier après midi à Paris. M. le Dauphin étoit dans le carrosse de M^the la Dauphine. Sur le devant étoient Mme de Brancas et Mme de Caumont; et aux portières, deux autres dames de Mme la Dauphine. Mme de Lauraguais n'avoit point suivi Mme la Dauphine; elle se trouva seulement au Luxembourg. Outre le carrosse des écuyers de Mme la Dauphine, il y avoit un carrosse de M. le Dauphin où étoient ses gentilshommes de la manche. Ils allèrent d'abord à Saint-Sulpice pour voir l'église. On trouvera à la fin de ce livre le détail de la manière dont ils y furent reçus; il a été écrit par mon frère, qui étoit présent (1). De Saint-Sulpice ils allèrent au Luxembourg, voir la maison et le jardin. S'il y a quelques détails qui méritent d'être rapportés, je les ferai mettre à la fin de ce livre lorsque j'en serai instruit.

Le projet de ce voyage à Paris étoit formé depuis plusieurs jours, et il avoit d'abord été question d'aller du Luxembourg aux Chartreux; mais comme il n'y auroit pas eu assez de temps, les Chartreux ont été remis à une autre fois. Le peuple de Paris a paru extrêmement content de M. le Dauphin et de Mme la Dauphine. Elle étoit en grand habit, fort bien mise, avec beaucoup

---

(1) Voy. à l'Appendice de l'année 1748, la pièce justificative n° 4.

de pierreries, et elle a paru faire attention à l'empressement qu'on avoit de la voir et en savoir gré. En revenant de Paris, M. le Dauphin et Mme la Dauphine arrêtèrent à Sèvres dans la maison que M. le duc d'Orléans a donnée à Mme d'Armagnac et à Mme de Villars, laquelle maison tient au parc de Saint-Cloud; ils y allèrent voir Mme d'Armagnac et arrivèrent ici à neuf heures et demie. On trouvera à la fin de ce livre (1) une petite relation que M. le duc de Gesvres m'a envoyée (2).

Du samedi 31, *Versailles.* — Le roi de Pologne (Stanislas) arriva avant-hier à Trianon. Il partit de Lunéville lundi 26 à cinq heures du matin, ayant dit qu'il ne partiroit qu'à huit. Il dîna à huit heures et demie (3), fit trois ou quatre visites en chemin, entre autres à M. de Meuse, à sa terre de Sorey, et arriva à trois heures après midi à Commercy, où il séjourna le mardi. La Reine ne l'attendoit que samedi; mais il se fait toujours un plaisir de surprendre par son arrivée et son départ. La Reine soupoit à son petit couvert dans le cabinet de Mme de Luynes, quand on lui apprit l'arrivée du roi de Pologne; elle donna ordre sur-le-champ à M. le maréchal de la Mothe d'y aller de sa part; il y alla avec M. l'archevêque de Rouen; il fut chargé d'une petite lettre de la Reine en réponse à une qu'elle avoit reçue du roi de Pologne un moment après qu'elle eut appris son arrivée. Il étoit dix heures quand ces Messieurs arrivèrent à Trianon. Ils trouvèrent le roi de Pologne couché.

Hier le roi de Pologne vint ici dès neuf heures du matin entendre la messe à la chapelle, et alla ensuite

---

(1) Voy. à l'Appendice, la pièce n° 5.
(2) Ce 31 août. (*Note du duc de Luynes.*)
(3) A Nancy, à la mission. Il lui avoit demandé à dîner entre neuf et dix; mais comme il y arriva à huit heures et demie, il voulut être servi sur-le-champ, sans se mettre en peine si les viandes étoient cuites ou non. (*Note du duc de Luynes.*)

chez la Reine; il retourna dîner de très-bonne heure à Trianon.

La Reine entendit la messe à l'ordinaire, et monta au sortir de la messe dans son carrosse, avec M. le Dauphin, Mme la Dauphine et Mesdames. Mme de Luynes et Mme la maréchale de Duras étoient dans le second carrosse. Le carrosse de M. le Dauphin avec ses menins et ceux de Mme la Dauphine et de Mesdames suivoient avec leurs dames. La Reine mena tous ses enfants voir le roi de Pologne à Trianon; cette visite ne fut pas longue et la Reine revint dîner.

M. le Dauphin et Mme la Dauphine ont été aujourd'hui après la messe rendre visite au roi de Pologne.

Le roi de Pologne a amené ici un détachement de sa bouche, comme les autres voyages; c'est-à-dire un contrôleur, un cuisinier et un officier; ils ont fait venir de Paris ce qui leur est nécessaire. Outre cela ils ont été aidés par les officiers de la maison de la Reine. La dépense est aux frais du roi de Pologne.

Les gardes du corps du Roi qui avoient attendu le roi de Pologne ne s'y trouvèrent point à son arrivée, mais ils allèrent à Trianon fort peu de temps après avec M. de Balincourt, chef de brigade, frère du maréchal.

L'arrangement du roi de Pologne est comme les autres voyages, de venir ici à trois heures dans l'appartement de M. le comte de Clermont; la Reine y passe deux ou trois heures avec lui, ce qui n'empêche pas qu'il ne permette; quand on le lui demande, à quelques personnes connues, hommes et femmes, de venir lui faire leur cour.

Le Roi revint hier au soir de Choisy, à neuf heures, après avoir couru le cerf à Sénart. Il a été aujourd'hui tirer dans le petit parc. Le roi de Pologne est venu lui rendre visite avant qu'il partît pour la chasse.

Le roi de Pologne a amené avec lui M. le duc Ossolinski, grand maître de sa maison, et deux chambellans, M. le marquis de Boufflers, gendre de M. de Craon, et M. de Thianges, neveu du chevalier de Thianges, ci-devant grand veneur du roi de Pologne à Lunéville.

SEPTEMBRE.

Fête donnée au Roi par Mme de Pompadour. — Chasses du Roi. — Morts. — Révérences à la Reine. — Le P. de Menou. — Procès entre les médecins et les chirurgiens. — Détail sur la mort de Germain. — Le roi de Pologne repart pour Lunéville. — Voyage de Louis XV à Crécy. — *Sémiramis*, tragédie de Voltaire. — Mme d'Ayen vient faire sa cour. — Construction d'un nouveau théâtre pour les cabinets. — Le prince de Condé à Chantilly. — Le Dauphin, la Dauphine et Mesdames au mont Valérien. — Mort de Mme de Vogué. — La famille royale à Choisy. — Voyage de Mme Infante. — Détail sur le procès de MM. de Montbelliard. — Le Roi à Choisy. — M. et Mme de Loss. — Grâce accordée par le Roi à Mme Victoire. — Départ de M. et Mme de Chalais, de M. de l'Hôpital, de la duchesse de Nivernois, de Mme de Bachi, de M. de Wiette.

Du mardi 3 septembre, Versailles. — Nous vîmes hier ici deux seigneurs polonois que M. le duc Ossolinski nous amena, et qui dînèrent chez moi ; ils sont tous deux fort jeunes : l'un s'appelle le comte Potowski, et l'autre le comte Kredendowski.

Avant-hier, le Roi partit après le salut, et alla à la petite maison de la Celle, qui est à Mme de Pompadour, à une lieue d'ici. Il y joua avant souper et y coucha. Le long de la maison il y a d'abord une terrasse, ensuite une seconde et enfin une troisième à droite, et à gauche de laquelle sont deux petits bois en berceaux couverts et en arcades. Un peu plus bas que le petit bois qui est à gauche, en sortant de la maison, est un petit canal entouré de treillage, avec une petite chaloupe au milieu. Le Roi en arrivant voulut descendre dans le petit bois ; mais Mme de Pompadour le pria de se promener d'un autre côté. Le Roi se douta qu'il pouvoit être question de quelque divertissement après le souper, mais il ne savoit point la fête qu'on avoit préparée. Mme de Pompadour avoit envoyé des billets à M. d'Argenson, M. de

Maurepas, M. de Puisieux, M. de Saint-Florentin, M. le contrôleur général et à quelques autres, du nombre desquels j'étois. Il n'y avoit sur ces billets que : « Bon pour entrer. » Elle avoit fait dire qu'on se trouvât à dix heures à la Celle. A la fin du repas, le Roi étant encore à table, nous vîmes entrer un grand nombre de musiciens, tous vêtus d'habits différents, et chacun jouant de son instrument : violons, bassons, hautbois, musettes, violoncelles. Lorsqu'ils se furent rangés autour de la table, Mme de Pompadour se leva de table, et représentant le rôle de la Nuit, elle chanta quelques vers à la louange du Roi, étant accompagnée par toute la musique. Le commencement et la fin de ces vers étoient : *Venez, venez, suivez-moi tous.* A ces paroles, le Roi se leva de table ; tous les musiciens jouant de leurs instruments marchèrent devant. Le Roi et toute la compagnie les suivit ; ils descendirent les deux terrasses et entrèrent dans le bosquet qui est à droite de la maison. Ce bosquet étoit couvert et fermé de toile, et on y avoit élevé trois ou quatre marches au haut desquelles on trouvoit une grande place pour les spectateurs, ensuite un orchestre, et plus loin un théâtre que l'on avoit élevé autant qu'il convenoit et orné d'une manière agréable. M. le duc d'Ayen y parut sous la figure du dieu Pan. Mme Marchais jouait le rôle de Flore, et Mme Trusson celui de la Victoire. On exécuta un fort joli ballet, qui dura environ une demi-heure ; les paroles faites par Lelio-Riccoboni, de la Comédie italienne, la musique par le sieur Blaise, et les danses par le sieur Deshayes. Ceux qui dansèrent furent les petits enfants qui dansoient l'hiver dernier dans les cabinets et M. de Courtenvaux. Dans le moment que le ballet fut fini, les musiciens sortirent en jouant la marche, et ensuite chantant le chœur du second acte de *Scanderberg* (1), qui commence par ces paroles : « De nos sultans obscurcis la mémoire. » Ils

---

(1) Opéra de Lamotte et Laserre, mis en musique par Rebel et Francœur.

étoient suivis du Roi et de toute la compagnie. Au lieu d'aller tout droit à l'autre bois, qui est pareil à celui d'où ils sortoient, ils prirent un peu à droite et allèrent gagner le petit canal et en firent le tour. Au bout de ce canal, l'on monte un peu pour aller gagner l'extrémité du bois dont j'ai parlé. Le canal, la petite gondole étoient illuminés, et l'on avoit suspendu des lanternes de verre dans le milieu des arcades que forment naturellement les deux petits bois. En entrant dans le petit bois à l'extrémité du canal, le Roi trouva M. de la Salle habillé en berger, qui, paroissant surpris de voir arriver le Roi dans ces demeures champêtres qu'il habitoit, lui adressa un compliment, qu'il chanta fort bien, dont le sens étoit : qu'à l'exemple du soleil qui veut bien quelquefois cacher la splendeur de ses rayons en se couvrant de nuages, le Roi voulût bien aussi cacher l'éclat de S. M. En même temps on présenta à M. de Maillebois, qui étoit auprès du Roi, un domino que le Roi prit; tous les hommes et femmes prirent en même temps des dominos et des masques, sans exception, les ministres, M. de Grimberghen lui-même. Pendant ce temps, quelques-uns des petits enfants qui avoient dansé au ballet et qui étoient habillés en pierrots, exécutèrent une petite danse, après laquelle le Roi s'étant un peu avancé trouva une salle de bal qu'on avoit formée avec des toiles dans le bois à gauche de la maison et au-dessus du canal. La décoration de cette salle étoit fort agréable et ingénieuse. L'orchestre étoit placé assez élevé pour voir commodément les danseurs, et l'on avoit mis en bas des banquettes pour les spectateurs et ceux qui dansoient : on y dansa jusqu'à près de quatre heures du matin. Le Roi ne dansa point, mais il resta jusqu'à trois heures et demie.

Hier il alla tirer, et tua dans le petit parc 288 pièces. Aujourd'hui il est parti à onze heures pour aller courre à Sénart et coucher à Choisy, d'où il ne doit revenir que samedi.

M. le duc de Gesvres est venu aujourd'hui rendre compte à la Reine que le Roi prendroit samedi le deuil pour jusqu'à mardi, à cause de la mort de la duchesse de Brunswick, qui est Courlande et qui est parente éloignée du Roi par sa mère, qui étoit Bavière (1).

Nous avons appris aujourd'hui la mort de Mme la comtesse d'Estaing, dont le mari, mort depuis longtemps, étoit lieutenant général et chevalier de l'Ordre ; elle étoit Vaubecourt et fort âgée.

On a appris aussi la mort d'une sœur de Mme de Vaubecourt (Puységur) ; elle s'appeloit Mme la marquise de Choisy.

M. le Dauphin eut encore un peu de fluxion à la joue samedi dernier ; il lui étoit venu un petit bouton dans la bouche, qui donna occasion de faire venir Mouton, son arracheur de dents. Il perça ce bouton, et cette petite opération n'a pas empêché M. le Dauphin de souper ce même jour au grand couvert.

On a appris depuis quelques jours que M. le marquis de Rannes, frère de M. le lieutenant civil, étoit mort, au château de Rannes, le 15 d'août ; il étoit âgé d'environ quatre-vingts ans. Il étoit le plus ancien de tous les maréchaux de camp.

Du jeudi 5, Versailles. — Dimanche dernier étant le 1er septembre, on ne put pas dire la messe de *Requiem* pour l'anniversaire de Louis XIV, comme à l'ordinaire.

---

(1) J'ai marqué au 8 décembre de l'année dernière que M. le Dauphin porta le deuil dix jours pour la mort d'une duchesse de Brunswick, et que le Roi ne le prit point, croyant qu'il n'y avoit nulle parenté. Le roi d'Angleterre, qui est, comme l'on sait, de la maison de Brunswick, auroit désiré que le Roi prit le deuil l'année passée et en a fait parler par son ministre à Aix-la-Chapelle à l'occasion de la mort de la duchesse de Brunswick qui vient de mourir. M. de Clairembault a trouvé une parenté qui, quoique éloignée, suffisoit pour porter le deuil. Toutes ces raisons ont déterminé le Roi à prendre le deuil pour trois jours. M. le Dauphin, Mme la Dauphine et par conséquent toute leur maison l'ont porté six jours et ne l'ont quitté qu'aujourd'hui. (*Addition du duc de Luynes*, datée du 13 septembre.)

On devoit la dire le lundi; elle ne fut dite que le mardi, parce que le Roi entendit le lundi la messe à la Celle. La Reine n'eut point de musique à sa messe le lundi, une grande partie des musiciens ayant été employés au divertissement de la Celle. J'ai déjà marqué que lorsque le 1er de septembre n'est point un dimanche, il n'y a point de motet à la messe du Roi et de la Reine, parce que presque toutes les voix vont ce jour là à Saint-Denis.

M. de Valory, ministre du Roi auprès du roi de Prusse, est arrivé hier et a fait sa révérence à la Reine aujourd'hui, le Roi étant absent. Il y a neuf ans qu'il est auprès du roi de Prusse; il n'est point changé, seulement un peu engraissé; il a le cordon rouge. Il vient ici par congé pour quelques mois, et compte retourner à Berlin.

M. le duc Ossolinski a amené aujourd'hui à la Reine son petit-fils, qui s'appelle le comte Ossolinski et qui a douze ans. Il est d'une très-jolie figure. C'est le fils aîné du fils aîné de M. le duc Ossolinski, de son premier mariage, qui est marié en Pologne et a 400,000 livres de rente. Ce fils aîné marié en Pologne a encore un autre garçon. Celui-ci a été élevé au collége des jésuites à Varsovie; il vient passer deux ans à celui des Jésuites à Paris; il me paroît que son grand-père compte qu'il retournera en Pologne.

J'ai marqué ci-dessus ceux que le roi de Pologne a amenés avec lui. J'ai oublié de parler du P. de Menou, jésuite, qui étoit à sa suite. C'est un homme d'une belle figure et de beaucoup d'esprit, qui s'est appliqué à la prédication et aux missions, et que le roi de Pologne a mis à la tête de la mission qu'il a établie à Nancy, dont j'ai parlé dans le temps du voyage de la Reine en 44.

Le séjour du roi de Pologne ici y attire tous ceux qui ont l'honneur de lui être attaché; il y est venu aujourd'hui M. d'Adhémar, qu'on dit être de la maison de Grignan. C'est un jeune homme qui est au service de France et qui a la croix de Saint-Louis; il est le fils de M. de Marsanne, premier maître d'hôtel du roi de Pologne à

Lunéville. Nous y avons vu aussi M. de Jablonowski, fils d'un frère de Mme la duchesse Ossolinska et de Mme de Talmond.

Du vendredi 13, *Versailles.* — Samedi dernier, 7 de ce mois, il y eut une assemblée chez M. le chancelier, au sujet du grand procès entre les médecins et les chirurgiens; le Roi a remis le jugement de ce procès à Fontainebleau. Les chirurgiens, en conséquence d'une déclaration que M. de la Peyronie obtint en 1743, par laquelle ils ont été séparés des barbiers, ont prétendu devoir faire un corps à part et être indépendants des médecins; les médecins au contraire soutiennent que les chirurgiens doivent leur être subordonnés, et qu'un chirurgien ne peut refuser de saigner un malade quand un médecin l'a ordonné. On prétend que cette dispute a été en partie la cause de la mort de Germain, orfèvre, dont j'ai parlé ci-dessus. Il avoit une espèce d'apoplexie; le vieux Dumoulin, fameux médecin, fut appelé; il ordonna deux saignées dans la nuit; le chirurgien ne voulut pas les faire, et le malade mourut. On dit que Dumoulin et Vernage, autre fameux médecin, ont dit qu'ils abandonneroient la médecine si les chirurgiens gagnoient leur procès.

J'allai à Dampierre samedi et j'en suis revenu mardi. C'est ce jour-là que le roi de Pologne est parti. Il vint ici dès huit heures du matin dire adieu à la Reine; il alla ensuite à Bercy dîner chez M. de Montmartel, et alla coucher à Germigny, maison de campagne de M. l'évêque de Meaux, où la Reine envoya un page savoir de ses nouvelles.

Le Roi arriva hier à Crécy (1) à huit heures et demie

---

(1) Le Roi étoit arrivé le 7 de Choisy, et avoit soupé dans ses cabinets. Le 8 il y eut grand couvert. Le 9 il avoit tiré dans le petit parc, ensuite il avoit déjeuné à la porte de Saint-Cyr. Ce déjeuner avoit été préparé par les ordres de M. le comte de Noailles. Il partit tout de suite pour Crécy; Mme de Pompadour y étoit allée la veille. (*Note du duc de Luynes.*)

du soir, et soupa au grand couvert; il y soupe encore aujourd'hui, et demain il va courre à Sénart et coucher à Choisy, où il restera jusqu'à vendredi.

Du dimanche 15, Versailles. — Il y a un mois ou six semaines que l'on a commencé à représenter à Paris une nouvelle tragédie; elle est intitulée *Sémiramis*; elle est de Voltaire. Tout le monde convient qu'il y a de très-beaux vers; on ne convient pas de même sur le succès de cette pièce, et l'on parle surtout de deux vers que les acteurs même vouloient retrancher; Voltaire a obtenu qu'on les laissât dans la pièce. Ce qui est certain, c'est qu'on la joue encore actuellement.

J'ai parlé ci-dessus de la place que le premier gentilhomme de la chambre a sur la même ligne que le capitaine des gardes, derrière le fauteuil du Roi, aux cérémonies, comme sermons, ballets, opéra, etc. Il est arrivé quelquefois que la femme du gentilhomme de la chambre a été assise à cette place, lorsqu'elle n'avoit pas pu en avoir d'autre.

Mme d'Ayen vint ici avant-hier faire sa cour. Elle n'avoit point paru depuis la petite vérole qu'elle avoit eue en couche, et dont elle a été fort mal; elle n'en est point marquée et est aussi pâle qu'à l'ordinaire.

L'on construit depuis quelque temps ici un nouveau théâtre dans les cabinets du Roi; il sera achevé pendant Fontainebleau. On l'a élevé dans la cage du grand escalier de marbre ou des ambassadeurs, sans gâter ni le marbre ni les peintures de cet escalier. On défera ce théâtre pour toutes les occasions de cérémonies où il sera nécessaire, comme par exemple pour les cérémonies de l'Ordre. On compte qu'il faut quatorze heures pour le défaire et vingt-quatre heures pour le remettre en place. On a défait celui de la petite galerie, à laquelle on n'a rien trouvé d'endommagé.

M. le prince de Condé revint jeudi dernier de Chantilly. Il a été y passer dix jours; c'est le premier voyage qu'il y a fait. M. le comte de Charolois, son oncle et son tuteur, s'est occupé avec grand soin à faire entretenir tout au mieux cette belle maison. Il y a fait même des réparations qui en augmentent la beauté. Il a songé à mettre en ordre les affaires de son neveu et à payer ses dettes. L'application qu'il a mise à ce travail lui fait beaucoup d'honneur. Il a été occupé dans ce petit voyage-ci à faire trouver à M. le prince de Condé tous les amusements qui pouvoient convenir à son âge; il a prié Mme la princesse de Conty d'y aller et en même temps douze ou quinze dames, dont plusieurs aiment à danser. M. le prince de Condé, qui aime beaucoup la danse, a eu un bal tous les jours; et tous les deux jours ce bal se prolongeoit jusqu'à trois ou quatre heures du matin; ce n'étoit point des bals masqués. Il y a eu des chasses de sanglier dans les toiles, des battues, etc.

Hier, M. le Dauphin, Mme la Dauphine et Mesdames partirent d'ici à trois heures et demie pour aller au mont Valérien, où ils entendirent le salut. C'étoit la fête de l'Exaltation de la Croix; ils revinrent ici à huit heures et demie.

Hier, Mme de Vogué mourut, à Paris, fort âgée. Elle étoit sœur du feu maréchal de Villars. Elle laisse un fils qui a eu un régiment et qui a quitté le service. MM. de Vogué sont de Vivarais.

Du jeudi 19. — Avant-hier mardi, Mesdames allèrent souper à Choisy et revinrent ici à quatre heures du matin. Aujourd'hui, M. le Dauphin et Mme la Dauphine y vont souper et coucher; le Roi en revient demain après avoir couru le cerf.

Mme la duchesse de Gramont (Gramont) accoucha avant-hier d'un garçon; c'est son second fils.

Du dimanche 22, *Versailles.* — Le voyage de Mme Infante ici, dont on parle depuis quelque temps, fut déclaré hier; elle vient par Bayonne. On a envoyé ici un état des dames et hommes qui la suivent. Mme Infante, sa fille (1), vient ici ; elle marchera deux jours après elle. Le Roi envoie douze gardes, avec deux brigadiers, par le messager (2) la plus grande partie du chemin, e tle reste en poste. Il y en aura six avec un brigadier pour accompagner chacune de ces princesses. M. de Sesmaisons compte accompagner Mme Infante, et M. le chevalier de Breteuil, aussi exempt, est nommé pour la petite Infante. Le Roi n'envoie point de détachement de la bouche, ni de contrôleur, mais seulement des carrosses, et la route se fera en poste. M. le comte de Noailles est nommé pour l'aller recevoir sur la frontière. Elle ne doit arriver que lorsque le Roi sera revenu de Fontainebleau.

J'ai parlé ci-dessus du procès de MM. de Montbelliard ; j'en ai appris aujourd'hui quelques détails. M. le contrôleur général leur a mandé qu'il falloit qu'ils donnassent une renonciation par écrit à toutes les terres et seigneuries sur lesquelles ils avoient des prétentions. On leur donnera 20,000 livres de rente, dont 8,000 viagères et 12,000 foncières, et ce à prendre sur les États de Bourgogne. Ils m'ont dit que le duc de Wurtemberg disoit que c'étoit lui qui payoit ces 20,000 livres.

Le Roi partit hier pour Choisy, où il y a aujourd'hui conseil d'État; il n'y en aura plus qu'à Fontainebleau, d'aujourd'hui en huit.

Mme de Loss, qui retourna hier à Paris, a resté ici trois ou quatre jours. Elle revient des eaux de Plombières, où elle a été pour sa santé. Ce voyage l'a empêché d'être présentée à Mme Victoire ; elle espéroit que cette présentation pourroit se faire pendant son séjour ici, mais il s'est trouvé des difficultés qui ont obligé de remettre cette présentation à Fontainebleau. M. de Puisieux désire maintenir

---

(1) Marie-Élisabeth-Louise-Antoinette, née le 31 décembre 1741.
(2) Cet arrangement n'a pas pu avoir lieu, le messager n'ayant pas assez de chevaux ; ils iront en poste. (*Addition du duc de Luynes*, datée du 29 septembre.)

la règle établie depuis longtemps que toutes les cérémonies qui regardent les étrangers se fassent le mardi. M. de Loss voudroit bien avoir quelque distinction des autres ambassadeurs et être un peu réputé comme ambassadeur de famille, mais il me paroît peu d'espérance pour lui d'obtenir ce qu'il désire. Pour la présentation de Mme de Loss, il auroit fallu une audience, et par conséquent il auroit été nécessaire d'avertir M. de Sainctot, introducteur des ambassadeurs, qui étoit retourné à Paris dès mardi dernier. La présence de Mme la maréchale de Duras étoit aussi très-nécessaire; il faut qu'elle vienne recevoir Mme l'ambassadrice, et elle étoit à Paris pour plusieurs jours.

M. d'Espinchal, exempt des gardes du corps, a obtenu ces jours-ci le grade d'enseigne. On trouvera au 26 février ce qui s'est fait pour pareille grâce pour M. de Montigny. M. d'Espinchal a été à Fontevrault prendre Mme Victoire, et l'a conduite ici. Lorsqu'elle fut arrivée, elle dit avec bonté à M. d'Espinchal qu'elle seroit fort aise de lui rendre service si l'occasion s'en présentoit; il a cru devoir profiter des offres d'une aussi respectable protection, et a supplié Mme Victoire de vouloir bien demander pour lui le brevet d'enseigne, ce qui le met à portée d'être maréchal de camp. Comme M. d'Espinchal est de la compagnie de Noailles, Mme Victoire en parla à M. le maréchal de Noailles, chez le Roi, et lui dit que s'il ne croyoit pas pouvoir demander cette grâce, elle la demanderoit elle-même. Le Roi entendit quelques mots de cette conversation et demanda de quoi il étoit question. S. M. n'a pas voulu refuser cette grâce à Mme sa fille; c'est vraisemblablement la première qu'elle lui ait demandé.

Le Roi dit vendredi à son coucher qu'il arriveroit le jeudi 3 à Fontainebleau.

M. et Mme de Chalais partirent il y a trois ou quatre jours pour aller dans leur terre de Chalais en Saintonge. Mmes de la Suze, de Talleyrand et de Périgord restent ici;

les deux dernières sont dames du palais, et l'autre reste à cause de son mari, grand maréchal des logis. Il paroît que le projet de M. et de Mme de Chalais est de ne point revenir ici au moins d'un an, et que c'est un arrangement d'affaires qui les a déterminés à ce voyage. Il n'y a qu'un des enfants de Mme de Chalais, qui est M. de Courcelles, qui ira avec elle. M. et Mme de Chalais n'ont pris congé ni l'un ni l'autre.

M. de l'Hôpital a pris congé ces jours-ci; il s'en retourne continuer à Naples ses fonctions d'ambassadeur.

Du mardi 24, Versailles. — Mme la duchesse de Nivernois et Mme de Bachi prirent avant-hier congé du Roi et hier de la Reine. La première part ces jours-ci pour Rome avec M. de Nivernois; ils vont par terre; leurs enfants vont par mer avec Mme de Watteville, sœur de Mme de Nivernois.

Mme de Bachi part aussi incessamment pour Munich; M. de Bachi y est déjà arrivé, et il paroît jusqu'à présent qu'il y a fort bien réussi.

M. le comte de Wiette a pris congé aujourd'hui. Je n'ai point parlé de lui depuis l'année passée qu'il arriva à Fontainebleau, de la part de l'électeur de Bavière; il devoit s'en retourner peu de temps après, mais il a eu des affaires à Paris qui l'ont retenu; il dit même qu'il a été malade. Il écrivit il y a deux jours à M. de Puisieux; il demandoit d'avoir une audience du Roi pour prendre congé de S. M. M. de Puisieux lui a dit ce matin qu'il ne pouvoit pas avoir d'audience. M. de Wiette, après plusieurs instances réitérées, a demandé d'être au moins présenté par M. de Sainctot, comme homme de condition étranger. M. de Puisieux a envoyé querir M. de la Tournelle, secrétaire à la conduite des ambassadeurs (ce que l'on appelle sous-introducteur), et lui a dit d'aller avertir M. de Sainctot d'aller prendre l'ordre du Roi pour lui présenter M. le comte de Wiette. En conséquence, M. de Sainctot, après avoir reçu les ordres de

S. M., a présenté M. de Wiette, auprès de la nouvelle salle des gardes qui est au plain-pied de la cour, avant que le Roi montât en carrosse pour aller tirer dans le parc; il a dit au Roi que M. de Wiette prenoit congé pour s'en retourner en Bavière.

L'on sait d'aujourd'hui que la Reine partira mardi 1ᵉʳ octobre pour aller à Choisy; on ne dit point encore le jour de son arrivée à Fontainebleau, mais ce sera vraisemblablement le vendredi.

OCTOBRE.

Diner chez la Reine. — La famille royale à Choisy. — Contrat de mariage signé. — Mariage de M. de Brionne. — La Cour à Fontainebleau. — M. de Jablonowski et l'ordre de Saint-Hubert. — Appartement de Mesdames et changements faits dans les logements à Fontainebleau. — Mort de l'ancien évêque de Saint-Papoul. — Lettre de l'ambassadeur d'Angleterre au canton de Fribourg et réponse de ce canton. — Présentation. — Le maréchal de Saxe à Fontainebleau. — Chasses du Roi; favorables à sa santé. — Mort de l'abbé de Cîteaux. — Détails sur l'élection des abbés de Cîteaux. — Mort de la princesse Dorothée, première duchesse douairière de Parme. — Amusements de la Cour. — Chasses du Roi. — Mort et circonstance étrange. — Le cardinal de Soubise. — La Reine fait donner un grade à un Polonais. — Le chanteur Reginella. — Défense du roi de Suède au sujet des habits. — Morts et naissances. — Signature de la paix à Aix-la-Chapelle. — Le Roi nomme à l'évêché de Poitiers. — Mort de M. Dufort. — Statue équestre de Louis XV par Bouchardon. — Finances et crédit de la ville de Paris. — Nomination d'un fermier général. — Château de Petit-Bourg. — Fortune du duc d'Antin. — Mot de Louis XIV au duc d'Antin. — Reconnaissance des Génois envers le duc de Richelieu. — Don gratuit accordé par les États de Bretagne. — Indisposition de la duchesse de Luynes. — Marques d'amitié que lui donne la Reine. — Le duc de Biron à Baréges.

Du mercredi 2 octobre, Paris. — La Reine dîna hier avec M. le Dauphin, Mᵐᵉ la Dauphine et douze dames, dans le grand cabinet avant sa chambre. Mᵐᵉ la maréchale de Duras étoit la première à droite, et par conséquent à la droite de Mᵐᵉ Victoire, et Mᵐᵉ de Brancas la première à gauche, et par conséquent la première après Mᵐᵉ Adélaïde; après Mᵐᵉ de Duras, Mᵐᵉ de Lauraguais, ensuite

Mme de Brissac, etc. De toutes les dames qui ont suivi la Reine, il n'y eut que Mme de Villars et Mme de Boufflers qui ne se mirent point à table ; Mme de Luynes n'y étoit point ; elle s'étoit trouvée incommodée depuis quatre ou cinq jours. La Reine lui a permis de venir ici pour faire quelques remèdes, et nous y vînmes hier. La Reine monta en carrosse à deux heures un quart avec M. le Dauphin, Mme la Dauphine et Mesdames; Mme de Villars monta dans le second carrosse. Mlle de Charleval ne dîna point avec la Reine, mais elle y soupa le soir à Choisy ; c'est une grâce que le Roi lui a accordée et dont elle jouira dorénavant dans toutes les occasions.

Le Roi ayant permis qu'on lui portât à Choisy le contrat de mariage à signer de M. de Brionne, MM. de Brionne et de Montauban ont été à Choisy ce matin avec plusieurs parents des deux côtés. C'est M. de Maurepas qui a présenté la plume, à cause de la charge de M. de Brionne. Le mariage se fera demain à Panthemont (c'est M. le prince Constantin qui les marie); le souper dans la belle maison de M. de Montauban, rue de Varennes.

M. d'Argenson est resté à Versailles à cause de la goutte dont il est fort incommodé depuis plusieurs jours.

Du samedi 5, Paris. — Avant-hier jeudi, la Reine après avoir dîné à Choisy en partit de bonne heure pour Fontainebleau, ayant dans son carrosse Mme la Dauphine, Mesdames et Mme de Villars. M. le Dauphin resta pour partir à quatre heures avec le Roi.

J'ai parlé ci-dessus du mariage de M. de Brionne ; il y eut un grand dîner à Clichy, ensuite un fort bon concert suivi d'un feu d'artifice. Le soir il y eut un grand souper et une illumination chez Mme de Montauban. Il y a eu à l'occasion de ce mariage plusieurs présents faits à Mme de Brionne. M. le prince Constantin lui a donné 20,000 écus; M. l'archevêque de Reims autant; Mme la princesse de Rohan lui a assuré 100,000 francs, mais elle n'a pas voulu qu'il en fût parlé dans le contrat, ni qu'il y eût rien d'écrit; elle lui a donné, outre cela, trois belles pièces d'étoffes. Mme la duchesse de Tallard a donné une aigrette de diamants, M. le cardinal de Rohan plusieurs pièces de dentelles; Mme d'Elbeuf a fait aussi un présent en pierreries. Hier, la noce soupa chez Mme d'Elbeuf, et aujourd'hui c'est chez Mme de Tallard. Mme de Brionne, en comptant ce qui lui est donné par M. l'archevêque de Reims et par M. le prince Constantin, jouit actuellement de 18,000 livres de rente.

• *Du jeudi* 10, *Fontainebleau.* — Je ne suis arrivé ici que lundi. Ce même jour, les concerts chez la Reine ont commencé, et avant-hier mardi il y a eu comédie pour la première fois.

Hier matin, M. de Jablonowski (1), cousin germain de Mmes d'Ossolinska et de Talmond et du roi de Pologne Stanislas, vint chez Mme de Luynes savoir à quelle heure il pourroit voir la Reine et lui parler; Mme de Luynes lui dit que ce seroit à la toilette de la Reine; elle en rendit compte à S. M., qui fut étonnée de ce qu'il étoit ici (2). Il paroît avoir quarante ans; il a une assez belle figure. Sa femme est une princesse Radzivill, et il n'y a pas longtemps qu'il est marié. Il a l'ordre de Saint-Hubert de l'électeur palatin (3).

---

(1) Le père de Mmes d'Ossolinska et de Talmond et le père de M. de Jablonowski étoient tous deux frères de la grande mère de la Reine. (*Addition du duc de Luynes*, datée du 10 octobre 1748.)

(2) Lorsque M. de Jablonowski eut fait sa révérence à la Reine, il lui parla un moment en polonois. Quoique ce moment eût été fort court, on put croire qu'il avoit au moins dit quelque chose à la Reine du sujet de son voyage; la Reine nous dit le soir qu'elle n'en savoit pas un mot, qu'il lui avoit dit qu'il étoit venu pour lui faire sa cour, mais qu'elle ne croyoit pas qu'il eût aucune affaire. Il me semble qu'il ne compte pas rester longtemps ici, d'autant plus que le roi de Pologne est actuellement en Pologne et que la diète est assemblée. (*Note du duc de Luynes.*)

(3) Le duc de Wurtemberg donne aussi l'ordre de Saint-Hubert. Je crois que l'électeur palatin prétend que ce seroit à lui seul à le donner. Il y a quelque petite différence au cordon et à la plaque; le cordon de l'électeur est

On dit ici les nouvelles d'Aix-la-Chapelle très-bonnes.

Il n'y a encore ici ni princesses ni princes, que M. le duc de Penthièvre.

Du samedi 12, Fontainebleau. — On a fait ici quelque changement à l'appartement de Mesdames, qui est, comme je l'ai dit, celui de la Reine mère. La grande antichambre a été retranchée ; on en a fait deux, dont la première est fort petite. La pièce qui servoit de seconde antichambre est devenue la chambre de Mme Victoire. On a fait aussi un nouveau cabinet à droite du grand cabinet doré ; c'étoit ce qui faisoit la chambre à coucher de la Reine mère ; ce nouveau cabinet est partagé en deux ; celui de derrière est une espèce d'oratoire.

L'appartement qu'avoit autrefois M. de Chevreuse, mon grand-père, et depuis M. le maréchal de Chaulnes, et qui est entre la chapelle et la voûte qui communique de la cour du Cheval-Blanc à celle des Fontaines, a été très-bien accommodé ; c'est Mme d'Estrades qui y loge.

L'appartement que Mme de Pompadour avoit l'année passée dans la Cour ovale a été donné à Mme la duchesse de Brancas, la dame d'honneur ; et le sien dans la cour de la Conciergerie ou des Princes à Mme de Lauraguais ; et celui de M. de Brancas à M. et Mme de Pons. Mme de Pompadour a celui qu'a eu M. le duc d'Orléans et depuis Mme la princesse de Conty, sous la galerie des Réformés et donnant dans la cour des Fontaines. On a fait aussi un appartement dans la pièce qui faisoit ci-devant la salle à manger des cabinets.

Il y a déjà plusieurs jours que l'on a appris la mort de M. l'ancien évêque de Saint-Papoul, frère de M. de Ségur. Il étoit dans la cinquante-troisième année de son âge ; il est mort à Paris, où il étoit retiré.

Il y a quelques jours que l'on voit des copies d'une

---

bordé d'un petit liseré vert, et il n'y en a point à celui du duc de Wurtemberg. (*Note du duc de Luynes.*)

lettre du ministre d'Angleterre au canton de Fribourg à l'occasion du roi Jacques, que les Anglois appellent *le Prétendant*; cette lettre m'a paru mériter d'être copiée, aussi bien que la réponse qui a été faite par le canton.

Lettre écrite par M. Bournaby, ministre du roi d'Angleterre, au canton de Fribourg.

Le 8 septembre 1748.

Magnifiques Seigneurs,

Ayant appris dans son temps la proposition qui vous fut faite à Arberg de la part de M. l'ambassadeur de France, mon devoir ne me permit point de la laisser ignorer au Roi ; j'ai eu soin aussi d'informer S. M. de la réponse que vous jugeâtes à propos de faire rendre à M. l'ambassadeur par vos députés en lui notifiant que le Louable Canton de Fribourg consentoit à recevoir et donner asile au fils aîné du Prétendant, le traitant dans cette réponse d'Altesse Royale. Le Roi a bien eu de la peine dans le commencement à y ajouter foi ; mais je vous laisse à juger de sa surprise extrême lorsqu'en même temps que j'eus l'honneur d'envoyer à S. M. la lettre du Louable Corps Helvétique en date du 30 juillet, je me suis donné l'honneur de lui confirmer mes précédents avis. En effet, il me passe moi-même qui suis sur les lieux, que sans me consulter, ni m'en faire la moindre communication, vous ayez voulu prêter l'oreille aux bruits artificieusement répandus dans le public, comme si le Roi consentoit ou eût jamais consenti que ce jeune homme établît sa résidence en Suisse. Il faut, Magnifiques Seigneurs, que vous n'ayez point dans ce moment réfléchi que ni S. M. le feu Roi, de glorieuse mémoire, ni S. M. la reine Anne, n'ont jamais voulu permettre, ni en tel cas que ce fût, ni à quel prince que ce fût en amitié avec la couronne de la Grande-Bretagne, de donner protection au père de ce jeune Italien dans aucun pays en deçà des Alpes; à plus forte raison, S. M. glorieusement régnante, qui vient de sauver l'Europe des fers qu'on lui forgeoit, et qui est actuellement prête à lui faire rendre la paix avec des conditions justes et honorables, est en droit de se promettre qu'après tous ses généreux efforts pour soutenir les États libres, mais chancelants dans leur indépendance ; qu'après avoir consacré des trésors immenses au rétablissement du repos public, ni vous, Magnifiques Seigneurs, ni aucuns des Louables Cantons Suisses ne voudroient recevoir, protéger, ni donner asile à la personne qui prétend à sa couronne, ni à aucun des descendants, race odieuse à ses sujets et proscrite par les lois de la Grande-Bretagne. Une pareille démarche de votre part, sans la participation de vos alliés, seroit un contraste assez bizarre avec les expressions du Louable Corps Helvétique, rempli de reconnoissance (contenu de votre lettre ci-incluse, tout fraîchement écrite à S. M.). Je vous prie de réfléchir sérieusement là-dessus, de même que sur le contenu de la mienne que je vous adresse par ordre exprès du Roi mon maître ; et afin qu'il n'y ait point de méprise dans une réponse si importante et si délicate, je vous demande une réponse formelle, souhaitant qu'elle soit telle qu'elle puisse engager S. M. à s'intéresser vivement comme par le passé dans tout ce qui peut vous être utile.

Magnifiques Seigneurs,

Votre très-affectionné à vous servir,

BOURNABY.

RÉPONSE.

Monsieur,

La lettre que vous avez pris la peine d'adresser à notre petit et grand conseil du 8 courant nous a paru si peu mesurée en ses expressions et si peu convenable envers un État souverain, que nous ne jugeons point devoir y répondre ; d'autant plus que la façon dont elle s'énonce ne sauroit, Monsieur, nous induire à vous consulter sur les constitutions de notre État et de sa souveraineté.

Monsieur,

Les très-affectionnés à vous servir,

L'Avoyer et Conseil de la ville de Fribourg.

Mme de Brionne fut présentée hier par Mme de Montauban, sa mère.

Du dimanche 13, *Fontainebleau.* — M. le maréchal de Saxe arriva ici hier ; il y a déjà dix ou douze jours qu'il est de retour de Flandre ; il étoit à sa campagne, que l'on nomme Lespipes, à quelques lieues de Paris (1).

Le Roi a été à la chasse tous les jours de la semaine

---

(1) Il est parti avant-hier ; il a resté peu de jours ici. (*Note du duc de Luynes*, du 19 octobre.)

dernière, soit à courre, soit à tirer ; il paroît qu'il se trouve bien de cet exercice continuel.

Il y a quinze jours ou trois semaines que l'abbé de Cîteaux mourut en Bourgogne ; il s'appeloit Andoche de Pernot ; il étoit âgé de soixante-quatorze ans. C'est une place considérable à remplir. L'élection se fait dans le chapitre ; il est d'usage que le Roi y envoie un commissaire qui pourroit donner au nom du Roi l'exclusion à un sujet qu'il ne croiroit pas convenable, et ce commissaire ordinairement est l'intendant. Les abbés des abbayes dépendantes de celle de Cîteaux, et qu'on appelle ses filles, ont droit de s'y trouver, mais ils n'ont que voix passive ; ils peuvent être élus, mais ils ne peuvent élire.

Du mardi 15, Fontainebleau. — Il y a déjà assez longtemps que l'on sait la mort de la duchesse première douairière de Parme, Dorothée de Neubourg, mère de la reine douairière d'Espagne ; elle est morte le 15 septembre, à Parme, âgée de soixante-neuf ans (1). Elle avoit eu treize ou quatorze frères ou sœurs, entre autres un électeur de Trèves, un évêque d'Augsbourg, un électeur palatin ; et pour sœurs, l'impératrice femme de l'empereur Léopold, une reine de Portugal, une reine d'Espagne. Elle étoit cousine germaine de Mme la dauphine de Bavière, grande mère du Roi.

Du samedi 19, Fontainebleau. — Je n'ai point encore parlé des amusements de la Cour, mais ils sont comme à l'ordinaire ; dimanche et vendredi, jeu ; lundi et mercredi, concert chez la Reine ; mardi et jeudi, les Comédiens françois ; mardi c'est comédie, et le jeudi tragédie ; samedi ce sont les Italiens. Aujourd'hui, comme c'est une fête du diocèse, il n'y aura point par conséquent

---

(1) Elle fut mariée le 3 avril 1690, au prince héréditaire de Parme, mort le 5 septembre 1693, dont elle eut la reine douairière d'Espagne, qui vit ; elle se remaria le 3 décembre 1694, à François Farnèse, duc de Parme, mort le 26 février 1727. (*Note du duc de Luynes.*)

de comédie italienne, mais il y en aura lundi à la place de la musique.

Le Roi a été tous les jours de la semaine dernière et de celle-ci à la chasse, hors aujourd'hui et les dimanches. Les jours qu'il n'a point couru le cerf ou le sanglier, il a été tirer dans les bruyères autour du château et dans celles de la Boxière; on y a conservé assez de perdrix pour lui faire un amusement de deux heures pendant lesquelles il tue une trentaine de pièces. Il paroît que cet exercice continuel réussit fort bien au Roi. Il disoit il y a deux ou trois jours à son souper que depuis le commencement des perdreaux jusqu'à présent il en a tué mille ou onze cents, et en tout trois mille cinq cents pièces de gibier.

Il y a deux ou trois jours que l'on a appris la mort de Mme de Vesc, fille de Mme de Bonac, et par conséquent petite-fille du maréchal de Biron. Elle étoit fort jeune et mariée depuis dix-huit mois à un homme de condition. Elle étoit allée à Plumartin, château appartenant à M. de Plumartin, qui a épousé une autre fille de Mme de Bonac. Mme de Vesc, qui étoit grosse, y tomba malade dangereusement; elle envoya quérir un confesseur, qui étant arrivé chez elle tomba mort d'apoplexie au chevet de son lit; cet accident joint à son état et à sa maladie la fit mourir le lendemain.

M. le cardinal de Soubise est revenu ici depuis trois ou quatre jours. On dit qu'il est mieux, mais on n'en peut pas trop juger par son visage; il se trouva mal encore avant-hier à la messe du Roi.

J'ai parlé ci-dessus du prince Jablonowski; il a avec lui un Polonois qu'on appelle Jakobowski à qui la Reine a fait avoir le grade de lieutenant-colonel au service de France.

Nous avons ici depuis assez longtemps un officier qui est au service du roi de Pologne électeur de Saxe; c'est un François, que l'on appelle Fontenay; il paroît avoir environ cinquante ans. Il n'a passé en Saxe qu'avec l'agrément du Roi ; il fait ici sa cour, et le Roi lui a parlé plusieurs fois.

Du lundi 21, Fontainebleau. — Il y a actuellement ici un ministre de Naples à Dresde, qui s'en retourne à sa cour ; il s'appelle M. de Boronini ; il parle fort mal françois.

J'entendis hier chez M. d'Ardore un Italien qui est haut de six pieds deux ou trois pouces, appelé Reginella ; il sait très-bien la musique et chante parfaitement. Ce n'est pas une voix comme Farinelli, c'est un bas-dessus.

M. le duc de Chartres, Mme de Chartres, M. et Mme de Modène, Mademoiselle et Mlle de la Roche-sur-Yon sont arrivés ces jours-ci.

J'appris hier que le roi de Suède a fait défense de porter, dans ses États, ni or ni argent sur les habits, et que M. le baron de Scheffer, son envoyé ici, avoit reçu ordre de se conformer à ce règlement. Cet ordre donné à M. de Scheffer est en conséquence de ce que M. de Lanmarie, notre ambassadeur à Stockholm, ne s'est pas conformé à la défense et a continué à porter de l'or et de l'argent. M. de Scheffer a seulement permission de porter pendant un an les habits qu'il a fait faire. Le même ordre a été envoyé aux autres ministres de Suède dans les cours étrangères.

On sut hier qu'il est décidé que Mme Infante logera à Versailles dans l'appartement de Mme la comtesse de Toulouse, et Mme sa fille dans celui de M. et de Mme de Penthièvre, à qui on donne celui de feu Mme Marie-Thérèse, fille de M. le Dauphin, dans l'aile des Princes.

On a appris aujourd'hui que Mme Molé (Bernard), qui n'avoit point de garçon, accoucha d'un fils hier, à Paris ; c'est une grande joie dans cette maison. On apprit aussi hier que Mme la duchesse d'Estissac est accouchée d'un garçon ; ce n'est pas son premier, mais il ne lui en restoit point ; on peut juger du plaisir que celui-ci cause dans la maison de la Rochefoucauld.

Nous avons appris aujourd'hui la mort de M. Rivière, père de Mmes de Coëtlogon et de Vérac, et grand maître des eaux et forêts.

Du mercredi 23, *Fontainebleau.* — J'ai toujours oublié de marquer la mort de M. d'Auneuil, frère de Mme la maréchale de Lorges; il est mort fort âgé; il étoit maître des requêtes.

Il arriva ici dimanche dernier, 20 de ce mois, deux courriers à M. de Puisieux. Par le premier, on apprit que le traité définitif de la paix entre la France, l'Angleterre et la Hollande étoit signé et que celui qui l'apportoit étoit en chemin (1). Huit heures après, ce traité arriva. Il y est stipulé un mois de délai pour l'accession des autres puissances et pour l'échange des ratifications; et par delà ce mois, un autre pour les évacuations.

M. l'archevêque d'Alby (la Rochefoucauld), qui étoit ici, prit hier congé; il va aux États de Languedoc, qui ouvrent vers le milieu du mois prochain. Ce sera M. de Richelieu qui les tiendra cette année.

M. l'ancien évêque de Mirepoix, qui est venu passer ici huit ou dix jours, travailla samedi avec le Roi. Dans ce travail, S. M. nomma à l'évêché de Poitiers M. l'abbé de la Martonie de Caussade, grand vicaire de Tarbes. Le dernier évêque de Poitiers, mort depuis deux ou trois mois, s'appeloit Foudras; avant lui c'étoit un M. Gérard qui avoit succédé à M. de la Poype.

Du jeudi 24, *Fontainebleau.* — On vient d'apprendre dans le moment la mort de M. Dufort (Grimod); il étoit intendant des postes sous M. d'Argenson. Lui et M. de la Reynière, son frère, et je crois aussi leur cousin, ont la

---

(1) Il s'appelle M. Le Houx; il a déjà été employé dans différentes négociations et a été envoyé à Aix-la-Chapelle en qualité de secrétaire d'ambassade. M. de Saint-Séverin a outre cela avec lui M. Tercier, homme d'esprit e fort au fait des négociations; il n'a point de caractère, mais il a eu en partant des ordres pour suivre la négociation, en cas que M. de Saint-Séverin tombât malade. (*Note du duc de Luynes.*)

ferme des postes. Ils sont en tout six fermiers de cette ferme (1), mais M. Dufort étoit à la tête; il est mort d'une fièvre maligne à Paris. Il avoit été marié trois fois. J'ai oublié le nom de sa première femme; la seconde étoit Court, et la troisième est Caulaincourt. Il l'avoit épousée il y a peu de temps, et elle est grosse. Il étoit outre cela fermier général.

M. le duc de Gesvres et M. le prévôt des marchands ont fait voir aujourd'hui au Roi, à la Reine, à M. le Dauphin, à Mme la Dauphine et à Mesdames un petit modèle en terre d'une statue équestre du Roi sur son piédestal. C'est Bouchardon, fameux sculpteur, qui a fait ce modèle et est chargé de l'exécuter en grand. Le piédestal sera de marbre blanc, et toutes les figures et ornements, ainsi que la figure équestre, seront en bronze. C'est la Ville qui fait faire cet ouvrage à ses dépens; on compte que c'est un objet de 7 à 800,000 livres. C'est un monument de respect et d'attachement que la ville de Paris veut donner au Roi. Le projet est de mettre cette figure dans une place que l'on se propose de faire à peu près comme la place de Vendôme. Il est question de décider où l'on fera cette place; il y a plusieurs projets différents. Celui de l'hôtel de Conty est proposé depuis longtemps; M. le prince de Conty désireroit beaucoup que le Roi ou la Ville achetassent sa maison pour l'abattre et y former une place; il paroît qu'on y trouve des inconvénients, parce qu'il seroit difficile de la rendre assez grande, et que d'ailleurs la statue équestre seroit bien près du cheval de bronze (2). Une autre idée seroit de la mettre à peu près où est l'hôtel de Bouillon, au milieu du quai; une autre du côté du vieux Louvre. Un projet plus simple et

---

(1) Trois Grimod frères et trois Thiroux. (*Note du duc de Luynes*, datée du 26 octobre 1748.)

(2) L'hôtel de Conty se trouvait sur l'emplacement occupé aujourd'hui par la Monnaie. L'ancienne statue de Henri IV placée sur le terre-plein du Pont-Neuf était vulgairement appelée *le cheval de bronze*.

moins cher, est celui de fonder un bâtiment dans la rivière, à moitié du Pont-Royal, et d'y établir la statue équestre du Roi, comme celle de Henri IV est au Pont-Neuf; on examine actuellement tous ces projets et tous les autres que l'on présente, et l'on attendra la décision du Roi. Le feu Roi avoit donné à la Ville le terrain de la place de Vendôme; la Ville y fit construire les façades et a vendu ensuite à son profit le terrain où les maisons ont été bâties, à la réserve de quelques emplacements que le Roi voulut donner. Quelque considérable que soit la dépense de la statue équestre, la ville de Paris est en état de la faire; elle a des revenus considérables qui vont même augmenter beaucoup à l'occasion de la paix. Il lui est dû 7 ou 800,000 livres, et elle ne doit environ que 100,000 écus. Ordinairement même elle a des fonds considérables d'avance. Il y a quelques années la Ville prêta au Roi 10 millions, sur lesquels elle n'en emprunta que 4 ou 6. Le Roi lui a donné des droits qui ont payé l'intérêt de cette somme. Outre cela le crédit de la ville de Paris est si bien établi dans le public, qu'elle est plus embarrassée à refuser de l'argent qu'à en chercher. Lorsqu'il fut question de l'emprunt des 10 millions, la Ville y fut autorisée par le Roi pour le total de la somme, et dès le moment que cet emprunt fut connu, on apporta de l'argent de tous côtés. La ville garda 2 millions d'argent comptant, en donna 4 au Roi qu'elle avoit, et emprunta les 6 autres. Outre la connoissance que le public a des revenus de la ville de Paris, sa confiance est fondée sur trois raisons : premièrement, parce que les intérêts sont payés avec la plus grande exactitude; 2° les particuliers peuvent espérer de recevoir le remboursement de leurs fonds ; enfin, dans le temps de la réduction de toutes les rentes au denier cinquante, la Ville demanda d'être exceptée de la règle générale ; elle ne put l'obtenir, mais elle a remboursé les rentes au denier cinquante, comme si elles avoient été au denier vingt.

Du mardi 29, *Fontainebleau.* — Hier, M. d'Ardore, qui est habitant de Fontainebleau depuis le commencement du voyage, parut à la Cour en pleureuse; il a eu ordre de sa cour de prendre le grand deuil de la duchesse Dorothée, mais il n'a point d'ordre de faire part de sa mort; il a écrit à Naples, et attend la réponse; mais on commence à croire que ce sera M. d'Huescar qui sera chargé de remettre au Roi une lettre de la reine douairière d'Espagne pour notifier cette mort. La reine douairière a écrit au Roi son beau-fils, et quoiqu'ils ne soient qu'à quatorze ou quinze lieues l'un de l'autre, l'attente de la réponse a retardé jusqu'à présent la décision de cette affaire.

La place de fermier général qu'avoit feu M. Dufort a été donnée, il y a deux jours, à M. Camuset, notaire. Il n'y a encore rien de décidé par rapport à l'intérêt dans les postes; outre cet intérêt, M. Dufort étoit ce qu'on appelle intendant des postes, et en cette qualité travailloit avec le Roi; c'est un usage qui n'existoit point du temps du feu Roi.

Il est décidé que Mme Infante viendra à Villeroy, où le Roi se rendra de Choisy, et y dînera; on ne sait pas encore dans quel temps, et c'est son arrivée qui doit décider du départ du Roi d'ici.

M. le Dauphin et Mme la Dauphine allèrent hier dîner à Mousseaux chez Mme de Brissac, qui leur donna une espèce de déjeuner; ce voyage étoit pour voir le château de Petitbourg, que Mme la Dauphine n'avoit jamais vu. Ce magnifique château, bâti par feu M. le duc d'Antin, grand-père de celui-ci, est affiché pour être démoli; les cheminées de marbre, les glaces, les tableaux y sont encore; il n'y a que les meubles de vendus; c'est au profit des créanciers que doit être le prix de cette démolition.

Ce château fut bâti peu d'années après la mort du feu Roi. M. d'Antin, qui avoit un revenu très-considérable, se trouva dans le temps du système avoir environ 80 millions, ce qui le détermina à une entreprise dont il auroit dû être détourné par ce qu'il avoit entendu dire à Louis XIV, et que j'ai peut-être déjà écrite ailleurs. Ce prince, qui aimoit M. d'Antin, étant dans l'ancien château de Petitbourg, où il faisoit de temps en temps quelques voyages, paroissoit fort satisfait du lieu, de la situation et de la manière dont il étoit reçu ; il dit à M. d'Antin : « D'Antin, vous aimez Petitbourg ; je ne serai pas mort que vous y bâtirez ; je vous avertis que vous ferez une folie ; souvenez-vous que je vous l'ai dit, et que je me suis trouvé très-bien dans votre maison telle qu'elle est. » M. d'Antin répétoit ces paroles les larmes aux yeux, depuis que son château fut bâti.

Du mardi 29, *Fontainebleau.* — Le courrier qui a été porter à Gênes à M. de Richelieu la nouvelle que le Roi l'a fait maréchal de France, est revenu aujourd'hui. L'on a su par plusieurs lettres particulières quelques détails. Les Génois avoient par une délibération publique fait inscrire M. le duc de Richelieu sur la liste des nobles Génois, titre qui passera à ses enfants. Ils ont donné la même marque de leur reconnoissance à M. d'Agénois pour lui et sa postérité. Ils ont aussi déterminé d'ériger une statue à M. de Richelieu et de la placer dans la salle du sénat où sont les statues des hommes illustres. On mande que l'inscription de cette statue doit être : *Liberator Patriæ*.

Il paroît certain d'ailleurs que M. Palavicini, envoyé de Gênes, a eu ordre de la République de demander le bâton de maréchal de France pour M. de Richelieu. Il y a eu de grandes réjouissances à Gênes lorsqu'on a su que cette grâce étoit accordée, et le courrier qui portoit cette nouvelle est arrivé précisément dans le temps que M. de Richelieu étoit allé faire ses remerclments des honneurs et distinctions qu'on venoit de lui donner.

Le courrier de Bretagne est arrivé aujourd'hui, et M. de Saint-Florentin a été sur-le-champ en rendre compte au Roi. Les États ont accordé un don gratuit de 2,500,000 livres, ce qui s'est passé sans aucune contestation. M. le maréchal de la Fare y tient le plus grand état qu'il soit possible, et y a été reçu avec grande satisfaction. Il y avoit quatre cents personnes à l'ouverture des États.

Du mercredi 31, *Paris.* — Mme de Luynes, qui a toujours été incommodée depuis une saignée du bras qu'on lui fit à Versailles huit jours avant le départ de la Reine, ne put suivre S. M. à Choisy, comme je l'ai marqué dans le temps (2 octobre). Elle se rendit de Paris à Fontainebleau le lundi 7 ; elle s'y est trouvée incommodée, d'un battement de cœur violent, à la comédie le jeudi ; elle fut saignée du pied le soir, et malgré une suite de remèdes et de régime, s'étant trouvée toujours incommodée, elle prit le parti avant-hier de demander permission à la Reine de revenir. On ne peut exprimer les marques de bonté et même, si j'ose le dire, d'amitié la plus tendre que la Reine lui a données dans cette occasion. Elle vint ce même jour (avant-hier), voir Mme de Luynes à trois heures après midi ; elle l'embrassa, et lui dit de ne s'occuper uniquement que de sa santé ; que tout ce qu'elle désiroit étoit de la voir entièrement rétablie ; qu'elle n'eût nulle inquiétude de n'être pas en état de la servir ; que le service le plus agréable et le plus capable de contribuer à son bonheur étoit de se guérir. Nous partîmes donc hier de Fontainebleau. Nous trouvâmes en chemin M. le duc de Biron, qui y alloit. Il a été cette année aux eaux de Baréges, à l'occasion de sa blessure, dont il est toujours incommodé. Il avoit différé d'année en année d'aller aux eaux, ne voulant point manquer une campagne ; il ne devoit arriver à Fontainebleau que le 4. La nouvelle de M. de Richelieu l'a déterminé apparemment à avancer son retour.

J'ai appris aujourd'hui que Mme de Mirepoix y est arrivée ; c'est apparemment dans le dessein de parler pour son mari. J'ai appris aussi que la place des postes qu'avoit feu M. Dufort, et par conséquent le travail avec le Roi, a été donné à M. du Parcq, ci-devant commis de M. le cardinal de Fleury et gendre de Mme Mercier, première femme de chambre de la Reine.

On me mande en même temps que le départ de M. le Dauphin et de Mme la Dauphine est fixé au 13, et celui du Roi au 18 du mois prochain.

NOVEMBRE.

Tragédie de *Sémiramis* représentée à Fontainebleau, et critiques. — Les comédiens italiens veulent jouer une parodie de *Sémiramis*. Voltaire écrit à la Reine à ce sujet. Ce que la Reine dit à la duchesse de Luynes à propos de la lettre de Voltaire. — Télescopes anglais. — Compliment de l'abbé Josset. Il félicite le Roi sur sa modération. — Diverses nouvelles de la Cour. — Morts. — Compagnie aux gardes donnée. — Nouvelles de la Cour. — Accouchement de la duchesse de Chevreuse. — Suite de l'histoire du faux prince de Modène à la Martinique. — La princesse de Conty empoisonnée par des champignons. — Le duc d'Aiguillon frappé d'apoplexie. — Affaire du prince Édouard. — Procès de M. de Séguiran, accusé de faux. — Contestation soulevée par la bouche du Roi. — Nouvelles diverses et sommaires. — Communauté de l'Enfant-Jésus. — Nombre des pauvres dans la paroisse de Saint-Sulpice. — Retour de la Cour à Versailles. — La marquise du Châtelet. — Audiences des ambassadeurs de Venise. — Le commandeur de Thianges. — Conclusion de la paix. — Otages anglais. Allocution du Roi. — Concert et comédie à la Cour. La loge de la Reine. — Nouvelle salle de spectacle des cabinets. Détails et dépenses. — Opéra représenté sur le théâtre des cabinets et acteurs. — Le Roi va prendre le café à la Meutte. — Il passe la revue des houlans du maréchal de Saxe. Détails sur ce régiment. — Le Roi soupe à la Meutte avec ses enfants; il leur marque beaucoup d'amitié. — Audience de la Reine. — Nominations d'ambassadeurs. — Pension donnée. — Serment de l'abbé de Châtillon-sur-Saône. — A qui prêtent serment les généraux d'Ordre. — Élection de l'abbé de Cîteaux. — Suite de l'affaire du prince Édouard.

Du vendredi 1er *novembre, Paris.* — J'ai toujours oublié de marquer que l'on joua jeudi 24 octobre, à Fontainebleau, la tragédie de *Sémiramis*. C'est une pièce de Voltaire, qui a été fort critiquée; tout le monde convient cependant qu'il y a les plus beaux vers qu'on puisse entendre; on y trouve beaucoup de scènes inutiles, d'autres peu vraisemblables; un tombeau sur le théâtre, qui fait un effet singulier; en tout un manque de conduite dans la pièce. Cependant elle a déjà eu quinze représentations à Paris jusqu'à présent, et il paroît qu'elle a été assez bien reçue à la Cour. Les comédiens italiens comptoient donner une parodie de cette pièce : c'est l'usage ; ils en donnent des plus belles tragédies. On en a vu d'*Alzire*, d'*Inès de Castro*, même du *Cid*; et ces plaisanteries, souvent assez mauvaises, n'ont pas fait tomber les pièces. Cependant Voltaire a été fort inquiet quand il a su qu'il y avoit une parodie de *Sémiramis* ; il a écrit à M. de Fleury, à M. de Maurepas, à Mme de Luynes et peut-être à d'autres; il a outre cela écrit à la Reine (1), et a

---

(1) Voici, d'après l'édition des *œuvres* de Voltaire donnée par M. Beuchot, tome LV, page 203, la lettre de Voltaire à la Reine. Nous n'avons pas retrouvé dans les archives du château de Dampierre celle écrite par Voltaire à la duchesse de Luynes.

Le 10 octobre.

Madame, je me jette aux pieds de Votre Majesté. Vous n'assistez aux spectacles que par condescendance pour votre auguste rang, et c'est un sacrifice que votre vertu fait aux bienséances du monde. J'implore cette vertu même, et je la conjure, avec la plus vive douleur, de ne pas souffrir que ces spectacles soient déshonorés par une satire odieuse qu'on veut faire contre moi, à Fontainebleau, sous vos yeux. La tragédie de *Sémiramis* est fondée, d'un bout à l'autre, sur la morale la plus pure ; et par là du moins elle peut s'attendre à votre protection. Daignez considérer, Madame, que je suis domestique du Roi et par conséquent le vôtre. Mes camarades les gentilshommes du Roi, dont plusieurs sont employés dans les cours étrangères, et d'autres dans des places très-honorables, m'obligeront à me défaire de ma charge si j'essuie devant eux et devant toute la famille royale un avilissement aussi cruel. Je conjure Votre Majesté, par la bonté et par la grandeur de son âme, et par sa piété, de ne pas me livrer ainsi à mes ennemis ouverts et cachés, qui, après m'avoir poursuivi par les calomnies les plus atroces, veulent me perdre par une flétrissure publique. Daignez envisager, Madame, que ces parodies satiriques ont été défendues à Paris pendant plusieurs années. Faut-il qu'on les renouvelle pour moi seul, sous les yeux de Votre Majesté. Elle ne souffre pas la médisance dans son cabinet, l'autorisera-t-elle devant toute la Cour ? Non, Madame ; votre cœur est trop juste pour ne pas se laisser toucher par mes prières et par ma douleur, et pour faire mourir de douleur et de

demandé avec instance que cette parodie, qu'il appelle une critique, ne fût point jouée, disant que c'étoit le déshonorer, et que comme il a une charge de gentilhomme ordinaire du Roi, le déshonneur retomberoit en quelque manière sur ses confrères. Il est outre cela historiographe de S. M., comme je l'ai dit dans le temps. La Reine, à qui Mme de Luynes voulut faire voir la lettre de Voltaire, dit qu'elle en avoit reçu une pareille, mais qu'elle ne se mêloit point de demander ou d'exclure des pièces, à moins qu'il n'y eût des choses trop libres. Effectivement, pour la Comédie françoise, la Reine se fait scrupule de demander une pièce plutôt qu'une autre, de même que pour les opéras que l'on joue à ses concerts; et malgré toutes les instances des premiers gentilshommes de la chambre, ils n'ont jamais pu obtenir cette grâce. M. de Fleury a donné ordre que la parodie ne fût point jouée.

Mercredi il y eut comédie à Fontainebleau; la Reine, M. le Dauphin, Mme la Dauphine ni Mesdames n'y allèrent point; ils étoient tous enfermés, faisant leurs dévotions le lendemain. Avant-hier, le Roi alla à la chasse et revint aux premières vêpres. Hier, jour de la Toussaint, M. l'abbé Josset, chanoine de Metz, prêcha et fit un fort bon sermon; c'est le premier sermon de l'Avent.

J'ai toujours oublié de marquer ce que M. l'archevêque de Sens (Languet de Gergy) me dit il y a quelques jours à Fontainebleau : que M. Le Monnier, de l'Académie des sciences (1), a passé en Angleterre pour observer la der-

---

honte un ancien serviteur, et le premier sur qui sont tombées vos bontés. Un mot de votre bouche, Madame, à M. le duc de Fleury et à M. de Maurepas suffira pour empêcher un scandale dont les suites me perdraient. J'espère de votre humanité qu'elle sera touchée, et qu'après avoir peint la vertu je serai protégé par elle.

Je suis, etc.

(1) Le Monnier (Pierre-Charles), reçu à l'Académie des sciences en 1735 pour l'astronomie, était membre de la Société royale de Londres. Ce savant astronome naquit en 1715 et mourut en 1799.

nière éclipse de soleil. Il a trouvé qu'on y avoit perfectionné l'invention des télescopes. Les télescopes de quinze à seize pouces de long grossissent les objets, à ce que l'on prétend, trois cents fois. Un médecin anglois, s'étant trouvé à son aise par un legs qui lui a été fait, en a fait faire un de douze pieds, qui coûte 12,000 livres; il prétend que ce télescope grossit les objets treize cents fois.

Du dimanche 3, Paris. — On me mande que le compliment du jour de la Toussaint a été fort beau; M. l'abbé Josset y a parlé de la gloire du Roi et de sa modération dans les succès, modération dont il vient de donner des preuves en accordant généreusement la paix à l'Europe sans rien réserver de ses conquêtes. Il ajouta : « J'ai été assez heureux, Sire, dans d'autres circonstances (1), et en devenant l'interprète de la nation, d'être le premier à donner le titre à V. M. de *Bien aimé*. Quel nouveau bonheur pour moi, Sire, d'être le premier dans la chaire de vérité à vous féliciter sur ce grand œuvre de la paix, que V. M. vient de consommer si glorieusement. »

On me marque aussi que c'est Mme de Brionne qui a quêté le jour de la Toussaint; et que ce même jour il y eut grand couvert dans la pièce entre la galerie des réformés et le cabinet ovale; la Reine n'y soupa point, parce qu'elle est incommodée; elle soupa chez elle avec ses quatre dames du palais de semaine. Madame, qui fait gras, soupa chez elle.

Il y a eu comédie le jour des Morts. La Reine, M. le Dauphin, Mme la Dauphine ni Mesdames n'y ont point été ce jour-là.

Il est décidé que le Roi ne reviendra que le 23 à Versailles.

C'est M. l'évêque de Chartres (Fleury), qui a officié le jour de la Toussaint.

---

(1) C'étoit à Metz, dans un sermon devant la Reine. (*Note du duc de Luynes.*)

Du lundi 4, Paris. — On me mande aujourd'hui de Fontainebleau qu'on a appris la mort de M. San-Istevan : il étoit Espagnol ; il avoit été gouverneur de l'Infant don Carlos et ensuite son premier ministre pendant quelques années, depuis qu'il avoit pris possession du royaume des Deux-Siciles.

M. de Tillières mourut hier ; il avoit soixante-dix-neuf ans ; il laisse deux enfants, un fils de même nom, qui a épousé Mlle de Jonzac, et une fille, qui est Mme la duchesse de Châtillon ; elle avoit épousé en premières noces M. de Manicamp.

On apprit hier la mort de Mme d'Heudicourt, veuve du grand louvetier ; elle étoit sœur de M. d'Hautefort, qui avoit épousé en premières noces Mlle de Duras, et dont la deuxième femme est Harcourt. Mme d'Heudicourt ne laisse qu'une fille, veuve de M. de Belzunce (Castelmoron).

Du mercredi 6, Paris. — On me manda hier de Fontainebleau que la compagnie aux gardes de M. de Malides sera vendue au profit de ses enfants. M. de Malides étoit ancien capitaine aux gardes ; il est mort il y a quelque temps. Le premier à monter étoit le chevalier de Champignelles, aide major, qui a bien servi ; apparemment que l'état de la succession de M. de Malides a déterminé le Roi à donner le prix de la compagnie aux enfants ; et pour dédommagement, S. M. a accordé le brevet de capitaine au chevalier de Champignelles.

La Reine continue à souper chez elle avec ses dames de semaine, presque tous les jours qu'il n'y a pas grand couvert, et à jouer à cavagnole après souper.

Les deux princes cadets de Wurtemberg arrivèrent à Fontainebleau il y a deux ou trois jours.

Il y eut hier conseil de dépêches, et M. le duc de Penthièvre y entra, parce qu'il s'agissoit d'affaires concernant la marine.

Il y a encore eu comédie italienne le lundi 4.

Du jeudi 7, Paris. — Lundi dernier, 4 de ce mois, ma

belle-fille accoucha d'un garçon (1). Le Roi a fait l'honneur à Mme de Chevreuse d'envoyer un gentilhomme ordinaire lui faire compliment; M. le Dauphin a envoyé M. de Saint-Sauveur; la Reine un page, comme c'est l'usage. Mesdames ont envoyé M. du Saussoy, écuyer de main de Madame.

Du vendredi 8, Paris. — Il y eut hier comédie à Fontainebleau, où on joua *Gustave* (2). La Reine continue à souper chez elle les jours qu'il n'y a pas grand couvert, et à jouer après souper.

Mon frère, qui alla hier à Fontainebleau pour faire son service auprès de Mme la Dauphine, me mande qu'il a été reçu de la Reine avec des marques de bonté au-dessus de toute expression; qu'elle lui a fait cent questions sur la santé de Mme de Luynes, à laquelle elle paroît prendre l'intérêt le plus vif, et de la manière la plus aimable.

Du dimanche 10, Paris. — J'ai parlé ci-dessus d'un

---

(1) C'est le troisième que mon fils a eu. Le premier, avec la fille de M. le prince de Grimberghen, est mort en venant au monde; il a eu de Mlle d'Egmont deux filles, dont l'aînée est morte, et deux garçons. Celui-ci est le second fils; il a été tenu sur les fonts de baptême par M. de Grimberghen et par Mme d'Egmont (Villars). La santé de M. de Grimberghen ne lui ayant pas permis d'aller à Saint-Sulpice, c'est mon frère M. l'évêque de Bayeux qui a eu sa procuration et qui l'a tenu en son nom. Il a été nommé Charles-Louis-Joseph-Amable : Charles est mon nom et la fête du jour où il est né; Louis-Joseph est le nom de M. de Grimberghen, et outre cela Louise est celui de feu Mme de Luynes, qui s'appeloit Louise Léontine; Amable est le nom de Mme d'Egmont. On avoit compté que si c'étoit une fille, elle seroit tenue par M. de Bayeux et par Mme d'Aremberg, qui est sœur de feu M. d'Egmont et tante de Mme de Chevreuse, et on avoit aussi remis à cette occasion à administrer les cérémonies du baptême à ma petite-fille, qui n'a été qu'ondoyée en venant au monde. Ainsi M. de Bayeux, en même temps qu'il a tenu au nom de M. de Grimberghen le petit garçon qu'on appelle le comte d'Albert, avec Mme d'Egmont, qui agissoit en son nom, a tenu en son nom la petite-fille avec Mme d'Egmont, qui agissoit au nom de Mme d'Aremberg. Ma petite-fille a été nommée Marie-Pauline : Marie est un des noms de mon fils, et mon frère s'appelle Paul, parce qu'il a été tenu par feu M. de Beauvilliers. (*Note du duc de Luynes.*)

(2) *Gustave Vasa*, tragédie de Piron.

aventurier qui s'est dit fils aîné de M. le duc de Modène, et qui a donné quelques inquiétudes ici par rapport à la Martinique. Je joins ici l'extrait d'une lettre de M. le duc de Béthune, écrite à Mme de Luynes, de Fontainebleau, du 8.

« S. M. nous a dit en entrant au conseil que le faux prince de Modène, après s'être évadé, avoit fait la sottise de passer en Espagne, accompagné de son cortége d'environ cent personnes, sans changer de nom, apparemment prétendant soutenir son imposture, et qu'il avoit été arrêté et toute sa suite, à Séville (1); qu'il avoit avant de partir demandé à emprunter de l'argent au receveur de M. le duc de Penthièvre, qui lui avoit répondu qu'il ne le pouvoit pas; réponse très-judicieuse, mais qui fut suivie d'une démarche bien imprudente et même folle, si on le peut dire, puisqu'il lui avoit remis tous les deniers de sa caisse en disant qu'il y avoit longtemps qu'il étoit embarrassé pour trouver une occasion pour les envoyer à son maître, et que celle qui se présentoit lui paroissoit des plus favorables. C'est M. l'ambassadeur d'Espagne qui a annoncé cette nouvelle au Roi; la détention est sûre, mais il pourra arriver qu'il y aura des variations sur les circonstances qui l'accompagnent. »

Il est parlé aussi dans cette lettre de l'abbé de Bonneguise, aumônier de quartier de Mme la Dauphine, qui tomba, le 7, évanoui dans la tribune par l'effet d'une indigestion, et qui, après avoir fait grande peur à la

---

(1) J'ai appris aujourd'hui que le prétendu prince de Modène, en arrivant à Séville, avoit demandé au gouverneur une garde d'honneur. Le gouverneur dépêcha sur-le-champ un courrier à Madrid, et l'on y étoit instruit d'ici que ce prince étoit un aventurier. Cet avis avoit été aussi envoyé dans tous les ports de France et d'Espagne. On manda donc de Madrid au gouverneur de le faire arrêter. La nouvelle dont M. de Béthune parle dans sa lettre étoit celle de l'arrivée du prince à Séville. M. d'Huescar dit au Roi qu'il ne doutoit pas qu'il ne fût arrêté, mais ce n'est que d'hier que l'on sait qu'il l'a été avec toute sa suite et tous ses effets. (*Addition du duc de Luynes*, datée du 25 novembre.)

Reine (1) et à tout ce qui étoit présent, en a été quitte pour un fort grand coup à la tête sans aucune suite fâcheuse.

Nos politiques prétendent que le faux prince de Modène étoit un homme aposté par les Anglois, avant qu'il fût question de traité, pour faire révolter la Martinique. Ses manières douces, engageantes et quelquefois nobles et même hautes, ses lettres à Mme la duchesse d'Orléans, à M. et à Mme de Modène, à M. de Penthièvre, ont séduit presque tous ceux qu'il a trouvés ; on lui a prêté de l'argent de tous les côtés ; les Jésuites même et les Dominicains (2) n'ont pas cru devoir lui en refuser. Je demandai hier à M. le duc de Penthièvre ce qu'il savoit de son receveur. Il me dit qu'il avoit vu une lettre de ce receveur ; que le prince (c'est ainsi qu'il appelle cet imposteur) lui ayant demandé de l'argent, il lui avoit donné environ 30,000 livres en 5,000 piastres qui appartenoient audit receveur, et que cette somme n'ayant pas paru suffisante à ce prétendu prince, qui se disoit beau-frère de M. le duc de Penthièvre, le receveur avoit cru faire sa cour à M. l'amiral en entamant les deniers de sa recette. Le receveur ne fait point d'autre détail. Il marque seulement qu'il désiroit avoir une occasion d'envoyer à M. de Penthièvre l'argent qui est entre ses mains. M. de Penthièvre m'a

---

(1) La Reine sortit avec précipitation de sa tribune sans attendre la fin de la messe. (*Note du duc de Luynes*.)

(2) Le P. Vassal m'a dit aujourd'hui qu'il reçut il y a quelque temps une lettre du supérieur des Dominicains de la Martinique, par laquelle il lui mandoit, du 2 juillet : « Il y a dix-neuf jours que nous avons l'honneur d'avoir ici Mgr le prince de Modène et toute sa suite ; nous avons cru ne devoir rien épargner pour le bien traiter. »
Cet imposteur a resté à la Martinique jusqu'au 10 d'août ; il est vrai qu'il n'a pas toujours été chez les Dominicains. Le P. Vassal ignore si la séduction a été jusqu'au point qu'ils aient emprunté de l'argent pour lui en donner ; mais quand ils n'auroient fait que de le défrayer et sa suite, pendant plusieurs jours, ce seroit toujours un objet considérable ; ils l'estiment à vue de pays 5 ou 600 livres par jour. (*Addition du duc de Luynes*, datée du 25 novembre.)

dit il y a longtemps qu'il comptoit avoir à toucher de ses droits dans cette partie du monde environ 5 à 600,000 livres. Il ignore jusqu'à présent quelle partie de cette somme a été remise entre les mains du prétendu prince de Modène et quels moyens il pourra avoir pour se faire rendre ce qui a été emporté.

Mon frère me mande aujourd'hui, de Fontainebleau, que Mme la princesse de Conty étant allée se promener dans la forêt y avoit trouvé des champignons; je ne sais si ce n'est pas de prétendues oronges qu'on lui avoit apportées comme excellentes; elle les avoit fait accommoder et en avoit mangé en arrivant. Soit la quantité, soit la qualité, et peut-être l'une et l'autre, elle eut le soir une indigestion si violente que l'on crut que c'étoit une attaque d'apoplexie. M. l'archevêque de Sens fut appelé; on la crut à toute extrémité; elle a été dix heures sans connoissance; ce n'est que ce matin qu'il y a eu une évacuation qui donne lieu d'espérer que cet accident n'aura point de suite.

M. le duc d'Aiguillon, qui lui est attaché depuis longtemps et qui lui a de grandes obligations, a appris ici ce matin l'état violent d'hier au soir; il a voulu partir dans le moment, et a demandé sa chaise; on lui a conseillé de différer de quelques heures pour attendre de secondes nouvelles. Soit par l'effet du saisissement que lui a causé cette réponse (1), soit par une disposition naturelle, il est tombé en apoplexie, et jusqu'à présent tous les remèdes les plus violents n'ont fait aucun changement à son état.

Du vendredi 15, *Paris*. — Mme la princesse de Conty arriva hier de Fontainebleau; elle voulut en arrivant

---

(1) Les médecins croient que c'est l'effet du saisissement. Il est vrai que chez lui, à Véret, il y a trois mois, il tomba tout d'un coup, perdit connoissance, et que depuis cet accident il n'avoit voulu faire aucun remède. (*Addition du duc de Luynes*, datée du 15 novembre.)

aller descendre chez M. d'Aiguillon, qui est beaucoup mieux sans être entièrement hors d'affaire.

J'ai toujours oublié de marquer qu'il y a douze ou quinze jours M. le duc de Gesvres vint ici de Fontainebleau pour parler au prince Édouard de la part du Roi. M. de Gesvres avoit apporté une lettre, de la main du Roi, des plus fortes et des plus tendres; il s'agissoit de déterminer le prince Édouard à sortir du royaume, d'autant que l'on n'a pu éviter de stipuler cette condition comme essentielle dans le traité avec l'Angleterre. Il répondit à M. de Gesvres qu'il savoit bien que le Roi étoit le maître dans son royaume, mais que pour lui il n'en sortiroit point, à moins qu'on ne le mît en pièces. Il va et vient dans Paris; on le voit partout, aux promenades et aux spectacles. Le Roi a écrit au roi d'Angleterre (1), à Rome, pour concerter avec lui les moyens de faire exécuter le plus doucement qu'il sera possible cette condition nécessaire à la paix.

Je croyois avoir marqué que le départ de Mme la Dauphine, qui devoit être le 13, pour Versailles, a été remis au 18; elle partira avec la Reine. Ce changement est par rapport à sa santé, qu'on regarderoit comme fort bonne si on n'avoit pas autant de désir de la voir grosse.

On me manda, il y a quelques jours, de Fontainebleau, qu'on y avoit jugé un procès au conseil de dépêches entre le parlement d'Aix et celui de Toulouse. Comme on ne me marquoit aucun détail, je priai mon frère, qui étoit à Fontainebleau, de me mander ce qu'il apprendroit de cette affaire; je joins ici l'explication qu'il m'a envoyée; c'est ce qui suit :

M. de Séguiran, avocat général du parlement d'Aix, a été accusé d'avoir fait deux faux billets; les preuves de ce crime de faux paroissoient évidentes. Le parlement

---

(1) Je ne suis pas sûr de ce fait. (*Note du duc de Luynes.*)

d'Aix, voulant sévir contre lui, a demandé au procureur général de prendre fait et cause contre son confrère comme partie publique. Le procureur général a rendu compte à M. le chancelier des moyens sur lesquels on établissoit la preuve du crime de faux et de l'ordre qu'il recevoit de son parlement pour agir. M. le chancelier a approuvé qu'il intentât contre son confrère l'action pour la preuve du crime ; en conséquence, le procureur général l'a dénoncé. Son procès a été instruit; il a été atteint et convaincu, condamné à se défaire de sa charge et à payer une amende considérable. Il s'est pourvu en cassation au conseil ; l'arrêt du parlement d'Aix a été cassé, et on a renvoyé, selon l'usage, la cause à un autre parlement. Le parlement désigné par l'arrêt étoit le parlement de Toulouse. M. de Séguiran, qui avoit été le promoteur de toute l'odieuse affaire du P. Gérard (1), soutenu de la bourse et du crédit de tout le parti janséniste, a gagné sa cause, à Toulouse, contre l'avis des meilleures têtes de la grande chambre. Le procureur général du parlement d'Aix s'est aussi pourvu en cassation de cet arrêt au conseil. Le 8 de ce mois, l'affaire portée au conseil, cet arrêt a été cassé en ce qu'il avoit autorisé le Sr de Séguiran à prendre le procureur général à partie et en ce qu'il avoit condamné ledit procureur général, partie publique, à des amendes considérables. M. le chancelier a écrit de la part du Roi à Messieurs du parlement d'Aix que S. M. étoit extrêmement satisfaite du zèle qu'ils avoient marqué dans cette occasion pour la manutention du bon ordre et de la justice. Il a été ordonné de la part de S. M. au Sr de Séguiran de se démettre de sa charge, et fait défense à Messieurs du parlement d'Aix de lui en laisser faire aucunes fonctions.

Le départ différé de Mme la Dauphine, comme je viens de le marquer, a donné occasion à une contestation. La

---

(1) Jésuite, mort en 1733, célèbre par le procès qui lui fut intenté en 1731, à propos de l'une de ses pénitentes, Catherine Cadière.

bouche de Mme la Dauphine étoit partie ; ainsi c'est M. le Dauphin qui lui a donné à dîner et à souper. Ce sont, comme je l'ai marqué, les officiers du Roi, c'est-à-dire un détachement de la bouche, qui sert M. le Dauphin ; les officiers ont prétendu que c'étoit à eux à mettre sur table et à desservir, et non pas les femmes de chambre de Mme la Dauphine, et qu'ils ne devoient céder l'honneur de servir Mme la Dauphine qu'à Mme de Brancas ou à Mme de Lauraguais ; ils ont allégué l'exemple de ce qui se passe chez Mesdames. Il est certain que chez Mesdames, comme je l'ai dit, ce sont les officiers du Roi qui servent sur table, et qui même présentent tout le service à Mesdames, excepté lorsque Mme la maréchale de Duras y est ; mais jamais les femmes de chambre de Mesdames ne servent ni à dîner ni à souper. Cependant, au dernier voyage de Compiègne, la bouche de Mme la Dauphine n'étant point encore arrivée, elle mangea pendant quelques jours de la bouche de M. le Dauphin ; Mme de Brancas la servit ; les femmes de Mme la Dauphine mettoient sur table, desservoient et présentoient les assiettes, soucoupes, etc., à Mme de Brancas. Mon frère même y fit une fois les fonctions de premier aumônier. Il est vrai que le lendemain M. le cardinal de Soubise dit le *Benedicite* et les grâces au dîner comme grand aumônier. Cet exemple de Compiègne étoit vraisemblablement un abus, puisqu'il est absolument contraire à ce qui se pratique pour Mesdames. Dans cette occasion-ci, les officiers du Roi disent que ceux qui étoient à Compiègne étoient de jeunes gens, peu instruits de ce qui doit s'observer. L'affaire a été portée au Roi, qui, après avoir demandé à Mme la maréchale de Duras l'usage de chez Mesdames, a dit que cet exemple décidoit ; en conséquence, ce sont les officiers du Roi qui ont mis sur table et desservi, et qui ont présenté les soucoupes, les serviettes et assiettes à Mme de Brancas ou à Mme de Lauraguais.

Mme la princesse de Conty, dont j'ai marqué le retour

à Paris, a certainement été la plus malade de tous ceux qui ont mangé des champignons, puisqu'elle a pensé en mourir ; mais plusieurs autres en ont été incommodés, entre autres Mmes de l'Hôpital et de Montmorin et M. l'évêque de Lavaur (Malezieux).

Du samedi 23, *Versailles.* — Il y a plusieurs jours que je n'ai écrit ; ainsi je mettrai tout de suite ce qui est arrivé depuis la dernière date de ces Mémoires.

Mme la duchesse de Penthièvre accoucha le 18, à Paris, d'un troisième garçon, qu'on appelle le duc de Châteauvillain.

Le 19, le nouveau curé de Saint-Sulpice prit possession de la cure : il s'appelle l'abbé Dulau ; il est neveu du chevalier, aujourd'hui comte, d'Allemans, qui a été longtemps lieutenant-colonel du régiment du Roi et qui s'est retiré depuis quelques années avec le cordon rouge. L'abbé Dulau a été élevé au séminaire de Saint-Sulpice ; depuis il fut envoyé supérieur du séminaire d'Orléans. Il y a environ trois ans, que M. Languet de Gergy, ancien curé, qui est fort âgé, étant dans l'intention de résigner sa cure, pria M. Couturier, supérieur général du séminaire de Saint-Sulpice, d'engager M. Dulau de venir faire les fonctions de vicaire de la paroisse ; l'arrangement étoit fait pour qu'au bout de trois ans, dont on étoit convenu, il résignât sa cure. Ce temps devoit expirer à Noël prochain ; M. l'abbé Dulau ne marquoit aucune impatience que cette affaire fût finie ; il redoutoit de remplacer un homme comme M. de Gergy, qui a rendu des services aussi importants à cette paroisse, tant par rapport au bâtiment de l'église, qui est presque achevé et qu'il a commencé en 1720 avec une promesse de 100 écus qu'il n'avoit pas encore touchés, que par rapport à l'entretien et au soulagement des pauvres. La seule communauté de l'Enfant-Jésus est un monument du zèle de M. de Gergy ; il y entretient depuis plusieurs années cinq ou six cents femmes qui gagnent leur vie en travaillant ; et outre cela, il y a actuellement trente-quatre demoiselles, qui font des preuves comme à Saint-Cyr, et l'on y est même encore plus difficile. Cette bonne œuvre ne s'est soutenue jusqu'à présent que sur la charité des fidèles, le Roi n'ayant pas encore jugé à propos d'y joindre aucun bénéfice pour la fonder. L'article des pauvres doit être aussi un objet très-considérable. Du temps de Mlle de Beauvau, morte en 1735, qui s'étoit chargée de tout ce détail des pauvres de cette paroisse, il y en avoit environ 30,000 dans la paroisse de Saint-Sulpice. M. de Gergy joignoit à tous ces différents détails celui des instructions et du confessionnal; il avoit un talent merveilleux pour tirer des aumônes de tous ceux qu'il connoissoit, et donnoit l'exemple, ayant vendu son bien pour soulager les pauvres. Il est aisé de juger que M. l'abbé Dulau, dont le caractère est doux et la piété solide, redoutoit la place qui lui étoit destinée; mais M. d'Allemans, voyant que l'affaire ne finissoit point, et trouvant peu convenable que l'on attendît jusqu'à la dernière extrémité du terme, alla trouver M. l'archevêque de Paris, qui envoya querir M. de Gergy et M. Dulau, et après avoir parlé à l'un et à l'autre séparément, le samedi 16 de ce mois, il termina enfin cette affaire.

Mme la duchesse d'Humières mourut à Paris la nuit du 18 au 19 de ce mois; elle étoit Humières; elle avoit quatre-vingt-trois ans et demi; il y avoit environ un an qu'elle étoit en enfance; elle avoit eu une figure très-agréable, et il étoit encore aisé de le voir, malgré son grand âge. M. d'Humières, son mari, qui a environ cinq ans moins qu'elle, est Aumont en son nom, et n'a pris celui d'Humières qu'à l'occasion de son mariage.

Le dimanche au soir 17 de ce mois le Roi partit de Fontainebleau et vint coucher à Choisy. La Reine, M. le Dauphin, Mme la Dauphine et Mesdames partirent le 18 et vinrent aussi coucher à Choisy.

La Reine, Mme la Dauphine et Mesdames revinrent dîner

ici le mercredi 20. Le Roi et M. le Dauphin, qui y étoient restés, ne sont revenus qu'aujourd'hui 23.

On a appris aujourd'hui la mort de Mme la marquise de l'Aubespine, sœur de père et de mère de M. le duc de Saint-Aignan ; elle avoit soixante-huit ans.

Du dimanche 24, Versailles. — J'ai oublié de marquer que l'on sait depuis environ huit jours que le roi de Pologne, duc de Lorraine, vient de créer une charge de grand maréchal des logis de sa maison avec 2,000 écus d'appointements, suivant l'étiquette de ces grandes charges, pour M. le marquis du Châtelet-Lomont, homme de grande condition, mais qui n'est pas riche ; il est lieutenant général des armées du Roi. Sa femme, qui est Breteuil, a infiniment d'esprit et capable même des sciences les plus abstraites ; elle a composé un ouvrage sur l'algèbre ; outre cela, elle est grande musicienne ; elle joue la comédie, et depuis un an a beaucoup contribué aux plaisirs et aux amusements de la cour de Lunéville.

Du lundi 25, Versailles. — Le P. Vassal, chargé des affaires de l'ordre de Saint-Dominique, me parloit aujourd'hui d'un général de leur ordre, homme fameux et qui avoit même montré son zèle pour les intérêts de la France ; il s'appeloit le P. Cloche ; il mourut à Rome, au mois de février 1719. Son successeur fut le P. Pipiat, qui fut fait cardinal en 1724. En 1725 le P. Ripolle fut élu général ; il est mort, et l'on vient d'élire depuis peu dans le chapitre général, à Bologne, le P. Braimont, provençal, que l'on dit être d'un mérite supérieur et capable de remplacer le P. Cloche (1). Il y avoit quatre-vingt-quinze votants au chapitre, en comptant le P. Braimont ; il

---

(1) Le Roi me disoit hier que le P. Braimont est homme de beaucoup d'esprit et de mérite et fort ami du Pape. Je ne sais pas d'ailleurs s'il n'y a pas eu dans des temps quelques petits soupçons sur ses sentiments ; en général on accuse les Dominicains d'être Thomistes. (*Note du duc de Luynes.*)

n'y a eu que sa seule voix qui n'ait pas été pour lui.

Du mardi 26, *Versailles.* — Le nouvel ambassadeur de Venise (Morosini), qui est extrêmement petit, un peu plus grand que M. de Saint-Florentin, a eu aujourd'hui sa première audience de la Reine : c'étoit audience particulière ; il étoit conduit et présenté par M. Tron, auquel il succède et qui est entré le premier et sorti le dernier ; il étoit accompagné par M. de Sainctot, introducteur des ambassadeurs. Il a amené avec lui quelques nobles vénitiens, qui ont été présentés ce matin par M. de Sainctot à la toilette de la Reine. Comme ils ne l'avoient pas été à la toilette de Mme la Dauphine, cette présentation s'est faite chez elle immédiatement après celle de M. de Morosini chez la Reine. Aussitôt que M. de Morosini s'est retiré et est sorti de la chambre, M. Tron, qui est sorti après lui, comme je l'ai dit, est rentré sur-le-champ, accompagné par M. de Sainctot, et a fait un petit compliment. C'est une espèce d'audience de congé. Il s'en va à Venise, et de là ambassadeur à Vienne.

Du mercredi 27, *Versailles.* — M. le chevalier de Thianges est venu ici aujourd'hui ; il vient d'avoir de l'ordre de Malte, par son ancienneté, le grand prieuré d'Auvergne, qui vaut 15 ou 20,000 livres de rente ; il est ancien chevalier de Malte, de la langue d'Auvergne ; on l'appelle le commandeur de Thianges. On sait que dans le temps du départ du roi de Pologne, de Chambord pour la Pologne, ce fut lui qui s'embarqua sur l'escadre commandée par le chevalier d'Albert ; il portoit le cordon bleu, et on [crut] que c'étoit le roi de Pologne. Il a depuis ce temps-là été toujours attaché au roi de Pologne Stanislas, qui l'avoit fait son grand veneur ; il n'y a que deux ou trois ans qu'il s'est démis de cette charge, par un arrangement fait pour son neveu.

Il y a déjà quelques jours que l'on a appris l'échange des ratifications, et que tout est terminé à Aix-la-Chapelle ; il est arrivé depuis peu ici deux otages d'Angleterre, que

M. de Puisieux a présentés aujourd'hui ; l'un s'appelle Sussex et l'autre Cathcart.

On étoit toujours ici dans l'attente du moment que l'on donneroit part de la mort de la princesse Dorothée, comme je l'ai marqué ci-dessus : M. d'Huescar n'en savoit encore rien hier ; on lui avoit seulement envoyé une lettre pour M. le duc de Modène. Cette lettre lui étoit venue de Chambéry ; elle lui avoit été renvoyée par l'Infant sous une double enveloppe, adressée à celui qui est chargé ici des affaires de M. le duc de Modène. Hier au soir il reçut ses paquets, dans lesquels il y avoit des lettres de la reine douairière d'Espagne, qu'il a présentées ce matin sans aucune cérémonie ; il a présenté celles du Roi après le conseil d'État. Pour celles de la Reine, il les lui a présentées lorsqu'elle est sortie de table, sans que M. de Puisieux ni l'introducteur y fussent ; il comptoit même les faire remettre par une femme de chambre de la Reine, si S. M. n'y avoit pas été, et il les a présentées sans attendre qu'il ait remis celles du Roi. Il comptoit porter le deuil six semaines, suivant l'usage d'Espagne ; mais il m'a dit qu'il le quitteroit en même temps qu'on le quittera ici. Il m'a dit aussi que Mme Infante étoit partie hier, 26, de Madrid, et qu'il lui falloit dix-huit jours pour arriver à Bayonne ; on compte qu'il lui en faut autant pour venir de là ici.

Du vendredi 29, Versailles. — J'ai marqué que les otages furent présentés le 27 par M. de Puisieux, mais ils ne le furent que comme des seigneurs anglois. Ce ne fut qu'hier matin qu'il les présenta au Roi en qualité d'otages. Milord Cathcart, le plus âgé des deux, fit un petit compliment au Roi, et le comte de Sussex présenta au Roi une lettre du roi d'Angleterre, en faisant aussi un petit compliment à S. M. Le Roi répondit en commun à tous deux avec bonté et dignité ; il leur dit qu'il désiroit qu'ils se trouvassent bien dans son royaume et qu'ils s'y amusassent, et qu'en attendant qu'il écrivît au roi d'Angleterre il les prioit de lui mander qu'il avoit plus de confiance dans sa parole et à celle de la nation que dans tous les otages.

Ces otages sont à l'occasion de la restitution de Louisbourg, dont on ne peut pas encore avoir de nouvelles. Le roi d'Angleterre leur donne à chacun 50,000 écus pour leur dépense pendant leur séjour en France. Le comte de Sussex a dix-neuf ans; il est assez petit, et parle mal françois. Le lord Cathcart est plus grand et a un joli visage. Il y a déjà plusieurs années qu'il sert; il est parent de feu milord Stairs, et étoit avec lui au combat de Dettingen; il étoit aussi à Fontenoy et à Laufeld. A Fontenoy il fut blessé, à la fin de la bataille, à côté de l'œil droit, un peu au-dessous; malgré toutes les opérations qu'on a été obligé de lui faire, et un petit os qu'il a fallu ôter, cette blessure ne le défigure point; il porte seulement une mouche qui n'est pas fort grande; il a environ vingt et un ans.

J'ai toujours oublié de marquer que ce ne fut que dimanche dernier que la musique recommença à la messe du Roi; elle avoit eu congé dès le dimanche auparavant.

Le lundi les concerts recommencèrent chez la Reine, et le mardi les comédies.

L'on a fait une nouvelle entrée pour la loge de la Reine; on a ouvert une porte dans le palier qui est au milieu de l'escalier qui monte à la galerie des Princes; l'on passe actuellement par-dessous l'espace qui est entre ce palier et le jardin, c'est-à-dire par-dessous le passage qui conduit chez Mesdames. Cette nouvelle entrée conduit de plain-pied à la loge de la Reine, que l'on a agrandie en y joignant celle des dames du palais; sur le devant de la loge, il y a au moins neuf ou dix places, fort commodes pour le Roi, la Reine et toute la famille royale. Il y a derrière un espace suffisant pour le service. Derrière le service, une espèce de banc fort long dans lequel on met des pliants pour dix ou douze dames de la suite de la

9.

Reine, de Mme la Dauphine et de Mesdames. Derrière le banc des dames, un autre banc plus étroit pour les officiers des gardes et les écuyers. Dans le nouveau passage, on a pris la largeur d'une des fenêtres pour faire une garde-robe de commodité en cas de besoin. En même temps qu'on a formé ce passage, on a détruit un tambour qui subsistoit de tous les temps dans le salon au-dessus de la comédie, dans lequel étoit un petit escalier qui descendoit à la loge de la Reine.

Mercredi dernier le Roi vit pour la première fois la nouvelle salle d'opéra construite dans l'escalier des ambassadeurs. Il n'avoit point voulu y entrer jusqu'à la première représentation qui s'est faite [mercredi]. On exécuta ce jour-là un opéra ou divertissement en trois actes, composé de trois sujets différents, un prologue et deux ballets, dont les paroles sont du Sr Bernard, secrétaire de M. le maréchal de Coigny et des dragons et bibliothécaire de Choisy, et la musique de Rameau (1). Le prologue est *Le Retour d'Astrée*; on avoit représenté les forges de Lemnos.

Mme la duchesse de Brancas faisoit ASTRÉE;
M. le duc d'Ayen, VULCAIN;
M. de la Salle, LE TEMPS;
Mme Marchais, UN PLAISIR.

Le premier ballet est intitulé *La Lyre enchantée*.

Mme de Pompadour y faisoit URANIE;
M. de la Salle, LINUS, fils d'Apollon;
Mme Marchais, L'AMOUR.

Le second ballet étoit intitulé *Adonis*.

Mme de Pompadour y faisoit VÉNUS, et y joua et chanta tout au mieux;

---

(1) La bibliothèque de la ville de Versailles conserve un recueil des divertissements du théâtre des petits appartements pendant l'hiver de 1748 à 1749, imprimé *par exprès commandement de Sa Majesté* sur peau de vélin. Ce recueil forme 3 volumes in-8°.

Mme Marchais faisoit L'AMOUR;

Mme la duchesse de Brancas, DIANE;

M. le duc d'Ayen, ADONIS;

M. le vicomte de Rohan, UN SUIVANT DE DIANE.

M. de la Vallière a beaucoup d'honneur à l'arrangement du théâtre. Il est beaucoup plus grand que celui de la petite galerie; les décorations sont faites avec beaucoup de goût. La place où le Roi se mit avec M. le Dauphin, Mme la Dauphine et Mesdames est assez grande pour tenir environ vingt-cinq personnes. Des deux côtés de la place du Roi en allant au théâtre, il y a deux balcons, dont chacun peut tenir douze à quinze personnes. Au-dessous du Roi, en face du théâtre, il y a des gradins où étoient M. le président Hénault, M. le président Ogier, en tout trente ou quarante personnes. Entre ces gradins et le théâtre est l'orchestre, qui est plus grand que celui de la petite galerie, et contient environ quarante places. Les musiciens et les spectateurs sont fort à leur aise, et l'on entend, de partout, facilement la voix des acteurs; le mouvement des décorations et des machines se fait avec beaucoup de facilité et de promptitude. Cet ouvrage n'est pas aussi cher qu'on se l'imagine dans le public; le Roi demanda avant-hier à M. le contrôleur général combien il avoit donné de fois 15,000 livres. Le contrôleur général croyoit que ce n'étoit que quatre fois, mais le Roi le fit souvenir que c'étoit cinq.

Hier le Roi alla prendre du café à la Meutte avec M. le Dauphin, Mme la Dauphine et Mesdames; ensuite il monta à cheval avec M. le Dauphin; Mme la Dauphine et Mesdames suivirent en carrosse. Il passa par la porte Maillot, et suivant les allées du Roule se rendit dans un terrain qui est entre le mur du bois de Boulogne d'un côté, les allées et le rond du Roule de l'autre. Ce fut là qu'il fit la revue du régiment de houlans de M. le maréchal de Saxe; ce régiment, qui est partie houlans, partie dragons, est de douze cents hommes. Les dragons firent l'exercice à pied, les houlans firent ensuite toutes les manœuvres de guerre à leur manière ; ils tirèrent une espèce d'artillerie qui est plutôt de gros mousquets que de petites pièces de canon ; ils tirèrent aussi beaucoup de coups de fusil. La revue et l'exercice durèrent plus de trois heures, et le Roi parut fort content. Après la revue, le régiment retourna coucher à Saint-Denis, où ils sont depuis deux ou trois jours. M. le maréchal de Saxe avoit fait une revue et une répétition de cet exercice la veille ; il s'y étoit trouvé quatre ou cinq cents carrosses de Paris. Après la revue, le Roi retourna à la Meutte, où il soupa avec tous ses enfants et les dames qui les avoient suivis ; il parut fort gai et fort à son aise avec ses enfants et leur marqua beaucoup d'amitié. Il étoit plus d'onze heures quand il revint ici. En arrivant, M. le Dauphin, Mme la Dauphine vinrent chez moi, où la Reine étoit et sortoit de table.

C'est M. le maréchal de Saxe qui est chargé des recrues et remontes de son régiment de houlans et qui paye tous les officiers ; en un mot il en fait toute la dépense ; le Roi lui donne pour cela 50,000 livres par mois ; ce régiment est parti d'hier pour Chambord, où est leur établissement ; M. de Saxe y a fait bâtir pour eux un corps de caserne.

J'ai oublié de marquer que le 27 au soir, comme la Reine sortoit de chez moi, M. de Fleury y vint après le coucher du Roi ; il suivit la Reine dans son appartement, et lui dit de la part du Roi que S. M. prendroit le deuil dimanche pour la duchesse de Parme. Ce deuil sera de huit jours complets, c'est-à-dire qu'on ne le quittera que le lundi 9. Les dames le porteront quatre jours en noir et quatre jours de petit deuil. M. le Dauphin et Mme la Dauphine prennent le même jour, et toute leur maison, le grand deuil, qu'ils porteront quatre mois et demi ; on a tendu dès aujourd'hui leurs antichambres de noir.

Il est réglé que mercredi prochain, 4 décembre, M. le Dauphin recevra les compliments des hommes en manteau et des dames en mantes ; il n'est pas encore décidé si l'on fera les mêmes compliments à Mme la Dauphine.

Hier matin M. d'Ardore vint ici au lever du Roi en habit de gala (1) pour faire part au Roi de l'accouchement de la reine des Deux-Siciles, qui est accouchée d'un second prince.

Hier, après le salut, la Reine donna audience dans ses cabinets à Mme de Mirepoix (Beauvau). Mme de Mirepoix avoit déjà eu une audience particulière de la Reine à Fontainebleau ; on ne doute point que M. de Mirepoix ne soit nommé ambassadeur du Roi en Angleterre, mais cet arrangement n'est pas encore déclaré.

M. de Puisieux a présenté ce matin M. de Vaulgrenant, que le Roi a nommé son ambassadeur à Madrid ; il a déjà été ambassadeur à cette cour et depuis à Turin ; il fut envoyé à Dresde à la mort de l'empereur Charles VII, comme je l'ai marqué dans le temps.

Il paroît presque certain que M. le président Ogier va ambassadeur du Roi en Hollande ; il n'y a cependant encore rien de public sur cette affaire.

Nous apprîmes hier au soir que le Roi a donné une pension de 1,000 écus à Mme de Belzunce, dame de Mesdames. Feu Mme d'Heudicourt, sa mère, avoit 4,000 livres de pension qu'elle avoit eues à la mort de Mme de Surville, sa mère ; et Mme de Surville avoit obtenu cette grâce à la mort de M. d'Humières.

Aujourd'hui le Roi, avant d'aller à la chasse, a entendu la messe dans la petite chapelle en haut. Il a reçu le serment du nouvel abbé de Châtillon-sur-Saône ; c'est une abbaye régulière de Bernardins, dans le duché de Bar, sur les confins de la Champagne et de la Lorraine. Celui qui y a été nommé s'appelle le P. Raffini ; il a pris le nom de P. Bouteville.

---

(1) Il y a dans le texte « en habit de galles ».

Je croyois que tous les généraux d'Ordre prêtoient serment entre les mains du Roi ; mais S. M. me fit l'honneur de me dire hier qu'il n'y avoit que l'abbé de Cîteaux. Tous les généraux d'Ordre qui ont leur habitation dans le pays étranger, quoique même ils soient François, sont traités par le Roi comme les ministres étrangers. On leur fait les mêmes honneurs qu'aux envoyés : carrosse du Roi, audiences particulières, table à Versailles le jour de leur audience. L'abbé de Cîteaux n'a point toutes ces distinctions, mais il prête serment entre les mains du Roi. On pourroit croire que c'est parce qu'il a plusieurs maisons de son ordre hors du royaume ; mais ce ne peut être cette raison, puisqu'elle décideroit pour les généraux des ordres aussi répandus, et que cependant il ne subsiste pas pour d'autres. A l'égard de l'abbé de Châtillon, il a toujours prêté serment entre les mains de nos Rois.

J'ai parlé ci-devant de la mort de l'abbé de Cîteaux ; le chapitre assemblé a élu un nouvel abbé, que l'on appelle le P. Trouvé.

Il y a deux ou trois jours que Mme la comtesse de Bentheim (Bournonville) accoucha à Paris, dans son huitième mois.

Du samedi 30, Versailles. — M. le duc de Gesvres, qui est en grande liaison avec le prince Édouard, alla mardi dernier à Paris de la part du Roi pour l'engager, suivant qu'il est stipulé par le dernier traité de paix, à sortir de France et à se retirer dans la ville de Fribourg en Suisse. C'est la troisième fois qu'il exécute la même commission, sans qu'il paroisse qu'il ait fait la moindre impression sur l'esprit du prince.

DÉCEMBRE.

Présentation — M. Houel. — Révérences chez le Dauphin et la Dauphine. — Présentation et révérences chez le Roi. — Spectacle des cabinets. — Mort du musicien Pièche. - Petits concerts de Mme de Maintenon. — Vols

//DÉCEMBRE 1748.//

à la chapelle. — Chasses et voyages du Roi. — Suite de l'affaire du prince Édouard. — Lettre du roi Jacques au prince Édouard. — Mariage. — Événement de chasse. — Mort. — Présentation. — Fête de la Conception. — Présentation et service d'un chevau-léger âgé de sept ans. — Le faux prince de Modène. — Spectacle des cabinets et acteurs. — Arrestation du prince Édouard. — Retour de M. de Saint-Séverin. — Spectacle des cabinets et acteurs. Les enfants du Roi y assistent. — La maison du Dauphin et de la Dauphine prennent le grand deuil. — Mort. — Départ du prince Édouard. — Arrivée de Madame Infante à Bayonne. — Mort de la duchesse douairière de Saxe-Meiningen. — M. de Saint-Séverin appelé au conseil d'État. — Démission du comte d'Argenson. — Spectacle des cabinets. La Reine y assiste. — Lionceaux et mouton présentés au Roi dans le salon d'Hercule. — Morts. — Tragédie de *Catilina*. — Le prince Édouard malade à Fontainebleau. — Formule des lettres des Infants à la Reine de France et nouvelles de l'infant don Philippe. — Mariage. — Abbaye de Gifre, centre janséniste. — Le Roi n'accepte plus les démissions de duchés faites en faveur des fils des titulaires. — Jeu chez la Reine et la Dauphine. — Spectacle des cabinets et acteurs. — Dévotions de la famille royale. — Voyage de Madame Infante. — Audience de M. de Sotomajor. — Arrivée du maréchal de Richelieu. — On défait le théâtre des cabinets. Accidents. — Promotion d'officiers généraux. — Aides de camp du Roi. — Détail sur l'enlèvement du théâtre des cabinets. — Histoire de M. de Lède.

Du lundi 2 décembre, Versailles. — Mme la princesse de Montauban présenta hier Mme Howal ; elle est fille de M. de Vaudray, lieutenant général, et d'une des premières maisons de Franche-Comté. Elle a dix-neuf ans ; elle est actuellement grosse de trois ou quatre mois ; elle n'est ni grande ni petite et est assez jolie. M. Howal, connu ci-devant sous le nom de Houel, étoit page de feu Mme la Dauphine (Savoie) ; il entra dans le régiment des gardes, qu'il a quitté depuis, et il ne sert plus. Il a été fort gros joueur. L'histoire de l'orange est singulière : il prétendoit qu'il ne lui restoit pour tout bien qu'une orange qu'on lui avoit donnée ; il fit la plaisanterie de la vendre un petit écu, qu'il mit à la réjouissance, et avec lequel il gagna prodigieusement. En tout il a gagné beaucoup d'argent au jeu. Il y a quelques années qu'ayant retrouvé des titres qui prouvent que sa famille est originaire d'Écosse et que son véritable nom est Howal, il a pris ce nom et a fait reconnoître et confirmer la vérité de ses titres ici de la manière la plus authentique.

J'ai marqué qu'on doit faire mercredi les révérences à M. le Dauphin. On étoit dans l'incertitude si l'on feroit aussi des révérences à Mme la Dauphine; le Roi avoit chargé M. de Dreux d'examiner ce qui s'étoit pratiqué en d'autres occasions semblables. S. M. décida hier que l'on feroit des révérences à Mme la Dauphine. Après les révérences faites je marquerai ce qui se sera passé.

On raisonnoit ces jours-ci sur ce qui s'est passé à l'occasion de la mort de la petite Madame au commencement de cette année; comme l'on ne porte point le deuil des enfants, à moins qu'ils n'aient sept ans, et que le Roi, suivant ce que m'a dit M. de Dreux ce matin, a déclaré que c'étoit son intention, il ne fut point question de deuil pour Madame, et par conséquent il n'y eut point de révérences en deuil et en cérémonie; on alla seulement comme à l'ordinaire chez M. le Dauphin et chez Mme la Dauphine, qui étoit cependant dans son lit.

L'antichambre de M. le Dauphin et celle de Mme la Dauphine sont tendues de noir et le grand cabinet; la tenture couvre même le lambris; les tables sont couvertes; les tableaux et les dessus des portes, mais les glaces ne le sont point. La salle des gardes n'est point tendue chez M. le Dauphin, ni la première pièce chez Mme la Dauphine.

Du mercredi 4, Versailles. — Hier mardi, jour des ambassadeurs, M. de Sainctot présenta milord Blanktir [?], jeune homme anglois, qui voyage depuis deux ou trois ans; il a été en Hollande, d'où il passa à Paris sans venir à la Cour, et s'en alla à Caen en Normandie apprendre à monter à cheval.

Tous les ministres étrangers firent hier leurs révérences à M. le Dauphin, mais sans manteau et sans aucune cérémonie. Dans tous les deuils où ils font des révérences au Roi et à la Reine en grand manteau, ils ne font nulle difficulté d'aller chez M. le Dauphin, Mme la Dauphine et chez Mesdames en grand manteau; et ils y furent ainsi à la mort de la reine de Pologne (Opalinska), belle-mère du Roi. Il me paroît, sans que j'en sache bien le détail, qu'il y auroit eu quelques difficultés si on leur avoit proposé d'aller chez M. le Dauphin et Mme la Dauphine en cérémonie dans cette occasion-ci.

Aujourd'hui M. le Dauphin, précédé et suivi de toute sa maison en grand manteau, a été chez le Roi après la messe et ensuite chez la Reine. Mme la Dauphine, suivie de presque toutes ses dames, y a été aussi ; ils sont descendus chez elle. M. le Dauphin s'est placé debout sous le dais et sur l'estrade qui est dans la pièce entre l'antichambre et sa chambre. Les six princes du sang et légitimés s'y sont rendus en grand manteau, lui ont fait la révérence, ont passé ensuite chez Mme la Dauphine pour y faire la même cérémonie. Ils ont été suivis immédiatement par tout ce qui s'est trouvé là, ministres, cardinaux, ducs, gens non titrés, conseillers d'État ; je n'y ai point vu de maître des requêtes. On n'a fait que passer devant M. le Dauphin. De là on a traversé sa chambre, on a suivi le petit corridor qui mène à celle de Mme la Dauphine ; nous avons tourné à gauche dans ce passage et ensuite à droite dans un petit passage découvert ; c'est le reste d'une petite cour dont l'autre partie a été convertie en jardin pour Mme la Dauphine. De ce passage on a traversé une autre petite cour, et passant par le bas de l'escalier de marbre nous sommes entrés chez Mme la Dauphine ; elle étoit dans son grand cabinet, debout sous le dais, accompagnée de toute sa maison ; on est entré et sorti par la même porte, ce qui a causé un peu d'embarras. Cette après-dînée les dames doivent aller faire leurs révérences à M. le Dauphin et à Mme la Dauphine. Mesdames commenceront, suivies par les princesses. Il est certain, comme je l'ai marqué, qu'on ne fit point pareilles révérences à M. le Dauphin à la mort de la petite Madame, mais toute la Cour alla chez M. le Dauphin et chez Mme la Dauphine ; Mme la Dauphine étoit dans son lit.

Hier on exécuta sur le nouveau théâtre des appartements le même divertissement dont j'ai parlé ci-dessus. Il fut encore mieux exécuté que la dernière fois; il n'y eut d'ailleurs d'autres différences, sinon que M. le duc d'Ayen avoit cédé son rôle du prologue à M. de Clermont, fils de M. de Clermont-d'Amboise; il a une belle voix.

Du jeudi 5, Versailles. — Lundi dernier mourut ici le nommé Pièche, musicien du Roi, âgé de quatre-vingt-six ans; il jouoit de la flûte allemande à la musique, et outre cela il jouoit bien de la basse de viole; lui et sa famille formoient les petits concerts particuliers que Mme de Maintenon avoit imaginé d'avoir chez elle pour l'amusement du feu Roi.

Ce même jour, lorsque le Roi entra à la chapelle pour la messe, on lui dit que l'on avoit volé dans la grande tribune. Le porte-carreau enferme le carreau dans la niche qui est à gauche et où se met Mme la Dauphine; c'est dans cette niche que le vol a été fait; on a décousu et emporté pour environ 5 ou 600 francs de galons ou de glands. Pendant le voyage de Fontainebleau, on a volé aussi dans une petite niche qui est dans la chapelle en haut et où Mme la Dauphine entend souvent la messe.

Avant-hier le Roi alla à l'assemblée pour courre le cerf dans la forêt de Saint-Germain; mais le temps ne lui ayant pas permis de chasser, il dit à M. d'Ayen d'aller devant lui dans une maison qu'il a à Saint-Germain, et de lui faire préparer des saucisses et du café. Le Roi y arriva peu de temps après, déjeuna et y resta quelques moments avant de revenir ici.

Aujourd'hui le Roi est retourné courre à Saint-Germain; et au retour, souper et coucher au petit château de la Celle.

Hier, M. le duc de Gesvres reçut ordre du Roi d'aller à Paris; il partit avant dix heures du matin, et peu de temps après qu'il fut arrivé il dépêcha un courrier à M. de Puisieux ; il revint lui-même à cinq heures après midi, et descendit chez M. de Puisieux ; il rentra ensuite chez lui, et envoya un courrier à Paris ; il partit lui-même à dix heures du soir pour y retourner. Tous ces voyages sont au sujet du prince Édouard. La lettre que l'on attendoit du roi d'Angleterre de Rome est arrivée ; il a été question de la faire remettre au prince Édouard ; M. de Gesvres a été chargé d'aller parler à trois hommes qui sont attachés particulièrement au prince ; l'un s'appelle Kely, qui a été auprès de M. le duc d'Ormond et depuis ministre du prétendant ; il a été quinze ans à Londres à la tour. Un autre Hakebrat ; le troisième Greené. M. de Gesvres leur a parlé, et les a priés de remettre au prince en mains propres la lettre du Roi son père, et de l'avertir de l'effet qu'elle auroit produit. Il a été instruit par eux que le prince avoit pris la lettre et l'avoit mise dans sa poche sans vouloir la lire ; M. de Gesvres les a priés de vouloir bien examiner si le prince ne l'auroit point lue, et en ce cas quel effet elle auroit produit sur son esprit. Ces messieurs l'ayant averti qu'il n'y avoit pas d'apparence que ce prince voulût la lire, on a cru que le meilleur parti étoit de faire copier le double de cette lettre, que le roi Jacques avoit envoyée en même temps que celle pour son fils, et que l'un d'eux en fît la lecture au prince Édouard. C'est pour faire cet arrangement, que M. de Gesvres est parti, revenu et retourné dans le même jour. Une personne fort instruite et amie du prince Édouard disoit l'autre jour à Mme de Luynes que ce prince avoit dit et répété plusieurs fois qu'il avoit depuis longtemps une lettre du Roi son père, par laquelle il lui recommandoit de ne jamais rien faire que ce qu'il croiroit convenable à sa gloire et à ses intérêts, sans se mettre en peine des lettres qu'il pourroit lui écrire suivant les circonstances qui l'exigeroient (1).

---

(1) Ce discours a été en effet tenu par des partisans du prince Édouard ;

Du vendredi 6, Versailles. — On m'a dit aujourd'hui que le Roi avoit fait dire au prince Édouard qu'il ne lui donnoit que trois jours pour se déterminer à sortir du royaume. M. de Gesvres est encore à Paris pour cette affaire.

Du dimanche 8, Versailles. — M. de Gesvres est resté plusieurs jours à Paris; il ne revint ici qu'avant-hier au soir; il rapporta une copie de la lettre du roi Jacques au prince Édouard. Le Roi a permis que cette lettre soit rendue publique; on en trouvera ici la copie. Les principaux Anglois attachés à ce prince, voyant la lettre du roi Jacques, l'ont tous quitté. M. de Bulkley, lieutenant général au service de France et qui voyoit continuellement ce prince, prit congé de lui hier matin, et lui baisa la main suivant l'usage d'Angleterre, lui disant qu'il étoit obligé de se soumettre aux ordres du roi Jacques, son souverain, et à ceux du roi de France au service duquel il avoit l'honneur d'être.

Copie de la lettre du roi Jacques au prince Édouard son fils.

Quelque soin que vous ayez pris, mon cher fils, de me cacher ce qui s'est passé entre la cour de France et vous, depuis la signature des préliminaires, je suis cependant informé de tout, et je vous avoue que je n'ai pu lire sans une vraie surprise et douleur votre lettre au duc de Gesvres du 6 de ce mois. Ni vous ni personne ne pouvoit avoir imaginé que vous pouviez rester en France malgré le Roi. Votre résistance donc à vous conformer à ses intentions, à cette occasion, ne sauroit avoir pour objet de continuer à demeurer dans son royaume; et lorsque vous parlez du regret et d'être forcé, pour vos intérêts, d'agir comme vous faites, vous montrez bien que ce n'est pas votre propre sentiment et volonté que vous servez, mais bien ceux des autres; Dieu sait qui ils sont, mais peuvent-ils être de vos amis, s'ils vous donnent de pareils conseils? Car il est manifeste qu'en résistant en cette occasion aux intérêts de S. M. T. Ch., il ne sauroit y avoir d'autre objet que de rompre

---

mais nos ministres assurent qu'il n'y a nulle réalité à cette prétendue lettre. J'ajouterai même qu'un homme en relation avec le roi Jacques m'a assuré positivement que cette lettre ne pouvoit exister. (*Note du duc de Luynes.*)

de gaieté de cœur avec le Roi et de vous attirer justement sa colère et son indignation ; et certainement aucune personne sage et raisonnable, quelque ennemie qu'elle puisse être d'ailleurs de la France, si elle vous souhaite véritablement du bien, ne pourra jamais vous conseiller (surtout dans l'état où vous êtes) de rompre avec une puissance qui se fait respecter de toute l'Europe. Pour peu que vous songiez à ce qui s'est passé depuis quelques années, vous sentirez bien que votre conduite envers moi n'a pas été telle qu'elle a dû être, et vous savez aussi avec quelle patience et modération je me suis conduit envers vous. Vous savez l'entière liberté que je vous ai donnée, et que je n'ai pas cessé de vous écrire toutes les postes, quoique vous ne me fissiez que trop voir que ce n'étoit pas de moi que vous vouliez prendre conseil ; et c'est pourquoi depuis quelque temps je ne vous en ai donné que rarement, voyant le peu d'impression que mes lettres faisoient sur vous. Mais dans le cas présent je ne saurois plus me taire ; je vous vois sur le bord du précipice et près d'y tomber, et je serois un père dénaturé si je ne faisois au moins le peu qui dépend de moi pour vous en sauver ; et c'est pourquoi je me trouve même obligé de vous ordonner, comme votre père et votre Roi, de vous conformer sans délais aux intentions de S. M. T. Ch. en sortant de bon gré de ses États. Nonobstant l'obscurité où vous me laissez sur tout ce qui vous regarde, je ne crains ni ne balance point à vous donner cet ordre, parce qu'en effet je ne fais que commander ce qui se feroit également quand je ne le commanderois point. Je ne saurois me figurer le cas où il pourra convenir, même à vos intérêts, de rompre ainsi avec la cour de France. Du reste pour vous faire voir avec quelle délicatesse je me sers de mon autorité sur vous, je ne vous prescris point le lieu où vous devez aller ; vous savez aussi bien que moi les pays où vous pouvez être en sûreté, et puisque vous n'avez pas voulu recevoir une retraite en Suisse qu'on vous a offerte, je dois supposer que vous avez en vue quelque autre retraite pour le moins aussi à portée pour vos affaires et aussi agréable pour vos compatriotes. Enfin, mon cher fils, songez sérieusement à ce que vous allez faire. Si vous résistez aux ordres de S. M. T. Ch., je prévois qu'on vous fera faire par force ce que vous ne voulez pas faire de gré ; et si on en vient à la violence, naturellement on vous conduira en cette ville, ce qui sûrement ne sera pas de votre goût ni pour votre intérêt. Quel éclat cela ne fera-t-il pas, et qu'y gagnerez-vous ? Rien certainement qu'un nom et un caractère qui vous fera peut-être perdre dans un instant toute la réputation que vous vous êtes déjà acquise ; car une vertu et une valeur qui ne se montre pas sage dans l'adversité ne sauroit jamais être considérée comme véritable et solide. Jugez de la peine et de l'inquiétude où je serai jusqu'à ce que je sache l'effet que produira cette lettre. Elle est écrite par un père qui ne respire pour vous que tendresse, et qui est véritablement occupé de votre bonheur et de votre gloire. Je prie Dieu de vous bénir et de vous éclairer, et vous embrasse de tout mon cœur.

JACQUES, roi.

Du mardi 10, *Versailles.* — Dimanche 8 de ce mois, M. le duc de Béthune et M. le duc de Rohan (Chabot) demandèrent l'agrément du Roi pour le mariage de M. le prince d'Henrichemont avec la fille aînée de M. le duc de Châtillon et de Mlle de Tillières, sa seconde femme. M. d'Henrichemont, qui a dix-huit ans, est fils de M. d'Orval, grand-oncle de M. le duc de Sully, et de Mlle de Vatan. Mlle de Châtillon est née le 20 septembre 1731. On sait que M. le duc de Rohan a épousé la fille aînée de M. le duc de Châtillon, de son premier mariage avec Mlle Voisin. A l'égard de M. d'Henrichemont, les Sully et les Orval sont Béthune.

M. le maréchal de la Fare est arrivé de Bretagne le 4 ou le 5. Il y a tenu les États, et y a vécu grandement et magnifiquement. Il contoit dimanche dernier au Roi, au grand couvert, un événement de chasse assez singulier. Il y a en Normandie MM. de Roncherolles, qui sont de la même maison que les Pont-Saint-Pierre ; ils aiment beaucoup la chasse, et ont un équipage pour le sanglier. Il y a douze ou quinze jours qu'ils attaquèrent dans une forêt près de Coutances, qu'on appelle la forêt de Ville-Dieu, un grand sanglier, qui leur tua ou blessa onze chiens, sans pouvoir le prendre. Piqués de cette déconfiture, non-seulement ils passèrent la nuit, mais ils couchèrent sur le lieu pour recommencer le lendemain. Le sanglier fit beaucoup de chemin pendant la nuit ; ils le suivirent et couchèrent encore dans l'endroit où ils espéroient le relancer le lendemain ; mais leur projet fut inutile : le sanglier alloit toujours devant lui ; enfin ils ne purent le joindre que le quatrième jour, à vingt-huit ou trente lieues de l'endroit où ils l'avoient attaqué. Ils étoient à deux lieues et demie de Rennes ; ils ne jugèrent pas à propos de paroître aux États en habit de chasse, mais ils firent lever la hure et l'envoyèrent à M. de Viarmes (1), intendant de Bretagne. M. de la Fare dit au Roi qu'il avoit mangé de cette hure qui étoit d'une grosseur énorme.

On a appris hier la mort de M. de la Houssaye, intendant des finances, beau-frère de M. Lallemant de Betz et fils du contrôleur général qui avoit été chancelier de M. le duc d'Orléans ; il s'appeloit M. de Cigny du vivant de son père ; il est mort à Paris, il y a quatre ou cinq jours. La place d'intendant des finances a été donnée à M. de Courteil, qui revient de l'ambassade de Suisse.

M. de Puisieux présenta hier ou avant-hier M. de Paulmy, fils de M. le marquis d'Argenson, que le Roi a nommé son ambassadeur auprès des Treize-Cantons, à la place de M. de Courteil.

Hier, 9, étoit la fête de la Conception, qui a été remise à cause du dimanche. La Reine alla à la grande messe des Missionnaires, à la chapelle, suivie d'une seule de ses dames, comme elle fait toutes les fêtes et les dimanches lorsqu'elle n'est point incommodée ; et elle retourne à midi et demi à la messe dans la tribune en même temps que le Roi. L'après-dînée, LL. MM. descendirent en bas au sermon, et entendirent tout de suite les vêpres, chantées en haut par la chapelle, et ensuite le salut des Missionnaires. Il n'y a point de quêteuse ce jour-là.

Hier M. de Chaulnes présenta au Roi son petit garçon, qu'on appelle le vidame, dans la pièce qui est auprès de la porte par où l'on descend à l'escalier des ambassadeurs ; il le présenta pour entrer dans les chevau-légers. C'est dans cette pièce que l'on présente au Roi les gardes

---

(1) Camus de Pontcarré de Viarmes, maître des requêtes et intendant de Bretagne.

du corps, les gendarmes et les chevau-légers. Le major des gardes du corps (la Billarderie) avoit de nouveaux gardes du corps à présenter au Roi, et quoique les gardes aient sans contredit le pas avant les chevau-légers, il fit la politesse à M. de Chaulnes de laisser mettre son fils à la première place. Aujourd'hui, M. de Chaulnes lui a fait prendre l'ordre, dans la place ordinaire, dans le salon d'Hercule, avec le grand uniforme des chevau-légers et des bottés; il l'a ensuite présenté à la Reine, à M. le Dauphin, à Mme la Dauphine et à Mesdames. Le petit garçon est bien fait et a une jolie figure; il est né le 28 novembre 1741. Il s'appelle le vidame d'Amiens; c'est le nom que portent les aînés de la branche de Chaulnes; cette qualité est attachée à la terre de Picquigny, qu'il possède et qui est à trois lieues d'Amiens.

J'ai parlé ci-dessus du faux prince de Modène. On en a eu des nouvelles il y a déjà plusieurs jours. Il étoit arrêté à Séville, comme je l'ai dit; il a trouvé le moyen de se sauver dans une église de Dominicains. Les églises en Espagne sont des asiles inviolables, et quoiqu'on ait placé des sentinelles tout autour de cette église, on ne sait pas s'il ne trouvera pas le moyen de s'échapper. On croit être sûr que cet imposteur a été valet d'un des gardes du corps du Roi. Il vola 50 louis à son maître, et s'en alla à Poitiers; il avoit avec lui un déserteur, et il s'étoit déguisé en femme pour se sauver plus sûrement; arrivé à Poitiers, il alla chez un fripier, et y acheta un habit galonné; il pressa en même temps le fripier de le débarrasser du camarade qu'il avoit amené, et trouva moyen de le faire mettre en prison. Il fit dès lors grande liaison avec ce fripier, en conséquence de laquelle ce fripier a été arrêté et est en prison à Paris. De Poitiers il alla à Marseille; il fit faire un cachet et un sceau aux armes de Modène; ce fut là qu'il s'embarqua pour la Martinique. En y arrivant, il ne lui restoit plus que deux louis, qu'il donna à la première personne qui lui rendit service. Cette générosité établit sa réputation, et tout le monde s'empressa à lui offrir de l'argent.

Du mercredi 11, *Versailles.* — Il y eut hier opéra dans les cabinets : on y joua *Tancrède;* les paroles sont de Danchet et la musique de Campra. On ne joua que l'ouverture, et on passa le prologue; on exécuta ensuite les cinq actes. M. le duc d'Ayen faisoit Tancrède; Mme de Brancas, Clorinde; Mme de Pompadour, Herminie ; M. de la Salle, Argan; M. le chevalier de Clermont, Ismenar enchanteur. Ils chantèrent ensemble un duo, qui fut exécuté parfaitement, tant pour la musique que pour le jeu de théâtre. Mme Marchais fit deux rôles, celui d'une guerrière et celui d'une Nymphe. M. le vicomte de Rohan devoit faire celui d'un guerrier, d'un Silvain, et celui de la Vengeance; mais dans les endroits où sa voix ne pouvoit aller, il étoit aidé par le nommé Bazire, haute-contre de la musique du Roi. Le spectacle étoit fort beau. La voix de M. le chevalier de Clermont est basse-taille, et celle de Mme de Pompadour est sans contredit ce qu'il y a de mieux. Ils sont très-bons acteurs l'un et l'autre. Les rôles les plus difficiles sont exécutés par Mme de Pompadour dans une perfection qui ne laisse rien à désirer. M. le duc d'Ayen n'a pas une voix aussi éclatante que M. le chevalier de Clermont; mais il chante bien et est aussi fort bon acteur.

Ce fut pendant l'opéra que le Roi reçut hier, par un billet (1), la nouvelle que le prince Édouard avoit été arrêté. M. le duc de Biron avoit reçu les ordres du Roi, dimanche 8, pour cette affaire. Le prince avoit été averti plusieurs fois qu'on seroit obligé de le faire arrêter; il paroissoit qu'il ne vouloit en rien croire. Il n'est pas douteux qu'il avoit imaginé que, suivant l'usage, ce seroit un officier des gardes du corps qui l'arrêteroit [et

---

(1) C'étoit une lettre de M. Berrier, lieutenant de police; elle fut remise à S. M. par M. de Maurepas. (*Note du duc de Luynes.*)

que s'il] avoit à être conduit quelque part, ce seroit par les mousquetaires (1). On lui avoit donné jusqu'à hier mardi pour se déterminer à obéir aux ordres du roi son père ; et comme on se doutoit bien qu'il n'en feroit rien, on avoit examiné le moyen le plus propre à exécuter ce projet, sans bruit et sans effusion de sang, ce qui étoit extrêmement difficile, ce prince étant toujours entouré d'un nombre de gens attachés à lui, et ayant formé la résolution de se tuer s'il étoit arrêté. Il a même dit depuis que si on l'avoit arrêté de la part du Roi, il n'auroit tué personne, mais que pour ses jours il en étoit le maître. Par toutes ces raisons, l'entreprise de le saisir dans les Tuileries étoit impossible, et encore plus dans sa maison, où l'on savoit qu'il avoit du monde et des armes, et où l'on croyoit qu'il avoit aussi beaucoup de poudre. Le parti fut donc pris de l'arrêter en entrant à l'opéra. M. de Biron choisit les officiers aux gardes les plus propres à conduire cette entreprise. Il en chargea M. de Vaudreuil, major, et MM. de Cornillon et de la Noix, capitaines. La garde ordinaire de l'opéra monta à trois heures, comme s'il n'avoit été question de rien ; mais on avoit fait avancer aux environs du Palais-Royal, sur les cinq heures, à l'entrée de la nuit, de quoi doubler cette garde ; il y avoit aussi des détachements par intervalle jusqu'à la porte Saint-An-

---

(1) M. le Prince fut arrêté dans le Palais-Royal, dans la minorité, par le capitaine des gardes de la Reine mère. M. le maréchal de Villeroy le fut en 1722 par M. de la Fare, capitaine des gardes de M. le Régent, parce que c'est toujours le capitaine des gardes de celui qui est dépositaire de l'autorité souveraine. M. le duc de Châtillon a été arrêté dans le château de Versailles par un chef de brigade des gardes du corps, en novembre 1744. Mme la duchesse du Maine a été arrêtée par M. de la Billarderie. Mais ici il ne suffisoit pas d'arrêter, il falloit saisir parce que le prince avoit annoncé depuis longtemps qu'il se tueroit, et c'est ce qui a déterminé à se servir des gardes françoises. On vouloit d'ailleurs que le prince Édouard n'eût aucun soupçon de la façon dont il seroit arrêté ; et pour mieux cacher le projet, les mousquetaires avoient eu ordre depuis quelques jours de ne point sortir de Paris, et le prince le savoit. (*Note du duc de Luynes.*)

toine ; il y avoit un autre détachement vers la porte Saint-Honoré. On avoit commandé un plus grand nombre de sergents aux gardes. Il y avoit plusieurs carrosses de remise tout prêts, douze officiers de l'état-major avertis pour monter à cheval dans le moment, et douze caporaux ou anspessades en habits gris pour monter derrière les carrosses ; M. de Biron s'étoit avancé chez M. de Lautrec, capitaine aux gardes, aux environs du Palais-Royal, pour donner ordre à tout, et avoit mené avec lui deux chirurgiens en cas d'accident. Vernage, fameux médecin, étoit aussi averti de se tenir chez lui depuis six heures jusqu'à sept heures, et si on lui amenoit un carrosse, de monter dedans sans faire aucune question. Le prince arriva entre cinq et six à l'opéra, comme à l'ordinaire ; il n'avoit avec lui que trois Anglois ou Écossois qui lui sont attachés ; ce sont MM. Sheridon, Gaurin et Harrington. Tout le monde entra à l'opéra comme à l'ordinaire jusqu'à l'arrivée du prince. A ce moment, suivant l'ordre qui avoit été donné, toutes les portes du Palais-Royal furent fermées et toutes les avenues ; personne ne pouvoit plus sortir ni entrer, ce qui ne dura que fort peu de temps. Le prince, en mettant le pied en dedans de la barrière, fut étonné de voir devant lui plus de monde qu'à l'ordinaire ; il fit un pas en arrière ; dans cet instant, un sergent aux gardes, homme fort et vigoureux, nommé la Fortune (1), le saisit par les deux bras, et d'un coup de genou lui fit perdre terre ; et dans le même instant deux autres sergents lui prirent les bras et deux autres les jambes. M. de Vaudreuil s'approcha, et lui dit qu'il l'arrêtoit de la part du Roi ; aussitôt on l'emporta par une porte qui est dans le fond du cul-de-sac, et on le fit entrer chez Marsolan, premier chirurgien de M. le duc d'Orléans. M. de Vaudreuil s'avança, et lui

---

(1) Les soldats avant 1789 portaient tous des noms de guerre, qui figuraient seuls sur les états de situation.

ayant demandé la permission de mettre la main sur lui, il le fouilla, et lui trouva un pistolet chargé et bandé. Il est aisé de croire que la colère, la fureur succédèrent au premier mouvement de surprise. Le prince dit à M. de Vaudreuil tout ce que ces sentiments peuvent inspirer : qu'il faisoit un vilain métier; qu'on ne le traiteroit pas d'une façon plus dure quand il seroit à Hanovre; que s'il avoit avec lui ses Écossois (1), il n'auroit pas éprouvé un pareil sort. M. de Vaudreuil répondit à ces propos, avec tout le respect possible, que toutes les commissions dont le Roi son maître le chargeoit lui paroissoient toujours honorables; qu'il avoit cependant une peine extrême en exécutant celle-ci, mais que sa consolation étoit d'y remarquer une nouvelle preuve des bontés du Roi pour le prince; que les ordres qu'il avoit reçus ne tendoient qu'à conserver ses jours avec le plus grand soin et la plus grande attention; que c'étoit l'objet principal dont le Roi étoit occupé, et qu'outre cela il leur étoit commandé de donner au prince toutes les marques du plus grand respect. Lorsque M. de Vaudreuil eut ôté le pistolet, le prince lui dit qu'il n'avoit point d'autres armes. M. de Vaudreuil ne crut pas devoir s'en rapporter à cette parole; il continua à fouiller et trouva un second pistolet pareil au premier et dans le même état. Pendant ce temps, on faisoit avancer un carrosse de louage à deux chevaux; on fit monter le prince dans ce carrosse; M. de Vaudreuil se mit à côté de lui, M. de Cornillon et M. de la Noix sur le devant. Six caporaux ou anspessades montèrent devant et derrière le carrosse, la baïonnette au bout du fusil. Lorsque le prince fut dans le carrosse, il fit la démonstration de vouloir se jeter par la portière, ce qui détermina ces messieurs à lui lier les bras avec des cordons de

---

(1) Il y a environ quinze jours que deux cents Écossois qui étoient avec lui dans Paris ont été envoyés en différents endroits.

soie. On le conduisit ainsi pendant quelques rues, et on trouva un carrosse de louage à six chevaux dans lequel on le conduisit à Vincennes. Dans le même temps qu'on arrêtoit le prince, les trois Anglois dont j'ai parlé furent arrêtés sans résistance, et furent conduits à la Bastille dans un carrosse de remise. Dans le même instant aussi, M. Berrier se transporta avec un détachement des gardes françoises dans la maison du prince, sur le boulevard, à l'entrée du faubourg Saint-Honoré; il y trouva plusieurs Anglois ou Écossois attachés au prince, dont deux jouoient au trictrac. L'un s'appelle Stuart. Il ne fut fait aucune résistance; on fouilla dans toute la maison; on y trouva vingt-cinq fusils, dont deux chargés nouvellement; dix-huit paires de pistolets, dont dix chargés; un baril de poudre de trois ou quatre livres, vide, et un autre de pareille grandeur, entamé. M. Berrier fit conduire à la Bastille tout ce qui étoit dans la maison, jusqu'au cuisinier, et fit mettre le scellé partout. Le carrosse du prince étoit suivi d'un autre carrosse, où étoient quatre sergents aux gardes; les douze officiers de l'état-major dont j'ai parlé suivoient à cheval, et les détachements des gardes françoises ne suivoient que de loin et seulement à vue, se relayant suivant les postes qu'ils occupoient. Le prince, arrivé à Vincennes, fut conduit au donjon et délié. M. de Vaudreuil lui dit alors qu'il désireroit infiniment lui donner plus de liberté, mais que pour cela il falloit qu'il voulût bien lui donner sa parole de ne point attenter à ses jours. Le prince, oubliant apparemment le second pistolet, répondit qu'on n'avoit pas voulu le croire sur sa parole, qu'il n'en avoit point à donner. Cette réponse a déterminé à le faire observer nuit et jour, sans le perdre de vue un moment. M. de Biron a confié ce soin à quatre capitaines aux gardes qui sont: MM. de Cornillon, de la Noix, la Ferrière et Tourville, et quatre lieutenants aux gardes. Ces huit officiers se relayent pour qu'il y en ait toujours deux dans sa chambre. Il y a outre cela quatre ou six sergents qui couchent dans une chambre auprès de la sienne, et outre la garde de Vincennes, vingt-cinq grenadiers du régiment des gardes. Ces vingt-cinq grenadiers et l'officier qui les commande prennent le mot de M. du Châtelet, gouverneur de Vincennes, lequel a ordre de donner aux officiers tous les secours dont ils pourroient avoir besoin, et ces officiers ne reçoivent les ordres que de M. de Biron.

Du vendredi 13, Versailles. — M. de Saint-Séverin arriva hier, et fit la révérence au Roi dans son cabinet; il vient d'Aix-la-Chapelle, où tout est terminé; il n'est plus question que de la restitution des pays conquis; c'est à quoi l'on travaille tant du côté de la Flandre qu'en Italie. C'est M. du Chayla, lieutenant général, qui est chargé de terminer cette affaire en Flandre, et M. le maréchal de Belle-Isle en Italie. M. de Puisieux étant incommodé depuis hier, M. de Saint-Séverin demanda M. de Maurepas, qui étoit dans le cabinet avec le Roi; au sortir de la comédie, M. de Maurepas sortit un moment, et rentra avec M. de Saint-Séverin dans le cabinet.

Le spectacle des cabinets hier fut une comédie; c'est celle de *la Mère coquette*, qui est de Quinault. Mme de Pompadour faisoit le rôle de la suivante, nommée Laurette; M. de Gontaut faisoit le rôle de Champagne, qui est le valet de chambre; M. de Duras, celui de l'amoureux, qui s'appelle Acante. M. le marquis de Meuse faisoit le rôle du vieillard père d'Acante; il se nomme Crémante. Mme de Livry faisoit celui d'Isabelle, qui est la personne aimée d'Acante et qui désire de l'épouser. M. de Croissy faisoit le marquis ridicule; Mme Marchais jouoit le rôle d'Ismène, mère d'Isabelle; enfin, M. le chevalier de Clermont fit le page du marquis : c'est un rôle qui n'est pas difficile. Le spectacle étoit fort agréable, et la pièce fut jouée à merveille, surtout les rôles de Mme de Pompadour et de M. de Duras. Immédiatement après, on exécuta une pantomime dont la musique est de Guillemain, violon de la musique du Roi, et les danses de Dehesse ; mais il est vraisemblable que M. de Courtenvaux a beaucoup contribué à la composition de cette pièce. Le théâtre représente une espèce de foire chinoise. Les habillements sont très-agréables, les danses fort vives et fort diversifiées. On fut assez étonné de voir arriver deux chaises à porteurs sur le théâtre ; dans l'une étoit Dehesse lui-même, et dans l'autre une des petites danseuses de ces ballets qu'on appelle Camille. Ils dansèrent tout au mieux l'un et l'autre. M. de Courtenvaux dansa beaucoup, et fut fort applaudi, avec raison.

M. le Dauphin et Mme la Dauphine étoient aussi à ce spectacle ; ils étoient aussi à *Tancrède*, quoiqu'en pleureuses ; ces divertissements sont regardés comme exécutés en particulier, et ne tirent point à conséquence. Pour Mesdames, elles y ont toujours été cette année.

Du dimanche 15, *Versailles.* — J'ai marqué ci-dessus que toute la maison de M. le Dauphin et de Mme la Dauphine a pris le grand deuil et drapé. Les femmes même des menins, quoique point attachées à Mme la Dauphine, sont en grand deuil, et même Mme de Saulx, quoique dame du palais de la Reine. Mme de Brancas, dame d'honneur de Mme la Dauphine, incertaine si elle devoit draper, parce que ce deuil-ci, qui n'est point un deuil de Cour, M. de Brancas, son mari, ne drape point, le demanda au Roi. Le Roi lui dit qu'il falloit sans contredit qu'elle eût un carrosse noir et des gens habillés de noir, parce qu'il pouvoit se trouver des occasions où son carrosse suivroit ceux de Mme la Dauphine. Les officiers des gardes du corps qui servent chez M. le Dauphin et Mme la Dauphine prennent le grand deuil, et mettent des pleureuses pendant qu'ils sont auprès d'eux.

J'ai aussi marqué que depuis le grand deuil, Mme la Dauphine ne joue point au jeu de la Reine ; ils ne vont point non plus ni l'un ni l'autre à la comédie ici à la salle, mais seulement à celle des cabinets, parce que cela est censé particulier. Tous les jours, sur les six heures du soir, Mme la Dauphine joue en particulier dans sa chambre avec ses dames, d'abord à la comète, ensuite un très-petit lansquenet. M. le Dauphin joue au piquet pendant ce temps-là chez Mme la Dauphine. La porte est fermée pendant ces jeux; un peu avant huit heures et demie, on ôte toutes les tables et préparatifs du jeu, et Mme la Dauphine voit du monde.

M. de Galiffet, capitaine aux gardes, mourut hier ici, d'apoplexie; c'est un événement heureux pour le chevalier de Champignelles, qui monte de droit à la compagnie, comme je l'ai marqué à l'occasion de la mort de M. de Malides.

M. du Châtelet est venu ce matin au lever du Roi rendre compte à S. M. du départ du prince Édouard. Ce prince, après avoir envoyé au Roi une promesse par écrit de sortir du royaume, et de n'y plus rentrer, est parti ce matin de Vincennes, seul dans une chaise à deux. Il a emmené avec lui deux ou trois Écossois qui lui sont attachés, dont l'un est milord Sheridon (1). M. de Perney, maréchal de camp et premier enseigne des mousquetaires gris, court dans une chaise derrière le prince, qu'il suivra jusqu'à ce qu'il soit hors du royaume. Tout le monde dit qu'il va au pont de Beauvoisin, qui est la séparation des États de France d'avec ceux du roi de Sardaigne. Il paroît que l'on ignore absolument quel parti il prendra lorsqu'il sera arrivé en ce lieu. On disoit ces jours-ci qu'il y avoit trente mousquetaires gris et trente des noirs commandés pour escorter le prince jusqu'à Marseille, qu'ils le suivroient lorsqu'il s'embarqueroit; on s'imaginoit que c'étoit pour être transporté à Rome et mis entre les mains du roi son père; ce bruit étoit sans aucun fondement, ou bien la promesse du prince par écrit a fait changer de projet. Le lendemain ou le surlendemain que le prince

---

(1) On m'a dit que le second s'appeloit Stuart. (*Note du duc de Luynes.*)

Édouard eut été conduit à Vincennes, il écrivit une lettre au Roi contenant les assurances de respect, d'attachement et de reconnoissance, termes dont il s'est toujours servi, comme je l'ai marqué ci-dessus. Cette lettre étoit écrite en tierce personne : Le prince Édouard, etc. ; mais on a été peu content du style, et l'on m'a dit qu'elle étoit écrite comme traitant de couronne à couronne. Comme il falloit prendre un parti décisif sur la façon de le conduire hors du royaume, M. de Cornillon, l'un des capitaines aux gardes qui étoient auprès de lui, eut ordre de prier le prince de vouloir bien donner sa parole qu'il sortiroit du royaume et qu'il n'y rentreroit jamais. Le prince donna cette parole verbalement, car il n'en étoit pas question dans sa lettre écrite au Roi. Aussitôt que la parole fut donnée en présence de M. du Châtelet et des quatre capitaines aux gardes, ils signèrent tous cinq un certificat qui fut apporté au Roi, et qui contenoit la réponse du prince et la parole qu'ils avoient reçue de lui. Ce fut en conséquence de ce certificat que l'on changea l'ordre qui avoit été donné aux deux capitaines-lieutenants des deux compagnies des mousquetaires pour les soixante mousquetaires destinés pour l'escorte du prince et qui devoient le mener à Rome, et l'on s'est contenté de le faire suivre par M. de Perney jusqu'au pont de Beauvoisin, où il doit prendre congé de lui.

Le Roi a reçu aujourd'hui un courrier de M. le comte de Noailles avec la nouvelle que Mme Infante est arrivée le 11, entre quatre et cinq heures, à Bayonne et en étoit partie le 13. La petite Infante étoit aussi arrivée à Bayonne. Le Roi compte que Mme Infante sera à Versailles le 30 ou le 31 de ce mois. Mme sa fille n'arrivera que le 3 de janvier à Versailles.

Il y a trois ou quatre jours que l'on apprit que la duchesse douairière de Saxe-Meiningen étoit morte le 22 novembre à Roushold, dans sa soixante-quinzième année. Cette princesse étoit grande-tante du roi de Prusse et fille du feu électeur Frédéric-Guillaume le Grand. Elle avoit épousé en premières noces le duc de Courlande, père du dernier duc de ce nom, dont l'impératrice Anne de Russie étoit restée veuve ; en secondes noces, le margrave de Bayreuth, grand-oncle de celui d'aujourd'hui ; et en troisièmes, le duc de Saxe-Meiningen. Sa succession revient à la duchesse régnante de Saxe-Gotha, en vertu d'une convention entre vifs.

Le Roi a fait appeler aujourd'hui pour le conseil d'État (1) M. de Saint-Séverin ; c'étoit une récompense bien convenable à lui accorder au retour d'Aix-la-Chapelle, où il paroît que l'on a été extrêmement content de son travail. D'ailleurs il a été employé dans plusieurs autres négociations avec succès. L'usage est, comme je l'ai dit, que nul ministre d'État n'entre au conseil d'État, non-seulement la première fois, mais les autres jours, qu'après avoir été averti de la part du Roi. C'est l'huissier du cabinet qui va avertir les ministres pour chaque conseil.

Du mardi 17, Versailles. — J'ai appris aujourd'hui que M. le comte d'Argenson, secrétaire d'État de la guerre et chancelier de l'ordre de Saint-Louis, obtint il y a deux ou trois jours l'agrément du Roi pour se démettre de sa charge de chancelier de l'ordre de Saint-Louis en faveur de M. de Paulmy, son neveu, qui vient d'être nommé à l'ambassade de Suisse. M. d'Argenson a permission de continuer à porter le cordon rouge et la plaque ; il conti-

---

(1) Ce n'est pas le conseil d'État composé de conseillers d'État et présidé par le chancelier ; c'est le conseil d'État présidé par le Roi et composé du cardinal de Tencin, du maréchal de Noailles, des comtes d'Argenson et de Maurepas et du marquis de Puisieux.

Ce que nous appelons aujourd'hui le conseil des ministres se divisait en conseil d'État, conseil des dépêches, conseil des finances, conseil de commerce.

Le Roi présidait ces quatre conseils.

Le conseil d'État présidé par le chancelier avait une tout autre composition et d'autres fonctions.

nuera même l'exercice de cette place. Cette grâce fut décidée dans le travail du Roi avec M. d'Argenson, le 13.

Du mercredi 18, *Versailles.* — Hier, il y eut opéra chez le Roi, et la Reine y alla; M. le Dauphin, Mme la Dauphine et Mesdames y étoient. On joua *Tancrède* comme la dernière fois, et il fut encore mieux exécuté. C'est un opéra un peu triste, mais dont la musique est fort belle. Le Roi trouve avec raison qu'il y a trop de monologues, car effectivement il y en a huit.

Quoique la Reine fût à l'opéra, il y eut cependant comédie ici à la petite salle, comme à l'ordinaire, le Roi voulant toujours qu'il y eût un spectacle pour la Cour.

Aujourd'hui M. de Castellane a fait sa révérence au Roi ; il arrive de Constantinople, où il a été ambassadeur pendant plusieurs années.

Aujourd'hui, M. de Maurepas, au sortir de la messe du Roi, lui a présenté, dans le salon d'Hercule, deux jeunes lions mâle et femelle et un mouton de Barbarie qu'il a fait venir pour la ménagerie.

Du vendredi 20, *Versailles.* — On a appris aujourd'hui la mort du P. Ségaud, jésuite, fameux prédicateur, âgé d'environ soixante ans.

Mme de Vergetot mourut hier, à Paris; elle étoit fille de M. le maréchal de Bellefonds, et par conséquent sœur de M. de Bellefonds père de Mme de Fervaques et grand-père de la seconde belle-fille de M. de Saint-Aignan. Elle avoit quatre-vingt-un ans et étoit fort amie de Mlle d'Épinoy et du lieutenant civil. Elle étoit dans une grande piété ; son mari, qui avoit peu vécu, étoit un homme de condition de Normandie, qui avoit servi.

On représente pour la première fois aujourd'hui, à Paris, la tragédie de *Catilina;* elle est de Crébillon. Il y a vingt ans que l'auteur a commencé cette pièce, et il en avoit lu des fragments à ses amis ; il avoit négligé de la finir, et ce n'est que depuis peu qu'il l'a achevée. Il y a plus de trois mois que les loges et même les places sont retenues pour la première représentation, et même pour plusieurs. En même temps il y a une cabale considérable contre cette pièce ; et l'on vient de faire imprimer une pièce sur le même sujet traduite de l'anglois, que l'on veut mettre au-dessus de celle-ci. Si le public donne son suffrage à Crébillon, il sera dans le cas de Racine lorsque la fameuse tragédie de *Phèdre* de cet auteur parut la première fois. Pradon, fameux poëte, en ayant composé une sur le même sujet, les ennemis ou jaloux de la gloire de Racine voulurent faire tomber sa pièce en donnant des éloges à celle de Pradon, mais le suffrage du public décida en faveur de Racine.

Le prince Édouard, que l'on appelle présentement le Prétendant, est resté malade à Fontainebleau, et n'en est parti que mardi matin. Il a logé dans une auberge dans laquelle étoit, dans une chambre au-dessus de la sienne, le général Sinclair, Anglois, celui qui fit une descente sur les côtes de Bretagne il y a environ deux ans. Ce général vient passer quelque temps à Paris.

Du mardi 24. — Le 20 de ce mois la Reine reçut une lettre de l'infant don Philippe ; l'adresse de cette lettre est : *A la Reine très-chrétienne, ma sœur, cousine et mère.* J'ai peut-être déjà expliqué ci-dessus que par convention réciproque entre les deux couronnes de France et d'Espagne les Infants donnent et reçoivent des rois de France le titre de frère, comme les Dauphins avec les rois d'Espagne.

Le Roi a reçu en même temps des nouvelles de l'Infant ; l'on sait qu'il passe par la France pour aller en Italie. Il vient à Grenoble, d'où il ira à Valence, à Avignon, à Aix, où il sera le 3 ou le 4 du mois prochain ; de là il se rendra à Marseille, de Marseille à Antibes, d'Antibes il ira à Parme quand tous les arrangements seront faits (1).

---

(1) Par le traité d'Aix-la-Chapelle, l'infant don Philippe obtenait le duché de Parme.

DÉCEMBRE 1748.

Il y a eu ces jours-ci quelques difficultés de la part de l'impératrice, qui ont suspendu les évacuations réciproques; c'est au sujet de quelques parties des duchés de Parme, Plaisance et Guastalla que l'impératrice prétend ne devoir pas y être compris. Le palais où l'Infant doit habiter à Parme a besoin de grandes réparations; on n'y en a point fait depuis que don Carlos quitta cette souveraineté pour aller à Naples; et dans ce temps-là les Espagnols emportèrent tout ce qui fut possible : portes, fenêtres, et jusqu'aux marches d'un bel escalier de marbre, dont ils en ont construit un autre à Naples.

Le 21 M. le duc de Mortemart et son fils, le comte de Mortemart, vinrent ici demander l'agrément du Roi pour le mariage de M. le comte de Mortemart avec Mlle de Rouvroy. C'est la fille du colonel des dragons mort en 1729. Sa mère étoit Masson, fille d'un homme d'affaires. Le grand-père, M. de Rouvroy, est mort en 1744. Il étoit lieutenant général des armées navales; il a laissé une veuve sans enfants, qui étoit sa seconde femme, et qui s'appelle Prévôt. Mlle de Rouvroy a vingt-deux ans, et jouit actuellement de 2,500 livres de rente toute charge déduite; elle a été élevée à l'abbaye de Gifre près Chevreuse, où vraisemblablement on lui aura inspiré le jansénisme, car cette maison passe pour un second Port-Royal-des-Champs. Ces sentiments sont fort opposés à ceux de la maison où elle entre. M. le duc de Mortemart a demandé, en faveur du mariage, la démission de son duché en faveur de son fils, mais cet agrément a été refusé. C'est une règle générale que le Roi s'est prescrite à lui-même de n'en plus accorder.

M. le Dauphin quitta les pleureuses avant-hier à la fin des trois semaines.

La Reine descendit l'après-dînée de ce même jour chez Mme la Dauphine, et y joua à cavagnole. Mme la Dauphine jouoit pendant ce temps-là à la comète avec deux de Mesdames, et lorsque la partie fut finie elle vint se mettre au cavagnole de la Reine, où l'on jouoit des tableaux pour elle. La Reine depuis quelque temps trouve bon que chez elle Mesdames pour leur amusement commencent une comète en même temps que le cavagnole ; une de Mesdames reste seulement auprès de la Reine pour faire son jeu, et les deux autres y reviennent après la comète.

Avant-hier, la Reine et Mme la Dauphine jouèrent dans la chambre de Mme la Dauphine ; le grand cabinet parut trop lugubre pour y établir le jeu. Mme de Brancas envoya demander à Mme de Luynes si le jeu étant dans la chambre, les officiers des gardes françoises et suisses pouvoient y entrer ; Mme de Luynes lui manda que cela lui paroissoit sans difficulté, et en effet tout le monde entra au jeu. La chambre de Mme la Dauphine ainsi que celle de la Reine sont alternativement publiques et particulières, puisqu'à dîner tout le monde y entre, et que le soir il n'y a que les entrées.

Il y a douze ou treize jours que l'on est dans quelque espérance de grossesse de Mme la Dauphine ; elle n'a sorti qu'en chaise les premiers jours ; elle a gardé depuis sa chambre, et actuellement elle est sur sa chaise longue.

Du mercredi 25, Versailles. — Avant-hier, il y eut opéra dans les cabinets ; on y exécuta le prologue et deux actes des *Éléments*, le Feu et l'Air. Ensuite l'acte de *Philémon et Baucis*, tiré du ballet de *la Paix*. Les paroles sont de Roy ; la musique des *Éléments* est de Destouches, et celle du ballet de *la Paix* des petits violons. Dans le prologue, M. de la Salle fit le Destin, et Mme Marchais Vénus ; dans l'acte du *Feu*, Mme de Pompadour faisoit Émilie ; M. le duc d'Ayen Valère. Pour le rôle de l'Amour, ce fut un petit page de la musique, nommé Camus. Dans *l'Air*, M. de la Salle fit Ixion, et Mme de Brancas Junon ; M. le vicomte de Rohan, Mercure ; Benoît, de la musique, chanta le rôle de Jupiter, qui ne paroît que pour foudroyer Ixion. Mme Marchais faisoit une des Heures. Dans *Baucis et Philémon*, M. le vicomte de Rohan faisoit Philémon ; Mme de Pompadour, Baucis; M. le duc d'Ayen, Jupiter; et M. le chevalier de Clermont, Mercure. Ce sont toujours MM. de Langeron et de Courtenvaux qui dansent, et les petits enfants, à l'ordinaire. Ce spectacle est plus agréable que celui de *Tancrède;* le sujet est moins triste, et celui-ci finit par des danses.

M. le Dauphin et Mesdames étoient en retraite; ils firent leurs dévotions hier. Mme la Dauphine garde sa chambre : on a quelques espérances de grossesse, qui commencent à avoir quelque fondement. La Reine n'y alla point; elle descendit chez Mme la Dauphine, où elle joua à cavagnole.

Hier le Roi entendit la messe dans la petite chapelle en haut et y reçut le serment de M. l'évêque de Lavaur (Fontanges). Dans le même temps la Reine entendoit la messe au grand autel. Il y avoit musique pour la messe du Roi à l'ordinaire. Le Roi n'alla point à la chasse; il entendit les premières vêpres, auxquelles M. de Lavaur officia; il entendit aussi hier au soir les matines. Il étoit dans la tribune un quart d'heure avant la Reine, et ensuite il entendit ses trois messes.

Le Roi va demain à Choisy; il ira de là le dimanche 29 à Villeroy. Mme Infante y arrive le 30 pour dîner; elle soupera et couchera à Choisy, et sera ici le 31. On trouvera ci-après sa route copiée sur celle du Roi; il n'y a de changement qu'un séjour, le jour de Noël, que le Roi a désiré qu'elle fît, et qui retarde son arrivée de vingt-quatre heures; ce sera vraisemblablement à Poitiers. On trouvera aussi la route de l'infante Isabelle et un état de la suite de Mme Infante, le tout copié sur ceux envoyés au Roi.

Il n'y eut point de grand couvert hier.

Journées de Mme Infante partant de Bayonne le 13 décembre 1748.

	Lieues.
13. De Bayonne à Dax....................	10
14. De Dax à Mont-de-Marsan..............	9
15. De Mont-de-Marsan à Roquefort...........	8
16. De Roquefort à Bazas.................	9

		Lieues.
17.	De Bazas à Castres....................	10
18.	De Castres à Bordeaux................	7
19.	De Bordeaux à Saint-André de Cubzac......	5
20.	De Cubzac à Monlieu..................	10
21.	De Monlieu à Barbezieux...............	9
22.	De Barbezieux à Aigre..................	15
23.	D'Aigre à Couhé.....................	11
24.	De Couhé à Poitiers...................	9
25.	De Poitiers à La Haye.................	16
26.	De La Haye à Loches..................	10
27.	De Loches à Blois....................	18
28.	De Blois à Toury.....................	26
29.	De Toury à	

Nota. Mme Infante seroit arrivée le 30 à Versailles, mais elle n'y arrivera que le 31 parce qu'elle séjournera le jour de Noël.

Mme Infante Isabelle partira de Bayonne le 13 décembre; elle suivra la même route que Madame jusqu'à Barbezieux.

		Lieues.
22.	De Barbezieux à Saint-Cibaudant..........	11
23.	De Saint-Cibaudant à Villefagnant..........	8
24.	De Villefagnant à Couhé................	8
25.	De Couhé à Poitiers...................	9
26.	De Poitiers à Châtellerault...............	10
27.	De Châtellerault à La Haye...............	6
28.	De La Haye à Loches..................	10
29.	De Loches à Amboise..................	8
30.	D'Amboise à Blois.....................	10
31.	De Blois à Cléry......................	12
1er janvier,	de Cléry à Toury..................	14
2.	De Toury à Arpajon....................	16
3.	D'Arpajon à Versailles..................	9

Nota. Mme Infante Isabelle fera trois séjours et n'arrivera que le 7. Mme de Greni-Gonzalès est gouvernante de l'infante Isabelle.

État de ce qui suit Madame, de Bayonne à Versailles (1).

Mme la marquise de Lède,
M. le duc de Montellano,

---

(1) Note de la main de Mme Infante, et envoyée au Roi.

M. Carpentero, secrétaire d'État de Mgr l'Infant,
Le confesseur,
Le médecin,
M. Coulon, garçon de la chambre,
L'ossaffata, Mme de Saint-Just,
Mme de Pau...... ⎫
Mme Valabouest... ⎬ caméristes,
Mme............ ⎭
Les domestiques de Mme la marquise de Lède,
Ceux de M. le duc de Montellano,
Un officier avec les joyaux,
Une fille de garde-robe,
Les femmes des caméristes,
Le Sr Helliot, cuisinier du Roi,
Le Sr Verne, de la petite écurie du Roi,
Le charron, serrurier, bourrelier, deux courriers de l'écurie du Roi,
Deux surtouts pour les équipages.

J'ai oublié de marquer que M. de Sotomajor eut audience particulière avant-hier; il vient d'Aix-la-Chapelle, où il étoit ministre plénipotentiaire et où il étoit pour les conférences pour la paix; il retourne à Madrid; nous l'avons déjà vu ici avec M. de la Mina.

Aujourd'hui, c'est Mme de Castries (Chalmazel) qui a quêté, et M. de Lavaur qui a officié.

Mme de Puisieux présente aujourd'hui Mme de Saint-Séverin (1). Elle avoit épousé en premières noces M. d'Houdetot; il y a déjà longtemps qu'elle a épousé M. de Saint-Séverin, mais elle n'étoit jamais venue à la Cour.

Du jeudi 26, Versailles. — M. le maréchal de Richelieu arriva hier ici; il étoit au coucher du Roi; il vient de tenir les États de Languedoc, où il s'étoit rendu de Gênes.

Dès le lendemain du dernier opéra, on a commencé à défaire le théâtre; et le grand escalier sera entièrement

---

(1) Fille de M. de Villemur, fermier général. (*Note du duc de Luynes.*)

libre pour le premier jour de l'an. Il est arrivé aujourd'hui un accident dans cet ouvrage ; un ouvrier, qui n'y étoit pas employé, à ce que l'on prétend, mais qui a monté en haut par curiosité, est tombé dans l'escalier et s'est tué ; il y en a eu deux autres de blessés.

Aujourd'hui, à midi, la Reine a reçu la liste de la promotion qui lui a été envoyée par M. d'Argenson ; et sachant que le Roi ne devoit la montrer à Choisy qu'à huit heures, elle n'a voulu communiquer la sienne qu'un moment avant souper (1).

Du samedi 28, *Versailles.* — Avant-hier, le Roi donna 2,000 écus de pension à chacun de ses aides de camp; il y en a eu dix, dont neuf sont vivants : MM. de Picquigny (aujourd'hui duc de Chaulnes), de Richelieu, d'Ayen, de Luxembourg, d'Aumont, de Soubise et de Meuse. Ils furent nommés en 1744 avec M. de Boufflers, qui est mort. Le Roi a eu depuis pour aides de camp M. de Tingry et M. le marquis de Gontaut. S. M. a suivi dans cette occasion-ci l'exemple du feu Roi, qui avoit accordé pareille pension à chacun de ses aides de camp. Feu M. le duc d'Elbeuf, mort depuis environ un an, fort âgé, et qui avoit été aide de camp du feu Roi, a joui jusqu'à sa mort de cette pension.

Du lundi 30, *Versailles.* — M. le Dauphin alla avant-hier à Choisy. Mesdames y sont allées aujourd'hui ; elles ne reviendront que demain avec le Roi et Mme Infante.

On a eu des nouvelles de Mme Infante de Toury, où elle arriva hier en très-bonne santé.

---

(1) La promotion comprenait :

    94 lieutenants généraux,
    87 maréchaux de camp,
    79 brigadiers d'infanterie,
    42 «   de cavalerie,
     7 «   de dragons.
   309 officiers généraux et brigadiers.

Le théâtre est entièrement défait et l'escalier de marbre libre comme auparavant. Celui qui fait défaire le théâtre m'a dit que l'on n'avoit été que dix-sept heures à cet ouvrage. On a mis dans la galerie d'en haut de l'aile neuve, depuis la chapelle jusqu'à la porte de M. de Béthune, tous les bois et toiles qui formoient le théâtre.

Il y a quatre ou cinq jours que M. de Lède, colonel du régiment d'Afrique, vint ici et fut présenté ; il est grand d'Espagne et fils de Mme de Lède, camerera-major de Mme Infante. L'histoire de M. de Lède est trop singulière pour ne pas mériter d'être écrite. Mme de Lède restoit veuve et fort occupée de l'éducation de son fils ; elle ne songea qu'à lui donner un gouverneur qui eût toutes les qualités nécessaires pour le former, et dès qu'il fut en âge elle l'envoya à l'armée en Italie avec ce gouverneur. M. de Lède encore fort enfant se trouvoit soumis à celui qu'on avoit chargé de sa conduite, et malheureusement cet homme n'avoit pas les sentiments que l'on auroit dû attendre de lui. Il entendit dire à l'armée qu'il pourroit bien y avoir une bataille ; la veille du jour qu'elle devoit se donner, il emmène son pupille. Mme de Lède apprit cette nouvelle avec la plus grande douleur et la plus juste indignation ; elle écrivit à son fils, et lui manda qu'il étoit déshonoré ; qu'il s'en allât dans ses terres ou dans quels lieux il voudroit, mais qu'elle ne vouloit jamais le voir. M. de Lède alla à la campagne ; mais, outré de douleur et ne songeant qu'à réparer la faute énorme que son gouverneur lui avoit fait faire, il disparut en effet quelque temps après, sans que l'on sût ce qu'il étoit devenu ; il alla s'engager dans les troupes espagnoles comme simple soldat, et étant arrivé à l'armée, il y fit son service non-seulement avec exactitude, mais encore avec distinction ; enfin on le jugea digne par sa valeur d'entrer dans les grenadiers. Les occasions de montrer son courage étant plus fréquentes dans ce corps, M. de Lède s'y attira une estime universelle ; il fut question d'un détachement pour lequel on avoit besoin de grenadiers sur lesquels on pût compter, tant pour la valeur que pour l'intelligence. M. de Lède, toujours inconnu, se présenta avec plusieurs de ses camarades; il fut accepté, et eut la satisfaction d'entendre les éloges les plus flatteurs que lui donna son capitaine. Il s'acquit encore une grande réputation dans ce détachement, et le moment vint enfin que pour récompenser un mérite aussi rare on jugea à propos de le faire connoître. Un nom aussi distingué joint aux talents militaires dont il venoit de donner tant de preuves procurèrent bientôt à M. de Lède une augmentation de grade. Il a toujours servi depuis ce temps, et il arrive actuellement de l'armée de l'Infant; il n'a pas trente ans, et il est officier général ou à la veille de l'être.

APPENDICE A L'ANNÉE 1748.

1.

Relation de l'affaire de Varano (1).

Le 4 janvier, M. de Richelieu fit embarquer quatre compagnies de grenadiers et seize piquets des troupes en quartier à Saint-Pierre d'Arennes. Cet embarquement fini, les bâtiments qui se nomment zapraresse furent joindre trois galères génoises, auxquelles ils furent attachés pour être remorqués, et se mirent en marche pour descendre lesdites troupes à une demi-lieue au-dessus de Varano, vers Savone. M. de Roquépine, qui les commandoit, lorsque la descente fut faite, fit enlever un petit poste de dix hommes et fit couper le chemin de Savone pour combattre le secours qui auroit pu venir de cette place. Cette disposition resta aux ordres de M. de Monti, colonel de Royal-Italien, et de M. Vincent, lieutenant-colonel du régiment de Brie. M. de Roquépine marcha avec le reste de la troupe vers Varano. En chemin faisant, il détacha M. de Loranssin, lieutenant-colonel de Gensac avec des grenadiers et des piquets qui furent s'emparer du poste des Capucins; M. de Roquépine, avec le reste de la colonne et la compagnie de grenadiers de Gensac, en formoit la tête. On attendit pour marcher que les troupes qui venoient du côté de Voltri et Arenssauo, partie opposée à l'attaque de M. de Roquépine, commandées par M. de Kercado, fonçassent sur des postes que les ennemis avoient; ce qui fut fait avec vivacité, au point que M. de Roquépine marcha à la tête de la colonne l'épée à la main pour foncer dans le village, qui est revêtu de bons murs et de portes doublées de fer. Ne pouvant pénétrer, il ordonna à la compagnie de grenadiers de Gensac, commandée par M. de Roqueservière, de mettre la porte à bas à coups de hache, ce qui s'exécuta avec vivacité. Cette opération prête à finir, le commandant demanda à capituler. M. le marquis de Roquépine ordonna à M. de Roqueservière de les recevoir prisonniers de guerre, ce qui fut fait et signé du commandant de la garnison et de M. de Roqueservière. M. de Roquépine envoya M. de Roqueservière porter la capitulation à M. de Richelieu. La garnison étoit composée de 300 hommes avec 12 officiers, un commissaire des guerres et 50 hommes qui ont été pris en dehors. Ces troupes sont partie milices et partie troupes réglées.

---

(1) Bourg de la république de Gênes, sur la mer, à trois lieues de Savone.

2.

[Orchestre des cabinets du Roi (1).

Clavecin.	M. Ferrand, fils d'un fermier général.
Violoncelles	Le Sr Jéliote, de l'Opéra et de la chambre.
	Chrétien, de la musique du Roi.
	Picot.
	Duport, huissier de l'antichambre du Roi.
Bassons.	M. le prince de Dombes.
	Marlière.
Violes	M. de Dampierre, gentilhomme ordinaire des plaisirs du Roi.
	M. de Sourches, grand prévôt de l'hôtel.
Flûtes.	Bussillet, secrétaire de M. le duc d'Ayen.
	Blavet, musicien de la chapelle et de la chambre.
Hautbois.	Deselles, idem.
Violons premiers dessus.	Mondonville, maître de musique de la chapelle.
	Deselles, le même ci-dessus.
	Bussillet, comme ci-dessus.
	Mayer, valet de chambre de M. le duc d'Ayen.
Violons seconds dessus.	Guillemain, ordinaire de la musique du Roi.
	De Courtaumer, porte-manteau de S. M.
	Fauchet.
	Belleville.

3.

Révolte d'esclaves chrétiens.

Des esclaves chrétiens, qui montoient une galère turque, dont la plus grande partie étoit maltois, se sont soulevés au signal et au cri convenu entre eux, de *Vive Saint-Jean!* Ils ont vigoureusement attaqué

---

(1) Cette liste offre quelques différences avec celle imprimée dans le recueil des *Divertissements du théâtre des petits appartements*.

les Turcs avec tout ce qu'ils ont trouvé sous leur main, s'étant principalement servi de boulets de canon jetés à la main ; ils ont tué une partie desdits Turcs, qui se sont cependant battus et défendus, ont jeté les autres à la mer, à la réserve de vingt-deux qui ont été faits esclaves, ont coupé les câbles, mis à la voile et sont arrivés heureusement à Malte le 2 février 1748.

Ils ont trouvé chemin faisant une barque turque venant de la Canée, qu'ils ont prise, sur laquelle il y avoit quelques hommes qu'ils ont pareillement faits esclaves et conduits à Malte.

La scène s'est passée à Magry de Natolie, où Mustapha, bacha de Rhodes et îles adjacentes, venoit de débarquer Osman-Bacha, grand vizir déposé. Ladite galère, bonne, neuve, bien munie d'agrès, canons, etc., étoit celle dudit Mustapha, lequel se trouve actuellement dans le nombre des esclaves à Malte, ainsi que le major de ladite galère.

4.

Voyage de M. le Dauphin et de Mme la Dauphine à Paris, le mercredi 28 août 1748.

M. le Dauphin et Mme la Dauphine arrivèrent à Saint-Sulpice à quatre heures et un quart. M. le curé en chape les attendoit à la tête de tous les prêtres de sa communauté et de tous les ecclésiastiques des séminaires rangés en haie des deux côtés de la nef. A l'arrivée de M. le Dauphin, son porte-carreau s'avança, jeta un carreau à terre ; M. le Dauphin s'y étant agenouillé, M. le curé lui présenta à baiser une croix montée en cristal de roche, dans le milieu de laquelle est un morceau considérable de la vraie croix. M. le Dauphin s'étant relevé, le curé lui présenta l'eau bénite et lui donna trois coups d'encensoir ; M. le Dauphin attendit en place pendant que Mme la Dauphine se mit aussi à genoux sur le même carreau et qu'on lui rendit les mêmes honneurs. MM. de Gesvres, de Maurepas, premier marguillier de Saint-Sulpice, M. l'intendant de Paris et M. le prévôt des marchands attendoient M. le Dauphin et Mme la Dauphine à la porte de l'église. M. le curé ayant proposé à M. le Dauphin et à Mme la Dauphine de faire le tour de son église, en commençant par l'aile gauche des bas-côtés, M. le Dauphin ayant accepté, il voulut que tout le clergé de Saint-Sulpice défilât devant lui, M. le curé et M. l'abbé Couturier, supérieur des séminaires de Saint-Sulpice, restant auprès de sa personne. M. le curé fit faire tout le tour de l'église, en dedans, à M. le Dauphin et à Mme la Dauphine, faisant remarquer toutes les beautés de ses ouvrages. Il les ramena ensuite par le milieu de la nef au prie-Dieu qui leur étoit préparé, à trente pas environ de distance de la balustrade du sanctuaire. Ce prie-Dieu étoit couvert d'un drap de pied avec deux carreaux. Il y eut un salut fort court. A la fin, M. le curé présenta le corporal à baiser à M. le Dauphin et à Mme la Dauphine; il les reconduisit à la porte de l'église accompagné de tout son clergé.

Il y avoit un détachement des gardes françoises, et toutes les troupes de la Ville gardoient les avenues et étoient sous les armes. Quand les carrosses de M. le Dauphin et de Mme la Dauphine ont approché de l'église, toute l'infanterie a battu aux champs, même les gardes françoises, parce que hors des lieux où est la personne du Roi ou celle de la Reine, on bat toujours aux champs pour M. le Dauphin.

5.

Copie du billet de M. le duc de Gesvres à M. le duc de Luynes, à l'occasion du voyage de M. le Dauphin et de Mme la Dauphine à Paris, le mercredi 28 août 1748. Ce billet reçu le 30.

A Saint-Ouen, le 29 août 1748.

Mme la Dauphine est arrivée à quatre heures un quart à Saint-Sulpice par la barrière de Sèvres, où la Ville avoit envoyé deux cents hommes de détachement, 20 pièces de canon et 40 boîtes; il y avoit une compagnie des gardes françoises avec le drapeau, et une des Suisses, qui bordoient en haie à Saint-Sulpice, un capitaine avec des officiers françois et suisses. M. le Dauphin a été reçu à la descente de son carrosse par M. le duc de Gesvres; M. le comte de Maurepas, M. le prévôt des marchands et M. Berrier y étoient. M. le curé étoit à la porte de son église avec son clergé et la croix; il a présenté de l'eau bénite à M. et Mme la Dauphine, et leur a fait un compliment. M. le Dauphin a fait tout le tour de l'église; il a fait la visite de toutes les chapelles et de la sacristie, et est venu se mettre sur son prie-Dieu. On a dit un salut. Le salut dit, Mgr le Dauphin a été encore voir le chœur et s'est promené dans l'église. De là M. le Dauphin est ressorti et conduit comme il avoit été reçu, et est allé au Luxembourg. Il a trouvé à la descente de son carosse M. le duc de Gesvres, M. de Maurepas, M. de Bernage et M. Berrier. Il a été visiter tout l'appartement du côté de la galerie de Rubens, a fort admiré les peintures; il a été dans le pavillon qui est sur la terrasse sur la porte, d'où il a vu un peuple innombrable dans la rue de Tournon, aussi bien que dans la cour du Luxembourg. De là il a été voir un portrait du Roi que Carle Vanloo (1) peint. Il a passé dans l'ancien appartement de Mme la duchesse

---

(1) Carle Vanloo demeurait au petit Luxembourg. *Voy.* l'Almanach royal de 1748, page 334.

de Berry, qu'il a visité partout. On n'a laissé entrer dans la galerie que des personnes connues, et dans les appartements. De là M. le Dauphin est descendu dans le jardin, dont il a fait tout le tour. On n'auroit pas jeté une épingle dans tout le Luxembourg qui n'eût tombé sur la tête de quelqu'un. Il n'est pas possible de mieux faire qu'ont fait M. et Mme la Dauphine. Le peuple a marqué beaucoup de satisfaction de les voir, a donné beaucoup de louanges et fait beaucoup d'acclamations. M. le Dauphin est venu gagner le Pont-Royal, a relayé au bout de ce pont. Il y avoit un monde prodigieux sur la terrasse des Tuileries et dans les rues.

M. le duc de Fleury avoit son carreau derrière le fauteuil de M. le Dauphin et M. le duc de Gesvres aussi. Il n'y avoit de courtisans que M. de Flamarens.

EXTRAORDINAIRE

1748.

JANVIER.

Sur la promotion. — La Reine soupe presque tous les jours chez le duc de Luynes. — Ordre de la Reine au Dauphin et à Mesdames. — Le Roi donne de l'argent à Mme de Pompadour pour le jeu.

Du mardi 2 janvier, Versailles. — Hier, dans la promotion des six chevaliers de l'Ordre, on a été un peu étonné d'y voir M. de Bulkley. Le public ne s'y attendoit pas. Il est frère de Mme la maréchale de Berwick et lieutenant général. Personne n'avoit imaginé que le Roi songeât à lui, quoique ce soit un fort bon officier. On croyoit que M. le prince de Chalais seroit compris dans cette promotion, d'autant plus qu'il a toujours été fort attaché au Roi et même dans la familiarité des petits cabinets ; d'ailleurs sa naissance, sa dignité de grand d'Espagne, sa vertu universellement reconnue sembloient devoir lui faire espérer cet honneur. On pourroit ajouter à ces raisons qu'il est gouverneur de province ; que Mme de Chalais, qui a été dame du palais de la Reine, s'est toujours fait estimer, respecter, et que Mmes de Talleyrand et de Périgord, ses filles, sont l'une et l'autre dames du palais de la Reine. On comptoit aussi que M. de Montboissier, lieutenant général et capitaine-lieutenant de la seconde compagnie des mousquetaires, seroit fait chevalier de l'Ordre. Sa grande naissance et ses services paroissoient lui faire attendre cette grâce. On prétend que ce qui en a empêché, c'est parce qu'il ne commande que la seconde compagnie des mousquetaires, et que M. de Jumilhac, qui commande la première compagnie, n'est pas à beaucoup près dans un cas aussi favorable.

On croyoit aussi que M. de Puisieux ne seroit point nommé, pour ne pas donner lieu à des représentations de la part des autres ministres, et surtout de M. d'Argenson. Cependant il y a des gens qui croient qu'il ne sera fait aucune représentation. M. de Puisieux étoit dans des circonstances bien favorables. On sait qu'avant d'aller à Bréda il a été ambassadeur à Naples. Le roi des Deux-Siciles vouloit lui donner l'ordre de Saint-Janvier; M. de Puisieux écrivit ici pour avoir la permission du Roi; ce fut à Mme de Luynes à qui il s'adressa pour parler à M. le Cardinal; M. le Cardinal ne voulut jamais y donner son consentement. Je parlois il y a quelques jours de ces circonstances à M. de Puisieux, qui m'ajouta que la Toison d'or lui avoit été offerte dans le même temps. D'ailleurs la naissance de M. de Puisieux et ses services, et ceux de ses père et oncle, étoient encore des raisons qui jointes aux autres ont vraisemblablement déterminé le Roi.

Du vendredi 12, Versailles. — J'ai parlé plusieurs fois dans mes Mémoires de l'honneur que la Reine nous fait à Mme de Luynes et à moi de venir souper dans notre appartement. Dans le courant de l'année dernière, elle y a soupé cent quatre-vingt-dix-huit fois, indépendamment des jours qu'elle y est venue après souper et que je n'ai pas comptés. Dans le mois de décembre, elle a commencé à ne se plus mettre à la grande table, à cause de sa santé; on lui sert un petit souper particulier dans le cabinet de Mme de Luynes.

L'usage de tous les temps est que toutes les fois que M. le Dauphin, Mme la Dauphine et Mesdames entrent chez la Reine ou qu'ils en sortent, ils viennent lui baiser la main et l'embrasser. Cette marque de respect se répétoit dans des temps plusieurs fois dans la journée : le matin, à la toilette, après la messe, en allant dîner; après midi, en arrivant pour aller à la chapelle ou pour le jeu, quelquefois en allant à la promenade, pendant le jeu et en revenant, et toujours le soir en quittant la Reine, soit avant le souper, soit après. La Reine a trouvé que c'étoit trop souvent ; elle prétend qu'elle en étoit fatiguée ; elle leur a dit de ne plus lui baiser la main que la première fois et la dernière fois qu'elles la verroient de la journée. Bien des gens croient que la Reine auroit mieux fait de ne point supprimer un usage, qui entretient le respect et l'attachement.

Du mardi 23, *Marly*. — J'ai parlé dans le journal ordinaire, du lansquenet du Roi à Marly ; Mme de Pompadour y coupe, et l'on croit que c'est le Roi qui lui fournit l'argent pour ce jeu.

FÉVRIER.

Ce que coûtent les officiers généraux employés. — Comment le cardinal Fleury fut nommé précepteur de Louis XV. — Lettre de Mme Victoire. — Travail du prince de Conty avec le Roi. — Finances, dette et revenus de l'Angleterre. — Abandon des colonies françaises en 1741. — Anecdotes sur Law, la banque et M. de Séchelles. — Le confesseur de la Reine. — Mme de Nivernois. — Anecdotes sur Marie de Gonzague et Mme Despoësse.

Du jeudi 1er *février, Versailles*. — M. le maréchal de Belle-Isle me disoit, il y a quelques jours, que M. le contrôleur général avoit remis un mémoire au Roi, par lequel il lui faisoit connoître que ce qu'il en coûtoit pour tous les officiers généraux employés montoit par an à 4,300,000 livres.

Du mardi 7, *Versailles*. — J'appris, il y a quelque temps, une anedocte sur M. le cardinal de Fleury qui mérite d'être écrite. M. l'abbé de Fleury, évêque de Fréjus, paroissoit n'être nullement à portée d'espérer la place de précepteur du Roi. C'étoit un homme de beaucoup d'esprit et d'un esprit agréable, qui vivoit en fort bonne compagnie à la Cour, mais fort répandu dans le monde, et, quoiqu'il n'y eût rien à dire sur ses mœurs, paroissant peu occupé de vivre suivant son état. Le feu Roi le connoissoit pour tel, et avoit eu même outre cela quelque sujet de mécontentement à l'occasion de sa réception au roi de Sardaigne lorsqu'il entra en Provence. Mme de Maintenon s'intéressoit fort à M. de Fréjus, et désiroit pouvoir faire revenir le Roi des préventions qu'il avoit contre lui. Elle se servit de l'occasion d'un mandement que M. de Fréjus fit en acceptant la constitution *Unigenitus*. Elle sut que ce mandement avoit été fort approuvé par M. le cardinal de Rohan ; elle chargea Mme de Caylus et Mme de Remiremont d'engager M. le cardinal de Rohan de parler au Roi en faveur de M. de Fréjus. Le Roi étant entré dans son cabinet après son lever, suivant l'usage, M. le cardinal de Rohan lui dit qu'il avoit un mandement à lui présenter sur la Constitution ; que c'étoit un ouvrage admirable. Le Roi lui répondit : « Et qui sûrement n'est pas de lui. Vous savez, ajouta-t-il, de quelle façon il a vécu ici ; on ne peut pas imaginer qu'il eût été capable de composer un mandement dont vous dites tant de bien. » — « C'est justement ce que dit Votre Majesté, répondit le cardinal, qui me fait juger qu'il est de M. de Fréjus ; un jésuite, un docteur de Sorbonne, n'auroit point fait un mandement du style dont celui-ci est écrit ; il faut avoir vécu à votre cour et dans la bonne compagnie, et c'est ce que faisoit M. de Fréjus. Depuis qu'il est dans son diocèse, il ne trouve point de compagnie qui ressemble en aucune manière à celle qu'il avoit ici ; il s'est trouvé forcé malgré lui à se livrer à l'étude et au travail, et c'est ce qui l'a mis à portée de composer le mandement. » Ce témoignage de M. le cardinal de Rohan, dont Mme de Maintenon fut très-touchée, fit apparemment impression sur l'esprit du Roi ; car ce fut quelque temps après que, voulant faire son testament et y marquer le précepteur qu'il destinoit au Dauphin, il en raisonna avec le P. Le Tellier. Sur l'examen qu'ils firent ensemble de la liste des évêques, ils n'en purent trouver que trois sur qui on pût jeter les yeux : M. l'évêque d'Angers (Poncet), M. de Fréjus, et un troisième qui est encore vivant. Le Roi vouloit savoir quel seroit le sentiment de M. de Beauvilliers; il chargea le P. Le Tellier d'aller lui parler à Vaucresson. M. de Beauvilliers étoit à la dernière extrémité et hors d'état de voir qui que ce soit. Le P. Le Tellier insista, et enfin demanda à parler à un homme de confiance; on lui indiqua M. Dupuis, gentilhomme de la manche de M. le duc de Bourgogne, qui passa dans un cabinet avec le P. Le Tellier et raisonna en détail avec lui. Après l'examen le plus scrupuleux, M. Dupuis se chargea de rendre compte de la conversation à M. de Beauvilliers, s'il lui étoit possible. Dès le jour même il trouva le moyen d'entretenir M. de Beauvilliers de cette affaire; ils conclurent l'un et l'autre qu'aucun des trois n'étoit bon; mais comme il n'y avoit point de choix à faire parmi les autres, M. de Beauvilliers dit que tout bien considéré, M. de Fréjus étoit celui qui valoit le mieux, d'autant plus qu'il n'y avoit rien à lui reprocher sur les mœurs. Ce fut vraisemblablement cette dernière décision qui acheva de persuader le Roi, car le testament fut fait peu de temps après. Cette dernière anecdote m'a été contée par M. l'évêque de Mirepoix, qui la sait de M. Dupuis lui-même; la première m'a été dite par M. le cardinal de Rohan.

Du lundi 12, *Versailles.* — J'ai parlé dans le journal du choix qui a été fait de Mlle de Charleval pour être auprès de Mme Victoire; voici copie de la réponse qu'elle a faite à la lettre que Mlle de Charleval a eu l'honneur de lui écrire à cette occasion :

A Fontevrault, ce 7 février 1748.

Le choix que le Roi a fait de vous est si généralement applaudi, Mademoiselle, que j'ai tout lieu de penser qu'il m'a bien partagé en vous donnant à moi. Je suis ravie de fournir à la fortune une occasion de réparer ses injustices à votre égard, et je suis prévenue pour vous de tous les sentiments que vous pouvez souhaiter.

VICTOIRE.

Suscription :

A Mademoiselle de Charleval.

Du mercredi 14, *Versailles.* — J'ai marqué dans mon journal que M. le prince de Conty travailla dimanche dernier avec le Roi. Tout le monde demande quel est le sujet de ce travail ; il paroît que personne ne le sait. On a cru pendant longtemps que M. le prince de Conty avoit toujours sur le papier un corps d'armée à ses ordres ; mais cette idée ne peut plus avoir lieu, et il n'est pas vraisemblable qu'on lui en donne une à commander réellement, à moins que ce ne soit sur la Moselle. Il est vrai que la marche des trente-cinq mille hommes que l'impératrice de Russie envoie à la reine de Hongrie et qui doivent venir sur le Rhin, pourroit mettre dans la nécessité de porter une armée sur la Moselle ; mais cette armée ayant nécessairement des rapports immédiats avec celle de M. le maréchal de Saxe, il seroit bien difficile que la patente de M. le prince de Conty ne donnât occasion à de grandes difficultés entre les deux généraux. D'ailleurs cette armée sur la Moselle n'aura lieu vraisemblablement que dans le cas que les trente-cinq mille hommes que la Russie envoie à la reine de Hongrie arrivent sur le Rhin, et l'on ne sait pas encore s'ils sont entrés en Lithuanie, quoique quelques lettres le disent. On dit seulement que du lieu où ils partent jusqu'au Rhin il leur faut cent cinquante-sept jours tant de marche que de séjours. Il y a des gens qui prétendent que M. le prince de Conty s'est instruit sur différentes matières dont il vient rendre compte au Roi. On dit qu'il travaille beaucoup et qu'il a plusieurs secrétaires qui paroissent fort occupés.

On ne cesse de raisonner ici sur les dispositions où peut être l'Angleterre par rapport à la paix. Cet état, toujours partagé en différents partis, est encore actuellement entraîné dans le parti de la guerre par la volonté du Roi, ou plutôt par son argent et par les grâces qu'il sait répandre fort à propos, deux moyens dont il se sert toujours fort utilement pour obtenir la pluralité des suffrages. Mais si l'Angleterre consultoit ses véritables intérêts, elle n'auroit rien de plus pressé que de faire la paix. L'État est ruiné, et ce mal augmente tous les jours; ils doivent 62 millions de livres sterling, ce qui fait une somme prodigieuse (1), et ils sont obligés d'emprunter tous les ans, tant pour les frais de la guerre que pour payer l'intérêt de ces sommes. En Angleterre, les revenus ordinaires de l'État sont de 3,500,000 livres sterling, et ce que l'on appelle revenus extraordinaires, qui se reçoivent cependant tous les ans, montent à peu près à autant. Outre ces revenus, ils sont obligés de faire des emprunts qui augmentent tous les ans; ils ont été cette année à 5 millions de livres sterling. Ceux qui ont des rentes sur l'État les reçoivent en entier sans aucune diminution par rapport aux impositions publiques; mais ceux qui ont des fonds de terre payent des sommes immenses. Un des seigneurs les plus considérables de cette nation disoit à M. le maréchal de Belle-Isle, en 1745, que les propriétaires des terres payoient alors 14 sols sur 20.

Dans les différentes conversations qu'eut M. de Belle-Isle pendant le temps qu'il fut prisonnier, on lui fit une question à laquelle il ne put répondre. La réponse en effet auroit été difficile. On lui demanda comment la France, ayant dessein de déclarer la guerre à l'Angleterre, n'avoit pas auparavant pris les précautions nécessaires pour mettre ses colonies et ses établissements en Amérique et dans les Indes en état de défense, et ne les avoit pas pourvus abondamment de tout ce qui étoit nécessaire pour

---

(1) Ce qui fait de notre monnoie 1,426 millions. (*Note du duc de Luynes.*)

résister aux efforts que les Anglois feroient vraisemblablement dans cette partie. On ne comprend pas en effet ce qui se passa alors. M. de Séchelles disoit hier qu'il soupa il y a quelques jours avec M. Amelot à Paris et qu'il lui fit la même question; M. Amelot lui dit qu'il n'en savoit rien lui-même. Si la déclaration de guerre étoit venue de l'Angleterre et qu'elle n'ait point été prévue, le défaut d'argent pourroit être une espèce de raison pour justifier le mauvais état de nos colonies; mais c'est la France qui a déclaré la guerre; et l'on peut se souvenir que Louisbourg n'a été pris que parce qu'un bâtiment qui avoit été porter des provisions et munitions n'étant point instruit de la déclaration de guerre, et par conséquent ne songeant point à éviter les Anglois, tomba entre leurs mains.

M. de Séchelles étoit hier ici avec M. le maréchal de Belle-Isle; ils nous contèrent l'un et l'autre des faits particuliers qui m'ont paru mériter d'être écrits. On parloit de la banque de Law, dont l'idée et l'établissement auroient certainement pu être utiles si l'on n'avoit pas poussé le nombre des billets jusqu'à l'excès. M. de Belle-Isle me dit que la confiance du public étoit si bien établie dans les commencements, qu'il y avoit eu jusqu'à 750 millions en or ou en argent à la banque, sans que personne songeât à retirer son argent; au contraire, on lui en apportoit tous les jours.

Un fait plus singulier est ce qui arriva à M. de la Fare, aujourd'hui maréchal de France et chevalier d'honneur de Mme la Dauphine. Il étoit alors capitaine des gardes de M. le duc d'Orléans; il logeoit alors porte à porte de M. le maréchal de Belle-Isle et leurs maisons se communiquoient. Un homme qu'il ne connoissoit point vint lui parler un matin, et lui dit qu'il venoit lui demander sa protection auprès de M. le duc d'Orléans pour lui et pour une compagnie à laquelle il étoit associé; qu'il venoit de paroître une déclaration du Roi portant défense de garder plus de 500 livres chez soi; qu'ils ne vouloient pas hasarder d'être décélés et qu'ils étoient prêts d'obéir, mais qu'il s'agissoit d'une somme bien considérable, puisque lui et sa compagnie avoient 40 millions en or à porter à la banque; qu'ils demandoient qu'on leur donnât des billets pour cette somme et qu'ils la feroient porter pendant l'espace de dix jours, et que pour lui marquer la reconnoissance qu'ils auroient d'un service aussi grand pour eux, ils offroient de lui donner un million en or. M. de la Fare fut si étonné de cette proposition, qu'il envoya sur-le-champ prier M. de Belle-Isle de passer chez lui et pria l'homme d'attendre un moment. M. de la Fare pria l'homme de répéter ce qu'il lui avoit dit; M. de Belle-Isle entendit donc lui-même tout ce détail, et conseilla à M. de la Fare d'en parler à M. le duc d'Orléans. Cela fut exécuté le lendemain. M. le duc d'Orléans dit qu'il en falloit parler à M. Law; le jour d'après, M. Law vint chez M. le duc d'Orléans; M. de la Fare s'y trouva; on le fit entrer à la fin de la conversation; le résultat fut que la proposition ne pouvoit être acceptée. Ce refus paroit aussi étonnant que l'offre qui avoit été faite.

M. de Séchelles nous parloit d'une circonstance où il s'étoit trouvé à peu près dans le même temps. La foule étoit si grande à la banque qu'il y eut deux hommes d'étouffés. Ce spectacle fit une si vive impression sur le peuple, qu'ils portèrent les corps morts à la grande porte du Palais-Royal, et vouloient y entrer pour les faire voir à M. Le duc d'Orléans. Voyant qu'on avoit fermé la porte, ils résolurent de l'enfoncer. Dans ces circonstances, M. Le Blanc y arriva avec M. de Séchelles. La rue de Richelieu et la place du Palais-Royal étoient remplies d'une populace innombrable. Il trouva le moyen d'apaiser la sédition en parlant raison à cette populace mutinée; il fit venir des fiacres, y fit mettre les cadavres, donna ordre qu'ils fussent conduits au cimetière, promit qu'il auroit soin des veuves et enfants de ceux qui étoient morts,

dit qu'il alloit en rendre compte à M. le duc d'Orléans,
mais qu'il n'entreroit point que chacun ne se fût retiré
chez soi. Le calme succéda aussitôt à la rage la plus fu-
rieuse, et tout le monde se retira. Mais il restoit encore un
sujet d'embarras; les chambres étoient instruites de l'é-
motion populaire et se trouvoient assemblées pour la
réception d'un conseiller. L'on craignoit avec raison que
les objets n'eussent été extrêmement enflés dans le rapport qu'on leur avoit fait, et que la chaleur de quelques
esprits vifs ne donnât occasion à renouveler l'émeute.
M. de Séchelles eut ordre de M. le duc d'Orléans d'aller
parler au premier président, M. de Mesmes. Il étoit assez
difficile de lui parler dans le moment qu'il étoit en place,
et l'on ne vouloit pas que personne fût informé du secret
de cette commission. M. de Séchelles fit demander à parler
au greffier sans se nommer; il dit au greffier qu'il falloit
absolument que M. le premier président prît un prétexte
pour sortir un moment; en effet, il sortit sans qu'on en
soupçonnât la véritable cause. On avoit déjà répandu
dans la chambre qu'il y avoit 300 hommes de tués. M. de
Séchelles raconta les faits tels qu'ils étoient, et ajouta
que M. le duc d'Orléans désiroit que l'assemblée se sépa-
rât, permettant qu'il y fût arrêté d'aller faire des représentations au Roi. M. le premier président se conforma
exactement aux volontés de M. le duc d'Orléans, et se tira
de cette affaire avec toute la légèreté et la fermeté que
l'on pouvoit désirer.

M. de Séchelles s'est trouvé encore dans une autre occasion, avec M. d'Argenson le fils, où il y avoit au moins
autant à craindre que dans celle que je viens de raconter.
C'étoit dans le temps que l'on donna un édit pour faire
mettre en prison les mendiants; le peuple se souleva, et
s'étant armé la plupart de gros bâtons, il s'assembla
autour de la Bastille. M. d'Argenson, lieutenant de police,
y envoya son fils, aujourd'hui ministre de la guerre, avec
M. de Séchelles; ils parlèrent au peuple, firent entrer

dans la Bastille deux ou trois des plus mutins et renvoyèrent tout le reste.

Du jeudi 15. — Il n'y a encore rien de décidé sur le choix du confesseur que la Reine prendra. M. Jomart, curé de Versailles, est fort assidu à faire sa cour à la Reine, et on est persuadé que Mme de Saint-Florentin, dont il est confesseur et qui a couché tous les jours dans la chambre de la Reine (1) depuis la mort de M. l'abbé Labizinski, lui aura parlé en faveur de M. Jomart. M. l'archevêque de Rouen, fort ami de Mme de Saint-Florentin, quoiqu'il le soit peu de M. Jomart, n'aura pas vraisemblablement éloigné la Reine de cette idée. Mais deux raisons plus fortes doivent la combattre, l'une que M. l'abbé Labizinski, prévoyant sa mort avant la Reine, lui a toujours conseillé, s'il mouroit, de prendre à sa place le jésuite confesseur de la feue reine de Pologne sa mère (2); la seconde raison est que la Reine ne s'est jamais confessée qu'en polonois. La Reine sachant que son confesseur n'avoit point fait de testament en faveur de trois domestiques qui le servoient, leur a fait distribuer environ 150 louis.

On a trouvé 40,000 francs en or (3) chez M. l'abbé Labizinski après sa mort; on les a portés chez M. le comte de Saint-Florentin à qui ils ont été remis.

Du lundi 19, *Versailles.* — J'ai marqué dans mon journal que M. de Nivernois est nommé depuis l'année passée ambassadeur à Rome ; il a épousé il y a longtemps la sœur de M. de Maurepas ; il l'aime fort et vit très-bien avec elle. Mme de Nivernois, qui est actuellement grosse, compte partir pour Rome tout le plus tôt qu'elle pourra après être accouchée. Elle est dame du palais depuis que Mme d'An-

---

(1) Mme de Villars y a couché un jour ou deux quand Mme de Saint-Florentin n'a pas pu y être. (*Note du duc de Luynes.*)

(2) Radominski. (*Note du duc de Luynes.*)

(3) Cet argent a été déposé entre les mains de Mlle Perrin, femme de chambre de la Reine, qui les a remis à M. de Saint-Florentin après la mort de M. l'abbé Labizinski. (*Note du duc de Luynes.*)

cenis a voulu se retirer. La Reine l'aime beaucoup. Mme de
Nivernois, voyant qu'une longue absence la met nécessairement hors d'état de remplir son devoir auprès de la
Reine, a cru ne devoir pas garder sa place et a fort désiré
qu'elle fût remplie par Mme d'Agénois, nièce de Mme de
Maurepas et petite-nièce de Mme de Mazarin. La Reine, qui
aimoit beaucoup feu Mme de Mazarin, a consenti avec grand
plaisir à cet arrangement; elle en parla au Roi, il y a
quelques jours; le Roi l'approuva, mais il lui dit en
même temps : « Je vous recommande Mme de Robecque;
son père (M. de Luxembourg) désire fort qu'elle vous
soit attachée. »

Du mercredi 21, Versailles. — Je ne sais si je n'ai pas
déjà écrit une anecdote que Mme de Luynes m'a contée à
l'occasion de Marie de Gonzague, qui épousa successivement les deux frères, premièrement Jean-Casimir, secondement Ladislas-Sigismond, rois de Pologne. Ce fut la
maréchale de Guébriant qui fut chargée de la part du
Roi de la conduire en Pologne; on lui donna même le
titre d'ambassadrice. La chronique scandaleuse disoit que
Marie de Gonzague avoit été galante; on prétendoit
même qu'elle avoit eu une fille, je crois, de M. de Lorraine, et que cette fille étoit élevée chez Mme d'Arquien (1)
et passoit pour l'une de ses filles. Quelque secret que
pût être ce que l'on avoit dit sur la conduite de Marie de
Gonzague, il y a grande apparence que Ladislas-Sigismond en avoit eu quelque connoissance, car il y eut
beaucoup de difficultés pour le mariage, et peu s'en fallut
que Marie de Gonzague ne fût renvoyée en France. Mais
la maréchale de Guébriant se conduisit si habilement
que l'affaire du mariage fut terminée. La reine de Po-

---

(1) Mme d'Arquien étoit attachée à Marie de Gonzague. Cette princesse en
partant pour la Pologne lui demanda une de ses filles dont elle auroit soin,
et l'on a cru que c'étoit celle dont elle lui avoit confié l'éducation et qui passoit pour fille de Mme d'Arquien. (*Note du duc de Luynes.*)

logne avoit emmené avec elle, comme je viens de le dire, la prétendue fille de Mme d'Arquien. Lorsque cette enfant fut en âge d'être mariée, c'est-à-dire dès douze ans, la reine de Pologne lui fit épouser un des grands seigneurs de cette cour, qui étoit, je crois, un Lubomirski. Jacques Sobieski, qui avoit espéré d'être préféré à Lubomirski, fut très-affligé de ce mariage. Ses espérances se renouvelèrent bientôt; Lubomirski étant mort au bout de six mois, il obtint enfin ce qu'il désiroit, et épousa la jeune veuve. Mme d'Arquien avoit en France une sœur ou une parente proche qu'on appeloit Mme la marquise Despoësse, fort riche et fort amie de M. le Prince (le grand Condé); Mme Despoësse avoit une fille unique, que M. le Prince lui avoit demandée souvent pour M. de Guitaut, grand-père de M. de Guitaut d'aujourd'hui, attaché à M. le Prince et pour lequel il s'intéressoit vivement. Mme Despoësse ne trouvant pas ce mariage assez avantageux refusoit constamment d'y consentir. M. le Prince insista, et lui fit entrevoir toutes les espérances que pouvoit donner sa protection et la vivacité avec laquelle il désiroit ce mariage. Il parvint enfin à persuader Mme Despoësse, et le mariage se fit; mais fort peu de temps après il se brouilla avec M. de Guitaut, qui fut obligé de se retirer. Mme Despoësse eut encore d'autres sujets de mécontentement de M. le Prince dans les affaires qui suivirent cette brouillerie. Cependant Ladislas-Sigismond étant mort en 1648, et Jean-Casimir ayant abdiqué la couronne, il fut question de procéder à une nouvelle élection. M. le Prince se flattoit de pouvoir réunir assez de suffrages en sa faveur pour parvenir à être élu roi de Pologne, et s'étoit adressé à Mme Despoësse comme son ancienne amie, et croyant qu'elle auroit pu oublier les sujets de mécontentement qu'il lui avoit donnés; mais Mme Despoësse avoit résolu de se venger sans qu'on pût s'en douter en aucune manière, et elle avoit écrit fortement à la femme de Sobieski, alors grand maréchal de la couronne; et bien loin d'entrer dans les vues et les espérances de M. le Prince, elle l'avoit fortement exhortée à persuader son mari de songer à lui-même. Sobieski s'étoit attiré une grande réputation, ayant obligé les Turcs à lever le siége de Vienne; content cependant de la grande réputation qu'il avoit dans la République, il n'auroit peut-être jamais songé à la couronne de Pologne sans les pressantes sollicitations de sa femme, qui se jeta à ses genoux pour lui représenter combien il seroit honteux, pour lui qu'il songeât à d'autres intérêts qu'aux siens propres dans cette élection, et pour elle qu'il soutînt le parti d'un prince étranger dont Mme Despoësse avoit autant de sujet de se plaindre. Sobieski aimoit sa femme, et ne put résister à des prières aussi pressantes, d'autant plus qu'elles étoient accompagnées des raisons les plus fortes par rapport à l'intérêt de la République même. Il se détermina donc, et fut élu en 1674. Mme Despoësse étoit déjà informée du succès de sa négociation lorsque M. le Prince la rencontra un jour aux Grands-Jésuites à Paris. M. le Prince, ignorant absolument l'état des affaires de Pologne et se flattant toujours que Mme Despoësse ne pouvoit solliciter qu'en sa faveur : « Eh bien, marquise, lui dit-il, comment vont nos affai- « res? » — Monseigneur, lui répondit Mme Despoësse, vous nous avez enlevé toutes les espérances que pouvoit avoir ma fille, nous aurons au moins le plaisir de vous enlever une couronne. » Mme de Luynes m'a dit avoir entendu conter plusieurs fois cette anecdote à Mme la duchesse de Choiseul, sa mère, qui étoit fort amie de Mme Despoësse.

MARS.

Anecdote sur le Dauphin. — M. de Moncrif. — Assiduité du prince de Conty auprès de Mme Adélaïde. — Mort du comte de Coigny; douleur du Roi. — Chanson de M. de Moncrif pour la Reine. — Changement apporté dans les droits de l'amirauté. — Règlements faits par le Roi pour Mme Victoire. — Anecdotes sur le cardinal de Fleury racontées par la Reine. — Mme de

Pompadour achète la Celle; le Roi visite cette maison. — Anecdote sur MM. de Dombes et d'Eu.

Du vendredi 1ᵉʳ, Versailles. — M. le Dauphin ne paroît pas prendre plus de goût aux amusements qu'il en a pris jusqu'à présent; il se détermine difficilement à la promenade; il ne peut souffrir le jeu; il va aux spectacles sans paroître les aimer; il n'y a que la musique pour laquelle il montre un peu plus de goût; il en fait presque tous les jours chez lui; il joue du violon et apprend à accompagner du clavecin, encore même a-t-il un peu abandonné le violon. Ce qu'il aime par-dessus tout, c'est de se coucher de bonne heure. Dimanche dernier, le Roi lui demanda ce qu'il comptoit faire pour son amusement les jours gras : « De me coucher à dix heures, répondit-il, au lieu que je ne me couche ordinairement qu'à onze. » On a peine à comprendre que l'on puisse penser ainsi à l'âge de M. le Dauphin.

M. de Moncrif, qui a été anciennement attaché à M. d'Argenson, et qui étoit chez lui ou comme secrétaire ou comme homme de confiance, et qui a aussi été attaché à M. le comte de Clermont, est depuis plusieurs années lecteur de la Reine. C'est une charge qui a été créée pour lui et en considération de l'attachement extrême qu'il a pour la Reine, lui faisant sa cour fort assidûment et passant toutes les soirées avec elle chez Mᵐᵉ de Villars. Il continue cette assiduité, et est presque tous les soirs chez moi lorsque la Reine y vient. Il est de l'Académie françoise; il a de l'esprit, fait joliment des vers, a un caractère doux, complaisant et un propos flatteur. Il a composé plusieurs ouvrages, et entre autres quelques pièces de théâtre. J'ai marqué dans mes Mémoires deux de ses pièces qui ont été jouées dans les cabinets, dont une fait partie d'un opéra. La Reine sait bien que M. de Moncrif est en liaison avec Mᵐᵉ de Pompadour et fait des paroles de divertissements qui sont mis ensuite en musique et joués dans les cabinets. La Reine regarde avec raison les pièces de théâtre comme un ouvrage peu conforme aux principes de la religion. Mardi dernier, M. de Moncrif, qui assiste toujours comme auteur aux divertissements des cabinets, étant venu ensuite chez moi, où la Reine étoit, on parla d'un ouvrage qui avoit fort bien réussi; la Reine lut le petit imprimé, et lui dit : « Moncrif, voilà qui est fort bien; mais en voilà assez. »

Pendant toute la petite vérole de Mme Adélaïde, M. le prince de Conty a été fort assidu à lui faire sa cour; on assure que le Roi lui avoit dit d'aller la voir. Cette assiduité a donné occasion à des propos qui ne font assurément aucun tort à Mme Adélaïde, mais qui sont d'ailleurs si peu vraisemblables que l'on peut dire qu'ils sont faux.

Du mardi 5, Versailles. — On trouvera dans mes Mémoires le détail de la mort de M. le comte de Coigny. L'affliction du Roi est très-grande. Tout le monde parloit hier de cette nouvelle au moment du lever, mais on en parloit tout bas; le Roi s'en aperçut, et demanda ce que l'on disoit; on répondit qu'il étoit arrivé un accident à M. de Coigny. M. le maréchal de Belle-Isle étant entré, le Roi lui demanda s'il en avoit quelque nouvelle. M. de Belle-Isle, qui savoit la mort, ne jugea pas à propos d'en parler; il dit seulement qu'on lui avoit dit que M. de Coigny avoit versé en venant à Versailles. Le Roi adressa la parole à M. de Luxembourg, qui entra en même temps que M. de Belle-Isle, car ils ont tous deux la première entrée, M. de Belle-Isle depuis longtemps, M. de Luxembourg et M. de Soubise depuis environ un an. M. de Luxembourg dit au Roi que M. de Coigny s'étoit blessé très-considérablement. Le Roi demanda ce que vouloit dire ce terme de considérablement. M. de Luxembourg baissa les yeux d'un air fort triste, et ne répondit rien. Le Roi n'en demanda pas davantage. Il s'habilla promptement, passa à son prie-Dieu, rentra dans son cabinet, où en donnant l'ordre comme à l'ordinaire pour ce qu'il y auroit à faire dans la journée, dit qu'il n'y auroit rien ; il monta chez Mme de Pompadour un moment après, et y resta environ trois quarts d'heure ; il revint dans son cabinet ayant vraisemblablement pleuré, car il avoit les yeux fort rouges. Il passa pour la messe ; au retour, il vit un moment M. le Dauphin, Mme la Dauphine et Mesdames ; il leur parla peu, et remonta ensuite en haut. On ne le vit plus de la journée que le soir, lorsqu'il donna l'ordre ; il ne vit que quatre ou cinq personnes avec lesquelles il soupa, comme M. de Meuse, M. de Luxembourg, M. de Soubise, M. d'Ayen et M. de Lauraguais ; il répéta plusieurs fois dans la journée : « C'est moi qui suis cause de sa mort, car je lui avois dit de revenir pour la chasse. »

Mme la maréchale de Duras nous parla hier de plusieurs emplettes qu'elle fait pour Mme Victoire, pour des habits et parures. Je lui dis que je croyois que ce détail auroit regardé Mme de la Lande ; elle me dit que non, que c'étoit elle qui en étoit chargée.

Du vendredi 8, Versailles. — Il y a sept ou huit jours que M. de Moncrif me parla d'un livre intitulé *Les Poésies du roi de Navarre,* imprimées à Paris, 1742, et me dit que j'y trouverois une chanson qui pouvoit convenir à la Reine, comme si elle avoit été faite pour elle. Il m'envoya un exemplaire de ce livre, où je trouvai effectivement de fort jolies paroles dans le genre qu'il m'avoit annoncé et d'un langage ancien, mais intelligible et fort différent de celui des autres chansons du même recueil qui sont toutes en gaulois. C'est M. de Moncrif qui a fait cette chanson pour la Reine ; il l'a fait imprimer, et en même temps une feuille tout entière du recueil que l'imprimeur a substituée à la place de celle qui devoit naturellement y être. La chanson remplit un blanc qui se trouvoit dans une demi-page du recueil, dont on a imprimé deux ou trois exemplaires, et on a rompu la planche. Les airs des autres chansons sont gravés en notes de plain-chant. A la fin du recueil, on a gravé aussi de la même manière l'air pour cette chanson et qui a été composé par Jéliotte. J'envoyai la chanson avec les notes de plain-chant à Paris à M. le président Hénault, lui demandant ce qu'il en pensoit, sans lui donner aucune indication qui pût lui faire connoître l'auteur. Soit qu'il en ait été instruit par Jéliotte, soit qu'il l'ait deviné, il m'écrivit une lettre dont on trouvera ci-joint l'extrait après la chanson (1). On sait que Moncrif est fort attaché à la Reine, et que S. M., qui trouve avec raison le Président fort aimable, lui fait et fait faire souvent des reproches de ce qu'il ne vient pas ici assez souvent. Cette explication étoit nécessaire pour faire entendre la lettre.

Du samedi 9, Versailles. — Il fut question il y a quelques jours ici, au conseil de dépêches, de quelques droits attachés à l'amirauté, et il fut résolu de libérer les armateurs du payement de ces droits pour leur donner plus de facilité d'armer des bâtiments et de faire des courses sur l'ennemi. Anciennement les droits de l'amiral étoient, comme je l'ai marqué dans mes Mémoires, du dixième sur toutes les prises, sans prélever aucun frais; de sorte qu'un armateur qui avoit dépensé 100,000 francs pour son armement et qui faisoit une prise de même valeur de 100,000 livres perdoit réellement 10,000 livres qu'il étoit obligé de payer à l'amiral pour le dixième de sa prise. Cet usage fut changé il y a quelques années; le Roi décida que les frais de l'armement seroient d'abord prélevés, et qu'il n'appartiendroit à l'amiral que le dixième du restant. Comme ce changement faisoit une perte considérable pour M. le duc de Penthièvre, le Roi lui donna pour dédommagement 100,000 livres de rente, savoir 50,000 livres de viager, qui furent tant comme dédommagement que comme pension. Cet article fut marqué précisément afin que M. de Penthièvre ne pût pas demander

---

(1) Ces deux pièces ne se trouvent pas dans le manuscrit.

par la suite 50,000 livres de pension comme ayant rang de prince du sang. Les autres 50,000 livres furent en fonds; ce fut un million sur les postes, valant 50,000 livres de rente pour être attachées à la charge de grand amiral. M. de Penthièvre resta en jouissance du dixième, les frais payés. C'est ce dixième que le Roi vient de suspendre pendant le temps de la guerre; car le droit n'est point supprimé, il n'est que suspendu. Il est question présentement de donner un nouveau dédommagement à M. de Penthièvre. En me parlant de ce détail, il me dit avant-hier que le Roi lui avoit demandé à combien pouvoit aller ce droit, mais qu'il ne le savoit point encore précisément; qu'il l'avoit demandé à son trésorier, qui l'estimoit à environ 50,000 livres par mois; que depuis le commencement de la guerre avec les Anglois il étoit entré dans ses coffres environ 5 à 600,000 livres des droits de l'amirauté, et qu'il avoit à peu près la même somme en Amérique, où l'amiral a les mêmes droits que dans les ports du royaume. Par ce calcul, les droits n'iroient guère qu'à 25,000 livres par mois au lieu de 50.

Indépendamment de ces droits utiles, l'amiral en a d'honorifiques, qui sont remarquables. Il a droit de séance au tribunal des maréchaux de France, mais il ne peut y avoir que la dernière place. Les maréchaux de France, même nommés depuis que l'amiral est en charge, ont séance avant; c'est ce qui fait que M. le comte de Toulouse et M. le duc de Penthièvre n'ont jamais été au tribunal. L'amiral a outre cela le droit de porter la croix de Saint-Louis dès qu'il a prêté serment comme amiral, et M. de Penthièvre a usé de ce droit. Le général des galères a aussi le même droit pour la croix de Saint-Louis. Les maréchaux de France ont la même prérogative, mais il faut des cas particuliers pour qu'ils ne l'aient pas avant que d'être maréchaux de France. M. le maréchal de Saxe, par exemple, seroit dans le conseil s'il se faisoit catholique.

Du lundi 11. — Mme la maréchale de Duras avoit fait

demander hier une audience du Roi pour recevoir ses
ordres. Le Roi lui demanda d'abord si son audience seroit
aussi longue que celle de M™° de Brancas. Il s'assit, et fit
asseoir Mme la maréchale, qui lui rendit compte de toutes
les difficultés qui étoient à décider par rapport au voyage.
Le Roi lui dit qu'il écriroit aujourd'hui à Mme Victoire et
lui manderoit que Mme la maréchale de Duras n'avoit pas
le titre de gouvernante, mais qu'elle en feroit toutes les
fonctions, de même que Mlle de Charleval fera toutes celles
de sous-gouvernante sans en avoir le titre. Mme de Duras
est chargée d'acheter non-seulement à présent les habits pour Mme Victoire, mais quand elle sera ici elle continuera à se mêler de tout ce qui regarde la garde-robe.
Le Roi a réglé pour cela une somme moins forte que pour
Mesdames, mais on ne la dit point encore. Mlle de Charleval servira Mme Victoire et commandera dans sa chambre
en l'absence de Mme de Duras; le Roi a réglé qu'elle auroit
2,000 écus d'appointements. Elle montera dans les carrosses du Roi; elle ne montera pas dans ceux de la Reine,
parce que les filles ni les sous-gouvernantes n'y montent
point. Mme de Brancas, la dame d'honneur de Mme la Dauphine, parente et amie de Mlle de Charleval, désiroit fort
que le Roi lui donnât le titre de Madame; mais on a fait
sentir à Mlle de Charleval que ce titre ne lui donnant point
le droit de monter dans les carrosses de la Reine, il valoit mieux que son titre de fille pût servir de prétexte
pour éviter ce désagrément. L'intention du Roi est que
Mme la maréchale mette du rouge en chemin à Mme Victoire; il l'a recommandé à Mme la maréchale, et de lui en
remettre la quantité qu'elle jugera à propos. Mme Victoire
dînera avec Mesdames ses sœurs, mais elle soupera seule
chez elle, et se couchera immédiatement après; elle
passera une partie de l'après-dînée avec différents maîtres qu'elle aura; elle ira au jeu de la Reine, mais pas
même tous les jours. Elle soupera ordinairement au
grand couvert; il n'est pas cependant encore dit qu'elle

y soupe toutes les fois qu'il y en aura ; elle ne sera jamais sans Mme la maréchale de Duras ou sans Mlle de Charleval, et quand elle ira en carrosse avec Mesdames ses sœurs, comme c'est les carrosses du Roi, Mlle de Charleval y montera.

Du jeudi 14. — J'ai parlé que Mme la princesse de Conty présenta hier Mme de Montboissier. Mme de Luynes, suivant l'usage, se tient derrière la Reine quand elle ne présente pas elle-même, et nomme à la Reine ; mais comme c'étoit une princesse qui présentoit, Mme de Luynes demanda à la Reine ce qu'elle devoit faire. S. M. lui répondit : « Vous ne nommez pas en pareil cas, mais c'est un abus. »

On trouvera dans mes Mémoires plusieurs détails que j'ai mis sur M. le cardinal de Fleury lorsqu'ils sont venus à ma connoissance. La Reine nous parloit hier au soir, à Mme de Luynes et à moi, d'une circonstance arrivée dans la dernière maladie de M. le Cardinal, à Issy. M. de Maurepas étoit avec lui, et lui dit que la Reine partoit de Versailles pour le venir voir : « Hé ! qu'elle ne vienne pas, répondit-il ; j'oublie tout le mal qu'elle m'a fait, je le mets au pied de la croix. » Il insistoit même pour que l'on envoyât prier la Reine de ne point venir ; mais M. de Maurepas lui représenta qu'elle étoit en chemin. On auroit pu croire que bien loin d'avoir à lui pardonner, il auroit eu à lui demander pardon. Mais on sait que non-seulement il n'entra dans aucun détail avec elle, mais même qu'il lui parla fort peu, et que la Reine étant sortie pour aller à la chapelle de Lorette et voulant le venir revoir encore avant que de partir, elle ne put jamais entrer dans sa chambre. On lui dit d'abord qu'il étoit sur sa chaise percée ; la Reine, qui étoit restée dans l'antichambre avec les ministres de France et les ministres étrangers, et en même temps avec les laquais, dit qu'elle attendroit. On vint dire ensuite qu'il sentoit trop mauvais dans la chambre ; cette raison n'arrêtant point encore la Reine, on lui dit en troisième lieu que M. le Cardinal dormoit, et elle s'en alla.

On sait que quelque temps auparavant, il tomba malade à Fontainebleau et que l'on crut qu'il mourroit; la Reine alla le voir dans ce temps. M. le Cardinal lui dit avec beaucoup d'attendrissement qu'il mourroit content si sa petite-nièce, Mme de Fleury, avoit l'honneur de lui être attachée et d'être dame de son palais. La Reine ne crut pouvoir mieux faire que d'en parler au Roi; elle lui en parla dès le lendemain; le Roi lui répondit assez sèchement que si le Cardinal mouroit, il auroit soin de ses enfants. Il traitoit en effet ses neveux et nièces comme tels.

J'ai marqué aussi dans le temps l'air pénétré de douleur avec lequel il vint à la toilette de la Reine lorsque son petit-neveu fut fait premier gentilhomme de la chambre. Il pria la Reine de faire retirer tout le monde. La Reine crut à son visage qu'il lui étoit arrivé quelque grand malheur, et tâcha de lui persuader qu'il devoit se consoler aisément quand elle sut la grâce dont il venoit lui rendre compte.

Une autre circonstance que j'ai marquée dans le temps et dont la Reine me parloit encore hier, c'est ce qui arriva à la mort de M. de Breteuil. M. le Cardinal étant venu chez la Reine, il lui apprit que M. de Breteuil étoit tombé en apoplexie; la Reine lui dit que s'il mouroit, elle désiroit la charge de chancelier de sa maison pour M. de Saint-Florentin. Le Cardinal lui répondit que cela ne se pouvoit pas. Cette réponse étonna la Reine; il lui en expliqua la raison, ajoutant que le Roi la lui avoit donnée pour sa petite-nièce (Mlle de Fleury). Cette explication avoit besoin elle-même d'être expliquée. La Reine crut d'abord que ce seroit le mari qu'auroit Mlle de Fleury qui seroit son chancelier; et étant instruite que c'étoit le prix de cette charge qui devoit faire la dot de la petite-nièce, elle parut le trouver assez mauvais, et lui dit que le Roi pouvoit bien donner des récompenses à sa famille sans qu'il fût nécessaire de les prendre sur les grandes charges de sa maison ; qu'elle désiroit par toutes sortes de raisons pour M. de Saint-Florentin. Le Cardinal s'en alla à Issy, d'où il écrivit à la Reine en forme de justification ; mais la Reine dit que la lettre étoit fort embrouillée ; cependant il lui marquoit que personne n'auroit sûrement cette charge que quelqu'un qui lui conviendroit. La Reine lui fit réponse sur ces mots, et lui marqua que puisque c'étoit quelqu'un qui lui convînt, ce seroit donc M. de Saint-Florentin. Le Cardinal ne répondit point à cette réponse ; la Reine prétend que le chagrin qu'il en eut fut une des causes de sa maladie.

Du lundi 18. — Dans la petite promenade que le Roi fit vendredi dernier pour aller voir la petite maison nommée la Celle, que Mme de Pompadour achète, S. M. ne mena que M. de la Vallière, M. de Soubise et M. de Meuse. Cette acquisition que fait Mme de Pompadour n'est que pour un temps ; il est aisé de juger que c'est le Roi qui paye les 50,000 écus ; mais le projet n'est pas de garder la maison, seulement d'en faire usage pendant les absences du Roi ; Mme de Pompadour ne veut point habiter dans des maisons royales ni à Choisy. Le projet, à la paix, est de bâtir une maison qui lui convienne, dans une belle vue et qui ne soit pas fort grande ; l'idée jusqu'à présent est que ce sera auprès des Capucins de Meudon. Alors on revendra la Celle. Tous ces arrangements ne font aucun tort aux ouvrages que l'on fait à Crécy, dont il a fallu reconstruire le château presqu'en entier, indépendamment des augmentations qu'on y a faites. Crécy est une terre dont elle peut faire usage de temps en temps, et la Celle ou la nouvelle maison ne seront regardées que comme maisons de campagne pour y aller souper ou passer quelques jours dans la belle saison.

Le gouvernement de Choisy n'est point encore donné.

Mme de Pompadour le demande avec vivacité pour M. de la Vallière, et cependant elle n'a pas pu encore réussir à l'obtenir. On prétend qu'il y a eu un projet d'arrangement pour examiner de plus près la dépense qui se fait à Choisy et la diminuer. D'autres gens que M. de la Vallière ont demandé ce gouvernement, mais en disant que ce n'est qu'en cas que le Roi ne voulût pas le donner à M. de la Vallière. M. d'Aumont le demande avec instance; M. de Chaulnes m'a dit qu'il l'avoit demandé. On prétend qu'il peut être question de M. de Vandières.

Il paroît certain que le Roi n'ira point à Choisy avant l'arrivée de Mme Victoire, comme c'avoit été le projet.

Du lundi 25, Versailles. — Il y a quelques jours qu'étant allé voir M. le duc de Gesvres à l'occasion d'une compagnie de carabiniers, à laquelle il s'intéresse, il me dit qu'il avoit demandé cette compagnie à M. le prince de Dombes, avec d'autant plus de confiance qu'il croyoit que ni M. de Dombes ni M. d'Eu ne pouvoient avoir oublié ce qu'il avoit fait pour eux dans le temps de la Régence. M. de Dombes ni M. d'Eu n'avoient alors ni rang de princes du sang ni aucuns honneurs; M. de Gesvres même, pour leur éviter le désagrément de voir que les gardes ne prenoient point les armes pour eux et qu'ils étoient obligés même d'attendre dans l'antichambre, n'ayant outre cela aucunes entrées, les faisoit passer par les derrières de l'appartement le plus souvent qu'il lui étoit possible, lorsqu'ils venoient faire leur cour au Roi. Mme la duchesse du Maine et Mme la duchesse d'Orléans désiroient passionnément que MM. de Dombes et d'Eu eussent les entrées familières; elles ne se contentoient pas de celles des premiers gentilshommes de la chambre, qu'elles prétendoient leur avoir été offertes. M. le duc d'Orléans, alors régent, pouvoit être déterminé à demander ces entrées familières pour ses neveux, mais il connoissoit la vivacité des princes du sang, et surtout de M. le Duc contre les légitimés, et craignoit de donner occasion à des représentations qui l'importuneroient. Cependant comme Mme la duchesse d'Orléans lui en parloit sans cesse, il disoit toujours qu'il en parloit au Roi, mais que le Roi ne répondoit rien. Enfin, en 1733, le mercredi 1er décembre, Mme d'Orléans, sachant que M. de Gesvres, qui ne quittoit point le Roi alors, étoit à portée de lui parler de cette affaire et d'y réussir, l'envoya prier de passer chez elle. Elle lui expliqua ce qu'elle désiroit, et le pria avec instance d'en parler au Roi; M. de Gesvres répondit que M. le duc d'Orléans, par toutes sortes de raisons, étoit bien plus à portée que lui de demander cette grâce, et que pour lui il supplioit Mme la duchesse d'Orléans de vouloir bien ne lui point ordonner de se mêler de cette affaire, à moins que M. le duc d'Orléans ne lui donnât le même ordre. Mme d'Orléans, sur cette représentation, en parla à M. le Régent, et le pria de vouloir bien dire ses intentions à M. de Gesvres. M. le duc d'Orléans vint chez elle, où étoit M. le duc de Gesvres; il lui dit très-positivement qu'il lui feroit grand plaisir de tâcher d'obtenir cette grâce du Roi. Adressant ensuite la parole à Mme d'Orléans, il lui dit : « Madame, n'êtes-vous pas contente de ce que je viens de dire; n'est-ce pas ce que vous désiriez? » M. de Gesvres monta sur-le-champ chez le Roi, qui dans ce temps-là étoit dans le goût de dessiner et y travailloit dans ses petits cabinets en haut. Plusieurs de ceux qui avoient coutume de lui faire leur cour familièrement étoient admis dans ce particulier et dessinoient en même temps. M. de Gesvres s'approcha du Roi, lui parla tout bas et lui dit que M. le duc d'Orléans l'avoit chargé expressément de lui demander cette grâce; le Roi lui dit qu'il ne demandoit pas mieux, mais qu'il étoit étonné que M. le duc d'Orléans ne lui en eût jamais parlé. M. de Gesvres demanda au Roi s'il trouvoit bon qu'il fît avertir sur-le-champ M. de Dombes et M. d'Eu, qui étoient chez Mme la comtesse de Toulouse, ajoutant que sans rien interrompre de son amusement, il pouvoit laisser tout le monde travailler, et sans rien dire qu'il sortiroit un moment, lui tout seul, pour les aller voir dans la petite galerie qui est auprès du cabinet où il dessinoit. Le Roi y consentit. MM. de Dombes et d'Eu furent avertis, et montèrent aussitôt. M. de Gesvres, qui avoit été au-devant d'eux pour les instruire de ce qui s'étoit passé, les mena dans la petite galerie où le Roi leur dit qu'il leur accordoit avec plaisir les entrées familières. M. de Gesvres demanda au Roi s'il trouvoit bon qu'il allât donner cet ordre aux huissiers; le Roi le trouva bon, et M. de Gesvres descendit aussitôt et donna l'ordre. La nouvelle de cette grâce fut bientôt répandue. M. le Duc en fut instruit, et vint aussitôt chez M. le duc d'Orléans; il lui parla avec vivacité, et lui dit qu'on voyoit bien qu'il avoit le projet d'égaler les bâtards aux princes du sang. M. le duc d'Orléans dit que ce n'étoit point lui qui en avoit parlé au Roi, que c'étoit M. de Gesvres, et qu'il l'avoit fait de son chef. M. le Duc alla aussitôt chez le Roi; il y trouva M. de Gesvres, auquel il voulut parler avec beaucoup d'humeur et de hauteur; M. de Gesvres lui dit qu'il n'avoit agi que par l'ordre exprès de M. le duc d'Orléans. « Il vient de me dire le contraire, dit M. le Duc.— Voulez-vous que j'aie l'honneur de vous y suivre tout à l'heure, répondit M. de Gesvres à M. le Duc? » M. le Duc accepta la proposition; ils y furent ensemble. M. le duc d'Orléans dit à M. le Duc qu'il avoit toujours cru qu'il n'étoit question que des entrées des premiers gentils-hommes de la chambre; que son intention n'avoit pas été que l'on demandât les familières. M. de Gesvres ne voulut pas répondre sur-le-champ; mais quelque temps après il se plaignit à M. le duc d'Orléans, devant Mme la duchesse d'Orléans, de l'avoir désavoué sur une commission dont il l'avoit expressément chargé. M. le duc d'Orléans lui répondit que M. le Duc étoit dans une si grande colère, qu'il avoit bien fallu lui dire quelque chose pour le calmer. M. de Gesvres fit entrer le lendemain matin MM. de Dombes et d'Eu à l'heure des entrées familières. L'après-dînée, M. le duc d'Orléans tomba en apoplexie, et mourut. Ce détail prouve combien il étoit avantageux pour MM. de Dombes et d'Eu que cette affaire finît promptement.

AVRIL.

Sur l'investissement de Maëstricht. — Cène du Roi. — Mme Victoire. — Le maréchal de Belle-Isle et Mme de Pompadour. — Le Roi achète l'hôtel de Pontchartrain, et y loge Mme de Pompadour. — Mort du grand fauconnier; nombreux prétendants à sa place.

Du jeudi 11. — Le projet que l'on exécute actuellement de l'investissement de Maëstricht est regardé comme une entreprise conçue et arrangée par des lumières supérieures et la plus propre à déterminer les Hollandois à la paix. Ce projet, tel qu'il a été formé, étoit contre le sentiment de M. le maréchal de Saxe (1); cependant il le fait exécuter avec exactitude et d'une manière qui lui fait honneur.

Ce qui s'est passé ce matin pour la cène du Roi, pour laquelle on n'a pas voulu suivre l'exemple de l'année passée par rapport aux ducs et pairs, prouve que les représentations de M. de Charolois ont été écoutées. Depuis que les pairs ont été privés du droit de servir le Roi à la cène, dont ils ont joui de tous les temps, le grand maître nommoit qui il vouloit pour porter les plats

---

(1) On croit qu'il a été arrangé entre le Roi et M. d'Argenson; on ignore s'ils ont consulté quelqu'un. Il y a des gens qui croient que le maréchal de Belle-Isle pourroit bien avoir été consulté. Ses propos ne donnent pas le moindre lieu de le soupçonner; mais il est certain que celui qui a été chargé de conduire nos troupes à travers le pays de Luxembourg est un M. de Torcy, qui est brigadier ou même maréchal de camp et qui demeure à Metz; il connoît parfaitement ce pays-là, et a été souvent employé par M. le maréchal de Belle-Isle, qui a beaucoup de confiance en lui. (*Note du duc de Luynes.*)

après les princes du sang et les légitimés. Il est assez singulier que ce droit accidentel de nomination ôte l'usage d'un droit réel et qui paroît même plus honorable pour la personne du Roi.

Du samedi 13. — Mme Victoire fut avant-hier trois quarts d'heure dans le cabinet du Roi en conversation tête à tête (1). Elle a dit qu'elle ne s'étoit pas ennuyée un moment, et qu'elle avoit trouvé le temps trop court. Jusqu'à présent il paroît qu'elle prend un ton différent de celui de Mesdames par rapport au Roi. Mme la maréchale de Duras, avant de partir pour Fontevrault, avoit bien averti Mesdames qu'elle feroit tout ce qui dépendroit d'elle pour que Mme Victoire fût plus libre et moins embarrassée qu'elles avec le Roi, et qu'elle lui marquât plus d'amitié. C'est en effet la méthode qu'elle a suivie et qui paroît réussir jusqu'à présent. Quoique Madame et Mme Adélaïde aiment Mme Victoire, cependant ces sentiments sont mêlés dans Mme Adélaïde de quelque espèce de jalousie. Mme Adélaïde aime passionnément Madame; elle est fâchée d'imaginer que Mme Victoire puisse parvenir à être plus approuvée que Madame, soit par la figure, soit par ses manières. En tout Mme Victoire est un peu regardée comme un enfant dans la petite société. Elle ne soupe point avec M. le Dauphin, Mme la Dauphine et Mesdames; c'est l'arrangement que le Roi a fait avant son arrivée. Dans l'après-dînée elle est occupée avec ses maîtres. Elle joue très-bien du clavecin; elle joue aussi un peu du violon; elle est grande musicienne; elle commence à marcher mieux que quand elle est arrivée; elle fait la révérence d'assez bonne grâce.

Du mercredi 17. — Je me suis encore informé depuis de l'affaire de la cène. Il est certain que M. le comte de Charolois a fait des représentations; mais ce qui est sin-

---

(1) C'étoit Mme Victoire qui avoit demandé au Roi d'avoir une conversation avec lui. (*Note du duc de Luynes.*)

gulier, c'est que M. le prince de Conty s'est joint à lui. Certainement les princes du sang n'ont aucun intérêt à cette affaire, et doivent être plus honorés d'être suivis par les ducs et pairs que par des gens dont quelques-uns sont à peine connus d'eux; mais il ne s'est trouvé personne pour soutenir les intérêts des ducs. M. de Richelieu est à Gênes, M. de Gesvres et M. d'Aumont étoient à Paris, et M. de Fleury n'a voulu rien prendre sur lui; il n'auroit même peut-être pas été trop à portée de parler de cette affaire.

On remarque avec plaisir non-seulement la figure agréable de Mme Victoire, mais son caractère, qui paroît vrai, doux et aimable; elle est un peu brusque naturellement, mais c'est une brusquerie sans dureté et qui ne vient que faute d'éducation. Ce n'est pas que Mme l'abbesse de Fontevrault (Montmorin) n'ait de l'esprit et ne fût peut-être très-capable de donner une bonne éducation, mais elle a une très-mauvaise santé. Son appartement est aussi éloigné de celui de Mesdames que celui de feu M. le duc de Charost l'étoit de celui du Roi. C'est un voyage pénible et fatigant pour Mme l'abbesse d'aller chez Mesdames, et souvent elle est hors d'état de s'y transporter. Ainsi bien loin de les voir tous les jours, à peine peut-elle les voir une fois dans un mois quand elle est malade. Il est vrai que Mesdames ont chacune auprès d'elles une religieuse qui leur tient lieu de sous-gouvernante; mais quelque soin que l'on prenne de bien choisir ces religieuses, elles n'ont point l'usage du monde, et souvent les femmes de chambre de Mesdames sont les premières à s'en moquer. D'ailleurs Mme Victoire, étant l'aînée des trois qui étoient à Fontevrault, étoit accoutumée à une espèce de supériorité et à être peu contrainte sur ce qu'elle désiroit. Quoique sa situation ici soit totalement différente, elle sent cependant tout son bonheur d'être réunie avec sa famille.

M. le maréchal de Belle-Isle vit hier Mme de Pompadour. Elle lui demanda pourquoi il ne venoit pas plus souvent à Versailles, et comme il l'assura qu'il y étoit souvent et qu'il faisoit continuellement sa cour au Roi, elle lui fit des reproches de ce qu'elle ne le voyoit pas et de ce qu'il n'avoit pas été cet hiver aux petits spectacles des cabinets. Elle ajouta à ce propos les expressions les plus obligeantes, qu'elle étoit témoin de l'estime et de l'amitié qu'avoit pour lui le Roi, qui le regardoit non-seulement comme le plus grand général qu'il eût, mais en même temps comme le plus honnête homme et le plus attaché à sa personne et à son service. Elle lui dit encore qu'elle savoit combien il étoit bon ami, et que quand on le connoissoit on ne pouvoit pas l'aimer médiocrement.

Elle lui parla en même temps des démarches qui ont été faites pour engager le Roi à permettre que M. de Flavacourt fût employé dans l'armée d'Italie, aussi bien que M. le comte de Tresmes. M. de Belle-Isle conta à Mme de Pompadour à cette occasion les instantes sollicitations qui lui furent faites l'année dernière par M. le maréchal de Noailles, M. le duc d'Ayen, et même par Mme la comtesse de Toulouse, pour qu'il demandât la même grâce au Roi pour le comte Louis de la Marck, et qu'après en avoir parlé deux fois au Roi en présence de M. le comte d'Argenson, il n'avoit eu pour toute réponse qu'un refus. La réponse de Mme de Pompadour fut que l'extrême désir qu'avoit Mme de Flavacourt de faire réussir ce que son mari souhaitoit l'engageroit encore à faire de nouvelles démarches, sans savoir si elles seroient plus heureuses que les premières, mais qu'à l'égard de M. le comte de Tresmes l'entreprise lui paroissoit moins difficile.

J'ai marqué dans mes Mémoires que le Roi a acheté l'hôtel de Pontchartrain pour servir aux ambassadeurs extraordinaires. Je n'ai appris qu'aujourd'hui que le Roi donna il y a cinq ou six jours le bel appartement de cette maison, au premier étage, à Mme de Pompadour et un petit appartement à Mme d'Estrades. Mme de Pompadour a déjà été voir son appartement, et y retourne encore demain.

Du samedi 27. — J'ai marqué dans mes Mémoires la mort de M. des Marets, grand fauconnier; il ne mourut qu'à cinq heures après midi, et dès le matin M. le maréchal de Duras eut une audience du Roi où il lui demanda cette charge; M. de la Vallière vint aussi exprès de Paris, pour faire la même demande. M. de Souvré la demanda aussi avec grand empressement : il avoit épousé une sœur de feu M. des Marets. Je viens d'apprendre que M. le prince de Conty est aussi du nombre de ceux qui demandent. Il est certain que Mme de Pompadour s'intéresse vivement pour M. de la Vallière.

Depuis que le Roi a donné, comme je l'ai marqué, un logement à Mme de Pompadour à l'hôtel de Pontchartrain, devenu l'hôtel des ambassadeurs extraordinaires, on travaille beaucoup dans cette maison pour y faire un appartement commode et agréable à Mme de Pompadour.

MAI.

Vers de Fontenelle. Lettre de la Reine. Quatrain de Fontenelle à la Reine. — Quatrain de Mme Tibergeau. — M. d'Argenson, les maréchaux de Noailles, de Belle-Isle et de Saxe. — Préliminaires de la paix d'Aix-la-Chapelle. — Voyage de Crécy; M. de Vandières. — Difficulté au voyage de Choisy. — Assemblée du Clergé. Avantages du temps de guerre; patriotisme des rentiers. — Origine de la fortune de M. Frémont. Anecdotes sur Colbert et Desmaretz. — Prétentions de M. de Bauffremont; on lui défend de paraître à la Cour.

Du jeudi 9, Versailles. — Voici des vers qu'on envoya hier de Paris à Mme de Luynes; ils sont de M. de Fontenelle, qui a quatre-vingt-douze ans. M. de Fontenelle s'étoit toujours moqué des Anciens; ici il paroît qu'il leur rend hommage.

> « Il falloit n'être vieux qu'à Sparte,
> « Disent les anciens écrits;
> « Grands dieux! combien je m'en écarte,
> « Moi qui suis si vieux dans Paris!
> « O Sparte! Sparte! qu'êtes-vous devenue?
> « Vous saviez tout le prix d'une tête chenue.
> « Plus dans la canicule on étoit bien fourré,
> « Plus l'oreille étoit dure et l'œil mal éclairé,
> « Plus on déraisonnoit dans sa triste famille,
> « Plus on épiloguoit sur la moindre vétille,
> « Plus on crachoit de flegme à grand peine attiré,
> « Plus on avoit de goutte ou d'autre béatille,
> « Plus on avoit perdu de dents de leur bon gré,
> « Plus on marchoit courbé sur sa grosse béquille,
> « Plus on étoit enfin digne d'être enterré,
> « Et plus dans vos remparts on étoit honoré.
> « O Sparte! Sparte! hélas! qu'êtes-vous devenue!
> « Vous saviez tout le prix d'une tête chenue. »

Mme de Luynes envoya hier les vers de Fontenelle à la Reine; elle en fut charmée, et fit à Mme de Luynes, de sa main, une réponse fort jolie, dans laquelle elle marque que Fontenelle étoit digne de trouver Sparte partout.

Mme de Luynes m'a remis aujourd'hui la lettre de la Reine, qui va être copiée ci-dessous :

« Je vous remercie de la lettre que vous m'avez envoyée, et vous prie de mander à celui qui l'a écrite qu'il y a trop de confiance. Cela seroit bon s'il étoit à Plombières; mais comme Plombières est à Paris, elle ne tient pas lieu d'un voyage qu'il pourroit faire ici. Mandez-lui de dire à Fontenelle que j'ai vu ses vers et qu'une tête comme la sienne doit trouver Sparte partout. Mandez-moi des nouvelles de votre rhume, en attendant que j'aie le plaisir de vous voir. » (1) (*Addition du duc de Luynes*, datée du 5 septembre 1748.)

M. le président Hénault a montré aujourd'hui cette

---

(1) Cette lettre sans date est du 8 mai 1748. Mme de Luynes étoit à Versailles. (*Note du duc de Luynes.*)

réponse de la Reine à Fontenelle, qui lui a donné sur-le-champ les vers ci-après :

« Les ans accumulés me poussent trop à bout ;
« Je ne puis plus trouver Sparte partout.
   « Mais vous, le modèle des reines,
« Vous devez bien trouver partout Athènes. »

Mlle de Puisieux me contoit hier que Mme la princesse de Conty envoya un jour éveiller à deux heures après minuit Mme Tibergeau, âgée pour lors de quatre-vingt-cinq ans, pour lui dire qu'il y avoit actuellement chez elle une grande dispute pour savoir ce qui pouvoit mieux exprimer l'amour, de la prose ou des vers. Mme Tibergeau répondit sur-le-champ par ces quatre vers :

« Non, ce n'est point en vers qu'un tendre amour s'exprime ;
« Il ne faut point rêver pour trouver ce qu'il dit.
« Et tout arrangement de mesure et de rime
« Ote toujours au cœur ce qu'il donne à l'esprit. »

Du mardi 14. — Les dames du dernier voyage de Choisy, du 1er au 7 de ce mois, étoient Mmes de Pompadour, d'Estrades, de Livry, d'Egmont et de Brancas.

Les six [*sic*] dames qui sont du voyage de Crécy, où le Roi va demain jusqu'à samedi, sont Mmes de Pompadour, de Livry, de Rubempré, d'Egmont et d'Estrades.

Il y a quelques jours que M. le maréchal de Noailles montra à un homme de ses amis un projet pour le siége de Maëstricht, de la manière dont il a été exécuté. Ce projet n'est pourtant pas l'ouvrage du maréchal de Noailles. Il paroît constant qu'il a été formé par M. d'Argenson, lequel continue à bien vivre avec le maréchal de Saxe extérieurement, mais sans aucune liaison et sans aucune confiance. La véritable amitié et confiance de ce ministre paroît être pour M. le maréchal de Belle-Isle.

Sans vouloir ôter au maréchal de Saxe le mérite de l'exécution du projet, on ne peut s'empêcher de convenir que lorsqu'on a dans son armée un major général comme M. de Crémille, et un intendant comme M. de Séchelles, tous deux supérieurs chacun dans leur état, le succès des entreprises devient beaucoup plus facile et plus certain.

Dans le moment que M. le maréchal de Belle-Isle a été instruit de la signature des préliminaires, le 30 avril, à Aix-la-Chapelle, entre la France, l'Angleterre et la Hollande seulement, il a envoyé un courrier pour en avertir l'amiral Byng, qui commande la flotte angloise dans la Méditerranée, regardant comme un article des plus essentiels et des plus pressés la liberté de pouvoir transporter des troupes, munitions, etc., dans l'État de Gênes.

Dans la signature des préliminaires, il a été convenu d'un certain espace de temps, par rapport à la distance des lieux, pour informer les généraux, amiraux, gouverneurs et commandants du succès de cette négociation. Il paroît que l'on auroit fort désiré que M. de Saint-Séverin eût fait stipuler dans les préliminaires, qu'il seroit dépêché par le ministre anglois un courrier à l'amiral Byng, passant au travers de la France, pour que cet amiral fût instruit plus promptement. M. de Puisieux, qui a senti l'importance de cette prompte expédition du courrier anglois, en a envoyé un à M. de Saint-Séverin pour tâcher de faire réparer cette faute le plus promptement qu'il seroit possible; car la lettre de M. de Belle-Isle n'est qu'un avertissement dont l'amiral Byng peut prétendre cause d'ignorance jusqu'à ce qu'il ait reçu des ordres.

Le Roi dit hier à son lever que M. de Kaunitz, ministre de la reine de Hongrie à Aix-la-Chapelle (le même qui étoit à Bruxelles lorsque cette ville fut prise par le maréchal de Saxe) avoit fait une protestation fort singulière contre la signature des préliminaires.

Du mercredi 15, *Versailles.* — Il y a beaucoup de monde au voyage de Crécy. Il y a vingt-cinq personnes y compris les six dames; M. de Vandières est de ce voyage; j'ai déjà marqué qu'il mange avec le Roi. Ce ne fut pas sans étonnement qu'on vit au premier voyage de Crécy, qu'après qu'il eut servi le Roi quelques moments, le Roi lui ordonna de se mettre à table.

J'ai appris aujourd'hui qu'il y avoit eu quelques légers embarras au dernier voyage de Choisy par rapport à Champcenetz. Depuis l'établissement de Choisy, la place de gouverneur de cette maison a toujours été exercée par M. le comte de Coigny, ou en son absence par M. le maréchal de Coigny, ou enfin en l'absence de tous deux par M. du Bordage. La différence de Choisy et de la Meutte aux maisons royales, c'est que dans celles-ci le Roi est servi dans tous ses appartements par ses huissiers, ses grands officiers et sa bouche, au lieu qu'à Choisy et la Meutte c'est le gouverneur qui sert le Roi et qui commande dans toute la maison, hors dans la chambre du Roi. Comme cette chambre est gardée par les huissiers, les grands officiers y servent le Roi dans toutes leurs fonctions, mais non pas dans tout le reste de la maison. Premièrement, c'est un embarras pour un premier valet de chambre de présenter le service au Roi devant le grand chambellan ou devant le premier gentilhomme de la chambre, quoique ce soit le droit de M. de Champcenetz à Choisy, privativement à ces grands officiers. Il y eut même une difficulté avec M. le duc d'Aumont; M. de Gesvres fut mandé de Paris, et fit entendre raison à M. d'Aumont. D'ailleurs M. de Champcenetz ne peut pas prendre sur lui les mêmes choses que M. de Coigny. Par exemple, un jour pendant que le Roi jouoit, Mme la duchesse de Brancas demanda une table de jeu, et proposa à M. le président Ogier (1) et à M. de Saint-Point de jouer avec elle. Le premier, outre la charge qu'il a chez Mme la

---

(1) Le président Ogier était surintendant des finances, domaines et affaires de la maison de Mme la Dauphine.

Dauphine, est lieutenant des chasses de Choisy et fort ami de M. de Coigny; l'autre est chef de brigade des gardes du corps; mais ils ne sont d'espèce ni l'un ni l'autre à devoir jouer dans le lieu où est le Roi. La table fut établie dans le même cabinet où étoit le Roi. M. de Champcenetz le remarqua, et demanda à M. de Gesvres ce qu'il devoit faire. M. de Gesvres lui dit de ne rien dire parce que si le Roi le remarquoit, il donneroit apparemment ses ordres, ce qui l'autoriseroit pour une autre fois; que si au contraire le Roi n'y faisoit pas attention, il seroit plus honnête à lui (Champcenetz) de n'en avoir rien dit.

Du mercredi 22, Versailles. — La petite assemblée du Clergé qui doit commencer ces jours-ci, et la demande de 18 millions que l'on croit qui lui sera faite, est une preuve que malgré les préliminaires signés entre la France, l'Angleterre et la Hollande, l'on juge les secours d'argent fort nécessaires. Il y a quelques jours qu'un de nos ministres disoit que l'on s'étoit trouvé dans les mêmes circonstances de 1713 et 1714, et qu'il falloit au moins deux ans pour parvenir à la diminution des charges publiques. Le temps de la guerre, quoiqu'il donne occasion à une dépense infiniment plus considérable, a cependant une espèce d'avantage; c'est que la nécessité des circonstances est connue, et que le public s'y prête plus volontiers; et ceux à qui il est dû souffrent avec plus de patience le retardement de leur payement; au lieu qu'à la paix chacun désire recevoir son argent. Le moyen ordinaire que l'on emploie en pareil cas pour faire entrer l'argent dans les coffres du Roi est la recherche des traitants et gens d'affaires. On sait que Colbert fit usage de cet expédient; il n'en tira pas le profit qu'il en attendoit. M. Frémont, père de Mme la maréchale de Lorges, étoit alors un de ses principaux commis; il fut témoin de l'affliction où étoit M. Colbert du peu de succès de cette opération de finances. Il restoit encore dû 8 ou 10 millions par les traitants, et l'on ne pouvoit parvenir à les faire payer. M. Colbert avoit voulu traiter de cette somme, et il n'avoit jamais pu trouver d'autres offres que celle de 2 millions. M. Frémont lui proposa de lui abandonner cette dette, dont il tireroit le meilleur parti qu'il pourroit, et offrit de lui en donner 3 millions. M. Colbert accepta cette offre; les 3 millions furent payés, et M. Frémont y gagna 16 ou 1,700,000 livres, qui ont été le commencement de sa fortune.

En 1713 et 1714, la recherche des traitants fut proposée à M. Desmaretz, alors contrôleur général des finances. M. Desmaretz, qui en connoissoit les inconvénients, voulut essayer si les voies de conciliation et d'arrangement à l'amiable ne réussiroient pas mieux que celles de rigueur. Il envoya querir Bourvalais, lors un des plus fameux traitants et des plus riches. Il lui expliqua le besoin pressant que le Roi avoit d'argent et les moyens dont il comptoit se servir, lui proposant en même temps une taxe à l'amiable, si lui et ses confrères vouloient s'y prêter. Bourvalais demanda quelques jours de réflexion. Au bout de sept ou huit jours, il vint trouver M. Desmaretz; il lui dit qu'il s'étoit bien attendu dès le premier moment qu'on feroit des recherches sur eux pour subvenir aux besoins de l'État, mais que les recherches faites en justice coûteroient au Roi des frais immenses, tomberoient peut-être en partie sur ceux d'entre eux qui étoient moins en état de payer, ruineroient le crédit de tous, crédit utile et nécessaire même à l'État, et ne rempliroient pas à beaucoup près les vues que l'on se proposoit; il ajouta qu'il en avoit raisonné avec ses confrères et leur avoit persuadé de se taxer à l'amiable; qu'en conséquence il offroit, et se faisoit fort de faire remettre dans les coffres du Roi, en huit mois de temps, 84 millions. M. Desmaretz goûta la solidité des raisons de Bourvalais, et lui proposa de donner une somme plus considérable. Bourvalais offrit jusqu'à 94 millions, et l'arrangement étoit prêt à être terminé lorsque Louis XIV mourut. L'on peut dire que ceux qui furent suivis pendant la Régence ne produisirent pas à beaucoup près une somme si forte.

Du samedi 25. *Versailles.* — On sait depuis plusieurs jours que M. de Bauffremont le père a eu défense de venir à la Cour. J'ai parlé ci-dessus de sa présentation, dans laquelle il salua Mme Victoire, quoiqu'il n'en ait pas le droit, n'étant pas titré. Cela se passa en présence de Mlle de Charleval, qui ne connoît M. de Bauffremont que de nom ; Mme la maréchale de Duras n'y étoit point. J'ai parlé aussi dans le temps de ce qu'il fit chez feu Mme la Dauphine, il y a deux ans, lorsqu'il se fit annoncer en disant à l'huissier qu'il étoit prince de l'Empire, ce qui ne lui donnoit encore aucun titre, mais qui produisit l'effet qu'il désiroit. Quelque extraordinaire que soit cette conduite, on n'avoit point jugé à propos jusqu'à présent de lui faire donner l'ordre qu'il vient de recevoir. Ce qui y a déterminé est une lettre qu'il écrivit à Mlle de Charleval peu de temps après qu'il eut été présenté. Il lui manda qu'il lui étoit infiniment obligé de l'honneur qu'il avoit eu de saluer Mme Victoire ; qu'il ne pouvoit pas croire n'être pas en droit de jouir de cette prérogative ; que lorsque l'on avoit l'honneur d'épouser des filles de France on pouvoit bien avoir l'honneur de les baiser partout où on les trouvoit. Ce sont à peu près les termes de sa lettre. Ces paroles peu mesurées, et fondées uniquement sur son alliance avec la maison de Courtenay, méritoient bien l'ordre qui lui a été envoyé.

JUIN.

Anecdote sur M. d'Ayen ; mot du Roi. — Anecdote sur le duc d'Orléans ; soupçons contre lui au sujet des empoisonnements des membres de la famille royale ; mot de Louis XIV. — Lettres de noblesse données à M. Poisson, père de Mme de Pompadour. — Lettre de la Reine à la duchesse de Luynes. — Raisonnements du public sur la paix de 1748. — Le cardinal Fleury laisse périr la marine. — Facilité du Régent à accorder des grâces. — Fête donnée à Mme de Pompadour par le Roi, à la Celle. — Anecdote sur le cardinal Fleury.

Du vendredi 7, Versailles. — J'ai parlé dans mes Mémoires du voyage que le Roi m'a fait l'honneur de faire à Dampierre le mardi de la Pentecôte, 4 de ce mois. Le mercredi matin, un moment avant que l'on appelât pour entrer chez le Roi, S. M. parut en robe de chambre à sa porte, et étant rentré chez lui, M. de Bouillon, M. de Fleury et M. de Soubise entrèrent. J'entrai aussi, parce que le Roi, comme je l'ai marqué, m'avoit donné les grandes entrées pour ce moment. Un moment après, M. d'Ayen entra; le Roi dit en riant : « Voilà le duc d'Ayen qui prend de lui-même les premières entrées. » M. d'Ayen, confondu, sortit aussitôt, et le Roi ne le rappela point, et il ne rentra qu'au moment des entrées de la chambre.

Je fais trop de cas des anecdotes pour ne pas mettre par écrit toutes celles que j'apprends. Mme de Luynes m'en conta une, il y a quelques jours, qu'elle tient de M. le cardinal de Polignac. On sait tout ce qui s'est dit, dans le temps, de la mort précipitée de M. le duc de Bourgogne, de Mme la duchesse de Bourgogne et de M. le duc de Bretagne. On sait que le roi Louis XV fut malade dans le même temps, et que Mme de Ventadour fut si persuadée que les événements tragiques dont elle venoit d'être témoin n'étoient pas naturels, que pendant plusieurs jours elle fit faire devant elle dans sa chambre le bouillon du Roi, alors Dauphin. Le goût que M. le duc d'Orléans avoit pour la chimie donna occasion à beaucoup de soupçons, et fit dire que Mme la duchesse de Bourgogne fut empoisonnée dans une tabatière de tabac venant de M. le duc d'Orléans; d'autant plus que sa maladie commença par un mal de tête insupportable, qui dura jusqu'à sa mort. Pour M. le duc de Bourgogne, s'il fut empoisonné, ce fut par quelque liqueur; car il sentoit dans l'estomac un feu dévorant qu'il connoissoit pour n'être pas naturel, et il est mort persuadé du poison. M. le cardinal de Polignac, étant à Utrecht ministre plénipotentiaire pour la paix qui fut signée en 1713, vit un homme qu'il ne connoissoit point et qui demanda à lui parler. Cet homme lui apporta une bouteille d'une liqueur qui lui parut extrêmement forte, et le pria de vouloir bien la faire remettre à M. le duc d'Orléans. M. le cardinal de Polignac crut que le parti le plus sage étoit de prendre cette bouteille; il l'envoya à M. de Torcy. M. de Torcy en rendit compte à Louis XIV; qui ne savoit que trop tout ce qui s'étoit dit. Louis XIV lui dit : « Ne la rendez pas, gardez-la; je ne veux pas mettre sur un échafaud la tête de mon neveu. »

Ce fut à l'occasion de cette maladie de Louis XV dont je viens de parler, que Mme de la Ferté, sœur de Mme de Ventadour, dit un mot assez plaisant, quoique peu convenable suivant les principes de la religion. Voyant le Roi bien malade, elle dit à Mme de Ventadour : « Voilà un enfant bien heureux; son pis aller est d'aller en paradis. »

Je ne sais que depuis quelques jours que M. Poisson, père de Mme de Pompadour, a obtenu depuis un an des lettres de noblesse. Il avoit été employé dans les fournitures des vivres, du temps de M. Pelletier des Forts, et accusé de malversations, obligé même de prendre la fuite. Son affaire ayant été revue depuis, au rapport de M. l'abbé de Salabery, il fut pleinement justifié, et il fut même jugé que la compagnie dans laquelle il étoit, et lui en particulier, étoient dans le cas d'obtenir un dédommagement.

J'allai vendredi dernier coucher à Dampierre, et n'en revins que le samedi au soir. Mme de Luynes étoit restée ici. J'y retournai le dimanche au soir avec Mme de Luynes. Les bontés que la Reine nous marque à l'un et à l'autre, et l'honneur qu'elle nous fait de venir ici tous les soirs, me firent juger que ne devant revenir à Versailles que le jeudi, il étoit assez convenable de lui donner une marque de mon respect et de m'informer des nouvelles de sa santé. J'écrivis à M*****me***** la duchesse de Villars, et la priai de faire ma cour à la Reine. La Reine m'envoya le lendemain un page avec une lettre dont on trouvera copie ci-après. La plaisanterie qu'on y trouvera d'Ovide est par rapport au président Hénault, à qui la Reine a donné ce nom en badinant, parce qu'il est aimable et a beaucoup de galanterie dans l'esprit.

Copie de la réponse de la Reine à M. le duc de Luynes. Il n'y a point de date, mais elle est du mercredi 5 juin 1748.

« Je suis trop touchée de l'attention que vous avez eue d'écrire à M*****me***** de Villars pour m'en tenir à sa réponse, et c'est avec plaisir que je vous marque celui qu'elle m'a fait. Je suis très-fâchée de votre absence et de celle de M*****me***** de Luynes; je vous prie de l'en assurer et de me mander de ses nouvelles. Je crains que la fatigue qu'elle a eue ne lui fasse mal. Adieu, je vous attends tous deux avec grande impatience.

« A l'égard du pauvre Ovide, je crois que la présence de César, dont avec raison on doit être occupé, l'a pétrifié, puisque vous n'en dites rien. »

La suscription est :

A mon cousin le duc de Luynes.

Du samedi 8, *Versailles.* — La signature des préliminaires a donné d'abord beaucoup de joie dans Paris; mais comme il faut que le François raisonne toujours avec un esprit de critique, on prétend aujourd'hui que le Roi étoit en état de faire une paix beaucoup plus honorable. On veut bien louer, ce qui en effet mérite infiniment de l'être, la modération et le désintéressement du Roi, qui, malgré ses conquêtes, n'a point changé de système et persiste dans ce même principe qu'il a toujours annoncé pour la base de sa conduite, de ne vouloir rien pour lui; mais l'article de Dunkerque fait beaucoup de peine à nos politiques peu éclairés; ils prétendent que le Roi, au lieu de se réserver seulement la liberté de fortifier du côté de terre, autant qu'il le jugeroit à propos, cette importante place, devoit acquérir aussi la même liberté pour le côté de la mer. Voici les réponses que les gens sensés font aux raisonnements du public.

La guerre déclarée en 1700 au feu Roi par presque toutes les puissances de l'Europe fut, comme on le sait, à l'occasion de l'acceptation du testament du roi d'Espagne Charles II. Les premiers succès des armes du Roi furent heureux; mais la face des affaires ayant changé, on se souvient encore avec douleur de l'extrémité où le royaume se trouvoit réduit en 1708 et 1709. Les préliminaires, qui furent signés par le marquis de Torcy avec le plus extrême regret, ne servent qu'à prouver l'affreux état où étoit le royaume. Malgré cette cruelle situation, l'impossibilité d'exécuter les conditions desdits préliminaires empêcha encore plus de les accepter que l'ignominie même de ces conditions. Les affaires parurent prendre un tour beaucoup plus favorable après la victoire remportée à Denain par le maréchal de Villars, en 1712. Mais on ne seroit jamais parvenu à une paix générale, si l'Angleterre ne s'étoit pas séparée des alliés. Il est vrai que ce furent les intérêts particuliers des ministres qui déterminèrent cette séparation, plutôt que l'intérêt de l'État, ce qui est fort différent des circonstances présentes, où l'Angleterre est accablée sous le poids d'une guerre qui lui a fait contracter des dettes immenses; mais enfin on peut toujours dire que dans la paix de 1713 c'est l'Angleterre qui a affermi la couronne à Philippe V. Dans ce temps-là le dépôt de la marine d'Angleterre étoit principalement dans la Tamise, et c'est par cette raison que le port de Dunkerque et les fortifications du côté de la mer donnoient trop d'inquiétude aux Anglois, pour ne pas demander qu'elles fussent démolies. Cet article leur fut accordé en même temps que le vaisseau de permission pour trente ans, auquel l'Espagne consentit. Le Roi, fidèle aux engagements pris par le feu Roi, agit aujourd'hui sur le même principe; et quoique les principaux dépôts de la marine angloise soient aujourd'hui à Spithead et à Plymouth, S. M. n'a pas voulu proposer d'autres conditions que celles qui avoient été arrêtées en 1713. On a même observé de rendre aux Anglois le nombre d'années qui leur manquoit sur la jouissance du vaisseau de permission, étant juste de diminuer celles qui se sont écoulées depuis 1739, la déclaration de la guerre avec l'Espagne les ayant mis hors de portée d'en profiter. On observe encore que le port de Dunkerque n'est pas aussi nécessaire à la France qu'il le paroît; il est à ce que l'on prétend d'un entretien très-difficile. Il peut y tenir actuellement des frégates depuis 18 jusqu'à 40 canons; et les ports de Brest et de Rochefort, etc., sont suffisants pour tenir une marine considérable. D'ailleurs la rade de Dunkerque est extrêmement difficile, et les forts que l'on a construits pour défendre le port, quoique fort différents de ceux qui y étoient, peuvent être de quelque usage en cas que la guerre se renouvelât. Le bombardement seroit donc la seule entreprise que pourroient faire les Anglois; encore est-elle d'une exécution très-difficile. Ils l'ont tentée plusieurs fois sans succès dans les premières années de ce siècle, et c'est ordinairement le sort de pareilles entreprises.

Une considération qui n'est pas moins importante pour déterminer la paix, c'est la prodigieuse supériorité que les Anglois ont sur nous par leur marine. Enfin un dernier raisonnement pour justifier la sagesse du parti auquel le Roi s'est déterminé, c'est que l'intérêt de la France, à la vérité, a toujours été d'humilier la maison d'Autriche, mais que l'on peut dire que le Roi y est parvenu. L'immense succession qu'a recueillie la reine de

Hongrie se trouve diminuée considérablement par la cession de la Silésie, dont la possession sera garantie irrévocablement au roi de Prusse. L'établissement de don Carlos dans les royaumes de Naples et de Sicile, celui que l'on fait actuellement à don Philippe à Parme, Plaisance et Guastalle, les cessions que la reine de Hongrie est obligée de faire au roi de Sardaigne, enfin la démolition de plusieurs des places que le Roi lui rendra en Flandre, doivent être regardées comme une diminution de la puissance de cette ennemie redoutable de la France. Il n'auroit tenu qu'à la reine de Hongrie de faire une paix honorable pour elle dans le temps que M. de Belle-Isle étoit enfermé dans Prague. M. de Kevenhuller, l'un de ses ministres et de ses généraux le plus affectionnés à sa personne et aux intérêts de ses États, se mit à genoux plusieurs fois devant elle, sans pouvoir obtenir qu'elle consentît à la paix. Il est certain cependant qu'elle auroit été traitée sur des principes différents de ceux sur lesquels on agit aujourd'hui.

Il faut convenir aussi que l'état où se trouve notre marine nous a ôté la liberté de proposer des conditions aussi avantageuses qu'on auroit pu le désirer. Cette faute est l'ouvrage du ministère de M. le cardinal de Fleury. Un homme fort instruit me disoit aujourd'hui qu'en 1725, sous le ministère de feu M. le Duc, il fut convenu qu'outre les 9 millions destinés par an à la marine, sur lesquels il n'y a que 500,000 livres pour la construction de vaisseaux, il seroit payé 3 millions uniquement destinés aux nouvelles constructions. Mais que l'année suivante, M. le cardinal de Fleury étant devenu premier ministre, avoit retranché ces 3 millions (1). Il faut espérer que l'on suivra présentement des principes plus utiles au rétablissement de la marine, et que l'on fera usage de la commo-

---

(1) Il n'en a jamais été payé qu'un an et quatre mois. (*Note du duc de Luynes.*)

dité que l'on a de faire construire au Canada, au Mississipi et dans tous les ports du royaume.

Du mardi 18, *Versailles.* — Le Roi partit hier pour Rambouillet, d'où il revient demain. Il y a six dames à ce voyage : Mme la duchesse d'Antin, Mme la duchesse de Brancas douairière, Mmes de Livry, du Roure et de Pompadour; la sixième est Mme de Sassenage. Le Roi ne l'a point menée; c'est Mme la duchesse de Penthièvre qui a engagé Mme de Sassenage à y aller et qui l'a menée. Mme de Penthièvre et sa dame d'honneur y sont aussi.

Du vendredi 21, *Versailles.* — La facilité avec laquelle feu M. le duc d'Orléans régent accordoit des grâces étoit fort connue, ce qui l'exposoit souvent à des embarras et donnoit lieu à des inconséquences. On m'en contoit une hier assez plaisante. M. le marquis Dubier demanda une pension à M. le duc d'Orléans; M. le duc d'Orléans lui en donna une sur l'ordre de Saint-Louis. Quelque temps après, M. le duc d'Orléans s'aperçut qu'il n'étoit seulement pas chevalier; il fallut qu'il lui donnât la croix.

Du 25, *Dampierre.* — J'ai parlé du souper que le Roi alla faire avant-hier à la Celle; il n'y eut que les favoris admis à ce souper, c'est-à-dire M. de Soubise, M. de Luxembourg et M. de la Vallière; ce fut même un grand mystère. Mme de Pompadour ne comptoit que sur un souper à l'ordinaire; elle y trouva une fête que le Roi lui donnoit (1), un feu d'artifice et une musique. Le Roi comptoit revenir après souper, mais on lui proposa de rester, et il manda à onze heures à Versailles qu'il couchoit à la Celle.

---

(1) Comme l'on étoit au fruit, il entra dans la salle quatre petites filles et quatorze musiciens, tous habillés en bergers fort galamment. Les petites filles étoient celles qui dansoient aux ballets; l'une présenta un bouquet à Mme de Pompadour accompagné d'un compliment et de plusieurs petites chansons. On se leva de table, et l'on proposa à Mme de Pompadour de s'avancer à une fenêtre, et l'on tira dans le moment un feu d'artifice. Le Roi parut extrêmement gai. (*Note du duc de Luynes.*)

Du samedi 29, *Versailles*. — M. le maréchal de Maillebois me disoit aujourd'hui que lorsque l'armée qu'il commandoit en Westphalie se fut avancée pour marcher au secours de Prague, et qu'après avoir inutilement tenté de pénétrer en Bohême elle eut marché dans la haute Bavière, lui M. de Maillebois, qui étoit alors à Braunau, eut communication d'une lettre que reçut M. de Seckendorf, général des troupes bavaroises (alors impériales); cette lettre étoit écrite à M. de Seckendorf par un des principaux magnats de Transylvanie et accompagnée de deux hommes principaux qui devoient servir d'otages et répondre sur la tête de l'exécution du projet. Les protestants de Transylvanie offroient de metttre sur pied dans le moment un corps de troupes de 30,000 hommes et d'entrer dans les États de la reine de Hongrie. Ils demandoient seulement 100,000 écus; il n'est pas douteux qu'ils n'eussent fait une puissante diversion. M. le cardinal de Fleury fut instruit de cette proposition; il ne voulut pas faire donner les 100,000 écus, et l'affaire manqua. M. le maréchal de Maillebois a entre les mains une copie de la lettre, dont l'original est demeuré à M. de Seckendorf.

JUILLET.

Formules de respect des lettres des princes et princesses du sang au Roi et à la Reine. — Mot du duc de Mortemart sur les Noailles. — Anecdote sur la maréchale de Noailles. — Prétention de M. de Bouillon..

Du mercredi 3, *Versailles*. — Le Roi partit lundi pour Choisy; les dames sont : Mmes de Livry, de Brancas, de Pompadour et d'Estrades.

Du dimanche 7, *Versailles*. — La Reine soupa chez moi hier, comme elle a accoutumé de faire quand il n'y a pas de grand couvert. La Reine parla du traitement que l'on fait à M. le Dauphin dans les lettres et dans les harangues, et dit à cette occasion que le traitement qu'on fait à Mme la

Dauphine doit être égal à celui que l'on fait à M. le Dauphin, citant pour exemple l'égalité en tout du traitement que l'on fait au Roi et à elle. Il n'est pas douteux que tout François qui a l'honneur d'écrire au Roi doit finir ainsi ses lettres : « Je suis (1) de Votre Majesté le très-humble, très-obéissant serviteur et sujet. » J'avois cru jusqu'à présent que le terme de sujet n'étoit dû qu'à la personne du Roi, et je m'étois trompé ; car les princes et princesses du sang, et même Mme la duchesse d'Orléans, met le terme de sujette quand elle écrit à la Reine ; ce fait est certain.

Du samedi 20, Compiègne. — J'ai marqué dans mes Mémoires la mort de Mme la maréchale de Noailles, arrivée le 16 ; c'est une grande perte pour cette famille nombreuse, qui sans être unie est toujours réunie dans le moment pour l'intérêt commun. Ce qui faisoit dire au duc de Mortemart, gendre de M. Colbert, que les Noailles étoient comme une troupe de comédiens de campagne, qui ne se rassembloient que pour jouer leur rôle.

Du mardi 23, Compiègne. — L'on me contoit ces jours-ci quelques anecdotes sur Mme la maréchale de Noailles qui me paroissent mériter d'être écrites. Elle étoit, comme l'on sait, dame du palais de la feue reine Marie-Thérèse et peu assidue aux fonctions de cette place, étant presque toujours grosse. Dans un des voyages du Roi où la Reine alloit toujours, elle demanda permission à la Reine de ne pas la suivre dans son carrosse ; elle suivit dans un carrosse à elle, avec ses femmes. On prétend que c'étoit sans aucun autre dessein ; elle craignoit, étant grosse, de se trouver mal dans le carrosse de la Reine. Mme de Montespan voyageoit de son côté dans son carrosse, avec ses femmes ; elle fit proposer en chemin à Mme la maréchale de Noailles de monter avec elle, ce qui fut accepté. La Reine le sut, et le trouva très-mauvais ; elle traita très-

---

(1) Et non pas j'ai l'honneur d'être, parce que je suis est plus respectueux. (*Note du duc de Luynes.*)

froidement Mme de Noailles quand elle la vit, et ne voulut point aller chez elle lorsqu'elle accoucha. C'étoit cependant l'usage que la Reine allât chez les femmes titrées. Quelque temps après une autre femme titrée étant accouchée, la Reine voulut aller chez elle, mais le Roi ne le voulut pas, et de ce moment cet usage a cessé.

Je ne sais si je n'ai pas déjà marqué que le mariage de M. le comte de Noailles avoit été arrêté avec Mme de Vintimille, sœur de Mme de Mailly. Les paroles étoient données par le maréchal et par le comte de Noailles; la maréchale n'avoit pas encore été consultée; ils allèrent lui en rendre compte. Elle avoit bien prouvé par sa conduite qu'elle étoit occupée de la grandeur et de l'élévation de la maison de Noailles; elle vouloit pour eux de la faveur, mais une faveur réelle et solide ; elle trouva celle-ci un peu frivole, et dit qu'elle n'y consentiroit jamais. Les paroles étoient données, et le maréchal fort embarrassé; elle lui dit qu'elle prenoit tout sur elle, qu'ils pouvoient dire qu'une vieille grand'mère pour qui ils avoient beaucoup de considération ne l'avoit pas voulu.

Du mercredi 24, *Compiègne.* — M. de Bouillon fit hier une tentative pour l'extension des droits de sa charge, dont le succès n'a pas été heureux pour lui. Il étoit au dîner de la Reine avec Mme de Turenne ; ils s'approchèrent l'un et l'autre de la Reine lorsqu'elle fut hors de table et demandèrent à lui parler. M. de Bouillon lui dit qu'il venoit supplier S. M. de vouloir bien permettre à Mme de Turenne de jouir chez elle d'une prérogative qui appartenoit à la femme du grand chambellan : c'étoit toujours d'avoir chez la Reine la première place auprès de S. M. La Reine lui dit qu'elle n'avoit jamais entendu parler de cette prétention. M. de Bouillon ajouta que feu Mme de Bouillon, sa femme, n'en avoit point fait usage parce qu'elle venoit peu à la Cour, mais que Mme la maréchale de Boufflers étoit bien instruite de cette prérogative, et n'en faisoit nulle difficulté. La Reine lui dit : « Mais j'ai vu votre belle-mère chez moi, et il n'a jamais été question de cette prétention ; il faut bien que mon service soit auprès de moi. A l'égard de la maréchale de Boufflers, je crois qu'on vous a mal instruit de ses sentiments. » M. de Maurepas étoit présent à cette conversation, et ne disoit pas un mot. La Reine lui demanda en particulier pourquoi il avoit gardé le silence. « J'écoutois Votre Majesté, répondit-il, et je trouve comme elle l'idée de M. de Bouillon nouvelle et sans fondement. » La Reine appela Mme la maréchale de Duras, qui étoit encore dans la chambre, et lui demanda ce qu'elle en pensoit. Mme de Duras lui dit qu'elle n'avoit jamais vu qu'il fût question de cette prérogative du temps de Mme la duchesse de Bourgogne, à qui elle avoit cependant fait sa cour longtemps et assidûment. Enfin la Reine en a parlé ce matin au Roi, qui lui a dit que cette idée étoit aussi très-nouvelle pour lui, qu'il n'avoit jamais ouï dire qu'il fût question de pareilles prétentions.

AOUT.

Mort de M. de Mailly, mari de la maîtresse du Roi. Louis XV apprend cette mort à la Reine. Mot étrange du Roi. — Anecdotes sur Louis XIV et sur le Régent. — Lettre de la Reine. — Difficulté faite par les aumôniers du Roi à l'aumônier de Mme la Dauphine. Opinion du Roi à ce sujet. — Anecdote sur le mariage du duc de Berry. — Détails sur le Dauphin.

Du jeudi 1er, *Compiègne*. — J'ai marqué la mort de M. de Mailly, mari de Mme de Mailly, maîtresse du Roi. C'étoit un homme singulier, qui avoit vécu en mauvaise compagnie ; il avoit peu ménagé sa santé. Comme il étoit fort peu connu et qu'il ne venoit jamais à la Cour, la Reine ignoroit absolument qu'il fût malade ; à peine savoit-elle qu'il existoit. Le Roi lui dit hier matin : «M. de Mailly est mort. » — « Et quel Mailly ? » dit la Reine. — « Le véritable, » répondit le Roi. La réponse m'a paru digne d'être marquée.

Du jeudi 10, *Dampierre*. — J'ai marqué dans mes livres verts (ou extraits), que le 13 juin 1715 M. l'abbé de Broglie, agent du Clergé, apportoit au Roi la nouvelle que l'assemblée accordoit au Roi 12 millions. L'abbé de Broglie me contoit aujourd'hui que lorsqu'il arriva à Versailles et qu'on l'eut fait entrer dans le cabinet du Roi, il trouva S. M. assise dans un fauteuil; il lui présenta la lettre de M. l'archevêque de Narbonne. Le Roi, après l'avoir lue, prit une plume pour répondre deux mots de sa main; mais la main étoit si tremblante, qu'il fut obligé de chercher une posture plus commode pour pouvoir écrire. Il parvint enfin à écrire deux ou trois lignes; mais ayant remarqué l'attention extrême avec laquelle M. l'abbé de Broglie regardoit ce tremblement, il lui dit : « Monsieur l'abbé, ne dites point, je vous prie, au Clergé l'état où vous me voyez. Je sais qu'il y a beaucoup de gens qui désirent ma mort, et ils n'ont pas longtemps à attendre. » M. l'abbé de Broglie répondit ce qu'il convenoit à pareil discours, et surtout par rapport au tremblement, qui arrive à tout âge. Le Roi appela son premier valet de chambre (Blouin) pour cacheter sa lettre. Blouin, soit pour faire sa cour, soit qu'étant vieux il eût en effet la main tremblante, eut beaucoup de peine à s'acquitter de cette commission. L'abbé de Broglie le remarqua, et le fit remarquer au Roi; le Roi en rit beaucoup.

L'abbé de Broglie me parloit aussi d'une autre anecdote. Il étoit en grande familiarité avec M. le duc d'Orléans; il savoit que ce prince avoit un système dont les suites pouvoient être dangereuses, surtout en gouvernant un royaume, c'étoit dans le temps de la Régence, c'est qu'il croyoit qu'il n'y avoit dans le monde aucun honnête homme. « Traitons, je vous prie, cette matière à fond, Monseigneur, lui dit-il; je ne pense point du tout comme vous sur la probité, et cependant je vous prouverai que nous avons tous deux raison. Vous avez passé votre jeunesse avec des libertins, parce que vous l'étiez aussi. Dans un âge plus avancé vous avez commandé les armées, vous avez été en Espagne et vous vous êtes laissé entraîner aux mouvements de l'ambition ; vous n'avez trouvé alors que des gens qui cherchoient à servir et à seconder cette passion ; vous êtes devenu le maître, vous ne trouvez que des flatteurs ; comment croiriez-vous qu'il y a d'honnêtes gens dans le monde? » C'étoit en effet faire en peu de mots la vie de M. le duc d'Orléans.

Du jeudi 15, Compiègne. — Le Roi alla dimanche 11 à la Meutte pour tirer dans la plaine Saint-Denis. Il mena à ce petit voyage Mmes de Pompadour, d'Estrades et de Livry, et Mme la duchesse de Brancas douairière.

Une absence que j'ai faite d'ici depuis le dimanche 4 jusqu'au dimanche 11, pendant laquelle j'ai été à Dampierre, m'a donné occasion de recevoir une nouvelle marque des bontés de la Reine. On trouvera ci-après copie de la lettre qu'elle m'a fait l'honneur de m'écrire de sa main.

Copie de la lettre de la Reine (1).

« Dans les plus grandes retraites il y a des moments de récréation ; je suis actuellement aux Carmélites pour y passer toute la journée jusqu'à six heures, où le devoir m'appelle ailleurs ; je me fais un plaisir de vous écrire de ce lieu solitaire. Vous voyez par là que dissipation ou occupation ne m'empêche pas de penser à vous ; j'espère que vous abrégerez votre absence ; vous le devez à l'impatience que j'ai de vous revoir. »

Copie du billet de la Reine à Mme la duchesse de Luynes, en lui envoyant la lettre ci-dessus, à son appartement à Compiègne.

« Voici, Madame, un fruit de ma retraite ; honni soit qui mal y pense. »

---

(1) Cette lettre a été reçue par M. le duc de Luynes à Dampierre, le 8 ou le 9 août 1748. Elle fut écrite par la Reine étant aux Carmélites à Compiègne et envoyée à Mme de Luynes, sans être cachetée, avec le petit billet de deux lignes ci-joint. (*Note du manuscrit.*)

Du mardi 27, Dampierre. — J'ai parlé dans mon journal d'une difficulté que les aumôniers du Roi ont faite à mon frère pendant Compiègne, au sujet du livre des Évangiles et de la Paix qu'ils prétendent présenter à M. le Dauphin et à Mme la Dauphine lorsqu'ils sont à la paroisse, sans le Roi ni la Reine, et cela préférablement au premier aumônier de Mme la Dauphine quoique évêque. Ils soutiennent qu'il faudroit qu'il fût en rochet et camail pour avoir la préférence sur eux, et cependant l'aumônier du Roi n'étoit pas lui-même en rochet. Mon frère a instruit de cette affaire M. de Maurepas qui en a rendu compte au Roi à Compiègne; le Roi lui dit de faire un mémoire contenant ce qu'il croiroit de plus raisonnable sur les prétentions des aumôniers de quartier, et il ajouta : « Mes aumôniers ne demandent pas mieux que d'empiéter ; nous en avons vu l'exemple pour le baptême des enfants de France, qui anciennement étoient faits par un évêque en l'absence du grand et du premier aumônier, et présentement ce sont les aumôniers de quartier. »

On me contoit aujourd'hui une anecdote fort peu importante, mais qui cependant sert à prouver que le mariage de feu M. le duc de Berry avec Mademoiselle n'avoit point été l'effet du goût ni de la volonté de ce prince. Mme de Rupelmonde (d'Alègre), qui est ici actuellement, étoit dans l'antichambre de Mme de Maintenon, avec M. le duc de Berry et Mme de la Vrillière (Mailly) depuis Mazarin. Dans ce moment, Mademoiselle passa devant eux, et entra chez Mme de Maintenon. Mme de la Vrillière, qui hasardoit volontiers les questions et les propos, dit à M. le duc de Berry, en lui montrant Mademoiselle : « Monseigneur, on dit que vous allez l'épouser. » — « Je vous assure que non, lui dit-il ; il n'en est pas question. » — « J'en suis fort aise, lui dit-elle, car je la connois, elle auroit voulu être la maîtresse, et d'ailleurs elle boit un peu trop bien du vin de Champagne. » Quinze jours après, le mariage fut conclu.

J'ai parlé plusieurs fois, tant dans ce livre que dans mon journal, de ce qui regarde M. le Dauphin: Sa personne est si importante à l'État, que l'on observe tout ce qui peut faire connoître son caractère. Il a sans contredit de l'esprit, de la vertu, de la piété éclairée et fondée sur des principes excellents, mais malheureusement jusqu'à présent il ne paroît s'amuser à rien. Pendant quelque temps, il a appris à jouer du violon et faisoit exécuter de la musique chez lui; le goût du violon a entièrement passé, celui de la musique diminue beaucoup, et on n'en voit aucun autre qui ait pris la place. Il ne peut souffrir le jeu, la comédie, ni la chasse, et aime médiocrement la promenade. Il aime beaucoup Mme la Dauphine, et cette amitié est réciproque; et en tout il est fort capable d'amitié. Il a aussi la bonne qualité d'estimer la vertu, mais il se laisse quelquefois aller à sa vivacité. Pendant le voyage de Compiègne, Mme de Tessé (Béthune), qui est dame de Mme la Dauphine, se trouvant mal logée, avoit demandé avec instance qu'on lui donnât le logement de Mme de Caumont (Noailles), lorsque Mme de Caumont eut mandé qu'elle n'iroit point à Compiègne. Mme de Tessé trouvant quelque difficulté à obtenir cet arrangement, en parla à M. le Dauphin; M. le Dauphin, par bonté d'âme, saisit cette affaire avec trop de vivacité et ordonna tout haut devant dix ou douze personnes que l'on allât dire au grand maréchal (1) de lui venir parler. Il dit au grand maréchal qu'il vouloit que Mme de Tessé eût le logement. Le grand maréchal répondit que le Roi en avoit disposé. M. le Dauphin insista, et le grand maréchal, sagement, se retira sans répondre. Il n'en fut pas autre chose. Mme de Tessé n'eut pas le logement, et ce fut Mme de Rupelmonde (Gramont), à qui il étoit destiné.

---

(1) M. de la Suze. (*Note du duc de Luynes.*)

SEPTEMBRE.

Fête donnée au Roi par Mme de Pompadour. Mauvaise humeur du Roi et opinion de la Reine sur cette mauvaise humeur. — Le comte de Clermont prête son appartement à Versailles au roi de Pologne. Difficultés. Lettre de la Reine à ce sujet. — Voyage de Crécy. — Lettre du roi de Pologne à Mme de Luynes. — Départ de M. de Wiette. — Voyage de Madame Infante. — Dépenses énormes qu'entraîne le déplacement de la maison du Roi. — Frais du voyage de Mme Victoire.

Du mardi 3, Versailles. — J'ai marqué dans mon journal la fête que Mme de Pompadour donna avant-hier au Roi à sa petite maison de la Celle, à une lieue d'ici, qu'on appelle le petit château. Cette fête fut extrêmement jolie; tous les différents divertissements furent exécutés avec tant de précision que l'on passoit successivement de l'un à l'autre sans intervalle; cependant le Roi parut y prendre peu de part et fut très-sérieux, ce qui fut extrêmement remarqué. Mme de Pompadour n'avoit pas voulu l'instruire de la fête, pour lui donner une agréable surprise; on prétend que c'est ce qui ne réussit point auprès du Roi. On ne sait point s'il fut mécontent de ce que Mme de Pompadour se leva de table pour chanter le rôle de la Nuit; s'il n'avoit pas pris un peu d'humeur dès son arrivée parce qu'elle lui demanda en grâce de ne pas descendre dans le jardin, afin qu'il ne vît point ce que l'on préparoit. On a jugé aussi que les paroles du ballet pouvoient lui avoir déplu. D'autres ont cru peut-être avec plus de fondement que c'étoit plutôt celles du chœur de Scanderbeg. Enfin on ignore si ce n'étoit pas aussi l'impossibilité où il se trouvoit de danser, ayant été obligé de se masquer publiquement et étant trop en représentation. Cependant il resta au bal jusqu'à trois heures et demie, comme je l'ai dit. Il n'avoit point l'air de s'y amuser. C'étoit M. de la Vallière qui avoit ordonné toute cette fête; il étoit sorti de table longtemps avant le Roi, et avoit soupé avec M. de Courtenvaux et M. de la Salle et tous les petits danseurs et danseuses.

La Reine a su que le Roi avoit paru de mauvaise humeur. Bien loin d'en paroître contente, elle a dit qu'elle ne pouvoit pas approuver le Roi de ne pas prendre part à une fête qu'on avoit préparée avec tant de soin et tant de désir de lui plaire; qu'elle en étoit fâchée pour Mme de Pompadour, et qu'elle la plaignoit beaucoup.

Au souper du Roi à la Celle, il y avoit dix-huit personnes, dix hommes en comptant le Roi et huit femmes. Les femmes étoient Mme de Pompadour, Mme de Brancas douairière, Mme d'Estrades, Mme de Livry, Mme du Roure, Mme de Belzunce, Mme de Castries et Mme de Pons. Les hommes étoient le Roi, M. le duc de Chartres, M. de Luxembourg, M. de Soubise, M. de Croissy, M. le duc de Duras, M. de Nivernois, M. le comte de Noailles, M. le duc de Villeroy, M. de Saulx le neveu.

Au dernier voyage de Choisy, d'où le Roi revint vendredi dernier, il n'y avoit que trois dames : Mme de Pompadour, Mme d'Estrades, Mme de Livry, les autres qui ont coutume d'y aller étant de semaine.

Du jeudi 5, Versailles. — Le roi de Pologne (Stanislas) arriva il y a aujourd'hui huit jours de Lunéville à Trianon. J'ai marqué dans mon journal, depuis son arrivée, qu'il faisoit usage de l'appartement de M. le comte de Clermont ici au château (1), quelques heures de la journée. La Reine avoit chargé Mme de Luynes d'écrire à M. le comte de Clermont-Prince, pour qu'il prêtât son appartement au roi de Pologne quelques heures de la journée pendant le séjour qu'il feroit à Trianon. M. le comte de Clermont accorda la demande, mais il manda à Mme de Luynes qu'il la prioit de demander à la Reine la permission de coucher dans son appartement à Versailles lors-

---

(1) Cet appartement avait été celui de Mme de Maintenon.

qu'il y viendroit, ne sachant où se retirer. Mme de Luynes envoya cette réponse à la Reine, et S. M. écrivit à Mme de Luynes la lettre dont voici copie.

« Je vous prie de mander à M. le comte de Clermont qu'il peut coucher dans son appartement, et que je n'ai pensé autre chose en le lui demandant sinon qu'il en feroit les honneurs au Roi mon père dans la journée quand il s'y trouveroit.

« J'aimerois mieux répondre à dix mille harangues qu'à cette lettre.

« Je suis bien aise, avec beaucoup de bonté, puisqu'il faut parler en Reine, de lui faire sentir sa sottise. »

Copie de la lettre de Mme de Luynes écrite de la part de la Reine à M. le comte de Clermont, prince du sang.

Monseigneur;

« J'ai porté à la Reine la réponse de Votre Altesse Sérénissime. Elle m'a dit que vous pouviez coucher dans votre appartement, et qu'elle avoit seulement compté, en vous le demandant, que vous voudriez bien en faire les honneurs au Roi son père pour quelques heures dans la journée quand il s'y trouveroit. Voilà ses propres expressions. D'ailleurs il me paroît que le séjour du roi de Pologne ne sera pas long ici. Je suis très-sensible aux marques de bonté de Votre Altesse Sérénissime. Je la supplie d'être persuadé de toute ma reconnoissance, et que rien ne se peut ajouter au respect infini avec lequel j'ai l'honneur d'être

Votre très-humble et très-obéissante servante.

Du samedi 14, Versailles. — J'ai marqué le voyage du Roi à Crécy du lundi 9 au jeudi 12. Les dames de ce voyage étoient : Mme de Brancas douairière, Mme de Livry, Mme du Roure, Mme d'Estrades et Mme de Pons. Mme de Pompadour partit avec ces cinq dames dès le dimanche. Il y a eu beaucoup d'hommes à ce voyage ; il y a toujours eu vingt-huit ou vingt-neuf personnes, tant hommes que femmes, à table avec le Roi.

J'ai marqué le changement fait au théâtre des petits appartements. Comme l'espace est actuellement beaucoup plus grand, on a ajouté à l'orchestre grand nombre de musiciens de la chambre du Roi.

J'ai dit dans mes Mémoires que M. de Jablonowski étoit venu voir le roi de Pologne à Trianon. Mme de Luynes m'ayant remis il y a quelques jours une lettre que le roi de Pologne lui écrivit lorsque M. de Jablonowski partit de Lunéville, je la fais copier ici.

Copie de la lettre du roi de Pologne.

En envoyant, ma chère duchesse, mon neveu le prince Jablonowski à Paris, il ne sauroit se présenter à la Cour plus agréablement que sous vos auspices ; ainsi je me donne la liberté, par la confiance que j'ai en votre amitié, de vous prier de vouloir le produire et d'être persuadée qu'on ne sauroit être plus que je suis de tout mon cœur,

Votre affectionné

STANISLAS, roi.

A la Malgrange, le 7 de juin 1748.

Du mardi 24, Versailles. — J'ai marqué dans mes Mémoires que M. le baron de Wiette, qui vint l'année passée à Fontainebleau, a pris congé sans audience, mais seulement présenté par M. de Sainctot. M. de Wiette n'étoit venu que pour donner part au Roi du mariage de l'électeur de Bavière, et devoit s'en retourner fort peu de temps après ; mais comme il devoit de l'argent à plusieurs personnes et qu'il étoit dans l'impossibilité de payer, il a été obligé d'écrire plusieurs fois en Bavière, où l'on étoit peu content de son trop long séjour ici. Il paroît que nos ministres ne l'ont pas approuvé davantage. Enfin M. de Wiette a eu de l'argent, et a payé ; il part dans peu de jours. C'est par ces raisons de mécontentement et de retardement qu'il n'a pu obtenir d'audience pour prendre congé.

Le Roi alla tirer hier dans le parc, et il y est retourné encore aujourd'hui. Il est monté dans son carrosse aujourd'hui avec Mme de Pompadour en habit de chasse, Mme la duchesse de Brancas douairière et Mme de Livry, qui étoient en robe, M. le duc de Villeroy et M. le comte de Noailles. Mme de Pompadour a monté à cheval à la suite du Roi ; les deux autres dames ont monté en calèche.

Du dimanche 29, *Versailles.* — J'ai marqué l'arrangement qui a été fait pour le voyage de Mme Infante ; le Roi n'a pas jugé à propos d'envoyer sa maison au-devant d'elle, à cause des frais immenses que coûtent ces voyages. Chacun dans la maison du Roi veut tirer tout le profit qu'il peut de sa charge ; il se fait des frais immenses pour les fournitures ; en même temps les intendants font des dépenses prodigieuses, de sorte que le voyage de Mme Victoire, de Fontevrault ici, a coûté à ce que l'on prétend 7 ou 800,000 livres. Lorsque l'arrivée de Mme Infante a été décidée, on comptoit que le détail des ordres du voyage regarderoit M. de Maurepas comme secrétaire d'État de la maison du Roi ; mais M. de Maurepas a représenté que puisqu'on n'y envoyoit qui que ce soit de la maison du Roi, il étoit bien plus naturel que ce fût M. de Puisieux qui fût chargé de donner les ordres, Mme Infante devant être regardée en cette occasion comme une princesse étrangère. C'est donc M. de Puisieux qui se mêle de tout, même pour les ordres à donner pour le départ des gardes du corps. Les intendants sont chargés de faire tous les frais, dont ils enverront des mémoires ; M. le comte de Noailles est chargé de veiller à tout pour que Mme Infante et Mme sa fille soient servies et traitées convenablement. On envoie sept ou huit berlines au-devant d'elles, mais point de chevaux.

OCTOBRE.

Indisposition de Mme de Luynes. Bontés de la Reine à cette occasion. — Anecdotes sur le Dauphin et la première Dauphine. — Anecdote sur la maladie du Roi à Metz. — Détails sur le caractère de Louis XV. — La Reine mécontente de M. Molé, et pourquoi. — M. de Puisieux mécontente la Reine. — Anecdotes sur Louis XV. Crédit du Cardinal ; la Reine soutient M. le Duc contre lui. Moyen qu'emploie le Cardinal contre la Reine. — Anecdote sur le prince de Galles. — Madame Infante. Le maréchal de Richelieu nommé maréchal de France. — Aventures d'un Dominicain. — Le secret des postes.

Du samedi 5, Paris. — Mme de Luynes s'étant trouvée incommodée n'a pas pu suivre la Reine à Choisy, où S. M. s'est rendue mardi, d'où elle partit avant-hier pour Fontainebleau. La Reine a marqué toutes sortes de bonté à Mme de Luynes à cette occasion, et a paru affligée d'être plusieurs jours sans la voir.

M. de Montauban et M. de Brionne allèrent mercredi à Choisy faire signer leur contrat de mariage, et mon frère y fut comme cousin de M. de Brionne. La Reine, après avoir demandé avec empressement à mon frère des nouvelles de Mme de Luynes, le fit approcher fort près d'elle et lui dit extrêmement bas : « Dites à M. et à Mme de Luynes que je suis ici comme dans un pays étranger, où l'on est ravi de voir des gens de son pays. Ne redites ce propos à qui que ce soit qu'à eux ; il pourroit être pris en mauvaise part, et il n'est dicté que par mon amitié pour eux ; car j'ai tout sujet d'être contente de la façon dont je suis ici. »

Du mardi 15, Fontainebleau. — Je ne sais si je n'ai pas déjà marqué ce que me contoit hier M. l'évêque de Mirepoix de feu Mme la Dauphine Marie-Thérèse. M. le Dauphin avoit beaucoup d'amitié pour elle, et outre cela confiance et considération, et elle étoit occupée à essayer de corriger par amitié tous les petits défauts qu'elle pouvoit remarquer à M. le Dauphin. Pendant que M. le Dauphin étoit encore entre les mains des femmes, il avoit pris l'habitude, à l'exemple de quelques-unes de ces femmes fort pieuses et fort dévotes, de faire le signe de la croix toutes les fois qu'il passoit devant la porte de la salle de la comédie. M. de Châtillon et M. de Mirepoix, lui ayant représenté combien cet acte de dévotion étoit peu convenable à un homme comme lui, avoient trouvé moyen de l'en corriger; mais il avoit conservé une autre habitude. A l'église, lorsqu'on donnoit la bénédiction du Saint-Sacrement, ou à l'élévation à la messe, il se prosternoit jusqu'à terre, de manière que son front touchoit à terre. Étant allé au salut aux Basses-Loges, près de Fontainebleau, avec Mme la Dauphine, il se prosterna à la bénédiction, à son ordinaire. Mme la Dauphine le remarqua; mais elle ne voulut lui en rien dire dans le moment. La Reine, qui étoit au salut, entra dans la maison des Basses-Loges avec M. le Dauphin et Mme la Dauphine; on parla des reclus qui sont dans cette maison et qui habitent dans un bâtiment au bout du jardin. M. le Dauphin proposa à Mme la Dauphine de les aller voir; elle ne vouloit point y aller; il l'en pressa beaucoup; enfin la Reine la détermina. En traversant le jardin, Mme la Dauphine dit à M. le Dauphin avec beaucoup d'amitié. « Vous voyez ce que je fais par complaisance pour vous; je vous demande aussi une marque de complaisance de votre part; à la bénédiction du Saint-Sacrement vous vous prosternez comme pourroit faire un religieux; cela ne convient point à un homme comme vous, et cela est remarqué avec raison; je vous demande par amitié de ne le plus faire. » De ce moment-là M. le Dauphin a cessé de se prosterner.

Je mets volontiers dans ce livre toutes les anecdotes qui peuvent venir à ma connoissance. On sait tout ce qui se passa à la maladie du Roi à Metz, en 1744. La Peyronie, premier chirurgien, voulut conduire seul cette maladie, n'ayant d'autre conseil que celui de M. Chicoyneau, sur l'esprit duquel il avoit un pouvoir despotique. On fut obligé d'appeler des médecins et de faire venir Dumoulin de Paris. La Reine, deux ou trois jours après son arrivée à Metz, se trouva chez le Roi au moment que La Peyronie le pansoit. Les vésicatoires que l'on avoit appliqués dans le temps de la grande extrémité avoient formé de petites plaies; le Roi, en présence de la Reine, qui l'entendit, dit à La Peyronie : « Vous êtes un coquin ; vous m'avez toujours dit que ma maladie n'étoit rien ; j'ai été à la dernière extrémité, et vous me l'avez laissé ignorer. »

J'ai parlé quelquefois de la douceur du caractère du Roi. Personne en effet n'est plus aisé à servir ; il souffre avec une patience extrême les fautes de ceux qui ont l'honneur de lui être attachés, et paroît même souvent ne point remarquer des propos hasardés devant lui ; mais pour ceux-ci il s'en souvient, au lieu qu'il oublie fort aisément les occasions où ses domestiques manquent à son service. Il seroit à désirer que cette même douceur fût dans ses propos. Le Roi a donné un bénéfice à un ecclésiastique attaché à M. le comte de Charolois. M. de Charolois, infiniment touché de cette marque de bonté, vint lui en faire des remerciements. Le Roi lui demanda quel âge avoit cet ecclésiastique. M. de Charolois répondit : « Environ cinquante ans ». Le Roi parut étonné, et lui dit qu'il le croyoit beaucoup plus vieux et qu'il pourroit avoir par conséquent occasion de redonner bientôt ce bénéfice.

Du lundi 21, Fontainebleau. — Mme Molé est accouchée à Paris d'un garçon. Mme de Luynes l'a dit ce matin à la Reine, et que c'étoit une grande joie dans cette maison ; Mme de Luynes a ajouté que cette famille, qui est ancienne, avoit donné en toutes occasions des preuves d'un grand attachement pour nos rois. La Reine a paru peu touchée de ce récit, et a dit à Mme de Luynes qu'elle avoit lieu de n'être pas contente personnellement de M. Molé ; que M. Bernard, son beau-frère, surintendant de sa maison, ayant demandé la survivance de cette charge pour son fils, elle avoit jugé à propos de n'y pas consentir ; ce que M. Molé ayant appris, il avoit répondu : « Puisque la Reine s'y oppose, il faudra s'adresser à d'autres. »

Du mercredi 23, Fontainebleau. — La nouvelle de la signature du traité définitif entre la France, l'Angleterre et la Hollande arriva ici le 20. Cette nouvelle fut précédée par l'arrivée d'un courrier huit heures auparavant.

M. de Puisieux en rendit compte au Roi d'abord ; et lorsque le second courrier fut arrivé, le Roi en parla tout haut le soir même chez Mme de Pompadour. Il y avoit eu grand couvert ce jour-là et par conséquent conversation après le souper. Quelque intéressante que soit la nouvelle, le Roi n'en dit pas un mot à la Reine, qui ne l'apprit que le lendemain. La Reine fut un peu blessée contre M. de Puisieux de ne lui en être pas venu rendre compte sur-le-champ ; mais M. de Puisieux croyoit que le Roi apprendroit lui-même la nouvelle à la Reine et à M. le Dauphin, et n'avoit pas voulu en parler sans un ordre de Sa Majesté.

Un homme instruit me contoit hier deux anecdotes assez singulières, l'une de la jeunesse du Roi et l'autre du commencement de son mariage. Après la mort de M. le duc d'Orléans, M. le Duc étant premier ministre, outre le travail qu'il faisoit avec le Roi, auquel M. de Fréjus étoit toujours présent, M. de Fréjus avoit conservé l'usage d'être tous les jours seul avec le Roi pendant une heure ou deux, sur le prétexte d'une espèce de continuation d'étude. Il y avoit dans la petite galerie intérieure de l'appartement du Roi un cheval de bois où le Roi prenoit ses leçons du maître à voltiger. Pendant ce temps de tête à tête avec M. de Fréjus, le Roi passoit dans cette petite galerie, sautoit sur le cheval de bois, et M. de Fréjus par complaisance ôtoit son manteau et faisoit ou essayoit de faire le même exercice ; cela n'est peut-être arrivé qu'une fois, mais cela fut remarqué.

Il est certain que personne n'avoit un crédit plus absolu sur l'esprit du Roi que M. de Fréjus. Une preuve incontestable est le fait dont je vais parler. Le Roi, marié en 1725, parut prendre beaucoup de goût pour la Reine ; ce goût dura avec grande vivacité pendant deux ou trois mois. Pendant ce temps-là, la Reine, tout occupée des obligations qu'elle avoit à M. le Duc et à Mme de Prie, s'étoit trop livrée à suivre leurs conseils et le désir extrême qu'ils avoient de diminuer, même de détruire, s'il étoit possible, le crédit de M. de Fréjus. La Reine n'avoit pas assez senti que son premier et principal devoir, et outre cela le seul moyen de se rendre heureuse, étoit de prendre conseil du Roi lui-même et de se conformer à tout ce qui pouvoit lui être le plus agréable. Elle avoit cependant fait des questions au Roi sur M. de Fréjus ; la réponse du Roi auroit dû lui faire juger qu'elle devoit chercher à ménager M. de Fréjus plus qu'aucun autre ; enfin, elle n'agit pas conséquemment à ce principe, et avant la scène dont j'ai parlé au commencement de ce livre (1), M. de Fréjus fut instruit de la façon dont pensoit la Reine. Il crut qu'il devoit lui faire sentir qu'il le savoit ; il en parla au Roi, et lui demanda en grâce d'être un temps sans user des droits du mariage avec la Reine. Le Roi continuant toujours à coucher dans le lit de la Reine fut dix-huit ou vingt jours à suivre exactement les leçons de son précepteur. Quoique ce fait soit inconcevable, il est certain ; on m'a même assuré que cette docilité singulière du Roi avoit duré plusieurs mois ; ce qui peut le faire croire, c'est que la Reine fut très-longtemps sans devenir grosse ; le public en étoit étonné, et la Reine affligée ; et je sais positivement qu'elle dit en ce temps-là que ce n'étoit pas sa faute.

On me contoit hier une anecdote d'une espèce totalement différente ; c'est un fait arrivé depuis deux ou trois mois. Le Roi envoie souvent acheter des chevaux de chasse en Angleterre, tantôt pour la grande écurie, tantôt pour la petite ; on choisit pour cette commission des gens connoisseurs en chevaux, qui connoissent le pays et même sachent l'anglois s'il est possible. Un piqueur de la grande écurie, qui a été attaché à M. le duc d'Ormond et qui sait l'anglois, alla il y a deux ou trois mois en An-

---

(1) Au 14 mars, dans l'Extraordinaire.

gleterre chercher des chevaux pour le Roi. Il y trouva gens de sa connoissance qui voulurent lui faire voir le dîner du prince de Galles. Le prince de Galles voyant un visage inconnu demanda qui il étoit, et en ayant été instruit, l'appela; il lui fit plusieurs questions sur la France et sur la personne du Roi. Le piqueur répondit dans les termes les plus propres à marquer son attachement à son maître. « Vous avez grande raison, lui dit le prince, d'aimer le roi de France; je pense bien de même. » Et un moment après, ayant demandé à boire, il dit au piqueur : « C'est à la santé du roi de France; je vous prie de lui dire à votre retour. » Après quelque moment, le piqueur crut devoir se retirer; le prince le fit rappeler, et lui dit d'attendre la fin de son dîner. Lorsqu'il fut hors de table, il tira une montre d'or de sa poche, et la donna au piqueur, et lui recommanda de la garder pour l'amour de lui.

Du mardi 29, Fontainebleau. — J'ai parlé de l'incertitude du temps de l'arrivée de Mme Infante. M. d'Huescar, à qui j'en parlois hier, me dit une chose assez singulière; c'est que toute cette affaire du départ de Mme Infante s'est traitée de Mme Infante au Roi, et que M. de Puisieux et lui s'en sont fort peu mêlés.

Une autre singularité c'est que Mme Infante, qui aime certainement beaucoup la Reine, se trouvant un peu incommodée, a écrit au Roi assez en détail sur ses incommodités, au lieu de faire passer ce détail par la Reine, qui ne l'a appris que du Roi.

Du jeudi 31, Paris. — J'ai marqué la nouvelle d'avant-hier, M. le duc de Richelieu, maréchal de France. C'est par le retour du courrier qu'on lui avoit envoyé à Gênes que cette nouvelle est devenue publique, le courrier ayant été chargé de lettres de plusieurs particuliers et d'une de M. de Richelieu, où il signoit : le maréchal duc de Richelieu; cependant, avant-hier au soir, le Roi ne l'avoit point encore déclaré.

Comme je mets dans ces Mémoires ce qui me paroît digne de remarque dans tous genres, j'ai cru devoir y placer un événement particulier arrivé à un religieux dominicain chargé des affaires de l'ordre, nommé le P. Vassal. C'est un homme d'esprit et qui a de l'usage du monde. Il a demeuré pendant dix ou douze ans à Saint-Domingue, où les Dominicains ont un établissement pour les missions. En 1717, le P. Vassal s'embarqua, sur un vaisseau marchand, à Bordeaux, avec trois ou quatre autres religieux de son ordre, au mois d'août, pour aller à Saint-Domingue. L'équipage de ce vaisseau n'étoit que de dix-huit hommes; ils n'avoient que quatre petites pièces de canon; le capitaine (1) étoit jeune et imprudent, comme on le verra. Ils aperçurent la côte de Saint-Domingue vers la fin d'octobre; ce moment fort agréable à la fin d'un aussi long voyage ne fut pas de longue durée, car ils rencontrèrent en même temps un forban anglois qui tira sur eux. Les forbans sont des voleurs de mer, qui prennent tous les vaisseaux qui ne sont pas en état de leur résister. Lorsqu'ils sont pris, ils sont traités comme voleurs; leur procès est bientôt fait : ils sont pendus. Comme ils sont sûrs de ce traitement, ils font le même à tous ceux qui leur résistent; mais lorsqu'on se rend à eux sans se défendre, ils se contentent de piller, et renvoient les hommes et femmes qui sont sur les vaisseaux qu'ils prennent, sans leur faire aucun mal. On prétend que quelquefois ils les mettent dans des îles désertes; quelquefois aussi le sort des femmes est à plaindre, lorsque le vaisseau où elles sont vient à être pris. Le capitaine du vaisseau où étoit le P. Vassal se voyant aussi près de Saint-Domingue, et croyant qu'il auroit le temps d'y arriver, commença par se défendre et fit tirer sur le forban. C'étoit un gros vaisseau, qui avoit une artillerie considérable

---

(1) Il s'appeloit Bergeron, et son vaisseau le Saint-Jacques. (*Note du duc de Luynes.*)

et un nombreux équipage. Il s'étoit déjà emparé de sept vaisseaux qui le suivoient et formoient une petite escadre. L'usage des forbans est lorsqu'ils prennent un vaisseau de mettre à fond de cale leurs prisonniers, de les y enfermer, à la réserve de quelques matelots, qu'ils font passer sur leur bord pour aider aux manœuvres, et font un détachement de leurs matelots, pour conduire leur prise. La supériorité du feu décida bientôt en faveur du corsaire : il fallut songer à se rendre ; mais dans le moment on vit arborer un drap noir, ce qu'ils appellent le pavillon sans quartier. C'est une grande tenture noire où est représenté un squelette blanc, qui tient d'une main un dard et de l'autre une horloge ou sable, pour signifier qu'on a manqué le temps de la miséricorde en se défendant, et qu'on peut être sûr du traitement le plus rigoureux. On ne peut se représenter la douleur et le désespoir de l'équipage, qui se trouva sans aucune ressource, assuré de périr tous par un supplice ignominieux. Les uns n'étoient occupés que de leur conscience, d'autres de leur famille ; quelques-uns ouvrirent un avis de mettre le feu aux poudres et faire sauter le vaisseau. On prioit Dieu, on pleuroit, on délibéroit sans savoir quel parti prendre. Il falloit cependant se déterminer promptement ; il étoit fort à craindre que quelque matelot, zélé pour la gloire de l'équipage et saisi de l'horreur de la potence, n'allât mettre le feu aux poudres. Dans cette situation violente, le P. Vassal crut devoir donner son avis ; après quelque exhortation sur la soumission à la volonté de Dieu, il proposa de députer quelqu'un pour tâcher de fléchir la colère du corsaire. L'expédient parut inutile, et d'ailleurs il n'y avoit personne qui voulût se charger de la commission ; on devoit s'attendre à essuyer les premières marques de fureur de voleurs irrités de la résistance qu'on leur avoit faite. Le P. Vassal offrit d'y aller si on vouloit lui donner une chaloupe et quatre matelots ; cette offre fut acceptée, et de ce moment il ne songea plus qu'à se préparer à la mort; il se confessa, embrassa les religieux qui étoient avec lui, et s'embarqua dans la chaloupe, pour laquelle on eut bien de la peine à trouver les quatre matelots; ce ne fut qu'avec le pistolet sur la gorge que le capitaine put les obliger à y aller. Le P. Vassal avoit son habit de religieux, qui est tout blanc lorsqu'ils sont en campagne; on lui avoit proposé de changer d'habillement, mais il crut devoir mourir avec celui de son ordre. Plus il approche du vaisseau corsaire, plus il découvre toute l'horreur du spectacle du pavillon noir; il aperçoit les forbans qui paroissoient attendre leur proie, le sabre nu à la main. Les quatre matelots fondant en larmes se jettent à ses pieds et lui demandent l'absolution. Après leur avoir donné à tous une absolution générale, il arrive enfin et monte sur le vaisseau; il se trouve au milieu de brigands, sans savoir duquel il recevroit le premier coup de la mort; il avance fort tremblant, comme on peut le croire; il ne connoissoit point leur chef et ne savoit à qui s'adresser. Enfin il voit paroître un jeune homme, qu'il jugea être le capitaine. Il avoit l'air farouche et extrêmement irrité; il dit qu'il n'oubliera jamais le regard terrible de ce capitaine. Il lui fait une profonde révérence, et d'un air très-respectueux il dit qu'il vient lui présenter les hommages de tout le vaisseau soumis à ses lois et prêt à lui obéir; qu'il venoit mettre la vie de tout l'équipage entre ses mains et le prier de la leur conserver. A ce propos, le capitaine se retourne sans lui répondre; il crut dans ce moment son malheureux sort plus décidé que jamais; cependant, un moment après, le capitaine revient lui dire d'un air encore fort en colère et même en fureur : « Vous demandez la vie; vous ne la méritez pas. Voyez ces cordes, c'est pour vous pendre. » En lui disant ces paroles, il lui met la main sur l'épaule (1).

---

(1) Ce geste fut fait par le capitaine avant que de parler. (*Note du duc de Luynes.*)

Ce geste étoit ordinaire au capitaine forban. Le P. Vassal l'ignoroit, et crut que c'étoit l'arrêt de sa mort; la potence étoit prête, et il voyoit à ses côtés le bourreau qui attendoit les ordres. « Où est votre capitaine? lui dit le forban. » — « Il est très-indisposé, répondit le P. Vassal, ce qui l'a empêché de venir avec moi »; et il ajouta que lui (le P. Vassal) lui avoit demandé de ne donner à aucun autre que lui le plaisir de le saluer le premier. Le capitaine étoit en effet malade, comme tout le reste de l'équipage, de l'état violent dans lequel il se trouvoit. « Eh bien, dit le forban, je vous donne la vie. » Cette parole consolante fut suivie d'une révérence et d'un regard assez doux. Le forban fit entrer le P. Vassal dans sa chambre, et donna l'ordre pour que trente de ses matelots allassent prendre possession du vaisseau. La consternation où étoit l'équipage de ce vaisseau augmenta encore, s'il est possible, lorsqu'ils aperçurent au lieu du P. Vassal, dont ils attendoient le retour, une troupe de brigands qui venoit à eux; ils jugèrent que c'étoit autant de bourreaux. Cependant ils ne firent que se mettre en possession des manœuvres du vaisseau, dont quelques matelots furent transportés sur le leur. Pendant ce temps le P. Vassal avoit commencé la conversation avec le capitaine forban, dans lequel il remarquoit de la politesse, de la douceur et une bonne éducation; il parloit mal françois, mais assez pour se faire entendre, et l'entendoit assez bien; il parloit et entendoit le latin. Le capitaine lui fit apporter toutes sortes de rafraîchissements. L'état où il avoit été le mettoit peu à portée d'en faire usage; cependant il prit un peu d'une liqueur qui lui rendit une partie de ses forces. La conversation fut souvent interrompue par des ordres que le capitaine donnoit en anglois; elle le fut encore davantage par la vue d'un assez gros vaisseau. Les forbans coururent sur ce bâtiment, qui se rendit sans résistance; l'équipage en étoit assez nombreux. Il appartenoit à M. de

Montadouin, de Nantes. Dans les vaisseaux qu'ils avoient pris auparavant il s'étoit trouvé M. et Mme de Lézon ; le mari étoit chevalier de Saint-Louis ; ils étoient François. Mme de Lézon, amenée au capitaine forban, fondant en larmes et sentant toute l'horreur de l'état où elle se trouvoit, le capitaine la rassura, lui dit qu'il ne lui seroit fait aucune violence, et lui ayant demandé si elle avoit son mari, il le fit venir, les fit conduire dans une bonne chambre, et y établit une sentinelle. Plus le Révérend Père raisonnoit avec le capitaine, et plus la confiance s'établissoit de part et d'autre. Enfin il hasarda de demander au capitaine s'il y avoit longtemps qu'il faisoit le métier de pirate (1), qu'il lui paroissoit bien peu convenable aux sentiments qu'il découvroit en lui. Le capitaine lui avoua, les larmes aux yeux, que son éducation étoit fort différente ; qu'il étoit de la Jamaïque ; que son père étoit riche ; mais qu'en ayant été traité durement, il avoit pris le parti de s'enfuir de la maison, et qu'il s'étoit trouvé engagé peu à peu avec ces pirates, mais qu'il étoit bien résolu de les quitter s'il pouvoit fléchir la colère de son père. Pendant cette conversation, le vaisseau corsaire s'éloignoit toujours des côtes de Saint-Domingue. Dans cette route, l'on découvrit, après trois jours de marche, une île déserte dont la vue fit trembler le P. Vassal ; il savoit qu'il n'y avoit point d'eau dans cette île (2), et que cette raison n'arrêtoit pas quelquefois la barbarie des corsaires, dont j'ai parlé ci-dessus. Il commençoit à la vérité à pouvoir compter sur l'amitié du capitaine, mais il savoit que les commandants forbans ne sont pas toujours les maîtres dans leurs vaisseaux, que la pluralité des voix décide quelquefois du sort des prisonniers, et que même les capitaines n'osent s'y opposer,

---

(1) Il y avoit onze mois seulement. Il s'appeloit Nicolas. (*Note du duc de Luynes.*)

(2) Nommée l'île d'Hinnague, à trente lieues au nord de Saint-Domingue. (*Note du duc de Luynes.*)

craignant d'être jetés à la mer. Enfin le Révérend Père n'avoit d'autre ressource que de s'adresser au capitaine; il lui confia ses craintes, et fut un peu rassuré par les promesses de cet officier. Quelques jours après la prise du vaisseau où étoit le P. Vassal, il commença à s'apercevoir que le capitaine vouloit bien se laisser aller à rendre la liberté à l'équipage de ce vaisseau et même à ceux des autres vaisseaux dont il s'étoit rendu maître. Il obtint enfin que l'on donnât des ordres pour équiper une barque assez grande pour contenir tous ces équipages (1). Le moment parut favorable au Révérend Père pour demander que ses papiers lui fussent rendus et ceux de ses religieux; il en parla au capitaine, qui y consentit avec plaisir, et envoya dire dans le vaisseau qu'on mît à part tous les coffres des religieux, sans garder la moindre partie de ce qui leur appartenoit. On peut juger sur cette nouvelle que l'équipage des bons Dominicains se trouva plus considérable qu'il ne l'étoit en effet; chaque officier cherchoit à sauver son bagage. Malgré cela, tout se passa avec douceur et sans difficulté. Tous les prisonniers des neuf vaisseaux furent embarqués le 25 ou le 26 d'octobre. Quoique le vaisseau corsaire eût fait route, comme je l'ai dit, pendant plusieurs jours, il n'étoit pas cependant assez éloigné de la côte de Saint-Domingue pour ne pas compter sûrement y arriver en vingt-quatre heures. On leur donna donc des vivres en abondance pour ce terme; on y ajouta quelques rafraîchissements pour les Pères Dominicains. La joie de la liberté, le désir et l'espérance d'arriver promptement au terme de son voyage, fit oublier les mesures que la prudence auroit dû suggérer; on ne songea qu'à bien boire et bien manger; les provisions furent consommées, et le calme empêchoit d'approcher des côtes de Saint-Domingue. Cet obstacle invincible dura pendant cinq ou six jours;

---

(1) Ce qu'on appelle un gros bateau dans ces mers. (*Note du duc de Luynes.*)

l'inquiétude, la faim, le désespoir furent suivis de la langueur et de l'abattement; enfin, tous étoient prêts à rendre l'âme lorsqu'on arriva au port de Paix, paroisse desservie par les RR. PP. Jésuites. Il auroit été nécessaire d'user d'un grand ménagement après un état aussi long et aussi violent; mais plusieurs de l'équipage se laissèrent aller à l'extrême besoin de manger, et près de la moitié périrent. Le P. Vassal et ses religieux se conduisirent avec plus de prudence et furent bientôt rétablis. Un an après, il reçut des nouvelles de la Jamaïque; c'étoit son cher capitaine (il l'appeloit ainsi) qui lui mandoit qu'il avoit exécuté la promesse qu'il lui avoit faite; qu'il avoit quitté le métier de pirate et étoit retourné chez son père. Il entretint toujours depuis commerce de lettres avec le P. Vassal; mais ce commerce ne dura pas longtemps, car il mourut au bout de deux ou trois ans.

Le P. Vassal m'a ajouté une circonstance. Quelque temps après son arrivée à Saint-Domingue, on eut recours à lui pour assister, à la potence, des prisonniers qui y étoient condamnés; il se rendit dans les prisons, et y vit deux hommes qu'il ne connoissoit point; eux le reconnurent aussitôt, et se jetèrent à ses pieds fondant en larmes. « Hélas, mon père, lui dirent-ils; nous sommes deux de ces forbans par qui vous avez été pris, et nous vous avouons, avec la douleur la plus grande, que nous avons été des plus ardents à insister pour que vous fussiez pendu; nous allons subir ce sort : nous vous prions avec la dernière instance de nous pardonner. » La bonne foi, la sincérité de ces malheureux, jointés à leur cruelle situation attendrirent le Révérend Père; il employa tous les termes que la compassion et la religion put lui suggérer : il obtint que l'exécution fût sursise de deux ou trois heures; il les employa à solliciter leur grâce, mais il ne put jamais l'obtenir. La loi est si sévère qu'il auroit fallu un ordre exprès du Roi. Il eut donc la douleur de s'acquitter des fonctions de son ministère auprès de ces malheureux, qui moururent dans des sentiments les plus capables de donner de la consolation. Ils étoient Anglois et protestants. Ils firent abjuration au pied de la potence. C'étoit le marquis de Chateaumorand qui étoit gouverneur de Saint-Domingue.

On trouvera dans mes Mémoires que M. du Parc vient d'être nommé pour remplir la place d'intendant des postes qu'avoit feu M. Dufort. M. du Parc, l'un des premiers commis de M. le cardinal de Fleury, étoit déjà dans ce que l'on appelle le secret des postes. Il y a à la poste une chambre qu'ils appellent entre eux le secret, et personne n'y entre que ceux qui y sont admis, et c'est douze ou quinze personnes. C'est là que l'on ouvre toutes les lettres qui peuvent exciter la curiosité du ministère, tant celles des ministres étrangers que celles des sujets du Roi. On croyoit que M. d'Argenson, surintendant des postes, ne laisseroit pas rétablir l'usage, nouvellement établi, que l'intendant des postes travaille directement avec le Roi ; mais l'on me mande de Fontainebleau que lorsque M. du Parc a été faire son remercîment, le Roi lui a dit : « Je travaillerai bientôt avec vous. » L'intérêt que M. Dufort avoit dans les postes n'est encore donné à personne ; on croit qu'il est destiné à M. Ferrand, parent et ami de Mme de Pompadour, qui est grand musicien et qui joue parfaitement bien du clavecin. Son père étoit homme de finances, et y avoit acquis beaucoup d'estime et de considération.

NOVEMBRE.

Bontés de la Reine pour Mme de Luynes. — Prétention de plusieurs généraux au bâton de maréchal de France. — Commissaires nommés pour l'évacuation des pays conquis. — Murmure des premiers gentilshommes au sujet du théâtre des cabinets. — Ballet de Rameau. — Lettres de la Reine. — Anecdote sur François Ier. — Anecdotes sur MM. de Cinq-Mars et de Fontrailles. — Anecdote sur Mme de Maintenon. — Anecdote sur Louis XIV. — Anecdote sur Mlle de la Vallière. — Anecdote sur la maladie de Louis XIV à Calais. — Anecdotes sur le Dauphin. — L'Ermitage, nouvelle maison de Mme de Pompadour, et anecdote sur Clagny. — Traits d'exactitude. — Anecdote sur l'évêque de Rennes. — Le prince Édouard. Le duc de Gesvres envoyé par le Roi ne peut obtenir que le prince quitte volontairement la France. — Sur l'intendance des postes. — Les Ferrand.

Du samedi 2, *Paris*. — J'ai marqué dans mon livre notre départ de Fontainebleau, à Mme de Luynes et à moi, mercredi 30 du mois passé, et toutes les marques de bonté que Mme de Luynes a reçues de la Reine. La Reine envoya dès le jour même chez Mme de Luynes un de ses pages qui étoit venu pour savoir des nouvelles de Mme la duchesse d'Orléans. J'eus l'honneur de lui écrire avant-hier pour lui rendre compte de la santé de Mme de Luynes, comme elle me l'avoit ordonné. Hier elle fit réponse à Mme de Luynes, qui avoit eu l'honneur de lui écrire déjà deux fois, et lui marqua qu'elle me feroit réponse aujourd'hui. On trouvera ci-après la copie de la lettre de la Reine. Le mot qui est à la fin sur Choisy mérite d'être remarqué ; on ne peut s'accoutumer à voir que le Roi fait un arrangement pour le départ de la Reine, sans lui en rien dire ; et cependant quand elle est à Choisy, comme je l'ai écrit, il n'y a sortes d'attentions qu'il ne lui donne.

Du mercredi 6, *Paris*. — J'ai marqué la nouvelle dignité de M. de Richelieu. On croyoit qu'il y auroit encore trois autres maréchaux de France, et le public nommoit : M. de Senneterre, parce qu'il s'est conduit fort sagement à l'occasion de la dernière promotion ; M. de Biron et M. de Clermont-Gallerande. D'autres nommoient M. de Ségur et M. le comte d'Estrées. M. de Biron a été à Fontainebleau plutôt qu'il ne devoit y aller, et ce à l'occasion de la nouvelle de M. de Richelieu. Mme de Mirepoix y a été aussi ; elle pouvoit avoir sujet de faire des représentations pour son mari, qui en effet a très-bien servi ; son ambassade, le combat de Sahay et toute la guerre d'Italie lui font beaucoup d'honneur. A toutes ses représentations on a répondu que les Génois avoient demandé avec instance le bâton de maréchal de France pour M. de Richelieu.

Il est certain que M. de Lowendal, qui commandoit à Maëstricht, revient. On dit même qu'il s'en va en Pologne. C'est M. du Chayla qui est nommé commissaire du Roi, avec M. de Séchelles, pour l'évacuation des places et pays conquis, comme du côté de l'Italie, M. le maréchal de Belle-Isle est nommé commissaire du Roi avec M. de Sérilly, intendant de son armée. Dans ces occasions il faut un ordre particulier du Roi, même aux généraux commandant les armées.

Il paroît qu'il y a quelque murmure des premiers gentilshommes de la chambre au sujet du nouveau théâtre des cabinets, construit sur l'escalier des ambassadeurs. Cet escalier est, je crois, regardé comme faisant partie du grand appartement. On m'a dit que M. de Richelieu, qui va entrer en année, avoit écrit au Roi à ce sujet une lettre très-respectueuse, mais très-forte.

Du vendredi 8, Paris. — On me mande de Fontainebleau que l'on vient de faire un détachement à Fontainebleau de musiciens du Roi, qui doivent aller répéter à Versailles pour la première répétition du ballet de Rameau intitulé *Le Retour d'Astrée*, consistant en un prologue et deux actes, qui doit être joué sur le théâtre des cabinets. On ne dit pas de qui sont les paroles.

On trouvera ci-joint copie de plusieurs lettres que la Reine m'a fait l'honneur de m'écrire à l'occasion de la maladie de Mme de Luynes.

Copie des lettres de la Reine.

1.

Je vous remercie du détail que vous me faites de l'état de Mme de Luynes. Je vous prie de continuer et de n'en rien oublier ; on ne peut s'y intéresser davantage. Elle me manque bien, et vous aussi. Pour me consoler, je me dis que c'est pour la revoir en parfaite santé, et qu'il faut passer par les peines pour arriver au plaisir ; mais en attendant je sens une vraie peine d'en être séparée. Embrassez-la de ma part ; je lui écrirai demain. Pour moi, je fais l'anniversaire de la chaise longue ; elle n'est pourtant pas aussi fâcheuse que l'année passée, mais je sens que j'ai un an de plus ; je suis plus foible. Rendez-en compte à Mme de Luynes, et gardez-vous de deviner ce que cela veut dire. Je souhaite d'apprendre que Mme de Chevreuse est accouchée d'un garçon, qu'elle se porte bien, et sur toutes choses que Mme de Luynes n'a plus de battements de cœur. N'oubliez pas, si par hasard pendant votre absence vous découvrez le secret de vivre sans manger, de me le mander. Nous partons le 18, je crois, pour Choisy, mais je n'en sais rien. Comment se porte le Président. Adieu. Voilà une lettre bien arrangée et bien écrite.

Ce 1er novembre 1748, Fontainebleau.

2.

Il y a plaisir au vrai de vous aimer tous deux, vous savez si bon gré de ce qui me satisfait moi-même, où je n'ai pas d'autre but, car ce n'est pas pour vos beaux yeux que j'écris, c'est pour les miens. Je n'adresse pas cette lettre à Mme de Luynes, quoique, je vous demande pardon, elle soit pour elle, parce que je ne veux pas qu'elle me fasse réponse. Pourvu que je sache de ses nouvelles, je suis contente ; donnez-vous la peine de m'en dire tous les jours ; n'oubliez pas les vôtres aussi. Ma santé est bonne ; plus de chaise longue, mais des vapeurs horribles. Je fais ce que je puis pour m'amuser. Je fis revenir hier, après souper, mes filles pour jouer à cavagnole, où je fus encore ruinée ; ce soir j'irai chez Papette (1). Je crois bien que vous n'avez pas encore trouvé le grand secret de vivre sans manger, car je lisois hier dans Grenade (2), s'il vous plaît, que ceux qui s'abstenoient de manger, par maladie ou par régime, devenoient maigres et débiles, et enfin conclut ce grand auteur qu'il faut manger. Pour moi, je suis rassasiée quand je le lis, et je cours vite au P. Malebranche pour le digérer. Je vous aime tous deux de tout mon cœur, et puis voilà tout.

Mes compliments à la tante ; je serois ravie de la voir.

Ce 4 novembre 1748, Fontainebleau.

---

(1) Mme de Villars.

(2) Le dominicain Louis de Grenade, prédicateur célèbre et l'un des plus grands écrivains ascétiques de l'Espagne, mort en 1588 à quatre-vingt-quatre ans.

3.

Je comptois ne vous point écrire aujourd'hui pour vous laisser reposer de mes ennuyantes lettres, mais l'occasion est trop belle; je vous en fais mon compliment à tous deux et à l'accouchée (1). Je suis ravie de savoir Mme de Luynes mieux ; je l'embrasse de tout mon cœur, et vous souhaite le bonjour, car il est bien matin.

Ce 5 novembre 1748, Fontainebleau.

4.

Vous n'aurez que très-peu de chose de moi aujourd'hui, car je ne suis pas contente de ce que vous m'avez mandé de Mme de Luynes hier ; dites-lui de me remettre en gaieté ; ce sera assurément par sa santé. J'espère que la médecine lui fera du bien. Je suis très-aise de ce que monseigneur de Bayeux est arrivé ; envoyez-le-nous vite, je serois bien aise de le voir et de savoir par lui des nouvelles de Mme de Luynes, que j'embrasse de tout mon cœur ; et vous n'aurez rien aujourd'hui, car j'ai de l'humeur.

Ce 6 novembre 1748, Fontainebleau.

P. S. Bien des choses pour la tante Saissac ; emmenez-la à Versailles.

Au reste, Fontainebleau m'est odieux ; si j'avois un prochain aussi haïssable, j'aurois grand peur pour mon salut.

5.

Je ne comptois pas vous écrire, parce que très-malhonnêtement vous ne me faites point de réponse ; mais je ne puis m'empêcher de vous dire la joie que j'ai eue de voir le Bayeux. Il n'y a que quand je vous reverrai tous deux que je serai beaucoup plus vive, n'en déplaise audit monseigneur de Bayeux. Assurez bien Mme de Luynes de toute mon impatience. Je suis persuadée que quand nous serons dans notre pays à Versailles, elle s'en portera mieux et moi aussi. J'ai des vapeurs horribles, des battements dans l'estomac et de cœur, des serrements et tiraillements dans la tête, tremblements, enfin toutes les gentillesses de ce vilain état. Le Roi part le 17, et moi le 18. Jugez si j'aurai des

---

(1) La duchesse de Chevreuse était accouchée, le 4 novembre, d'un fils, qui fut Louis-Joseph-Charles-Amable, duc de Luynes, appelé d'abord le comte d'Albert.

vapeurs ce jour-là. Fontainebleau me fait l'effet d'une porte fermée. Je suis plus noire que l'encre que vous voyez. Mon fils s'en va mercredi. Vous me verrez peut-être arriver à l'hôtel de Luynes de mon pied, avec mon paquet sous mon bras ; Mme de Luynes seroit bien étonnée et moi aussi, mais je serois bien aise. Je l'embrasse de tout mon cœur.

Ce 8 novembre 1748, Fontainebleau.

Dites-moi donc des nouvelles du Président.

6.

Je suis charmée des bonnes nouvelles de Mme de Luynes, et l'embrasse de tout mon cœur : c'est une chose qui se dit ordinairement à la fin d'une lettre, mais je commence les miennes par ce qu'il y a de plus pressé. Je ne parlerai plus de tous les événements que j'ai sus bien contraires à mes vapeurs, j'en ai fait le détail à Mme de Luynes. Tout le monde se porte bien. Je voudrois que cela fût toujours comme cela, et que personne ne fût malheureux. Je ne me sens point de courage pour mon prochain, je me laisse aller à sa peine ; ne dites cela à personne, car cela a l'air de se vanter, et je n'y pense pas. Nous partons tous lundi, Dieu soit loué. On voit la fin de tout, mais je vois ordinairement celle des voyages de Fontainebleau par une lunette du côté de l'éloignement. J'ai grande impatience d'arriver à Versailles et de vous revoir tous deux ; amenez-moi le Président.

Ce 13 novembre 1748, Fontainebleau.

7.

Je suis bien aise du bon effet que les pilules ont fait à Mme de Luynes, mais j'en suis étonnée ; ce n'est point ordinairement un grand purgatif, mais apparemment que tout ce qu'elle a pris auparavant pour la détremper les ont aidées. Le livre vert ne sera point utile ; le plaisir que j'aurai de me retrouver avec vous deux m'occupera. Pour le Président, que je serai très-aise de voir, j'aime mieux lui parler que d'entendre chanter. Je pars donc enfin, s'il plaît à Dieu, après-demain ; jamais rien ne m'a paru si long que ce voyage ; le voilà fini, j'en suis ravie. De quoi ? De cela d'abrégé de ma vie. Comment l'ai-je employée ? quel compte en faudra-t-il rendre ? quel profit peut-on faire en six semaines, et l'on n'y pense pas ? Un peu de contrainte, et quand elle est passée, quelle paix dans l'âme ! Mon Dieu, que je suis horrible ! Pardonnez-moi cette petite morale qui s'est trouvée au bout de ma plume.

Ce qu'il y a d'affreux, c'est que je n'en ai pas moins d'impatience d'être à lundi et beaucoup à mercredi.

<small>Ce samedi à dix heures, 16 novembre 1748, Fontainebleau.</small>

Il y en a encore 47.

J'embrasse Mme de Luynes de tout mon cœur.

Du vendredi 22, Versailles. — Il me paroît que les anecdotes servent infiniment à orner l'histoire et à faire connoître le caractère des principaux personnages ; c'est ce qui fait qu'on trouvera dans ce livre non-seulement celles qui peuvent regarder le règne présent, mais même toutes celles qui viendront à ma connoissance.

On sait qu'en 1522 de Beaune-Samblançay, surintendant des finances, fut accusé d'avoir détourné une somme considérable d'argent qui étoit destinée pour le Milanais. Le procès ne fut fait à Samblançay qu'en 1527 ; il fut condamné à être pendu, ce qui fut exécuté. Samblançay étoit un homme âgé, de mœurs et de conduite irréprochables. François Ier paroissoit avoir estime et considération pour lui ; il l'appeloit son père. Quelque temps après que la sentence prononcée contre lui eut été exécutée, une dame de la cour de François Ier, je ne sais si ce n'est pas la duchesse de Retz, étant venue se présenter devant ce prince, il la reçut avec toute sorte de bonté et l'appela ma fille. Mme de Retz, frappée de l'aventure de Samblançay, ne répondit qu'en pleurant à ce terme d'amitié. Qu'avez-vous donc? lui dit le Roi, étonné de ces larmes. Hélas, Sire, lui dit-elle, après ce qui vient d'arriver à celui que vous appeliez votre père, je ne sais quel sort peut attendre celle que vous nommez votre fille.

Je ne sais si je n'ai pas déjà marqué la mauvaise plaisanterie que M. de Cinq-Mars, grand-écuyer, fit à Fontrailles. Fontrailles avoit été en Espagne, où il avoit signé, le 13 mars 1642, au nom de Monsieur, un traité qui tendoit à bouleverser l'État et à perdre le cardinal de Richelieu.

MM. de Bouillon et de Cinq-Mars étoient nommés dans ce traité. Fontrailles en arrivant de Madrid descendit chez M. de Cinq-Mars; il avoit le traité dans sa poche. Pendant qu'ils étoient ensemble, on vint avertir M. de Cinq-Mars que le Roi le demandoit pour jouer au billard. Cinq-Mars dit à Fontrailles qu'il pourroit être dangereux qu'on l'eût vu arriver à la Cour sans paroître devant le Roi, et qu'il feroit bien de s'y présenter comme à son ordinaire. Fontrailles se laissa persuader, et alla avec M. de Cinq-Mars dans l'endroit où le Roi jouoit au billard. Cinq-Mars étoit alors dans la plus grande faveur; il avoit une figure fort agréable, et Fontrailles étoit très-mal fait. M. le Grand, avec un air de familiarité que le Roi permettoit, lui dit : « Sire, Votre Majesté ne croiroit pas que Fontrailles fût un homme qui eût des affaires réglées; il n'y a peut-être personne à votre Cour qui reçoive autant de lettres de galanterie, et je parierois qu'il a actuellement vingt lettres de femmes dans sa poche; il n'y a qu'à le fouiller. » Le Roi aussitôt s'approche de Fontrailles, et veut fouiller dans sa poche. On peut juger de l'état violent où il se trouva, ayant encore dans sa poche le traité. Il trouva le moyen de se sauver, et lorsque M. de Cinq-Mars fut rentré chez lui, il lui dit : « Monsieur, je prends congé de vous; vous êtes grand et bien fait, il n'y paroîtra pas quand vous aurez la tête de moins. Pour moi, tel que je suis, cela me siéroit fort mal. » En effet, il se sauva en Angleterre, et ne revint qu'après la mort du cardinal de Richelieu.

On prétend que dans les différentes résolutions qui avoient été prises contre le cardinal de Richelieu, chacun avoit proposé divers moyens de s'en défaire. Les uns vouloient qu'il fût exilé, d'autres qu'il eût le col coupé, d'autres enfin qu'il fût conduit seulement au pied de la potence pour lui donner l'horreur du spectacle. Le cardinal de Richelieu, qui étoit instruit de tout, voulut se venger de tous ces différents conseils; ceux qui les avoient donnés furent condamnés aux mêmes peines qu'ils avoient conseillées contre lui.

M. de Cinq-Mars, dont je viens de parler, eut la tête tranchée à Lyon, le 12 septembre de cette même année 1642. J'ai dit qu'il étoit en grande faveur. Le Roi l'appeloit cher ami. Cette grande amitié ne pouvoit le préserver de la vengeance d'un ministre tout-puissant auprès de son maître; mais ce que l'on remarqua avec étonnement, c'est que Louis XIII étant chez lui avec M. de Mortemart (c'étoit le père ou grand-père du maréchal de Vivonne, le père étoit premier gentilhomme de la chambre du Roi), il lui demanda quelle heure il étoit. « Il est cinq heures, » lui dit M. de Mortemart. C'étoit l'heure à laquelle devoit être exécuté M. de Cinq-Mars. « Cher ami passe mal son temps actuellement, » lui dit le Roi. M. de Mortemart fut si frappé de ce mot d'amitié placé si singulièrement, qu'il dit depuis qu'il ne l'oublieroit jamais.

Mme de Frontenac et Mlle d'Outrelaise étoient deux amies, qui vivoient dans une grande union; elles sont mortes à la fin du règne du feu Roi. Mme de Luynes a vu et connu Mme de Frontenac, qui voyoit souvent Mme Scarron.

Mme Scarron, qui a été depuis Mme de Maintenon, étant veuve, se trouva chez Mme de Frontenac. Il y arriva un homme nommé Masson, qui prétendoit connoître dans la main les événements de la vie d'un chacun. Ceux et celles qui étoient présents se firent dire leur bonne aventure. Mme Scarron présenta aussi sa main. Le prétendu devin, après avoir bien examiné, lui dit qu'il voyoit clairement qu'elle seroit un jour une grande dame. Il n'étoit pas encore question d'elle pour mettre auprès des enfants du Roi et de Mme de Montespan, et elle étoit fort éloignée de croire pouvoir devenir une grande dame. Aussitôt, se tournant avec vivacité vers Mme de Frontenac et la compagnie qui y étoit : « Que diriez-vous de ce que l'on me prédit? leur dit-elle; moi une grande dame, voilà une belle idée ? » Elle rioit en racontant cette prédiction. Le devin, sans être déconcerté, lui dit : « Oui, Madame, ma prédiction s'accomplira, et je n'ose vous dire ce que je vois encore par delà; vous me prendriez pour un fou. » C'est Mme de Frontenac qui a raconté cette aventure à Mme de Luynes.

Mme la maréchale de Noailles (Bournonville) a dit à M. le président Hénault qu'elle n'avoit jamais oublié un dîner qu'elle fit à Soissons ou à Villers-Cotterets avec Mme de Montespan. C'étoit en 1683, peu de temps après la mort de la reine Marie-Thérèse. Mme de Montespan parloit du Roi et de son caractère. « Il faut, dit-elle à Mme de Noailles, songer à le remarier tout au plutôt; sans cela, tel que je le connois, il fera un mauvais mariage plutôt que de n'en point faire. » On prétend que ce mariage du Roi lui avoit été prédit, un jour qu'il voulut sans être connu se faire dire sa bonne aventure en présence des maréchaux de Villeroy et de Gramont. MM. les maréchaux commencèrent les premiers. Le Roi, ayant répondu à toutes les questions du prétendu devin, fut fort étonné de l'entendre lui dire : « Pour vous, vous ferez un mauvais mariage; vous épouserez une femme qui par son âge, sa naissance et sa conduite ne sera pas digne de vous (1) ».

On me contoit encore ces jours-ci une réponse de Mlle de la Vallière. On sait que cette fille, dont le caractère étoit fait pour la vertu et qui l'a prouvé par sa pénitence, ne s'étoit laissée aller que par foiblesse au goût que le Roi prit pour elle. Outre Mme la princesse de Conty, elle

---

(1) Duclos, dans ses Mémoires, raconte tout autrement cette historiette. Suivant lui, ce serait la maréchale de Noailles qui aurait dit à Mme de Montespan : « Il faut se presser de marier convenablement cet homme-là, sans quoi il épousera peut-être la première blanchisseuse qui lui plaira. » Duclos ajoute qu'il tient ce propos du président Hénault, qui l'avait entendu raconter à la maréchale.

en eut un fils, qui fut M. de Vermandois, qui mourut jeune, en 1683. Mlle de la Vallière, qui n'est morte qu'en 1710, au couvent des Carmélites, où elle avoit fait profession, en 1675, fut dans la douleur la plus vive lorsque M. l'évêque de Meaux (Bossuet) lui apprit la mort de M. de Vermandois. Mais en fondant en larmes elle se reprochoit sa douleur ; M. de Meaux essayoit de diminuer ses scrupules en lui disant que c'étoit un sentiment bien naturel. « Oh ! Monsieur, lui dit-elle, je pleure trop la mort d'un fils dont je n'ai pas assez pleuré la naissance. »

Mme de Luynes m'a conté avoir entendu répéter au Roi plusieurs fois depuis sa grande maladie à Metz, que le feu Roi étant tombé malade à la dernière extrémité, en 1658, à Calais, un jour qu'on le crut mort, une dame de la Cour, que le Roi ne nomma point, alla sur-le-champ chez Monsieur, voulant être la première à lui faire son compliment. Le Roi le sut, et ne lui pardonna jamais.

J'ai parlé plusieurs fois de différentes circonstances de l'éducation de M. le Dauphin. Il avoit environ neuf ou dix ans, et dans les différentes instructions qu'on lui donnoit, on lui avoit parlé ce jour-là même du danger qu'il y avoit de se laisser aller aux éloges dictés par la flatterie, auxquels il se trouveroit souvent exposé. Après l'étude il ne songea qu'à se divertir. Il avoit un cheval de carton sur lequel il se promenoit pendant que les jeunes gens de sa cour jouoient au billard ; il s'arrêta auprès des joueurs, et vit qu'il étoit question d'une bille que l'on disoit impossible à faire. Il prend le billard sans descendre de son cheval et fait la bille. Tout ce qui étoit présent fut dans l'admiration, et lui donna des louanges sans mesure. Un moment après il s'approcha de M. l'ancien évêque de Mirepoix, et lui dit tout bas : « Voilà bien les flatteurs dont vous me parliez tout à l'heure, mais ceux-ci ne sont pas dangereux, car la flatterie est trop grossière. »

Lorsque le Roi tomba malade à Metz, en 1744, M. le Dauphin partit de Versailles avec M. le duc de Châtillon et M. l'évêque de Mirepoix, et au lieu de rester à Châlons, suivant l'ordre du Roi, il prit le chemin de Metz. Ce fut comme l'on sait par l'imprudence de M. de Châtillon, qui fit un raisonnement très-faux, dont il a eu tout le temps de se repentir. Ils passèrent à Sainte-Menehould sur les trois heures du matin. M. le Dauphin, enveloppé dans son manteau et accablé de fatigue, paroissoit s'endormir; M. de Châtillon et M. de Mirepoix étoient dans l'abattement et la douleur, M. l'évêque de Châlons venoit de leur dire que le Roi étoit mort. Dans le moment, ils voient passer un courrier, qui au lieu de suivre le grand chemin prend à travers champs; on envoie courre après lui, et on le ramène avec assez de peine; il alloit porter à Mme de Châteauroux la triste nouvelle que l'on croyoit malheureusement trop certaine. Il vouloit éviter M. le Dauphin; on le conduit à la portière du carrosse; M. de Châtillon et M. de Mirepoix s'avancent pour lui parler, et il leur répond : « Hélas, il n'est que trop vrai qu'il est mort. » Quoique l'on parlât le plus bas qu'il étoit possible, ces mots : il est mort, réveillent M. le Dauphin; il fond en larmes. « Quelle ressource, dit-il, pour ce pauvre royaume que moi. » Ces belles paroles étoient si bien l'effet d'un sentiment naturel, que M. de Mirepoix en ayant parlé à Metz à M. le Dauphin pour lui marquer combien il en avoit été touché, M. le Dauphin les avoit entièrement oubliées.

Du mardi, 26, Versailles. — Je vis hier une petite maison nouvellement bâtie pour Mme de Pompadour; on trouvera dans ce livre un plan de cette maison qui en donne une idée suffisante pour juger de sa grandeur (1). Ce bâtiment a été commencé les premiers

---

(1) Ce plan ne s'est pas retrouvé dans le manuscrit.

jours d'octobre, et actuellement il est tout meublé. On a fait sécher les plâtres autant qu'il a été possible à force de feu. Ce bâtiment est situé fort près d'ici, à cent pas à gauche du chemin qui passe auprès de l'étang où est le nouvel abreuvoir, et va en dehors du petit parc gagner Saint-Antoine et le chemin de Marly. Il est un peu en deçà du chemin qui mène au puits de l'angle et à la Celle ; il n'a que cinq croisées de face et seulement un étage ; il est composé d'un petit vestibule, à droite duquel est une antichambre qui sert de salle à manger, et à gauche une cuisine. Ces trois pièces sont sur la cour. Sur le double, du côté du jardin, est un cabinet d'assemblée, ensuite une chambre à coucher où est une bibliothèque, une chaise percée, et une garde-robe pour une femme de chambre. Le jardin, auquel on travaille actuellement, sera fort grand, d'autant plus que le Roi a permis qu'on y enfermât partie d'un quinconce que l'on voit à droite du chemin qui va traversant le parc à Marly. Il y avoit anciennement, un peu en deçà de la nouvelle petite maison, une pièce d'eau qui étoit destinée pour recevoir l'égout des eaux de Versailles sortant de l'étang qu'on appelle l'étang de Clagny. Lorsque cet étang fut comblé, il y a environ dix ans, et que l'on fit l'abreuvoir qui est actuellement, cette pièce d'eau d'égout devenant inutile, M. Gabriel, aujourd'hui premier architecte, demanda permission au Roi de faire combler l'étang ; il ne garda qu'une petite pièce d'eau, et dans le surplus fit planter un potager ; il y ajouta quelques bosquets, mais sans aucune habitation que la maison du jardinier. C'est ce potager et ces bosquets, avec l'addition du quinconce, qui font le grand jardin de Mme de Pompadour. On ne peut s'empêcher de se souvenir, à l'occasion de cette petite maison, de ce qui arriva au feu Roi à Clagny, qui est vis-à-vis. Il y avoit fait construire une petite maison pour Mme de Montespan, qui en désiroit une ; quoiqu'elle fût vraisemblablement plus grande que celle-ci, elle ne plut pas à Mme de Montespan ; elle dit au Roi que cela ne pou-. voit être bon que pour une fille d'opéra. En conséquence la petite maison fut abattue, et l'on bâtit le château de Clagny.

On me contoit aujourd'hui deux choses singulières, dans un genre différent. Feu M. de Beauvilliers avoit voyagé dans sa jeunesse ; il étoit à Rome pendant que M. de Lavardin négocioit ici son mariage avec Mlle Colbert. Il se rencontra quelques difficultés ; M. de Lavardin l'en instruisit, et lui manda qu'il seroit nécessaire qu'il pût lui parler secrètement. M. de Beauvilliers lui manda qu'il seroit un tel jour à telle heure à la Villette ; il partit de Rome, et arriva à l'heure juste au rendez-vous.

Un trait d'exactitude encore plus extraordinaire est celui de Mme la comtesse de Chavigny (Poncet), ambassadrice du Roi en Danemark. C'étoit une femme singulière. Lorsqu'elle fut prête de partir, elle manda chez elle à Paris qu'on l'attendît tel jour chez elle, et qu'on lui tînt tout prêt des œufs frais. Elle arriva à l'heure marquée.

On prétend qu'il y a quelques sujets de mécontentement à la cour d'Espagne contre M. l'évêque de Rennes (Vauréal), notre ambassadeur. A cette occasion quelqu'un d'instruit me contoit qu'à la mort de M. l'évêque de Rennes (Breteuil), au mois de mai 1732, lequel étoit maître de la chapelle, M. l'abbé de Vauréal, qui avoit perdu toute espérance de pouvoir être fait évêque sous le ministère de M. le cardinal de Fleury, alla le trouver, et lui dit que ce n'étoit point un évêché qu'il venoit lui demander, qu'il n'y songeoit plus, mais qu'il le prioit de vouloir bien demander au Roi pour lui la place de maître de la chapelle. M. le Cardinal lui dit qu'il verroit ; et après son premier travail avec le Roi, il envoya querir M. de Vauréal, et lui dit que le Roi lui donnoit la charge de maître de la chapelle et l'évêché de Rennes. M. de Rennes en fut si surpris, qu'il croyoit que M. de Fleury se trompoit.

Cette surprise n'étoit pas sans fondement, puisque toutes les sollicitations de M. le cardinal de Bissy en faveur de M. de Vauréal, son grand vicaire à Meaux, n'avoient paru faire aucune impression sur M. le Cardinal.

Du samedi 30, *Versailles.* — J'ai parlé ci-dessus du voyage que M. de Gesvres a fait à Paris, pendant Fontainebleau, pour parler au prince Édouard de la part du Roi. Ce voyage fut absolument inutile, malgré la lettre du Roi que M. de Gesvres montra au prince. Cette lettre étoit tendre et touchante; elle n'étoit point écrite directement du Roi au prince Édouard, elle étoit en forme d'instruction pour M. de Gesvres : « Je charge mon cousin le duc de Gesvres de dire au prince Charles-Édouard, etc. » Le prince Édouard fit réponse dans la même forme : « Je prie mon cousin le duc de Gesvres de dire au Roi, etc. »

Après cette première démarche, M. de Gesvres regardoit toutes nouvelles tentatives comme absolument inutiles. Cependant, le lundi 25, le Roi lui dit qu'il pourroit bien encore avoir un nouveau voyage à faire, et en effet M. de Puisieux lui ayant donné un rendez-vous, il fut convenu qu'il iroit à Paris le mardi 26. Le prince Édouard loge à Paris, sur le boulevard, dans une maison où logeoit autrefois Mlle de Melun, fort près de l'endroit où étoit la porte Saint-Honoré; il y donne tous les jours à dîner et à souper à quinze ou vingt personnes. Il va souvent aux Tuileries et encore plus régulièrement à l'Opéra. Il y a un nombre de femmes connues qui vont souper chez lui; il va chez toutes les princesses, mais il étoit en plus grande liaison avec Mme d'Aiguillon (Florensac), et avec Mme de Talmond (Jablonowski). On m'a assuré que Mme d'Aiguillon avoit cessé de le voir depuis qu'elle a su les circonstances dans lesquelles on se trouve ici avec lui et sa résistance aux désirs du Roi. Le prince Édouard, qui est dans l'usage d'aller souvent chez Mme de Talmond, fut fort surpris, il y a quelques jours, de trouver Mme de Talmond sortie à une heure où il ne croyoit pas qu'elle pût l'être. Il insista, et demanda à entrer au moins dans son jardin; le suisse continua à refuser; enfin par accommodement on permit à un de ses gens d'entrer, et on referma la porte sur lui. Le valet de pied du prince alla trouver M. de Talmond, qui lui dit que Mme de Talmond seroit bien fâchée de ne pouvoir pas recevoir l'honneur que le prince lui faisoit, mais que la porte ne pouvoit être ouverte. M. de Talmond descendit chez sa femme, qu'il voit fort peu ordinairement; il lui dit qu'il avoit fait refuser la porte au prince Édouard. Mme de Talmond fut fort en colère, et jugea à propos d'aller, un ou deux jours après, chez le prince, pour lui faire des excuses de ce qui s'étoit passé. M. de Talmond dit qu'il a agi par le conseil de quelqu'un de la Cour très considérable. Mme de Talmond se justifie extrêmement d'avoir pu donner aucun conseil au prince, assortissant à la conduite qu'il tient. On m'a dit même qu'elle s'étoit jetée à genoux devant lui pour le déterminer à prendre le parti que le Roi exige pour le bien de la paix; mais quoique le prince Édouard aime beaucoup Mme de Talmond, il regarderoit comme une foiblesse de se laisser conduire par les conseils d'une femme, et il ne prend aucun conseil; les gens qui lui sont attachés lui ont demandé à genoux de se prêter aux circonstances. Ces représentations ont été reçues avec beaucoup de hauteur de sa part. Lorsque M. de Gesvres arriva chez lui, il le trouva à table, et ne voulut point entrer; il laissa un de ses gens pour l'avertir quand le dîner seroit fini. Le prince le sut et envoya prier M. de Gesvres de venir au plus tôt. M. de Gesvres arriva et monta dans une chambre en haut pour attendre que le café fût pris. Immédiatement après, le prince alla le trouver, et lui fit des reproches d'amitié de ce qu'il n'avoit pas voulu entrer. La conversation commença et dura environ deux heures. M. de Gesvres n'avoit rien d'écrit, mais malgré cela il traita la matière à fond. Le prince qui aime beaucoup M. de Gesvres le traita tout au mieux, et parut même attendri de ce que ce seroit la dernière fois vraisemblablement qu'il le verroit. M. de Gesvres, qui avoit trouvé jusqu'à ce moment une résistance invincible, lui voyant les larmes aux yeux : « Ah ! Monseigneur, lui dit-il, puisque vous êtes si sensible à l'attachement que je vous ai toujours marqué, ne serez-vous point ébranlé par ce que le Roi vous a mandé et ce que je viens de vous dire de sa part? » — « Vous me connoîtriez mal, lui dit le prince; je vous répète avec plaisir ce que je vous ai déjà dit et ce que j'ai mandé au Roi : je suis pénétré de reconnoissance, d'attachement et de respect pour sa personne ; je n'oublie point les bontés dont il a donné tant de marques à mon grand-père, à mon père et à moi ; mais mes sentiments sont les mêmes, et rien ne me fera changer. » Ce fut dans ce moment, ou peut-être un peu auparavant, que M. de Gesvres lui dit : « Monseigneur, puisque les raisons les plus fortes ne peuvent vous faire aucune impression, j'exécute avec grand regret les derniers ordres que j'ai reçus du Roi. Je vous ai offert de sa part la ville de Fribourg en Suisse et tous les secours dont vous pourrez avoir besoin pour y vivre convenablement à votre rang (1). J'ai eu l'honneur de vous exposer les regrets infinis du Roi d'être forcé par les circonstances à exiger que vous vouliez bien souscrire à un arrangement pour la paix de l'Europe. Si vous persistez dans le parti que vous paroissez avoir pris, j'ai ordre de vous dire que le Roi vous fera saisir pieds et poings liés pour vous faire conduire à Rome et vous remettre entre les mains du roi votre père. » — « Vous croyez bien, lui dit le prince, qu'on ne m'y mènera pas en vie. » Ce fut la seule réponse qu'il fit à ce

---

(1) On m'a dit que le Roi offroit de lui donner 800,000 livres par an ; mais je n'assure pas ce fait positivement. (*Addition du duc de Luynes*, datée du 8 décembre.)

propos, avec un très-grand sang-froid. Cependant, comme la conversation avoit été extrêmement vive, il ne voulut voir personne après que M. de Gesvres fut sorti; au lieu que dans les deux autres, car celle-ci est je crois la troisième, il avoit soupé immédiatement après, avec beaucoup de monde comme à l'ordinaire. Il y en eut même une où il pria M. de Gesvres de rester pendant son souper; il parut fort gai, et parla beaucoup à M. de Gesvres des pigeons et des volières de Saint-Oüen, comme s'il n'avoit été question entr'eux que de choses indifférentes; et même après la troisième dont je viens de parler, il sortit comme à l'ordinaire. M. de Gesvres rendit compte au Roi, en arrivant, de ce qui s'étoit passé; il est certain que le Roi en est inquiet et affligé. L'on est embarrassé sur le parti que l'on doit prendre; l'on attend ces jours-ci la réponse à la lettre que le Roi a écrite au roi d'Angleterre à Rome (1).

J'ai marqué ci-dessus que le Roi a donné à M. du Parc l'intendance des postes qu'avoit feu M. Dufort, et à M. Camuset, notaire de feu Mme de Châteauroux, la place de fermier général, vacante par cette même mort. J'ai appris depuis quelques particularités de ces deux événements. La place d'intendant des postes a acquis une nouvelle considération depuis qu'il travaille avec le Roi. Ce travail a commencé du temps de M. Amelot, surintendant des postes, pendant une maladie qu'il eut.

---

(1) On trouvera dans mon grand livre la copie de la lettre que le roi d'Angleterre a écrite au prince Édouard, son fils, et ce qu'il y a eu de public sur cette affaire. Gens mal instruits ont prétendu qu'on avoit conseillé au prince Édouard de se brouiller avec la France, comme un moyen propre à fortifier son parti en Angleterre. On ne peut croire qu'il y ait des gens assez fous pour imaginer un tel projet; mais on a vu qu'il y avoit un traité entre le Roi et le prince Édouard, par lequel il lui promettoit asile et sûreté dans son royaume. M. de Puisieux nie très-positivement ce fait, et dit qu'il défie le prince Édouard de montrer aucun traité par lequel le Roi lui fasse cette promesse en cas de paix. Il est vrai qu'il y eut un traité d'alliance entre le Roi et le prince lorsqu'il passa en Écosse. (*Note du duc de Luynes.*)

M. du Parc étoit déjà employé dans le secret des postes, c'est-à-dire à l'ouverture des lettres, comme je l'ai dit, et pour cela avoit 12,000 livres. La place d'intendant des postes lui vaut 12,000 livres d'augmentation. Mais, outre cette place, feu M. Dufort avoit un intérêt dans la ferme des postes; cet intérêt, qui est au moins d'un dixième, même d'un huitième, a été donné à un M. Ferrand, qui joue du clavecin parfaitement bien et qui accompagne dans la musique des cabinets. Les Ferrand sont parents de Mme de Pompadour, parce que Mme Poisson étoit Ferrand; elle avoit plusieurs frères, dont l'un, qui étoit écuyer, je ne sais plus chez qui, épousa une femme de chambre de Mme de la Vieuville, qui a été depuis gouvernante de Mme de Parabère. Ce Ferrand-là eut la charge de grand prévôt du pays Messin. Il est mort. Sa veuve a obtenu la charge du père pour son fils. Elle est singulière, mais elle a de l'esprit; elle est fort amie de Mme la maréchale de Belle-Isle, qui la mena à Francfort, où elle fut habillée en grand habit et présentée au feu empereur Charles VII. Un autre Ferrand, frère du grand prévôt du pays de Metz, est le père du petit Ferrand du clavecin, dont je viens de parler; il n'a laissé que ce fils et deux filles, qui sont toutes deux mariées. Sa veuve s'est remariée à un fermier général, nommé La Borde, fort considéré et fort estimé; elle en a eu sept ou huit enfants, entre autres une fille qui a épousé Marchais, fils de Binet; c'est elle qui joue dans les cabinets. Il y a encore d'autres Ferrand frères du grand prévôt de Metz. L'un s'appelle Fillancourt, et a été longtemps dans le régiment de Beaujolois; il est retiré depuis deux ans et est placé. Un autre, qui a été page de Mme de Saissac, a servi dans le même régiment et est aussi placé. Il y a un neveu de tous ces Ferrand qui a été porte-manteau du Roi et qui a été fait commissaire des guerres de terre et de mer à Rochefort; c'est un très-bon sujet. Mme de Pompadour a fait tout ce qu'elle a pu pour l'attirer ici; après beaucoup de sollicitations inutiles, il est venu pendant le dernier voyage de Fontainebleau; il a vu deux fois Mme de Pompadour; il a dit qu'il ne demandoit rien, qu'il étoit content, et s'en est retourné à Rochefort.

Outre ce qui a été accordé au petit Ferrand, le Roi a donné à M. de Tournehem 20,000 livres de rente sur la place de fermier général de M. Camuset. Cette somme est un dédommagement de ce que M. de Tournehem avoit cédé sur la sienne à M. d'Étioles.

DÉCEMBRE.

Affaire du prince de Conty avec l'ordre de Malte. — Les gardes du prince payés par le Roi. — Le maréchal de Saxe à Chambord avec un régiment de 1,200 hommes. — Portrait de la Reine par Mme du Deffand. — Affaire du prince Édouard. — Le Roi va à l'ermitage, et y fait une plaisanterie au duc de Chartres. — Billet de Mme de Pompadour à Mme de Luynes. Son désir de faire sa cour à la Reine. — Pourquoi Louis XV se dégoûta de la Reine. Détails racontés par la Reine à Mme de Luynes. — Voyage de Choisy. — Étrennes données par Mme de Boufflers à la Reine.

Du lundi 2, Versailles. — Je ne sais si j'ai parlé ci-dessus de l'affaire de M. le prince de Conty au sujet du grand prieuré. Cette affaire n'est pas encore finie, et l'ordre de Malte a bien de la peine à y consentir, d'autant plus que M. le prince de Conty ne veut pas faire de vœux; on prétend même que l'ordre offre de lui donner 50,000 livres de rentes et de lui louer une belle maison dans Paris, à condition qu'il ne sera pas grand prieur.

M. le prince de Conty a eu permission du Roi de garder les cinquante gardes qu'il avoit habillés de sa livrée dans le temps qu'il commandoit l'armée. Le Roi les paye, et ils coûtent 80,000 livres par an. M. le prince de Conty les établit actuellement chez lui à Beaumont. On peut croire que Louis XIV n'auroit pas eu la même complaisance pour un prince du sang.

L'exemple de M. le maréchal de Saxe n'est pas moins remarquable. Un étranger établi à Chambord avec un régiment de 1,200 hommes, que le Roi paye, et dont une partie doit dès à présent monter la garde chez lui. Le reste s'y rendra lorsque les casernes seront achevées.

Du dimanche 8. — Il y a deux ou trois jours qu'une femme qui a de l'esprit (1) envoya à Mme de Luynes un portrait de la Reine très-ostensible, très-bien écrit; on en trouvera la copie ci-jointe (2).

Du mardi 11, Versailles. — J'ai marqué dans mon journal ce qui s'est dit d'une prétendue lettre écrite anciennement par le roi Jacques au prince Édouard, par laquelle ce prince avertissoit son fils de n'ajouter aucune foi à ce qu'il pourroit lui écrire postérieurement pour le déterminer à sortir de France. Il paroît constant que le prince Édouard dit avoir cette lettre; mais M. le cardinal Tencin, qui est en relation avec le roi Jacques, m'a dit aujourd'hui que le roi Jacques n'avoit jamais rien écrit de semblable à son fils. Une chose assez singulière est ce qu'il m'a conté en même temps; c'est que huit ou dix jours avant la lettre du roi Jacques au prince Édouard, lui cardinal Tencin, ayant apparemment été chargé d'écrire au roi Jacques pour l'engager à écrire à son fils de sortir du royaume, avoit reçu une lettre de huit pages du roi Jacques, tendant à lui prouver, par bonnes raisons, qu'il lui étoit impossible d'ordonner à son fils de sortir de France. Il ne paroît que trop certain que depuis que le prince Édouard est revenu d'Écosse, les compagnies qu'il a vues lui ont gâté l'esprit, même sur la religion, et lui ont inspiré un faux héroïsme, très-mal entendu. M. le cardinal Tencin me disoit encore aujourd'hui que gens attachés à ce prince, instruits du projet toujours constant

---

(1) Mme du Deffand.
(2) Nous ne reproduisons pas ici ce portrait, qui est déjà imprimé au t. I, p. 458, de ces Mémoires.

et uniforme qu'il avoit de se tuer, lui avoient voulu faire faire des réflexions conformes à la religion, et qu'il leur avoit dit pour toute réponse qu'il ne connoissoit que son épée. Ce discours ne peut être que l'effet de la mauvaise humeur, ce prince ayant été bien élevé. Il étoit même dans l'usage d'approcher souvent des sacrements. Lorsqu'il partit de Rome, de lui-même, pour venir en France, et sans aucunes sollicitations du Roi, à ce que m'a assuré M. le cardinal Tencin, il se confessa et communia avant que de s'embarquer. Il avoit en Écosse un aumônier déguisé; et entendoit la messe régulièrement les fêtes et dimanches. Aussitôt qu'il mit pied à terre pour revenir en France, il approcha des sacrements, et fit de même encore en arrivant à Paris. Cette conduite est fort différente de ce que nous entendons dire aujourd'hui. Ce prince paroît principalement irrité contre M. le cardinal Tencin et contre M. de Puisieux. Le cardinal Tencin, comme je l'ai dit dans le temps, a obtenu à la nomination du roi Jacques le chapeau de cardinal, et lui a toujours été fort attaché. Le prince Édouard prétend que c'est lui qui a déterminé le duc d'York aujourd'hui à prendre le parti qu'il a pris; il prétend aussi que c'est lui qui a fait le modèle de la lettre que lui a envoyée le roi son père. M. le cardinal Tencin nie absolument l'un et l'autre; cependant il ne paroît pas bien persuadé que le duc d'York ait pris un mauvais parti. A l'égard de M. de Puisieux, la colère du prince Édouard est au sujet du traité de paix; il prétend que lui étant en France ce traité a été conclu à Aix-la-Chapelle, et sa sortie du royaume stipulée comme nécessaire, sans l'en avoir averti, ce qui n'est pas vraisemblable. Il ajoute que s'il avoit été prévenu sur cet article, il auroit été le premier à prier le Roi de ne pas différer à donner la paix à l'Europe par considération pour ses intérêts particuliers. Si ce raisonnement étoit fondé, il pourroit en résulter de grands sujets de plaintes contre le ministre des affaires étrangères, et même contre le Roi, dont il ne parle cependant, comme je l'ai dit, qu'avec reconnoissance, respect et attachement; mais il n'en devroit pas résulter de dire qu'il ne sortiroit jamais du royaume sans se faire mourir, et qu'il ne quitteroit jamais Paris que pour aller en paradis. Ce discours, que l'on m'a fort assuré, a bien l'air d'une tête échauffée par la contradiction ou d'un grand changement dans les principes. J'ai marqué dans mon journal qu'il n'avoit pas voulu lire la lettre du roi son père, et s'étoit contenté de la mettre dans sa poche. Lorsque M. de Gesvres eut apporté le double de cette lettre et qu'il l'eut remis aux personnes principales attachées à ce prince, ils voulurent lui en faire la lecture; le prince les écouta patiemment jusqu'à ces mots : « Je vous ordonne comme votre père et votre roi; » alors il s'en alla s'en vouloir en entendre davantage. On avoit sans doute prévu qu'il ne voudroit pas lire la lettre, et que cette affaire demanderoit que M. de Gesvres allât, revînt et retournât. M. de Gesvres m'a dit aujourd'hui que le Roi lui avoit demandé, la veille ou la surveille, si sa santé lui permettroit de faire douze lieues dans un jour.

Du dimanche 15, Versailles. — Lorsque le roi de Pologne étoit ici, il demanda au Roi une place de dame de Mesdames pour Mme la marquise de Boufflers-Remiancourt (Beauvau); le Roi la lui accorda. Le roi de Pologne comptoit qu'il lui seroit accordé un brevet en conséquence; cependant il n'y a eu aucune expédition de faite. Mme la maréchale de Duras vient de me dire qu'elle reçut, il y a quinze jours, une lettre de Mme de Boufflers, dans laquelle elle lui envoyoit trois lettres pour Mesdames. Le roi de Pologne avoit parlé de cette affaire à Madame, mais le Roi n'en avoit encore rien dit à Mesdames; elles allèrent porter au Roi les lettres qu'elles avoient reçues. Le Roi leur dit : « Cela est vrai, j'ai promis une place auprès de vous, mais c'est quand il y en auroit une vacante. »

Du mardi 17, *Versailles.* — Le Roi au retour de la chasse alla hier à la petite maison dont j'ai parlé, que l'on appelle l'ermitage. Mme de Pompadour y étoit, M. le duc de Chartres et plusieurs autres personnes. Mme de Pompadour va d'ici à l'ermitage dans une petite voiture qu'elle a fait faire, qui est une espèce de vinaigrette. On fit la plaisanterie de faire monter M. le duc de Chartres dans cette voiture; quelques-uns de ceux qui étoient avec le Roi le promenèrent pendant quelque temps. Le Roi dit ensuite qu'il n'y avoit qu'à lever les brancards de la vinaigrette et laisser M. le duc de Chartres dans cette attitude pendant quelques moments. Son poids, qui est considérable, emporta le derrière de la voiture avec tant de rapidité, que le châssis, qui est de verre, se cassa et lui donna dans le visage; heureusement il baissa la tête, sans quoi il auroit eu les yeux crevés. Mais malgré cette précaution il y eut apparemment du verre qui lui entra au-dessous de l'œil et lui fit sortir une goutte de sang; cet accident heureusement n'a eu aucune suite.

Du vendredi 20, *Versailles.* — Le Roi alla hier à la chasse et ensuite coucher au petit château. Il a chassé encore aujourd'hui, et soupe dans ses cabinets.

Du jeudi 26, *Versailles.* — J'ai marqué dans mon livre qu'il y eut opéra lundi dernier dans les cabinets, et que la Reine n'y alla point. Mme de Pompadour étoit venue la veille chez la Reine; elle y trouva Mme de Luynes, à qui elle demanda si elle croyoit qu'il convînt à la Reine d'aller à l'Opéra le lendemain et que cela pût lui plaire; Mme de Luynes lui dit que la Reine pourroit bien s'enfermer le lendemain pour faire ses dévotions le mardi, mais que quand même elle ne s'enfermeroit pas elle croyoit qu'elle aimeroit mieux ne point aller à l'Opéra ce jour-là. Lorsque Mme de Luynes fut rentrée chez elle, elle reçut un petit billet de Mme de Pompadour conçu à peu près dans ces termes :

« J'apprends, Madame, que la Reine ne s'enferme point demain ; je vous prie de vouloir bien me mander si vous croyez que la proposition d'aller à l'Opéra peut lui plaire. Tout ce que je désire est de lui faire ma cour et de lui marquer mon profond respect. »

C'étoit un jour de grand couvert, et l'on étoit à table chez moi lorsque Mme de Luynes reçut ce billet ; elle savoit bien que la Reine viendroit immédiatement après le souper, mais elle ne voulut point attendre son arrivée pour faire réponse, afin que la Reine ne fût point commise et pût la désavouer si elle le jugeoit à propos. Elle répondit donc que quoique la Reine ne s'enfermât point, elle croyoit qu'elle aimeroit mieux aller à l'Opéra un autre jour. Mme de Luynes ajouta à Mme de Pompadour qu'elle n'oublieroit point cette occasion de faire sa cour à la Reine.

Je crois avoir marqué ci-dessus, ou dans ce livre ou dans quelque autre, que lorsque le Roi commença à ne plus venir coucher chez la Reine, comme à son ordinaire, on attribua la cause de ce changement à plusieurs difficultés faites par la faculté de la Reine en cas qu'elle redevînt grosse. Il y a toujours eu peu d'intelligence et d'union réciproque, au moins depuis plusieurs années, entre la faculté du Roi et celle de la Reine. Je me souviens fort bien d'avoir entendu dire à La Peyronie que les difficultés que l'on avoit faites étoient ridicules, que l'on avoit tant observé toutes les plus petites circonstances pour savoir si un mari devoit coucher avec sa femme, que les bourgeois et tous les paysans qui n'avoient qu'un lit seroient bien à plaindre s'ils y prenoient garde de si près, et que c'étoient ces difficultés continuelles qui avoient dégoûté le Roi. La Reine contoit il y a quelques jours à Mme de Luynes un fait qui peut répondre à ce raisonnement. C'étoit en 1738 ou 39, lorsque le cardinal de Fleury se trouva si mal à la paroisse de Saint-Jacques à Compiègne. La Reine étoit restée ici ; elle croyoit être grosse et avoit mandé au Roi l'état où elle se trouvoit ;

elle alla souper chez Mme de Mazarin, à une petite maison au haut de la montagne de Saint-Cloud, que l'on appelle Montretout; elle n'en revint qu'à la pointe du jour; elle en fut même fort étonnée n'étant point accoutumée de se coucher si tard. La nuit même il lui arriva un accident qui prouvoit qu'elle n'étoit plus grosse et qu'elle s'étoit blessée; elle n'osa pas en parler ni le mander au Roi, de peur que son voyage de Montretout ne fût désapprouvé; elle lui manda seulement que les soupçons de grossesse avoient disparu; elle se leva, et alla comme à l'ordinaire. Cette conduite fut suivie d'abord d'une perte de sang et ensuite d'un dérangement qui dura quelque temps. Dans cet état, Perrat lui déclara que si elle redevenoit grosse dans ce moment elle ne porteroit jamais son enfant à bien; ce fut là l'occasion des difficultés qui furent faites au Roi à son retour de Compiègne; on voit qu'elles étoient fondées (1).

Du vendredi 27, Versailles. — Le Roi partit hier pour Choisy; les dames de ce voyage sont Mmes de Pompadour, de Livry, de Brancas douairière. Mme d'Estrades n'a pas pu y aller, parce qu'elle est de semaine; elle ira demain. Toutes ces dames (excepté Mme de Livry, qui retourne à Paris) iront dimanche avec le Roi coucher à Villeroy. La Reine nous dit hier que le Roi ne lui avoit rien proposé pour ce voyage.

Du samedi 28, Versailles. — Mme la duchesse de Boufflers (Villeroy), qui est dans l'usage de donner tous les ans des étrennes à la Reine, lui donna il y a quelques jours une pagode de porcelaine avec un billet où étoient ces vers :

Le sage Épiménide est offert à vos yeux.
La Grèce lui donna naissance;

---

(1) Ces détails si précis et si intimes rectifient les historiettes racontées dans la Vie privée de Louis XV et dans les Mémoires de Richelieu.

Il instruisit son siècle, il respecta les dieux,
  Et sa vertu n'obtint pour récompense
    Que ce sommeil mystérieux.
Puisse un plus digne prix récompenser la vôtre;
Son siècle fut privé d'un utile secours :
Que de cent ans le ciel prolonge encor vos jours,
  Pour le bonheur et l'exemple du nôtre.

ANNÉE 1749.

JANVIER.

Arrivée de Madame Infante à Choisy et à Versailles. — Le marquis de Mirepoix. — Chapitre de l'Ordre ; nouveaux chevaliers ; M. de Saint-Séverin. — Les bourses d'or données par les trésoriers de l'extraordinaire des guerres. — Bouquet de fleurs fait à la manufacture de porcelaine de Vincennes et offert à l'électeur de Saxe. — Messe pour les chevaliers de l'Ordre morts pendant l'année. — Tragédie de *Catilina* ; critique. — Augmentation à la promotion. — Tables pour la maison des deux Infantes. — Nouvelles diverses de la Cour. — Arrivée de l'infante Isabelle. — Voyages et occupations du Roi. — Madame Infante. — MM. de Fleury. — Mort de Mme de Linemare. — Mme de Gonzalès et la petite Infante. — Tableaux présentés au Roi. — Signature de contrats de mariage. — Mme d'Estrades nommée dame d'atours de Mesdames. — Baptême du fils de M. de Tessé et usage. — Abbayes données à l'abbé de Saint-Cyr. — Intendant nommé conseiller d'État. — Spectacle des cabinets ; la Reine y assiste. — Le rhinocéros. — Chasses du Roi ; combien le Roi a pris de cerfs depuis 1732. — Duels dans le régiment de Picardie. — Historique des canaux de Briare, d'Orléans et du Loing. — Indisposition du Dauphin et de Madame Infante. — Mort et mariage. — Consultation pour Mme la Dauphine. — Maladie de la duchesse d'Orléans et du prince de Rohan. — Spectacle des cabinets et acteurs. — Changement aux entrées chez le Roi. — Audiences. — Médaille à l'occasion de la paix. — Tableaux de Coypel et tapisseries pour l'électeur de Saxe. — Élection de la supérieure de Saint-Cyr. — M. et Mme Brignole. — Le Roi accorde plusieurs survivances. — Audience du général de l'ordre de Saint-Antoine et détails sur cet ordre. — Présentations. — Mort du prince de Rohan. — Pension accordée à M. de Puisieux. — Évacuation des pays conquis. — Maladie de la duchesse d'Orléans ; douleur des pauvres. — Le duc d'Orléans embrasse son fils, et ne veut pas se réconcilier avec lui. — Les Anglois attaquent l'Ile de France. — La Dauphine fait une fausse couche. — Détails sur l'attaque de l'Ile de France. — Retour et présentation de M. du Theil. — Mort du chargé d'affaires d'Autriche.

Du mercredi 1er, Versailles. — Madame Infante arriva avant-hier de Thoury, entre deux et trois heures après midi, à Villeroy. On l'avoit coiffée à la françoise à Thoury, car elle y arriva avec un toupet de grands cheveux que l'on faisoit tenir avec un peigne recourbé ; c'est la mode d'Espagne. Elle fut reçue du Roi avec de grandes marques de joie ; elle dîna à Villeroy, et en repartit immédiatement après ; elle arriva entre cinq et six à Choisy, où Mesdames étoient déjà arrivées. Ce fut un moment bien agréable pour Mme Henriette, qui a toujours aimé Madame sa sœur avec la plus grande passion. La joie de M. le Dauphin ne fut pas moins vive, et dans le premier moment il embrassa tout ce qu'il vit, même les caméristes.

Les ministres étoient à Choisy, où ils furent présentés ; il y eut aussi plusieurs hommes et femmes qui avoient eu permission d'y aller et qui furent présentés en même temps ; ces présentations furent faites dans la chambre du Roi, comme à l'arrivée de Mme la Dauphine (d'aujourd'hui). La Reine envoya d'ici M. le maréchal de la Mothe, et Mme la Dauphine M. le maréchal de la Fare, à Choisy, pour savoir des nouvelles de Madame Infante et lui marquer l'impatience qu'elles avoient de la voir arriver.

Le Roi coucha à Choisy et y dîna le lendemain ; il partit immédiatement au sortir du dîner, sur les quatre heures, ayant dans son carrosse M. le Dauphin, Madame Infante et Mesdames. Le Roi arriva ici sur les six heures, et vint d'abord chez la Reine. La Reine, à la première nouvelle de l'arrivée du Roi, s'avança dans son antichambre, et après des embrassades fort tendres elle rentra dans sa chambre. Le grand cabinet, la chambre et le salon étoient entièrement remplis. Il y eut une conversation debout qui dura plus d'une demi-heure. Madame Infante est assez considérablement engraissée depuis son départ d'ici ; son teint est fort bruni ; d'ailleurs son visage n'est point changé. Elle parut fort occupée de donner des marques de bonté à Mme de Muy et à Mme de la Lande, qui ont été ses sous-gouvernantes. M. le duc de Monteillano, son majordome major, étoit avec elle ; il est grand d'Espagne ; mais sa taille et sa figure ne sont pas avantageuses; il a soixante et douze ans et a l'air d'en avoir quatre-vingts. Il est extrêmement petit ; on trouve qu'il paroît à peu près de la même taille que M. de Moussy, dont j'ai parlé ci-dessus.

Madame Infante présenta à la Reine Mme de Lède, sa camerara major. Je ne me souviens point de l'avoir vue ici ; elle y étoit cependant à la naissance de Mme Adélaïde; mais ceux qui l'ont vue dans ce temps-là disent qu'elle n'est point changée, qu'elle est seulement vieillie. Au sortir de chez la Reine, le Roi descendit chez Mme la Dauphine ; la Reine le suivit, Madame Infante et Mesdames ; la conversation y fut assez longue. Madame Infante alla ensuite chez elle, dans l'appartement de Mme la comtesse de Toulouse, comme je l'ai marqué. Il y avoit déjà beaucoup de dames et d'hommes qui s'y étoient rendus ; on n'avoit compté dans ce moment n'y présenter que le service ; mais comme il y avoit beaucoup de monde, on présenta tout ce qui s'y trouva. Madame Infante étoit debout, le dos tourné au lit ; tous, hommes et femmes de la Cour, prenoient le bas de sa robe, et elle faisoit l'honneur de saluer et elle baisoit ceux et celles qui étoient titrés. Mon frère lui fut présenté, mais sans baiser le bas de la robe : c'est l'usage pour les évêques. Les cardinaux et les évêques titrés la saluèrent par une profonde révérence, sans prendre le bas de la robe, et furent baisés. Mme de Lède assistoit à toutes ces présentations ; mais comme elle ne connoît personne de ce pays-ci, ou au moins fort peu, Mme la maréchale de Duras et M. le comte de Noailles furent toujours derrière Madame Infante pour lui nommer ceux et celles qui lui étoient présentés. Mme la princesse de Conty lui présenta Mme la duchesse de Chartres, qui a été mariée depuis le départ de Madame Infante, et M. le prince de Conty, M. le comte de la Marche. Après les présentations, qui durèrent fort longtemps, Madame Infante alla souper chez Mme la Dauphine avec Mesdames.

Hier, M. de Puisieux présenta au Roi M. le marquis

de Mirepoix, qui arrive de l'armée d'Italie et que le Roi a nommé son ambassadeur à la cour de Londres. M. de Mirepoix disoit aujourd'hui que lorsqu'il fut nommé ambassadeur à Vienne, le seul transport de ses meubles et équipages et les frais du voyage pour s'y rendre lui avoient coûté 25,000 écus; il espère fort que les frais de transport à Londres ne seront pas à beaucoup près si cher, à cause de la commodité des rivières; il compte que cela pourra ne monter qu'à 2,000 écus.

Il y a eu aujourd'hui chapitre de l'Ordre, à onze heures un quart ou environ; on a fait entrer tous les chevaliers présents; il y en avoit cinquante-quatre, en comptant les quatre grandes charges. Dans ce moment, le S⁲ de Perceville, huissier de l'Ordre, s'empare de la porte du cabinet. Lorsque nous avons été tous entrés, le Roi, debout derrière son fauteuil, nous a dit : « Messieurs, j'ai à vous proposer quatre nouveaux chevaliers, dont deux ducs et deux ambassadeurs. Aussitôt M. de Saint-Florentin a lu : M. le duc d'Ayen, M. le duc d'Estissac, M. de Vaulgrenant et M. de Lanmarié. Immédiatement après, on a fait entrer M. de Saint-Séverin (1), qui étoit en habit de

---

(1) Je crois avoir marqué ailleurs que M. de Saint-Séverin est étranger : il est de Parme; son père a été ici envoyé du duc de Parme (*); lui-même a rempli cette fonction. M. de Saint-Séverin n'avoit que quatorze ans quand il vint la première fois en France; il y resta jusqu'à l'âge de dix-huit ans; il retourna ensuite chez lui, où il demeura quatre années. Il comptoit y retourner encore lorsque le Roi jugea à propos de l'envoyer à Aix-la-Chapelle. M. de Saint-Séverin a environ 18,000 livres de rente de son bien chez lui, dont il n'a rien touché pendant la guerre; on lui mandoit toujours que le revenu étoit entièrement employé aux réparations; il a eu assez de bien de sa femme, qui est, comme je l'ai dit, fille de M. Villemur, garde du trésor royal; mais il a entièrement mangé tout ce bien. Il n'a qu'une fille, qui est âgée de douze ans. Lorsqu'il fut question d'aller à Aix-la-Chapelle, M. de Saint-Séverin balança beaucoup avant que de se déterminer, ne pouvant plus rien manger de la dot de Mme de Saint-Séverin et ne voulant plus faire de dettes. Son beau-père le rassura en lui disant qu'il avoit 200,000 livres toutes prêtes pour donner à sa

(*) M. de Saint-Séverin fut envoyé extraordinaire du duc de Parme don Carlos, fils de Philippe V, roi d'Espagne, et depuis roi des Deux-Siciles.

novice; il s'est mis à deux genoux, et le Roi ayant mis son chapeau l'a fait chevalier de Saint-Michel, suivant l'usage; il lui a demandé ensuite combien il y avoit de temps que M. de Lanmarie étoit en Suède; M. de Saint-Séverin lui a dit que c'étoit en 1741 qu'il étoit parti. Le Sr Perceville a lu aussitôt après la liste des chevaliers présents pour que chacun prît sa place. On nomme ceux qui peuvent être présents, mais non pas ceux qui sont nécessairement absents; il y en avoit en tout trente-quatre absents : ainsi c'est douze places vacantes. On a commencé aussitôt la procession, et l'on a passé par l'escalier des ambassadeurs, qui est libre comme s'il n'y avoit jamais eu de théâtre. On commence toujours par le *Veni Creator*, ensuite la grande messe. C'est M. l'archevêque de Tours (Rastignac), prélat de l'Ordre, qui a officié, et Mme de Brionne (Montauban) qui a quêté. M. Amelot, maître des cérémonies, n'ayant pas été en état de venir, c'est M. de Saint-Florentin qui en fait les fonctions, et qui est venu faire les révérences au Roi, suivant l'usage, à chaque temps de la messe où il y a quelques cérémonies qui regardent la personne du Roi. Après la messe, la réception de M. de Saint-Séverin s'est faite suivant l'usage ordinaire. Ses parrains étoient M. le maréchal de Tonnerre et M. le marquis de Matignon; il avoit l'habit de novice et le manteau de M. de Biron. Il a pris son rang immédiatement après M. de Puisieux, c'est-à-dire marchant devant M. de Puisieux. M. l'archevêque de Rouen,

---

petite-fille le jour qu'elle se marieroit. Mme de Saint-Séverin avoit épousé en premières noces M. de Houdetot, qui mourut environ en 1726; elle en avoit eu six enfants, dont il ne lui reste plus qu'une fille, qui est Mme de Chazeron. Mme de Houdetot, quoiqu'elle soit petite, étoit bien faite; elle étoit vive et gaie, avec un visage assez agréable. M. de Saint-Séverin en fut amoureux trois ou quatre ans; il l'épousa en 1733. Il jouit en bienfaits du Roi de 31,000 livres de rentes, savoir 20,000 livres comme ministre, 8,000 livres de pension, qu'il eut lorsqu'il s'attacha à la France, et les 1,000 écus de l'Ordre. (*Note du duc de Luynes.*)

qui est toujours incommodé, et M. le prince Charles, qui a peine à marcher, ne se sont point trouvés au chapitre ; ils avoient demandé dispense ; ils se sont trouvés à la chapelle. La procession s'est faite à l'ordinaire pour le retour.

Cette après-dînée, le Roi, la Reine et toute la famille royale ont entendu les vêpres dans la tribune, et sont sortis immédiatement après vêpres. La Reine est descendue ensuite chez Mme la Dauphine, dont la grossesse paroît se confirmer, et est revenue jouer chez elle à cavagnole.

Il y a grand couvert ce soir.

J'oubliois de marquer que M. de Saint-Séverin a toujours porté le cordon depuis qu'on lui a envoyé ; il l'avoit quitté aujourd'hui avant sa réception.

Du vendredi 3. — Je ne sais si j'ai parlé ci-dessus des bourses d'or que l'on donne le premier jour de l'an ; on en donne au Roi, à la Reine, à M. le Dauphin et à Mme la Dauphine ; on en donne aussi une à M. d'Argenson et même à Mme d'Argenson. C'est un usage qui fut établi par M. de Lonati, trésorier de l'extraordinaire des guerres, il y a huit ou neuf ans. M. de Lonati étoit ami intime de Mme d'Angervilliers ; il ne fit pas attention que ce présent tireroit à conséquence pour ses successeurs ; et c'est ce qui est arrivé en effet ; tous les trésoriers de l'extraordinaire des guerres ont continué de donner le même présent.

Hier M. le comte de Noailles présenta au Roi dans son cabinet M. de Carpentero, secrétaire d'État de l'infant don Philippe ; il est venu avec Madame Infante.

J'ai déjà marqué que Madame Infante loge dans l'appartement de Mme la comtesse de Toulouse, laquelle s'est réservé seulement un cabinet pour pouvoir y recevoir le Roi au sortir du souper les jours de grand couvert. Mme de Lède mange ici à une table de douze couverts servie par les officiers de la bouche du Roi ; le Roi a donné ordre que cette table continuât tout le temps que Madame Infante seroit ici.

Hier M. de Fulvy, qui est toujours chargé de la manufacture de porcelaine de Vincennes, apporta à Mme la Dauphine un très-beau bouquet, dans un vase, fait à cette manufacture (1). C'est un présent que Mme la Dauphine veut faire au roi son père; on l'envoye à Dresde sur un brancart avec deux porteurs, qui comptent n'être que trente jours en chemin. Le marché est fait à 100 sols par jour pour chacun.

Hier le Roi alla avec tous les chevaliers en procession entendre la messe des morts. C'est une fondation faite il y a quelques années. Cette messe se dit tous les ans à pareil jour pour les chevaliers morts dans le courant de l'année. Ce fut M. l'abbé d'Harcourt qui officia; on descendit par l'escalier des ambassadeurs, comme la veille.

Dès l'après-dînée on commença à reconstruire le théâtre (2).

Du samedi 4. — Avant-hier, les Comédiens françois jouèrent ici dans la salle ordinaire la tragédie de *Catilina*, de Crébillon; cette pièce, commencée il y a vingt ou vingt-cinq ans, n'a été finie que depuis peu. Crébillon en avoit lu, dans différents temps, des morceaux détachés, à ses amis; et tous ceux qui l'avoient entendue avoient impatience qu'il y mît la dernière main; elle fut représentée à Paris à la fin de l'année dernière; et comme elle étoit attendue depuis longtemps, il s'y trouva un monde prodigieux; il y avoit des loges louées depuis trois mois. A la première représentation, les suffrages furent partagés; il se trouva un parti assez considérable qui remarqua et fit valoir avec soin tout ce que l'on pouvoit critiquer dans cette pièce. Ce parti est moindre à la Cour qu'à Paris, parce qu'il y a moins de monde, mais il y existe aussi; ainsi la pièce a

---

(1) Voyez ci-après au 15 février.
(2) L'on compte que l'on a été quarante-six ou quarante-sept heures à le reconstruire, et l'on y a fait aujourd'hui une répétition pour demain. (*Note du duc de Luynes*, datée du 8 janvier 1749.)

été critiquée. Le Roi, qui y alla dans sa loge grillée, en a porté le jugement qui me paroît le plus juste, suivant ce que j'en ai entendu dire, et le plus unanime ; c'est qu'il y a des vers admirables dans cette pièce, mais peu d'intérêt. On reproche à Crébillon de n'avoir pas donné à Cicéron un personnage qui réponde à l'idée que l'histoire nous donne de lui dans la conjuration de Catilina ; mais Crébillon, pour se justifier, répond qu'il n'a jamais aimé Cicéron, et que pour dédommagement il lui fera faire un personnage fort différent dans une pièce qu'il va donner incessamment, intitulée *le Triumvirat*. Il semble qu'il auroit été plus à sa place et plus conforme à l'histoire de mettre le beau personnage de Cicéron dans *Catilina* que dans le *Triumvirat*.

M. d'Argenson travailla hier avec le Roi. L'on sut au sortir de ce travail qu'il y a eu une petite augmentation à la promotion. M. le duc de Boufflers et M. de Bissy ont été faits brigadiers.

Du dimanche 5, Versailles. — J'ai marqué ci-dessus que le Roi a ordonné une table de douze couverts pour Mme de Lède. M. de Beauchesne, contrôleur de la maison du Roi, vient de me dire que cette table n'est que de huit couverts ; elle est pour Mme de Lède, camerera major, pour M. de Montelliano, majordome major, et pour M. de Carpentero, secrétaire d'État de l'infant don Philippe. Outre cette table, il y en a encore trois autres de maître pour les principaux officiers de Madame Infante ; et tout ce qui compose cette maison est nourri aux dépens du Roi. Ce même arrangement servira pour la petite infante Isabelle, qui arrive demain. Mme de Greni-Gonzalès, sa gouvernante, mangera apparemment avec Mme de Lède. En un mot toute la maison sera nourrie comme celle de Madame Infante. Madame Infante n'a amené ici aucuns valets de pied ; elle n'a point de femme de chambre pour la servir ; ce sont les caméristes qui en font les fonctions. Elles se regardent cependant comme au-dessus des femmes de chambre, et en effet elles sont ou elles doivent être demoiselles. Comme M. de Montelliano est malade depuis quelques jours, c'est M. le comte de Noailles qui accompagne Madame Infante toutes les fois qu'elle sort; il fait en quelque façon les fonctions de majordome major chez elle.

Du lundi 6, Versailles. — Hier matin, au sortir du prie-dieu du Roi, et lorsque S. M. étoit prêt à entrer dans son cabinet, les deux princes cadets de la maison de Wurtemberg, qui étoient à la porte du cabinet en dehors, prirent congé de S. M. Ils retournent chez leur frère aîné à Stuttgard; ils sont depuis assez longtemps en France. J'ai déjà parlé d'eux dans mes Mémoires. Pendant le voyage de Compiègne ils étoient accompagnés d'un des principaux officiers de leur maison et de M. de la Tournelle, sous-introducteur des ambassadeurs; M. de Verneuil, introducteur des ambassadeurs en semestre, y étoit aussi. M. de Richelieu fit en même temps d'autres présentations de gens de la Cour. Le Roi s'arrêta quelques moments, et fit plusieurs questions aux princes de Wurtemberg sur leur retour.

Le contrat de mariage de M. le comte de Mortemart avec Mlle de Rouvroy fut signé hier avant la messe; la plume fut présentée à S. M. par M. de Saint-Florentin. C'est comme parent que l'on s'est adressé à lui. Au sortir de chez le Roi, le contrat fut porté chez la Reine; son secrétaire de ses commandements, M. d'Auriac (1), y étoit; chez Mme la Dauphine, son secrétaire des commandements y étoit aussi. Ce fut M. de Saint-Florentin chez M. le Dauphin et chez Mesdames. Madame Infante n'étoit point rentrée chez elle; elle étoit chez Mesdames, où elle signa, et ce fut M. de Saint-Florentin qui lui présenta la plume.

---

(1) M. Castanier d'Auriac, l'un des deux secrétaires des commandements, maison et finances de la Reine, maître des requêtes.

Madame Infante dîne toujours avec Mesdames, ses sœurs; cette augmentation d'une quatrième personne a changé le service de Mesdames. Comme elles sont deux d'un côté et deux de l'autre, la dame d'honneur ne pourroit les servir toutes quatre. Mme la maréchale de Duras n'y fait aucunes fonctions.

On attend ici l'un de ces jours M. le comte de Bène, ambassadeur d'Espagne auprès du roi et de la république de Pologne. C'est celui que nous avons vu ici il n'y a pas fort longtemps; il vient d'être rappelé et s'en retourne à Madrid pour y exercer une charge que l'on vient de créer de directeur général de la marine. C'est pour tenir lieu de celle d'amiral qui vient d'être supprimée. Cette charge d'amiral vaut environ 800,000 livres de revenus; elle était possédée par l'infant don Philippe; mais comme il va s'établir en Italie, on a dit qu'il seroit hors de portée de remplir les fonctions de cette charge.

Avant hier, M. le duc d'Harcourt demanda l'agrément du Roi pour le mariage de M. le chevalier d'Harcourt, son neveu, avec Mlle Rouillé. M. le chevalier d'Harcourt est frère cadet de M. de Lillebonne, tous deux fils de Mlle de Saint-Aulaire, qui est morte de la petite vérole, et de M. le comte de Beuvron, frère de M. le maréchal d'Harcourt. Le chevalier d'Harcourt a actuellement 12,000 livres de rente, et l'on en donne présentement 18,000 à Mlle Rouillé. Elle n'est pas jolie, mais elle est fille unique, et M. Rouillé est fort riche. C'est lui qui est à la tête de tout ce qui regarde le commerce; il a beaucoup d'amis et est fort estimé.

L'infante Isabelle est arrivée entre deux et trois heures après midi aujourd'hui, avec Mme de Gonzalès, sa gouvernante; elle avoit couché à Arpajon. Le Roi avoit grand empressement de la voir, et l'a reçue avec beaucoup d'amitié. A quatre heures il l'a menée chez la Reine, qui alloit sortir pour vêpres; l'entrevue s'est faite dans le salon de la Reine. Au retour de la chapelle, la Reine l'a envoyé chercher, et l'a vue dans ses cabinets. Je l'ai vue lorsqu'elle y est entrée; elle est bien faite; on dit qu'elle est assez grande pour son âge; elle m'a paru petite, mais elle ne fait qu'entrer dans sa huitième année. Elle a un beau teint, les yeux petits, mais un visage assez agréable. Elle loge dans l'appartement de M. et Mme de Penthièvre, qui a une antichambre commune avec celui de Madame Infante. On ne la verra que chez Mme sa mère, et on ne lui fera point de présentation.

Le Roi, hier après le salut, alla coucher au château de la Celle. Il est revenu ce matin entendre la messe ici et tenir conseil des finances. Il a travaillé cette après-dinée avec le contrôleur général; et après avoir été chez Mme la Dauphine, dont l'état subsiste toujours, il est retourné à la Celle. Il chasse demain sans revenir ici; il ne reviendra que mercredi pour le conseil d'État.

Du mardi 7. — Je croyois avoir déjà marqué qu'il y a trois dames de Mesdames qui accompagnent Madame Infante; elles font une semaine chez elle comme chez Mesdames. Les deux ou trois premiers jours elles étoient chez Madame Infante sans deuil; mais Madame Infante a demandé au Roi qu'elles fussent en deuil pendant la semaine qu'elles resteroient auprès d'elle, et elles y ont toujours été depuis.

Madame Infante n'a pas joué une seule fois depuis qu'elle est ici; lorsque le jeu commence chez la Reine ou chez Mme la Dauphine, elle retourne à son appartement, où on va lui faire sa cour. Elle aime beaucoup à se tenir debout; c'est un goût de famille. Elle s'occupe à écrire et à travailler à ses affaires. Madame Infante a présenté ce matin à la Reine, dans la chambre de S. M., deux Espagnols, dont l'un est son majordome (non pas major) et l'autre son premier écuyer (1). Celui-ci a

---

(1) Il s'appelle Sasatelli, et l'autre La Vera. Ils sont tous deux ce que l'on

suivi Madame Infante à la messe. Madame Infante se met dans la niche de la tribune qui est celle vis-à-vis celle de la Reine, Mme la Dauphine n'en faisant point d'usage présentement, parce qu'elle ne sort point. Le premier écuyer de Madame Infante s'étoit mis à genoux auprès de la banquette, mais non pas dessus. Quelqu'un de mal instruit lui avoit dit qu'il devoit se mettre sur la banquette; il a refusé d'abord de le faire; enfin il a cédé au second conseil, et il a eu tort, car il n'y a d'hommes qui aient ce droit que l'aumônier et le chevalier d'honneur, ou le majordome major qui le représente.

On a eu ces jours-ci des nouvelles du prince Édouard; l'on sait qu'il est à Avignon.

On a fait ces jours-ci une difficulté mal fondée à Mme de Lède; elle a pris son tabouret ici il y a longtemps; mais on croyoit qu'elle n'avoit pas payé la somme ordinaire en pareil cas. Le tabouret, comme je l'ai dit ailleurs, se prend chez le Roi et se paye chez la Reine. Mme de Lède vint ici en 1722 (1) avec son mari, qui étoit nommé pour commander les troupes destinées pour aller en Sicile; elle prit alors son tabouret, et effectivement elle ne le paya pas; mais elle revint en 1730, et elle paya le droit.

Du vendredi 10, Versailles. — On apprit avant-hier, par des lettres de Montpellier, de janvier de cette année, que le père de M. le duc de Fleury est mort dans ses

---

appelle majordome de semaine. M. Sasatelli est le premier, et en cette qualité est toujours premier écuyer; c'est l'usage en Espagne. (*Note du duc de Luynes.*)

On m'a dit depuis que ce sont deux charges séparées que celles de majordome de semaine et de premier écuyer. M. de Sasatelli a l'une et l'autre. Lorsque M. de Montelliano donne la main à Madame Infante d'un côté, M. de Sasatelli la donne de l'autre, et en l'absence de M. de Montelliano M. de Sasatelli la donne d'un côté et M. de La Vera la donne de l'autre. Ils sont l'un et l'autre attachés à Madame Infante. (*Seconde note du duc de Luynes*, datée du 10 janvier.)

(1) Il n'y avoit point de Reine alors. (*Note du duc de Luynes.*)

terres; il étoit dans sa soixante et sixième année; il s'étoit appelé longtemps Rocozel; il avoit été page du Roi. Il laisse cinq garçons et deux filles, dont l'aînée a épousé M. de Narbonne, maréchal de camp, et la cadette M. de Castries. L'aîné des garçons est M. le duc de Fleury, premier gentilhomme de la chambre, marié à Mlle d'Auxy et qui a actuellement trois filles. Des quatre autres garçons, l'un est M. l'évêque de Chartres, premier aumônier de la Reine; un autre l'abbé de Fleury, abbé de Royaumont, et deux chevaliers de Malte, dont l'un a un régiment d'infanterie et l'autre est lieutenant de vaisseau.

On apprit il y a deux jours la mort de Mme de Linemare, supérieure de la maison de Saint-Louis à Saint-Cyr.

J'ai marqué ci-dessus, dans le volume de l'année dernière, que Mme de Gréni-Gonzalès est gouvernante de l'infante Isabelle. Ce fait n'est pas assez expliqué. Mme de Gonzalès, veuve d'un lieutenant général des armées d'Espagne, est Françoise : elle est née à Arras; son nom de famille est Gérny. Elle n'est point gouvernante; elle n'a que le titre de sous-gouvernante. Depuis longtemps on n'a point rempli la place de gouvernante des infants; on m'a dit que c'étoit depuis Mme des Ursins. Pendant la route c'étoit l'infante Isabelle qui donnoit l'ordre à l'officier des gardes du corps (M. le chevalier de Breteuil) qui étoit auprès d'elle; ce n'étoit point Mme de Gonzalès. Elle sert la petite Infante à sa toilette, et couche dans sa chambre; elle la sert aussi à ses repas, mais toujours debout. En route, l'infante lui disoit de s'asseoir pendant sa toilette, mais c'étoit par attention et amitié pour elle. On va faire sa cour à la petite Infante, mais sans présentation en forme. Mme de Gonzalès paroît avoir environ cinquante ans; elle a un fort beau maintien, et la politesse de la petite Infante lui fait beaucoup d'honneur. L'infante Isabelle est fort bien faite. Quoiqu'elle parle ordinairement espagnol, elle parle françois assez bien. Je l'avois trouvée petite au premier moment que je la vis ; je l'ai vue depuis, elle est grande pour son âge.

M. de Richelieu au présenté aujourd'hui au Roi quatre tableaux du premier mariage de M. le Dauphin. L'un représente la cérémonie du mariage dans la chapelle ; un autre la salle du manége le jour de la représentation de la Princesse de Navarre, qui étoit le jour du mariage ; un autre le bal paré dans cette même salle ; un autre enfin le bal masqué dans la grande galerie (1).

Du dimanche 12, *Versailles*. — J'appris il y a deux ou trois jours que M. de Richelieu a été choisi par l'Académie pour porter la parole à la harangue que l'Académie doit faire au Roi, en même temps que les compagnies supérieures, à la publication de la paix. On compte que cette publication sera vers la fin de ce mois.

Le contrat de M. d'Harcourt avec Mlle Rouillé fut signé hier. Le secrétaire des commandements de la Reine ne se trouva point dans ce moment, et ce fut Mme de Luynes qui présenta la plume.

Le contrat de mariage de M. d'Henrichemont avec Mlle de Châtillon a été signé ce matin. M. le duc de Sully ne s'y est point trouvé. Quoiqu'il ait perdu un procès, contre M. d'Henrichemont, de la principauté de ce nom, et qu'il ait présenté une ou deux requêtes, qui n'ont pas été admises, enfin quoique M. d'Henrichemont soit possesseur de cette terre, M. de Sully prétend que c'est à lui personnellement, à l'exclusion de tous autres, à prendre ce titre, et par cette raison n'a pas voulu signer le contrat de mariage ni se trouver à la signature. Il a pourtant fort bien reçu son neveu, que M. de Béthune lui a mené. Il est vrai que M. le duc de Béthune eut l'attention de ne point nommer le nom d'Henrichemont et de

---

(1) Ces tableaux doivent être les dessins originaux et coloriés de Cochin, placés aujourd'hui au Musée du Louvre.

dire toujours à M. de Sully : « votre neveu ». M. de Sully doit cependant se trouver à la noce; elle se fait chez M. de Châtillon. Il y avoit beaucoup de parents à la signature du contrat. Ce sera Mme de Châtillon qui présentera sa fille. Le Roi l'a trouvé bon et a toujours dit que l'ordre donné à M. de Châtillon ne la regardoit en aucune manière.

Le Roi dit hier à Madame que Mme de la Lande désiroit de se retirer; qu'il avoit nommé Mme d'Estrades pour être leur dame d'atours, et qu'il donnoit la place de Mme d'Estrades auprès d'elle à celle qu'épouseroit M. de Gouy, petit-fils de M. d'Arcis, homme de condition de Picardie, qui avoit épousé une fille de Mme de la Lande. Mme d'Estrades non-seulement fera les fonctions de dame d'atours auprès de Madame et de Mme Adélaïde, mais aussi auprès de Mme Victoire; jusqu'à présent c'est Mme la maréchale de Duras qui a été chargée de la garde-robe de Mme Victoire; je l'ai marqué dans le temps, et Mme de la Lande ne se mêloit que de celle de Madame et de Mme Adélaïde.

Le Roi a accordé son agrément pour le mariage de M. de Ségur avec Mlle de Vernon, parente de M. de Giseu (Grandhomme), maître des cérémonies.

Hier étoit jour de concert. La Reine voulut qu'il fût exécuté chez Mme la Dauphine, et elle y descendit.

J'ai toujours fait écrire ci-dessus camériste par un *é*, et Madame Infante me dit hier camaristes.

J'oubliois de marquer que le fils aîné de M. de Tessé, qui a environ douze ans, reçut à Paris, mercredi ou jeudi dernier, les cérémonies du baptême. Il fut tenu par M. de Chifreville, qui est du Mans et qui avoit la procuration de cette ville pour tenir M. de Tessé en son nom. La maraine fut Mme la duchesse d'Ancenis. C'est l'usage dans cette maison, depuis le maréchal de Tessé, que l'aîné des enfants soit tenu par la ville du Mans et en porte le nom.

J'ai appris aujourd'hui que M. le bailli de Tencin,

neveu du cardinal, vient d'avoir de l'ordre de Malte une commanderie de 30,000 livres de rente.

Du lundi 13, *Versailles.* — Le roi travailla hier avec M. de Mirepoix, et donna à M. l'abbé de Saint-Cyr (1) l'abbaye de Troyes près de Caen, diocèse de Bayeux, qui vaut 28,000 livres de rente. M. l'abbé de Saint-Cyr avoit l'abbaye de Saint-Martin de Pontoise, qui valoit environ 11,000 livres, une autre de 2,000 livres et un prieuré. M. l'abbé de Saint-Cyr rend ces trois abbayes et prieuré au Roi. Le Roi a trois nominations à faire, et par conséquent plus d'occasions d'exercer ses bontés, et M. l'abbé de Saint-Cyr a 10 ou 12,000 livres de rente de plus.

Du mardi 14, *Versailles.* — M. Pelletier de Beaupré, frère de M. Pelletier, ci-devant premier président, vient d'être nommé conseiller d'État. Cette place étoit vacante par la mort de M. de la Houssaye. M. de Beaupré est intendant de Champagne ; il s'est toujours acquitté de son devoir dans cette place avec capacité, vivacité et exactitude.

Du mercredi 15, *Versailles.* — M. de Verneuil présenta hier au Roi M. le comte d'Arco, Bavarois, fils du grand maréchal de l'impératrice (de Bavière).

Du jeudi 16, *Versailles.* — J'oubliai la semaine dernière de parler de l'opéra des cabinets. C'étoit la première représentation depuis le rétablissement du théâtre. On exécuta le même divertissement qu'à la fin du mois de décembre dernier : le prologue des *Éléments*, l'acte du *Feu*, celui de *l'Air*, et un acte du ballet de *la Paix*, qui est *Baucis et Philémon*. On trouvera le nom des acteurs dans ce que j'ai écrit le 25 décembre 1748.

Hier, il y eut encore une représentation de ce même opéra. On y avoit fait un changement. Au lieu de l'acte du *Feu*, on joua celui de *la Terre*. Mme de Pompadour y

---

(1) Aumônier ordinaire de Mme la Dauphine et conseiller d'État.

joua le rôle de *Pomone*, M. le vicomte de Rohan *Vertumne*, et M. le chevalier de Clermont *le dieu Pan*. Mme Marchais y joua le rôle d'une *bergère*. La Reine assista à ce spectacle. Elle ira encore aujourd'hui à la comédie, que l'on doit jouer dans les cabinets, qui est celle de *la Mère coquette*, comme l'année dernière, avec la pantomime de M. de Courtenvaux. J'ai oublié de marquer dans l'opéra que Mme la duchesse de Brancas a cédé son rôle à Mme Trusson.

Du vendredi 17, *Versailles*. — Hier il y eut comédie sur le théâtre des cabinets; c'est *la Mère coquette*. J'en ai parlé dans mon livre de l'année passée, au 13 décembre. Ce fut hier les mêmes acteurs. M. de Meuse y joue très-bien le rôle de *Crémante*. Après la comédie l'on exécuta la même pantomime dont j'ai parlé aussi au 13 décembre. Dehesse, qui l'a composée, y avoit fait quelques petits changements. La Reine y étoit, M. le Dauphin et Mesdames. Mme la Dauphine continue à ne point sortir de sa chambre. Mercredi il y eut comédie italienne (1) comme à l'ordinaire, et hier tragédie, quoique la Reine ni personne de la famille royale n'ait été à ce spectacle.

J'oubliois de marquer qu'avant-hier, à l'opéra des cabinets, M. de Richelieu et M. de la Vallière étoient tous deux derrière le fauteuil du Roi, M. de Richelieu à la gauche.

Hier M. de Richelieu étoit à la porte, où il resta peu de temps; il s'en alla à Paris; et derrière le fauteuil du Roi étoit M. de la Vallière à la droite et M. le duc d'Ayen à la gauche. Il ne joue point dans les comédies.

Mme d'Estrades a prêté serment aujourd'hui entre les mains du Roi comme dame d'atours de Mesdames.

Le mariage de M. le marquis d'Harcourt avec Mlle Rouillé fut fait à Paris lundi dernier.

---

(1) A la salle de spectacle du château.

Le Roi a été aujourd'hui à la ménagerie pour voir le rhinocéros. Cet animal a été pris en Asie; il étoit fort petit. Les gens du pays avoient tué sa mère à coups de flèches. On apporta au Bengale cet animal, qui est une femelle, et on en fit présent à un Hollandois, qui n'entend ni ne parle françois, du moins fort peu. Il l'a fait voir dans plusieurs cours de l'Europe, et y a déjà beaucoup gagné d'argent. Il y a huit ou dix jours qu'il est ici; le lendemain de son arrivée, il mena cet animal à la ménagerie; il croyoit que le Roi iroit le voir, mais S. M. ne jugea pas à propos d'y aller alors. Son maître l'a ramené ici dans une auberge, où M. le Dauphin l'alla voir il y a trois ou quatre jours, et Mesdames hier. Cette bête est âgée de dix ans; elle n'a qu'une corne sur le nez, au lieu que les mâles en ont deux; sa peau est comme une espèce de cuirasse; sur le dessus du dos elle est pendante des deux cotés comme un caparaçon. Les jambes sont fort grosses et comme bottées. Sa taille est extrêmement grande, et l'on dit que ces animaux croissent jusqu'à vingt-cinq ans, et celui-ci n'en a que dix. Il paroît fort doux; il voyage dans une caisse faite exprès, traîné par huit chevaux dans les beaux chemins; il pèse actuellement autant qu'une pièce de 24. On avoit dit que le Roi l'auroit acheté pour la ménagerie, si l'homme n'en avoit pas demandé 50,000 écus; il me paroît que ce discours n'est pas fondé.

Du samedi 18, *Versailles*. — Le Roi a été aujourd'hui à la chasse du cerf, et est parti ensuite pour la Meutte. Il y tiendra demain conseil d'État; ce sera la première fois qu'il y en aura à la Meutte. Mardi il y travaillera avec M. le contrôleur général, et il reviendra ici mercredi.

Le Roi a deux meutes pour le cerf. Il a pris l'année dernière 83 cerfs avec l'une, et 88 avec l'autre; et depuis qu'il a commencé à courre le cerf (ce qui est environ en 1732) il a pris à peu près 3,000 cerfs.

Le fils de M. le prince de Robecque et de Mlle de

Luxembourg est mort ces jours-ci ; il avoit environ trois ans.

Il est arrivé depuis peu dans le régiment de Picardie une aventure qui fait beaucoup de bruit. M. le duc d'Antin, qui en est colonel, y a mis deux aides majors qui ne sont point du corps; cet établissement a excité la jalousie des autres officiers. Les deux aides majors ont été obligés de se battre, l'un contre quatre, et l'autre contre six officiers. La Cour en a été instruite, et a jugé à propos de casser le lieutenant-colonel, qui s'appelle Brulard, et les dix officiers, desquels il y a deux capitaines de grenadiers, six autres capitaines et deux lieutenants (1).

Du mercredi 22, *Versailles.* — Je désirois depuis longtemps d'être instruit des années dans lesquelles ont été faits les canaux de Briare, d'Orléans et de Loing ou de Montargis. Voici l'extrait qui m'a été donné sur ces trois canaux.

Canal de Briare.

Le commencement du canal de Briare est en 1604. Le 11 mars de cette année il fut adjugé par arrêt du conseil à un appelé Hugues Conier pour la somme de 500,000 livres. Le procès-verbal des arpentements et estimations des héritages, etc., fut fini le 3 juin, 1605; il y en eut un autre en 1608, un troisième en 1610. Dans cette année 1610 tous les ouvrages cessèrent.

En 1638, les seigneurs du canal (sic) obtinrent des

---

(1) Le Roi me fit l'honneur de me dire, deux jours auparavant que j'eusse écrit cet article, que l'affaire n'étoit point encore décidée ; que M. d'Argenson ne lui en avoit point rendu compte dans son dernier travail. Ce discours de S. M. auroit dû m'empêcher d'écrire ; je ne le fis que dans la crainte d'oublier l'article et dans le dessein de le corriger suivant les circonstances. M. le duc d'Antin m'a dit que des deux aides majors, il y en avoit un qui étoit du corps, mais peu ancien ; il m'ajouta hier qu'il n'y a eu d'officiers cassés que deux lieutenants. (*Addition du duc de Luynes*, datée du 24 janvier.)

patentes du roi Louis XIII au mois de septembre en faveur des sieurs Bouteroües et Guyon, par lesquelles tous les ouvrages faits du canal leur furent abandonnés à condition qu'ils le finiroient dans l'espace de quatre ans. Ces lettres furent enregistrées au parlement de Paris, le 15 avril 1639.

Il y eut d'autres lettres patentes accordées par Louis XIII au mois de décembre 1642, enregistrées le 20 juillet 1651, au sujet des voitures et bateaux dudit canal et des droits à payer. Ces lettres furent accordées aux propriétaires après la mort des deux entrepreneurs dont j'ai parlé. Il paroît par ce détail que le canal de Briare a été commencé ou au moins arrêté en 1604 et fini en 1642. Mais on voit par une autre note qu'il étoit navigable en 1641.

Canal d'Orléans.

En 1679, Monsieur, frère du roi Louis XIV, obtint un écrit du Roi pour ce canal. Cet écrit fut enregistré en 1680. En 1681, Monsieur fit un traité avec le sieur Lambert et associés pour les ouvrages à faire au dit canal. Le Roi, en 1685, prêta 75,000 livres à cette compagnie. Ne s'étant pas cependant trouvée en état d'achever cet ouvrage, elle fit la rétrocession de ses droits à Monsieur, en 1686. Monsieur fit perfectionner le canal. On y travailla jusqu'en 1692, que le premier bateau y passa. Les entrepreneurs percevoient tous les droits et payoient 80,000 livres par an à Monsieur. Il fut dit qu'en 1702 Monsieur jouiroit de tous les droits et feroit 15,000 livres de rente, aux entrepreneurs qu'il pouvoit rembourser à raison du denier-vingt.

Ainsi il faut regarder le canal d'Orléans comme arrêté en 1679, commencé réellement en 1686 et fini en 1692.

Canal du Loing ou de Montargis.

Lettres patentes accordées à M. le duc d'Orléans en 1719 au mois de novembre, et dans le même mois, adjudication faite par M. de la Houssaye aux sieurs Leclair et Houdart. L'estimation des ouvrages avoit été faite par M. de Reigemorte dès le 10 octobre de cette année, lesdits ouvrages, estimés 845,600 livres et les dédommagements 67,800 livres, ce qui fait 913,400 livres. Lesdits ouvrages furent commencés au mois de mars 1720 ; le canal portoit bateau en 1724, mais il a été perfectionné depuis.

Il faut donc compter le canal du Loing ou de Montargis arrêté en 1719, commencé en 1720 et fini en 1724.

Hier M. le Dauphin eut un accès de fièvre qui le prit par frisson. Bouillac le vint dire à la Reine comme elle alloit de chez moi chez elle. La Reine n'en dit rien hier au soir ; elle renvoya à l'ordinaire ses dames et M. de la Mothe ; elle voulut ensuite descendre chez M. le Dauphin, mais on lui dit que tout le monde y dormoit. Elle y a été ce matin dès qu'elle a été éveillée. Le Roi, qui ne devoit partir de la Meutte qu'à deux heures après midi, est arrivé ici à une heure et a entré en arrivant chez M. le Dauphin, qu'il a trouvé dans son lit mais avec très-peu de fièvre.

Madame Infante est aussi malade depuis trois jours, d'une fièvre de fluxion, mais sans aucun danger.

Il y a quelques jours qu'on apprit la mort de Mme de Marcieu. C'étoit la femme de M. de Marcieu, des gendarmes de la garde, neveu de celui qui commande en Dauphiné.

Le mariage de M. d'Henrichemont fut fait hier à l'hôtel de Châtillon, rue Saint-Dominique, ou pour parler plus juste à l'hôtel de Broglie, car ce fut dans la chapelle de cette maison qu'on dit la messe et que l'on les maria, l'antichambre qui est avant la chapelle de l'hôtel de Châtillon étant embarrassée par des tables préparées pour le soir. Ce fut le petit d'Ancenis, que l'on appelle le duc de Charost, qui tint le poêle d'un côté, et de l'autre le petit de Châtillon. Mme d'Orval, mère de M. d'Henrichemont, ne s'y trouva point, étant malade. Mme la première présidente Portail, sa sœur, y étoit. M. le duc de Sully n'ayant pas voulu s'y trouver, par la raison que j'ai dite ci-dessus, ce fut M. le duc de Béthune qui servit de père à M. d'Henrichemont.

Du vendredi 24, Versailles. — Madame Infante a été incommodée pendant quelques jours; elle a gardé sa chambre et même son lit. Elle est sortie aujourd'hui pour la première fois.

La petite incommodité de M. le Dauphin n'a eu aucunes suites; il a été aujourd'hui chez le Roi.

Mme la Dauphine fut saignée hier matin. Il y eut avant-hier une grande consultation de toute la faculté. Ils s'assemblèrent tous chez M. Helvétius, parce qu'il est malade depuis quelques jours. Il étoit décidé, il y a déjà plusieurs jours, que Mme la Dauphine seroit saignée; le Sr Jard, son accoucheur, le désiroit; il n'étoit question que de savoir si l'on ne différeroit pas, à cause de l'indisposition de M. le Dauphin.

Mme la duchesse d'Orléans est depuis longtemps dans un état qui paroît dangereux. Il lui est venu une tumeur à la cuisse, que l'on disoit avoir été causée par un effort; mais il paroît que c'est une humeur qui s'est jetée sur cette partie, et l'exemple de M. le duc du Maine, de M. le comte de Toulouse, enfin de Mme la Duchesse, tous comme elle enfants de Louis XIV et de Mme de Montespan, donne de justes sujets de craindre les suites de cette maladie. Elle a fait usage d'un remède connu pour le scorbut, composé par un ancien valet de chambre de M. de Luxembourg, que l'on appeloit Desmourette. Ce remède n'a point produit les effets que l'on désiroit.

M. le prince de Rohan eut un accès de fièvre il y a trois jours, et on le regarda dès lors comme très-mal. Il souffre presque continuellement depuis plusieurs années, et est dans un état d'affoiblissement extrême pour le corps; sa tête n'en avoit point encore souffert; on ne s'en est aperçu que dans cette maladie-ci où il a perdu connoissance. Il a soixante-dix-neuf ou quatre-vingts ans.

Il y eut hier opéra chez le Roi. La Reine n'y étoit point, et il n'y avoit de la famille royale que Mesdames toutes les trois. On exécuta un divertissement composé du prologue de *Phaéton* et des trois actes d'*Acis et Galatée*, dans lesquels l'on avoit fait plusieurs retranchements. On sait que la musique de *Phaéton* est de Lully et les paroles de Quinault. Les paroles d'*Acis* sont de Campistron, la musique est aussi de Lully. C'est là qu'il plaça avec art et succès un sifflet de chaudronnier dont on avoit parié qu'il ne feroit jamais d'usage. Les acteurs du prologue étoient Mme la duchesse de Brancas, qui faisoit *Astrée;* M. le duc d'Ayen, *Saturne.* Dans *Acis*, M. le vicomte de Rohan faisoit *Acis*, Mme de Pompadour *Galatée*. C'est un rôle fort long et difficile à jouer; elle le joua et chanta parfaitement bien. M. de la Salle faisoit *Polyphème.* Le chevalier de Clermont, dans le premier acte, faisoit *Tircis*, et dans le troisième, *Neptune.* Mme Marchais chanta le rôle d'*Aminte*, et le nommé Bazire, musicien du Roi, fit *le grand prêtre de Junon.*

M. de la Suze et M. de Turenne qui n'avoient pas encore été à ces spectacles étoient à celui d'hier.

Le Roi va toujours à la chasse les jours d'opéra et de comédie, et soupe dans ses cabinets. Il y a dans la petite galerie une table longue comme celle d'un réfectoire; elle est de vingt-quatre couverts.

Il y a eu ces jours-ci quelques changements aux entrées chez le Roi. Les trois dernières années, MM. les gentilshommes de la chambre avoient trouvé bon qu'au lever du

Roi les huissiers laissassent entrer dans l'œil-de-bœuf les gens de considération, qui attendoient auparavant d'un côté dans la galerie et de l'autre dans l'antichambre du Roi. Cet arrangement leur donnoit plus de facilité de s'asseoir. M. de Richelieu a voulu que les choses fussent rétablies comme elles l'étoient dans sa dernière année, 1745. Personne n'entre plus dans l'œil-de-bœuf pour attendre ; la porte n'en est ouverte à chacun que dans le moment qu'il doit entrer chez le Roi.

Cet arrangement a fait beaucoup de peine aux courtisans qui n'ont point d'entrées, suivant ce que j'ai ouï dire ; d'autant plus que lors même qu'ils sont dans l'œil-de-bœuf ils sont encore fort loin du Roi, qui, depuis longtemps ne couche plus (1) dans la chambre d'après l'œil-de-bœuf, mais dans celle qu'il a fait faire au lieu où étoit anciennement un billard.

La Reine dit que c'est peut-être elle qui a donné occasion à ce règlement pour l'œil-de-bœuf. Comme elle va très-souvent le matin de chez elle chez le Roi, suivie d'une de ses femmes, et que c'est par l'œil-de-bœuf qu'elle passe, il lui est arrivé d'y trouver beaucoup de monde et quelquefois des gens qu'elle ne connoissoit point et qu'elle prenoit pour des étrangers ; elle en parla alors, et l'ordre fut donné de n'y laisser entrer personne.

Mme Brignole a été présentée aujourd'hui par Mme la duchesse d'Aiguillon. Elle paroît avoir trente-cinq à quarante ans ; elle est très-grande, bien faite ; elle a très-bonne grâce et une figure agréable. Elle est Génoise aussi bien que son mari, qui est ici avec elle ; son nom à elle est Balbi. Elle est sœur de M. le chevalier Balbi, dont j'ai parlé ci-dessus, et qui est entré au service de France. Mme d'Aiguillon s'est chargée de cette présentation, par les rapports qu'elle a avec Gênes à cause de

---

(1) On voit que, contrairement à la tradition, Louis XV a couché dans la chambre où est mort Louis XIV.

M. d'Agénois, son fils, qui y a toujours servi sous les ordres de M. de Richelieu. L'introducteur des ambassadeurs ne s'est point mêlé de cette présentation.

M. le comte d'Effenberg a pris congé, pour aller au régiment qu'il commande, qui est Royal-Bavière. J'ai déjà parlé de lui lorsqu'il eut ce régiment; il est bâtard du feu empereur Charles VII.

M. Pelletier de Beaupré, qui a été nommé, comme je l'ai dit, conseiller d'État, a fait son remerciment aujourd'hui. M. d'Aligre de Bois-Landry a fait le sien en même temps ; il est maître des requêtes ; il vient d'être nommé à l'intendance de Pau, à la place de M. Caze de la Bove, lequel passe à celle de Champagne, qu'avoit M. Pelletier de Beaupré. M. de la Bove est gendre de M. Boulogne.

J'ai toujours oublié de parler de la médaille frappée à l'occasion de la paix. Elle a été frappée à la fin de l'année dernière ; elle représente d'un côté le Roi entre la Renommée et la Paix. La Renommée tient des couronnes dans sa main droite, et la Justice lui présente un rameau d'olivier. Autour est écrit : *Ludovico XV, victori pacifico.* Au revers on voit ces mots : *Quod subactis totius Belgii civitatibus Austr[iæ], Angl[iæ] et Bat-[aviæ], ter acie superatis, Trajectoque-ad-Mosam deditioni adacto, pacis conditiones prævias Aquis-Grani sancivit, et gloriam armis partam moderatione cumulavit.* M. DCC. XLVIII. Il n'y a eu aucune distribution de ces médailles jusqu'à présent.

M. d'Ossun, capitaine des gendarmes de la Reine, demanda hier l'agrément du Roi pour son mariage avec Mlle Hocquart, sœur de Mme de Cossé.

M. de Tournehem a fait voir aujourd'hui au Roi, dans la pièce des deux tribunes, deux tableaux de Coypel, dont l'un représente *Amurat et Roxane* dans le moment où l'on cherche à connoître ses sentiments pour Bajazet. L'autre représente *l'Amour et Psyché* au moment que l'Amour l'abandonne. Ces deux tableaux sont assez petits; on doit les exécuter en grand pour faire une tapisserie que Mme la Dauphine doit envoyer au Roi son père.

J'ai appris aujourd'hui que Mme de Mornay-Montchevreuil a été élue supérieure de la maison de Saint-Louis de Saint-Cyr, à la place de feue Mme de Linemare.

M. de Richelieu a présenté aujourd'hui M. de Bonneval et M. de Cury. Celui-ci achète de M. de Bonneval la charge d'intendant des Menus. Il y avoit longtemps que cette affaire se traitoit; il s'y étoit trouvé des difficultés qui avoient empêché de la terminer.

J'ai dit que Mme Brignole avoit ici avec elle le chevalier Balbi; elle a aussi son frère aîné. M. et Mme Brignole étoient fort riches; on prétend qu'ils avoient 3 ou 400,000 livres de rente. La guerre a infiniment dérangé leurs affaires; ils avoient des biens en Silésie, qui ont été entièrement perdus depuis que le roi de Prusse s'est mis en possession de cette principauté et qu'il n'a voulu s'obliger à payer que ce qui appartenoit aux Anglois. M. et Mme de Brignole avoient aussi des biens en Moravie, qui me paroissent être l'objet le plus considérable pour eux. Ils espèrent que ces biens leur seront restitués; cependant ils n'ont point encore de nouvelles que cela soit fini. Outre cela, ils ont eu leurs terres ravagées et beaucoup de bois coupés. Le beau-frère de Mme Brignole a été doge de Gênes pendant deux ans, comme c'est l'usage. Il est rare qu'une même personne soit deux fois doge, parce qu'on ne prend que des gens fort âgés et qu'il faut rester au moins dix ans sans être élu de nouveau. Mme Brignole est fort bien avec son habit de cour; elle dit que cet habillement ne lui est pas nouveau, qu'elles sont dans l'usage à Gênes d'aller tous les ans chez le doge en grand habit le lendemain de Noël; c'est la seule visite de cérémonie qu'il reçoive des dames. Dans toute cette guerre-ci Mme Brignole a marqué un grand attachement pour la France et pour sa patrie. Instruite de l'état où se trouvoit la république, elle lui a donné pour 50,000 écus de vaisselle ou de pierreries. Il lui reste encore une fort belle parure, qu'elle avoit aujourd'hui. Elle avoit amené en France son fils, qui est mort à Avignon; elle a encore ici avec elle une petite fille.

Du lundi 27, Versailles. — Hier, M. de Blancmesnil, président à mortier (1), vint remercier le Roi qui lui a accordé la survivance de sa charge pour son fils, M. de Malesherbes, lequel épouse Mlle de la Reynière.

Le Roi a accordé aussi aux deux nouveaux trésoriers de la grande écurie, MM. Teissier et Lorimier, les survivances de leurs charges pour leurs enfants.

Hier, le général de l'ordre de Saint-Antoine eut une audience publique, conduit par M. de Verneuil, qui marchoit à sa gauche, et précédé par dix-huit religieux de son ordre. Le Roi le reçut dans son balustre, la Reine dans son grand cabinet avant sa chambre, M. le Dauphin sur l'estrade sous le dais, Madame Infante dans le salon qui précède sa chambre. Mme Victoire, qui représentoit pour Mesdames, le reçut dans la pièce qui est avant la chambre à coucher. Madame et Mme Adélaïde sont un peu incommodées. Mme la Dauphine auroit reçu le général de Saint-Antoine dans son grand cabinet sur l'estrade, si elle avoit été dans un autre état. On agita la veille la question de savoir si une audience publique de Mme la Dauphine pouvoit être dans sa chambre à coucher; on avoit même proposé de porter Mme la Dauphine de sur sa chaise longue sous le dais, mais il auroit fallu une chaise longue de deuil, toute cette pièce étant tendue de noir; d'ailleurs on a jugé plus à propos, quelque doux que fût le transport d'une pièce à l'autre, de ne pas le hasarder; ainsi elle reçut le général sur sa chaise longue, étant au

---

(1) Messire Guillaume de Lamoignon de Blancmesnil, premier président (et non pas président à mortier) de la cour des aides. Son fils, né en 1721, fut le ministre et le défenseur de Louis XVI. Il épousait Mlle Grimod de la Reynière, sœur du fameux gourmand.

pied de son lit. L'usage n'est point que la dame d'honneur aille au-devant ni reconduise. Le général de Saint-Antoine demeure en France. C'est une distinction qu'ils sont en possession d'avoir que l'audience publique. Il vient dans les carrosses du Roi, mais il n'a pas l'honneur des armes. L'ordre des chanoines réguliers de Saint-Antoine est fort ancien. Le corps de cet illustre solitaire fut apporté d'Alexandrie à Constantinople, environ l'an 704, sous l'empire de Justinien II. Josselin, seigneur de grande condition de Dauphiné, à qui appartenoit Châteauneuf de Lalbène et la Mothe-Saint-Didier, obtint de l'empereur ce corps respectable et l'apporta dans son pays, en 1070, sous Philippe Ier, roi de France. D'abord il porta ces reliques partout avec lui, ensuite il les plaça dans la paroisse de la Mothe-Saint-Didier, où l'on bâtit depuis la belle église de Saint-Antoine de Viennois.

Sous le pape Urbain II, et par son ordre exprès, Didier, héritier de Josselin, confia la garde de ce dépôt sacré à des religieux. Ce fut dans ce temps que l'on vit en Europe une maladie populaire que l'on appeloit *le feu sacré*; on eut recours à l'intercession de Saint-Antoine, et l'on éprouva les effets de sa protection. La foule des peuples qui arrivoient de toutes parts obligea à bâtir un hospice. Ce furent Gaston et Gironde son fils qui voulurent se charger de cette bonne œuvre et y servirent eux-mêmes les pauvres ; il se forma une petite communauté qui fut approuvée par le souverain pontife. Il s'établit plusieurs maisons de cet ordre en Europe, toutes dépendant de la maison de la Mothe-Saint-Didier qui prit le nom de Saint-Antoine de Viennois. Le supérieur de cet ordre ne s'appela que maître pendant plus de deux cents ans. Vers l'an 1297 le pape Urbain VII érigea le prieuré de Saint-Antoine en abbaye; Raymond de Montagny, dix-septième maître de l'ordre, eut la qualité d'abbé et les religieux celle de chanoines réguliers sous la règle de Saint-Augustin. Le cardinal de Tournon a été un des successeurs de Raymond ; il y a eu aussi un Joyeuse et beaucoup d'autres noms distingués. La dévotion à Saint-Antoine continua pendant longtemps. Rois, reines, cardinaux, tous y venoient en foule. Un historien de l'ordre prétend qu'en 1533 il vit arriver plus de 10,000 Italiens, sans compter les autres nations.

En 1561, l'abbaye fut ruinée par les huguenots. En 1597, l'abbé Antoine Tolosani entreprit de rétablir l'abbaye et de réformer l'ordre. Son successeur, l'abbé Brunel de Gramont, mit la dernière main à ces deux ouvrages importants; il obtint des lettres patentes du Roi, et dressa une nouvelle constitution qui fut reçue dans un chapitre général vers l'an 1630. Les religieux portent sur leurs habits la lettre T, qui est comme le signe de la croix. Il y a grand nombre de commanderies de cet ordre. Celle de Paris, fondée en 1368, a été depuis unie à celle de Flandre.

Il y eut hier deux présentations. Mme de Châtillon présenta sa fille Mme d'Henrichemont, et Mme la comtesse d'Harcourt, Mme de Beuvron, sa nièce. Mmes de Rohan, de Tillières, d'Ancenis, de Tessé, de Béthune, de Belle-Isle, de Talmond, de Saint-Germain et de Janson étoient à la présentation de Mme d'Henrichemont. Mme d'Henrichemont est presque aussi grande que madame sa mère ; elle est très-bien faite et a un visage agréable, seulement un peu trop long.

Mme de Beuvron (Rouillé) est petite et a le col fort court ; d'ailleurs elle a le visage agréable. Je ne l'ai point entendue parler, mais on dit qu'elle a le son de voix singulier.

M. d'Ossun fit signer hier son contrat de mariage avec Mlle Hocquart.

M. le prince de Rohan mourut hier à huit heures du matin ; il étoit dans la quatre-vingtième année de son âge. J'ai parlé de son état de souffrances habituel depuis plusieurs années; il en avoit fait un bon usage, les supportant avec grande patience, douceur et soumission. Mme la princesse de Rohan (1) est sortie aussitôt de l'hôtel de Soubise, et est allée occuper un petit appartement qu'elle louoit au Précieux-Sang. Toute la famille s'y assembla hier, enfants, petits enfants; on y fit la lecture du testament de M. le prince de Rohan, qui ne contient à ce que j'ai ouï dire que des legs pour ses domestiques. Il ordonne positivement que l'on l'enterre sans aucunes cérémonies. Mme la princesse de Rohan ne compte point retourner à l'hôtel de Soubise; elle a loué une maison près le Précieux-Sang. C'est un arrangement qu'elle avoit fait du vivant de M. le prince de Rohan et de concert avec lui.

Le Roi donna hier 24,000 francs de pension sur les postes à M. de Puisieux; ses affaires avoient besoin de ce secours. Il n'est pas riche; il fait très-bonne chère et vit très-honorablement.

Le Roi est allé aujourd'hui coucher à la Celle; il revient demain matin ici pour que les étrangers puissent lui faire leur cour (2); il retournera coucher à la Celle, et il reviendra mercredi coucher ici.

M. de Ségur fait signer demain le contrat de mariage de son fils avec Mlle de Vernon, dont j'ai déjà parlé ci-dessus; c'est une Américaine, ce que l'on appelle créole.

J'ai toujours oublié de parler des évacuations. Cet article a souffert quelque retardement parce que l'Impératrice ne tenoit pas les paroles qu'elle avoit données. Enfin, le 11 janvier, il a été convenu à Anvers que l'on évacue-

---

(1) Marie-Sophie de Courcillon, petite-fille du marquis de Dangeau, mariée en 1732 au prince de Rohan, étant veuve du duc de Picquigny.

(2) Cet arrangement a été apparemment changé; les étrangers ne sont point venus et M. de Puisieux a été ce matin pour leur parler. Cependant le Roi est venu ce matin entendre la messe ici. (*Note du duc de Luynes*, datée du 28 janvier.)

roit le 23 janvier la ville de Tirlemont et le cours des Gèthes;

Le 25, Louvain, le cours de la Dyle et Malines;

Le 28, le Brabant wallon, Wilvorde, Bruxelles et toute la Flandre hollandoise;

Le 30, Dendermonde, le pays d'Alost et les villes de la Dender;

Le 3 février, Gand, Bruges et Maëstricht;

Le 5, Ostende, Oudenarde et Tournay;

Le 8, Courtray, Nieuport et Menin;

Le 10, Namur, Ypres, la Quenòque et Furnes;

Et le 13, si tout est fini de la part de la reine de Hongrie, on évacuera Mons, Saint-Guilain, Ath et Charleroy.

Du mardi 28, *Versailles*. — Mme la duchesse d'Orléans continue à être sans espérance; la gangrène est déclarée, et l'on n'attend que la nouvelle de sa mort. Elle reçut hier ses sacrements, et ce fut le curé de Saint-Eustache qui les lui administra. Elle vouloit les recevoir dès avant-hier; ce qui en empêcha, ce fut une dispute entre son aumônier et le curé de Saint-Eustache. Il est certain que lorsque le Roi a reçu ses sacrements, ç'a toujours été de la main de son grand ou premier aumônier en présence de l'évêque diocésain ou du curé. Lorsque la Reine reçut le saint viatique, en 1726, ce fut M. le cardinal de Fleury qui fit cette fonction en présence du curé de Notre-Dame. Il sembleroit que cette même règle auroit dû être observée chez Mme la duchesse d'Orléans, qui a le rang de petite-fille de France. Cependant M. le duc d'Orléans décida hier en faveur du curé.

On ne peut exprimer ni dépeindre l'affliction de tous ceux qui sont attachés à Mme d'Orléans et de tous les pauvres qui vivent depuis longtemps de ses grandes charités. On n'entend de tous côtés que leurs pleurs et leurs gémissements; ce spectacle touchant et honorable pour Mme la duchesse d'Orléans fait un contraste assez singulier avec les mascarades et les opéras qui sont en quelque manière dans la même maison.

Du jeudi 30, Versailles. — Le jour même que Mme la duchesse d'Orléans reçut Notre-Seigneur, elle dit à M. le duc d'Orléans qu'il pardonnât à M. le duc de Chartres, qu'il le vît et l'embrassât, que c'étoit le seul moyen pour qu'elle mourût contente. M. le duc d'Orléans dit qu'il ne pouvoit lui refuser; on fit entrer M. le duc de Chartres; M. le duc d'Orléans l'embrassa. Mme la duchesse d'Orléans leur donna à tous sa bénédiction. M. le duc de Chartres voulut aller voir M. le duc d'Orléans, lorsqu'il fut entré dans son appartement, et se jeter à ses pieds; mais M. le duc d'Orléans lui dit qu'il l'avoit bien voulu voir chez Mme sa mère, parce qu'elle le désiroit, mais qu'il ne le verroit point ailleurs.

On attendoit depuis longtemps des nouvelles de l'expédition que les Anglois avoient résolu de faire sur nos colonies des côtes d'Afrique : le Roi en reçut hier (1). Il apprit que le 13 juillet dernier la flotte angloise s'étoit présentée devant l'île de Bourbon, autrement dite l'Ile de France (2), qu'ils avoient tiré du canon pendant sept ou huit heures, et que cette tentative n'ayant produit aucun effet, ils s'étoient retirés. L'escadre angloise devoit aller de là faire une tentative sur Pondichéry. On croit qu'ils pourront y être arrivés dans le mois d'août; mais comme ce lieu est encore beaucoup éloigné de nous, l'on ne compte pas en avoir de nouvelles d'ici à quelque temps.

La Reine, qui a beaucoup d'amitié pour Mme la duchesse d'Orléans, ne voulut point par rapport à son état aller hier à la Comédie italienne; il n'y eut de toute la famille royale que Madame Infante qui y alla et qui mena avec elle l'infante Isabelle.

---

(1) On trouvera ci-après la nouvelle arrivée, le 29, par un officier de marine, qui a apporté le détail. (*Note du duc de Luynes.*)

(2) L'île de France n'est pas la même île que l'île Bourbon.

Hier il y eut répétition pour l'opéra des cabinets que l'on devoit jouer aujourd'hui. C'est le même qui a été représenté ici la semaine dernière. Il devoit y avoir aussi tragédie, suivant l'usage, dans l'ancienne salle; mais le Roi ayant su ce matin que Mme la Dauphine a fait une fausse-couche cette nuit, il a contremandé la chasse du cerf où il devoit aller et l'Opéra. La Reine a dit aussi ce matin à M. de Richelieu qu'elle n'iroit point à la comédie. C'est à Madame Infante à qui M. de Richelieu s'est adressé pour lui en faire la question; se doutant bien que la Reine n'y iroit pas; Madame Infante lui a fait la même réponse que la Reine. M. de Richelieu a pris le parti de renvoyer les comédiens. C'est Mme la duchesse de Brancas qui a été au lever du Roi lui rendre compte de l'état de Mme la Dauphine. Elle l'a fait dire d'abord au Roi par La Martinière, qui est entré avant elle; le Roi l'a fait entrer ensuite. S. M. paroît fort touché de cet événement; il a dîné seul dans ses cabinets; il devoit y souper avec beaucoup de monde, mais il n'y aura personne. Le Roi savoit dès hier au soir que Mme la Dauphine avoit mal aux reins et craignoit de se blesser; c'est dans la nuit que les signes de cet accident ont paru; on a envoyé éveiller Mme de Brancas. Mme la Dauphine a souffert jusqu'à environ six heures que la fausse-couche a été faite sans efforts et sans grandes douleurs. Jard, son accoucheur, n'a point voulu faire son examen sans avoir appelé Bourgeois et Pujos, deux fameux accoucheurs de Paris; le résultat de leurs délibérations a été que c'étoit un faux germe. C'est le nom que l'on donne aux fausses-couches faites quelque temps après s'être blessée. De chez le Roi, Mme de Brancas a été chez la Reine, qui venoit de se lever et qui n'avoit pas le moindre soupçon de ce qui s'étoit passé. La Reine n'a point voulu jouer hier ni aujourd'hui; elle a passé la soirée chez Mme la Dauphine. Ce qui fait plus craindre pour les suites de ce malheureux événement, c'est que Mme la Dauphine n'a rien à se reprocher et qu'elle a eu plus de ménagement pour sa santé que les médecins n'en exigeoient. On prétend qu'on auroit mieux fait de ne la point saigner, mais on auroit dit de même que c'étoit faute de n'être point saignée.

Du vendredi 31, *Versailles.* — On a appris le 29 par un officier de marine venant de l'Ile de France que l'amiral Boscawen avec 22 vaisseaux, dont 7 à trois ponts et le reste moins grands, ou brûlots, dans lesquels il y en avoit 4 hollandois, avoit paru le 4 juillet devant l'Ile de France. Après avoir tiré plusieurs coups de canon, il a été obligé de se retirer par l'effet des bombes que M. David, qui commandoit dans l'île, a fait tirer sur la flotte. M. Boscawen n'a pas osé risquer une descente par le bon ordre qu'il a aperçu dans l'île et toutes les dispositions que M. David avoit faites pour se bien défendre. L'officier qui a apporté cette nouvelle est venu sur un vaisseau de 200 tonneaux, qui a été obligé d'échouer le 22 à la côte de Nantes. On a sauvé tout l'équipage et les deux tiers de la cargaison. Par les mêmes nouvelles, on ajoute que six vaisseaux françois armés en guerre, commandés par par M. Bouvet, étant partis de l'Ile de France pour porter du secours à Pondichéry, avoient été rencontrés à Gondelour, à six lieues de Pondichéry, par 8 vaisseaux de guerre anglois et 14 frégates commandés par M. Greffin; il étoit tard; M. Bouvet, trouvant la partie trop forte, fit fausse route et gagna Madras, à 30 lieues sous le vent de Pondichéry; il fit débarquer 500 hommes et 3 ou 400,000 piastres qui peuvent aller par terre à Pondichéry; ensuite il prit le large et sa route pour l'Ile de France, où il est arrivé le 25 juillet.

Le vaisseau qui a porté les munitions nécessaires à l'Ile de Bourbon se nomme l'*Alcyon*; c'est celui qui fut séparé de l'escadre de M. d'Albert, et que l'on croyoit perdu. Il fit sa route en trois mois, et arriva à l'Ile de Bourbon trois ou quatre jours avant la flotte angloise, sans avoir relâché en aucun endroit; et celui qui vient d'apporter la nouvelle de l'entreprise manquée est parti le 12 octobre dernier. Ainsi l'un et l'autre ont eu la navigation la plus heureuse, excepté que celui-ci a échoué pour ainsi dire au port.

M. du Theil, qui étoit resté à Aix-la-Chapelle depuis le départ de M. de Saint-Séverin, vient d'en arriver, et a été présenté aujourd'hui au Roi par M. de Puisieux.

Il y a quelques jours qu'il arriva à Paris un secrétaire d'ambassade de la cour de Vienne, qui a résidé en cette qualité à Aix-la-Chapelle auprès de M. Kaunitz, pendant la conférence, et qui venoit ici pour les affaires de cette cour jusqu'à l'arrivée d'un ambassadeur qui n'est point encore nommé. Ce secrétaire, nommé M. de Launay, est mort d'apoplexie, en trois heures de temps. Ainsi nous n'avons actuellement personne ici de la cour de Vienne.

FÉVRIER.

Mort de la duchesse d'Orléans. — Affliction de Paris. — Chapitre de l'Ordre; chevaliers nommés. — Un valet de chambre de la Dauphine persifle le duc de Saint-Aignan. — Le Roi donne les entrées à trois de ses aides de camp; plaisanterie qu'il fait à l'un d'eux. — Service de la fête de la Purification. — Exil de Mme O'Brien. — Nouvelles diverses de la Cour. — Origine de la fortune de M. de la Tournelle. — Destination de l'argent recueilli par la quêteuse à la chapelle. — Compliments au duc de Modène. — Audience des gens du Roi des cours supérieures. — Centenaire. — Envoyé de Tripoli. — Comment la duchesse d'Orléans nomme sa mère dans son testament. — Spectacle des cabinets. — Politesse de la duchesse d'Orléans. — La famille royale et la Cour font les compliments aux princes et princesses. Ceux-ci font ensuite leurs révérences. Fautes, difficultés, prétentions, exemples. — Anecdote sur la paix d'Aix-la-Chapelle. — Publication de la paix. Difficultés. — Accidents arrivés au comte de Noailles et à Mme de Duras. — Spectacle des cabinets. Auteurs, acteurs et danseurs. — M. et Mme de Montbéliard. — Bouquet de fleurs de Vincennes envoyé à Dresde. — Manufacture de porcelaine de Vincennes. — Autres manufactures de porcelaine. — Mariages. — Mme Pinto. — Lady Ogilvy; ses aventures en Écosse. — L'ambassadeur d'Angleterre. — *Te Deum* à la chapelle. Contestations entre la chambre et la chapelle, et entre les chapelains et les chantres. — Retraite de Mme de Lalande. — Nouvelles diverses de la Cour. — Le Roi dîne avec ses enfants dans le plus grand particulier. — — Spectacle des cabinets. Auteurs, acteurs et danses. — Projet pour la place de Grève. — La *Gazette de France* ; ce qu'elle rapporte et ce qu'on la vend. — La Reine va à la comédie. — Harangues des cours supérieures, du grand Conseil, de l'Université et de l'Académie ; usages. — Procès de la duchesse de Ruffec contre le duc de Saint-Simon ; biens et dettes de ce dernier. — Harangues des harengères et des corps de marchands de Paris ; usages. — Présentations. — Projets de voyage pour la Cour et le Roi. — Incendie à la Trappe. M. de Ponac. — Remercîments et présentations. — Spectacle des cabinets. Analyse de la pastorale de *Sylvie*. Auteurs et acteurs.

Du samedi 1er février, Versailles. — M. le prince de Soubise, M. le duc de Tallard, M. le duc de Duras, M. de Montbazon et M. de Mazarin firent hier leurs révérences. Ils n'étoient point venus ici depuis la mort de M. le prince de Rohan.

Mme de Coigny (Néret), qui n'avoit point paru depuis la mort de son mari, fit aussi hier sa révérence ; Mme de Croissy (Coigny) et Mme du Plessis-Châtillon (Torcy) étoient avec elle.

Du dimanche 2, Versailles. — Mme la duchesse d'Orléans mourut hier, à onze heures du soir, âgée de près de soixante et onze ans. Comme M. le duc d'Orléans ne vient plus ici, c'est M. le duc de Chartres qui est venu ce matin rendre compte au Roi de cet événement. On ne sait pas encore toutes les dispositions de son testament. Elle fait beaucoup de legs sur son mobilier. Elle fait M. le duc d'Orléans son légataire universel et substitue à M. le duc de Chartres sa maison de Bagnolet, et veut qu'elle passe après lui au second de ses enfants mâles. Elle donne à Mme la duchesse de Modène quelques-unes de ses pierreries et un livre de miniatures parfaitement belles, assez grandes, et qui sont des portraits du feu Roi et de toute la famille royale. Elle donne aussi à Mme de Modène 20,000 livres de rente viagère en cas qu'elle ne partage pas dans son mobilier (1). Elle dit précisément qu'elle

---

(1) Le feu Roi en mariant Mme la duchesse d'Orléans lui avoit donné deux millions de dot, dont il lui payoit l'intérêt au denier vingt. Comme elle avoit

veut être enterrée à la Madeleine de Tresnel, sans aucune cérémonie. Elle est universellement regrettée. Quoique la Reine ne la vît que très-rarement, elle avoit pris du goût et de l'amitié pour elle, et Mme la duchesse d'Orléans en étoit extrêmement touchée. Paris en est dans une véritable affliction. Mme la duchesse d'Orléans tenoit un grand état, sans cependant donner à manger que très-rarement. Il y avoit un cavagnole chez elle qui étoit à assez petit jeu, parce que plusieurs dames pouvoient le soutenir. On augmentoit le nombre des tableaux suivant le nombre de ceux ou de celles qui se présentoient pour jouer. Il y en avoit toujours beaucoup, et outre cela une cour fort nombreuse. Mme la duchesse d'Orléans parloit à tout le monde avec dignité, politesse et attention. On jouoit quelquefois depuis six heures jusqu'à dix; il n'y avoit point de souper. Toutes les dames attachées à Mme la duchesse d'Orléans recevoient continuellement des marques de ses bontés; ce n'est pas qu'elle demandât des grâces pour elles ou leurs familles; elle ne vouloit rien demander, mais elles les combloit d'attentions, de présents dans les occasions; enfin, elle en étoit aimée et respectée. Outre cela, elle faisoit de grandes aumônes, et l'on peut dire avec raison que c'est une grande perte pour Paris.

Il y a eu aujourd'hui chapitre de l'ordre. Il n'y avoit ni princes du sang ni légitimés, à cause de la mort de Mme la duchesse d'Orléans. Nous n'étions que trente-cinq chevaliers, y compris les trois grands officiers; M. Amelot n'y étoit point, et M. de Saint-Florentin fait toujours ses

---

depuis plusieurs années fait un arrangement avec M. le duc d'Orléans, son fils, par lequel elle lui abandonnoit toutes ses terres, se réservant seulement une pension viagère, qui étoit, je crois, de 800,000 livres y compris ce que le Roi lui donnoit, et outre cela ayant stipulé qu'elle pourroit disposer de 100,000 livres de rentes viagères, il y a apparence, par cet arrangement, que les deux millions de dot ont été remboursés, ou s'ils ne l'ont pas été M. le duc d'Orléans est chargé de les recevoir. (*Note du duc de Luynes.*)

fonctions. M. de Saint-Florentin (1) a d'abord fait la lecture de six chevaliers nouveaux que le Roi a nommés aujourd'hui : M. le duc de la Vallière, M. de Souvré, M. de Chalmazel, M. le baron de Montmorency, M. de Sassenage (ces deux-ci menins de M. le Dauphin), M. de Mailly (ci-devant Rubempré); je ne prétends pas mettre l'ordre dans lequel ils ont été nommés. Ensuite M. l'abbé de Pomponne a fait la lecture des preuves des trois chevaliers qui alloient être reçus (2); (le quatrième, qui est M. de Lanmarie, n'a point encore envoyé ses preuves; on le dit même bien malade;) il a dit que M. le duc d'Ayen étoit le huitième chevalier de sa maison, et M. le duc d'Estissac le onzième.

Immédiatement après, ces deux novices et M. de Vaulgrenant sont entrés. Le Roi les a faits chevaliers de Saint-Michel, suivant l'usage. La procession a commencé. Comme on n'a point défait le théâtre, la procession a passé par le petit escalier tournant de la chapelle qui est de ce côté-ci. On a sorti dans le péristyle pour rentrer par la grande porte. C'est M. l'évêque de Langres (Montmorin), prélat de l'Ordre, qui a officié. La procession de la Chandeleur s'est faite dans la chapelle, le temps ne permettant pas de sortir. Ensuite le *Veni Creator*, et ensuite la grande messe. M. de Langres a une assez belle voix,

---

(1) Le Roi a d'abord dit : « Nous avons six nouveaux chevaliers, » ou bien : « J'ai à vous proposer six nouveaux chevaliers. » Comme j'entrois dans ce moment, je n'ai pas entendu le discours du Roi, mais S. M. a parlé, après quoi M. de Saint-Florentin a lu les noms. (*Note du duc de Luynes.*)

(2) J'ai appris par ce rapport que le nom de M. de Vaulgrenant est Villier. Ils sont de l'ancien duché de Bourgogne et ont eu des charges considérables dans la maison des ducs de Bourgogne.

M. de Chalmazel, qui vient d'être nommé, s'appelle Talaru et est d'ancienne noblesse; son père avoit épousé une sœur de feu M. de Chamarande. M. de Chamarande ayant perdu son fils unique, M. de Chalmazel a hérité de ses biens. M. de Chamarande avoit été premier maître d'hôtel de Mme la Dauphine de Bavière. C'est pour le dédommager de la perte de cette charge que le Roi lui donna celle de premier maître d'hôtel de la Reine, dont il obtint ensuite la survivance pour M. de Chalmazel. (*Note du duc de Luynes.*)

mais il chante un peu lentement. Après la messe, les trois chevaliers ont été reçus tous trois ensemble. Les parrains étoient M. le duc de Biron à droite et M. de Coigny à gauche. La procession a retourné dans le même ordre et par le même chemin.

Il y eut ces jours-ci une petite dispute chez Mme la Dauphine. Comme elle ne voit personne, les dames et hommes qui veulent s'informer de ses nouvelles se tiennent dans le grand cabinet avant sa chambre. On avoit demandé aux valets de chambre des siéges pour les dames. Ils répondirent qu'ils n'en devoient point donner dans cette pièce, mais seulement dans celle où étoit Mme la Dauphine, que cependant ils vouloient bien par attention pour les dames, et comme cavaliers (ce fut le terme), avancer quelques placets. M. de Saint-Aignan, qui s'y trouva, alla chercher des siéges et en apporta. Un de ces valets de chambre, nommé du Buisson, lui dit qu'il honoroit beaucoup leur corps en faisant ces fonctions. Mme la duchesse de Brancas en a rendu compte au Roi, et du Buisson a été interdit.

Je viens d'apprendre dans le moment que le Roi a donné aujourd'hui, ou plutôt hier au soir, les entrées de la chambre à trois de ses aides de camp qui ne les avoient encore qu'en campagne : M. le prince de Tingry, M. le duc de Duras et M. le marquis de Gontaut. M. de Tingry étoit ici hier au soir; il fit sa cour au Roi, et lui dit qu'il alloit à Paris. Le Roi a fait la plaisanterie de le laisser partir, et cette nuit il lui a envoyé un courrier avec ordre de le réveiller, et de lui dire de venir prendre ses entrées au lever.

J'ai oublié de marquer que c'est Mme de Chimay (Beauvau-Craon) qui a quêté aujourd'hui. La Reine et toute la famille royale étoient à la grande messe à la tribune.

Cette après-dînée il n'y a point eu d'évêque qui officiât. Le Roi a été sur les quatre heures au sermon avec ses enfants, et pour tout prince, M. le prince de Condé. Le prédicateur est M. Adam, curé de Saint-Barthélemy; son sermon et son compliment ont été beaux. Les chantres de la chapelle ont chanté en haut les vêpres, et tout de suite les missionnaires le salut. Le Roi a toujours resté en bas. Mme de Chimay a encore quêté à vêpres. La Reine, qui est un peu incommodée, n'est venue que pour vêpres, et a été dans sa niche en haut. Ce matin elle étoit sur le drap de pied.

Du lundi 3, Versailles. — J'ai toujours oublié de parler de l'exil de Mme O'Brien. Elle porte depuis quelques années le nom de milady Lismore; c'est un titre que le roi Jacques a donné à son mari. Elle a reçu ordre ces jours-ci de se rendre à Orléans. Elle a demandé si elle ne pouvoit pas aller trouver son mari, qui est à Rome, et cette permission lui a été accordée. M. O'Brien est Écossois, attaché au roi Jacques, et chargé de ses affaires en France depuis longtemps. Il est à Rome depuis deux ou trois ans, auprès du roi son maître. Sa femme est de même nom et de même maison que lui; elle étoit fort pauvre, et a demeuré longtemps à Paris dans un couvent, où je crois que M. O'Brien payoit sa pension. Elle est fort maigre; d'ailleurs elle a un beau teint et est assez jolie. M. O'Brien se détermina enfin à l'épouser il y a quelques années. Elle a obtenu une place auprès de la reine d'Espagne, qui est au-dessous de dame d'atours et au-dessus de première femme de chambre. Je ne sais pas précisément la cause de son exil.

Du mardi 4, Versailles. — M. de Maurepas envoya ordre avant-hier à Paris de discontinuer les spectacles pendant huit jours, à l'occasion de la mort de Mme la duchesse d'Orléans. Lundi, l'opéra des cabinets, et mardi la comédie dans la salle ordinaire. Avant-hier au soir, M. de Périgord, fils de M. de Talleyrand et gendre de M. de Chalais, fut déclaré menin surnuméraire de M. le Dauphin; il n'aura point d'appointements tant qu'il sera surnuméraire ; il y avoit longtemps qu'il avoit la parole de la première place vacante.

MM. de la Rivière, beau-père et gendre, vinrent demander, il y a quelques jours, l'agrément du Roi pour le mariage de la seconde fille de M. de la Rivière, sœur de celle qui est à Mesdames, avec M. de Lezay, qui porte le nom de Lusignan ; il est fort jeune, il a été mousquetaire et depuis capitaine de cavalerie.

M. le chancelier demanda aussi il y a quelques jours l'agrément du Roi pour le mariage de sa petite-fille Mlle de Chastellux avec M. de la Tournelle devenu héritier de cette maison par la mort de M. de la Tournelle et de sa sœur. M. de la Tournelle, comme on le sait, étoit le mari de Mme de Châteauroux. Il avoit une terre en Bourgogne, qui a passé à son héritier et qui vaut 50,000 livres de rentes ; elle n'en valoit anciennement que sept ou huit. M. de la Tournelle le père avoit un de ses amis qui étoit ingénieur et qui le vint voir dans cette terre ; il alla s'y promener et examiner les bois qui en faisoient une partie considérable, mais qui formoient un très-petit objet faute de débit ; il remarqua qu'il étoit facile de les faire flotter et que la dépense à faire ne seroit pas considérable ; il communiqua son projet à M. de la Tournelle, et lui conseilla d'acheter le plus qu'il pourroit de bois aux environs, ce qui fut exécuté à bon marché. L'ouvrage fini pour le flottage, la terre augmenta de près du double de son revenu ; elle a été portée jusqu'à 50,000 livres de rente (1). M. de la Tournelle qui épouse Mlle de Chastellux n'a qu'une sœur ; il a dix-huit ans, sa sœur quinze ou environ, et Mlle de Chastellux seize. Outre les 50,000 livres de rentes de la terre dont je viens de parler, la mère de M. de la Tournelle a un revenu aussi considérable de son bien.

---

(1) Voir tome III, page 278.

Du mercredi 5, *Versailles*. — J'ai marqué ci-dessus que Mme de Chimay quêta dimanche dernier; elle quêta le matin et l'après-dînée. L'usage est que l'argent de ces quêtes est remis directement à la Reine par la dame qui a quêté; la Reine l'envoie à son grand aumônier, qui en fait la distribution. Ces quêtes ont presque toutes leur destination particulière; celle du premier jour de l'an est pour les pauvres de Notre-Dame de Versailles; celle du 2 février pour ceux de la paroisse de Saint-Germain; celle de la Toussaint, en quelques lieux qu'elle se fasse, est destinée pour Fontainebleau; celle de Noël, pour la paroisse de Saint-Louis de Versailles; celle du jeudi saint, pour les filles de Saint-Joseph à Paris. A l'égard des quêtes qui n'ont point de destination particulière, la Reine en dispose comme elle le juge à propos. Il est seulement d'usage de prendre sur cet argent une somme de 800 livres que l'on distribue aux pauvres des villages du domaine de Versailles. Il y a encore les quêtes que l'on fait tous les mois dans le salon de la Reine, après une exhortation que font alternativement les curés de Versailles, et qui se continue de même à Compiègne et à Fontainebleau par les curés de ces lieux. Ces quêtes ne passent point par les mains du grand aumônier; ici et à Fontainebleau elles sont remises entre les mains de la trésorière de la charité de chaque paroisse. Je ne sais pas si à Compiègne il y a des sœurs de la Charité, mais cet argent est distribué aux pauvres. Il y a encore d'autres quêtes plus particulières qui se font dans la chambre de la Reine, à Fontainebleau, par quelques-unes de ses femmes de chambre; c'est pour les filles bleues, c'est pour les filles de Moret, etc.

Le Roi partit hier pour aller à Choisy, où il restera jusqu'à samedi ou dimanche; ce voyage ne devoit être que le 8; il est vraisemblable que c'est la circonstance de la mort de Mme d'Orléans qui l'a fait avancer.

Du jeudi 6, *Versailles*. — La Cour a pris le deuil aujourd'hui pour la mort de Mme la duchesse d'Orléans pour trois semaines.

Madame Infante et Mesdames vont aujourd'hui coucher à Choisy.

Du samedi 8, *Versailles.* — J'ai appris aujourd'hui que M. de Verneuil, introducteur des ambassadeurs, a reçu ordre du Roi d'aller de la part du Roi et de la Reine faire compliment à M. le duc de Modène sur la mort de Mme la duchesse d'Orléans. C'est l'usage en pareil cas d'aller toujours de la part de la Reine, quand on va de celle du Roi ; mais M. le duc de Modène étant ici incognito, sous le nom de comte de Saint-Félix, comme je l'ai déjà dit, il sembleroit que nulle distinction ne lui seroit due. Aussi ce que le Roi fait pour lui dans cette occasion n'est pas comme droit dû à un souverain étranger, c'est une marque d'attention et d'amitié de la part du Roi. Ce n'est pas un premier exemple qu'un incognito n'ait pas été observé à la lettre quand le Roi le juge à propos.

Du mardi 11, *Versailles.* — Avant-hier, M. de Choiseul fit signer le contrat de mariage de son fils avec Mlle Lallemant de Betz. Ce mariage se fit hier à Paris, chez M. de Saint-Amaranthe, parent de M. Lallemant de Betz ; sa maison, qui est dans le faubourg Saint-Honoré, étant plus grande et plus commode que celle de M. Lallemant de Betz.

Immédiatement après la signature du contrat, MM. les gens du Roi des cours supérieures eurent audience de S. M. dans son cabinet ; ils venoient prendre ses ordres pour le jour qu'elle voudroit donner aux cours supérieures pour les harangues au sujet de la paix. Le Roi, qui étoit debout au bout de la table du côté des fenêtres, leur donna jour au premier vendredi de carême.

Le même jour d'avant-hier, il vint ici un homme dans la galerie que l'on montra au Roi et à la Reine. Il s'appelle Constant. Il dit qu'il a cent un an et qu'il étoit au siége de Barcelone par M. de Vendôme; qu'il y reçut plusieurs blessures. Je ne l'ai point vu; mais tous les gens qui l'ont vu disent qu'il ne paroît pas plus de soixante ans. Il n'a point la croix de Saint-Louis; il dit qu'il a servi dans le régiment de la marine.

Il y a ici un envoyé de Tripoli qui a déjà été en cette qualité à Constantinople, et qui s'en va actuellement à La Haye. Il a eu la curiosité de voir en passant la France et la Cour, mais il n'est chargé d'aucune commission.

Je ne puis encore mettre le détail du testament de Mme la duchesse d'Orléans, parce que l'on ne me l'a point donné jusqu'à présent. Je sais seulement qu'elle a fait beaucoup de legs pieux aux filles bleues de Fontainebleau et autres communautés; elle les charge de prier Dieu pour elle et pour une dame, une nommée Françoise. Cette dame est Mme de Montespan, sa mère, qu'elle n'a pas voulu nommer.

Il y eut hier opéra sur le théâtre des petits appartements (1). C'est le même qui y a déjà été joué, *Acis et Galatée*. On n'exécuta que trois actes de cet opéra; on a retranché le prologue de *Phaéton* que l'on joua la dernière fois, comme je l'ai marqué, mais dont les paroles ne convenoient pas depuis la fausse-couche de Mme la Dauphine (2).

J'ai parlé de la politesse de Mme la duchesse d'Orléans. On m'en racontoit ces jours-ci une preuve qui fait voir que l'on conserve son caractère jusqu'au dernier soupir. M. l'archevêque de Paris (Beaumont) vint la voir dans ses derniers moments, et dit les prières des agonisants. Elle y répondit avec piété et la plus grande présence

---

(1) La Reine, M. le Dauphin, Madame Infante et Mesdames y étoient, et outre cela l'Infante Isabelle en son rang. (*Note du duc de Luynes.*)

(2) Dans ce prologue se trouvent les vers suivants :

> Il calme l'univers, le ciel le favorise;
> Son auguste sang s'éternise;
> Il voit combler ses vœux par un héros naissant;
> Tout doit être sensible au plaisir qu'il ressent.

d'esprit; ensuite elle dit à M. l'archevêque : « Je vous suis bien obligée de tous vos soins, Monsieur ; ceci vraisemblablement ne sera pas long, mais je sais que vous avez une mauvaise santé ; songez à la ménager, et ne restez point auprès de moi. » Elle parloit avec sang-froid de son mal, et disoit qu'elle auroit assez de curiosité de pouvoir assister à l'examen de sa cuisse après sa mort. On a ouvert cette cuisse, et on y a trouvé un squirre qui se formoit apparemment depuis longtemps, mais qui étoit extrêmement augmenté. Lorsqu'il fut question de prendre les ordres de M. le duc d'Orléans sur le transport que Mme sa mère avoit ordonné de son cœur, on lui cita l'exemple de ce qui s'étoit passé à la mort de la dernière Dauphine. Comme M. le duc d'Orléans est toujours persuadé que cette mort est supposée, il répondit que l'on se moquoit de lui, de lui citer pour exemple une fable dans une affaire aussi sérieuse.

Les princes et princesses vinrent ici hier pour recevoir les compliments du Roi. Les princes ont été ce matin chez le Roi en grands manteaux, entre la messe et le conseil des finances ; ils ont vu le Roi dans son cabinet. On a été assez surpris de voir le gouverneur de M. le comte de la Marche entrer à la suite de son pupille. De chez le Roi, les princes ont été chez la Reine, qu'ils ont vue dans sa chambre, avant son dîner. Ensuite chez M. le Dauphin, Mme la Dauphine, Mme Infante et Mesdames. Cette après-dînée, un peu avant quatre heures et demie, le Roi, qui n'a point sorti à cause de la gelée, a été rendre visite à Mme de Chartres, qui étoit dans son lit. M. le duc de Chartres y a été recevoir le Roi (1). S. M. a été ensuite chez Mme la duchesse de Penthièvre ; M. le duc de Penthièvre s'y est trouvé. Elle étoit aussi dans son lit. De chez Mme de Penthièvre S. M. a été chez Mme la duchesse

---

(1) M. le prince de Conty et M. le comte de la Marche y étoient. (*Note du duc de Luynes.*)

de Modène, qui étoit dans son lit comme les deux autres. Ces princesses immédiatement après les visites du Roi ont reçu celles de la Reine, de M. le Dauphin (Mme la Dauphine ne sort pas encore), de Madame Infante et de Mesdames, ensuite de M. le comte de Charolois, de M. le prince de Dombes et de M. le comte d'Eu, tous trois en manteaux. Tout ce qui s'est trouvé ici, hommes et femmes, sont entrés immédiatement après, en manteaux et en mantes. Tous étoient pêle-mêle, attendant dans la seconde antichambre de M. le duc de Chartres jusqu'à ce que Mesdames en fussent sorties. Les hommes par politesse laissèrent passer les dames les premières ; elles entrèrent toutes sans ordre ni rang. M. le duc de Chartres étoit dans le milieu de sa chambre, debout ; il conduisit avec beaucoup de politesse toutes les femmes titrées, et eut la même attention pour les hommes titrés. De la chambre de M. le duc de Chartres, on passa dans la chambre de Mme la duchesse de Chartres, qui étoit dans son lit. La dame d'honneur conduisit les personnes titrées. On sortit par l'antichambre de Mme la duchesse de Chartres qui donne dans le bout de la galerie et on descendit chez M. et Mme de Penthièvre, qui logent au-dessous depuis l'arrivée de Mme Infante. On entra par l'antichambre. M. de Penthièvre étoit debout dans le cabinet long qui étoit ci-devant celui de Mme la Duchesse. Il étoit près de la porte de ce cabinet qui entre dans la chambre à coucher de Mme de Penthièvre ; il eut les mêmes attentions pour reconduire qu'avoit eues M. le duc de Chartres, et avec la politesse la plus grande et la plus marquée. On entra tout de suite chez Mme de Penthièvre, qui étoit dans son lit, dans une espèce d'alcôve, et on sortoit par une porte de dégagement qui est à côté de l'alcôve et qui conduit dans l'antichambre. Mme de Saluces, dame d'honneur de Mme de Penthièvre, étoit contre la porte par où on sortoit et par conséquent ne pouvoit faire aucun pas pour reconduire. De chez Mme de Penthièvre on passa dans l'aile neuve. Nous allâmes d'abord chez Mme de Modène, qui étoit dans son lit. Sa dame d'honneur étoit à la porte par où l'on entroit. On sortoit par un petit dégagement qui rentre dans la galerie. Nous allâmes tout de suite chez M. le prince de Conty, qui est dans la même galerie de l'autre côté de l'escalier. On entra par la porte la plus proche de l'escalier, et on sortit par celle qui rentre dans le bout de la galerie. M. le prince de Conty étoit dans la troisième pièce de son appartement, debout près de la porte par où l'on sortoit, ayant M. le comte de la Marche à sa gauche. Tous les princes étoient en manteaux ainsi que toutes leurs maisons et celles des princesses. Je crois qu'il est inutile de marquer que le Roi, la Reine, toute la famille royale, et toute leur suite, n'étoient point en manteaux ni en mantes. Il n'y avoit point eu d'exemple de pareilles révérences aux princes et princesses en manteaux et en mantes depuis 1720, à Paris, à la mort de la première femme de M. le Duc, qui étoit Conty (1). M. de Maurepas me le dit hier et m'ajouta que les princes et princesses en convenoient; le Roi me dit aussi hier qu'il se souvenoit fort bien de cette cérémonie de 1720. Je crois pourtant que lorsque Mme la Duchesse (de Hesse-Rhinfeld) vint ici après la mort de M. le Duc, on alla lui faire des compliments; je crois que ce fut en manteaux, mais je n'en suis pas sûr. M. de Maurepas en a quelque idée, mais il dit que ces compliments furent fort mal arrangés. J'ai cherché dans mes Mémoires, et je n'ai rien trouvé sur cet article (2), ce qui m'en fait douter,

---

(1) Marie-Anne de Bourbon-Conty, née en 1689; mariée en 1713 à Louis-Henri de Bourbon-Condé (Monsieur le Duc); morte en 1720. M. le Duc se remaria en 1728, à Charlotte de Hesse-Rhinfeld.

(2) Voir tome III, page 150, le passage de ses Mémoires que le duc de Luynes n'a pu trouver; les manteaux y sont mentionnés. Nous avons dit, tome Ier, page 53, que le duc de Luynes n'avait fait de table de ses Mémoires que jusqu'au mois de juillet 1737; il est singulier qu'il se soit privé de ce moyen commode de recourir à un travail qui avait surtout pour but de constater des précédents en matière de cérémonial.

parce que cela auroit été trop remarquable pour n'avoir pas été écrit. Je ne parle que des courtisans et des dames en manteaux et en mantes, car pour les visites du Roi, de la Reine et de la famille royale aux princesses, elles ont été dans toutes les occasions, et elles sont écrites dans mes Mémoires.

J'ai parlé du gouverneur de M. le comte de la Marche; il s'appelle M. de la Clavière.

Le gouverneur de M. le prince de Condé entre avec lui dans le cabinet du Roi, mais ce n'est pas en cas de cérémonie et lorsqu'il est en grand manteau. M. le duc de Chartres avoit fait demander hier au Roi que ses grands officiers le suivissent chez S. M. Le Roi fit réponse par M. de Richelieu que ce n'étoit pas son intention; qu'il désiroit traiter bien M. le duc Chartres en toutes occasions, mais qu'il ne connoissoit de grands officiers que les siens, ceux de la Reine et ceux de ses enfants; que M. le duc de Chartres n'étant que prince du sang ne pouvoit pas prétendre que ses officiers entrassent dans le cabinet du Roi. L'huissier du cabinet du Roi a d'abord refusé la porte à M. de la Clavière; mais sur ce qu'il a dit qu'il étoit gouverneur de M. le comte de la Marche, il l'a laissé entrer, ne faisant pas attention qu'il étoit en grand manteau. M. de Richelieu a aussitôt interdit l'huissier (1). Par la même raison du grand manteau, M. de la Clavière ne devoit point entrer chez la Reine, quoique ce fût dans la chambre et à l'heure que tout le monde entre; cependant il y a entré (2), Mme de Luynes n'ayant pas été avertie de ce qui s'étoit passé chez

---

(1) Cette interdiction a duré peu; elle fut levée le soir même : ce n'étoit que pour l'exemple. *Voyez* l'article du 13 février. (*Note du duc de Luynes.*)

(2) Il y eut même trois ou quatre de ceux que les princes du sang appellent leurs grands officiers qui entrèrent en manteaux chez la Reine; ce qui est contre la règle. Ils n'étoient point entrés chez le Roi, mais Mme de Luynes ne le savoit pas. Ils n'entrèrent point chez M. le Dauphin, ni chez Mesdames. (*Note du duc de Luynes.*)

le Roi. Mme de Brancas et Mme de Duras n'ayant point été averties ont fait la même faute chez Mme la Dauphine et chez Mesdames. M. de la Clavière a aussi entré chez M. le Dauphin. L'huissier avoit refusé de le laisser entrer, sachant ce qui s'étoit passé chez le Roi ; M. le prince de Conty insista tout haut devant M. le Dauphin ; M. le Dauphin regarda M. de Richelieu ; M. de Richelieu leva les épaules, et M. de la Clavière entra.

Les difficultés et les insistances des princes et princesses du sang sont connues du Roi. En voici un exemple. A la mort de Mme la duchesse de Parme, Mme de Duras ayant demandé au Roi si Mesdames devoient rester chez Mme la Dauphine dans le temps des révérences, le Roi répondit qu'elles n'y devoient pas rester. Mme de Duras demanda si les princesses ne devoient pas venir prendre Mesdames chez elles. Le Roi répondit : « Elles iront si je leur mande. » Il leur manda, et elles y allèrent.

Les princes du sang ne vont plus faire aucunes visites dans les occasions ; les princesses du sang en font encore quelques-unes ; elles ne vont pas cependant chez toutes les femmes titrées, comme cela devroit être.

Depuis feu M. le Duc, premier ministre, les princes du sang ne veulent point prendre le deuil de leurs parents, à moins qu'on ne leur donne part de la mort et que l'on n'aille pour cela en personne chez eux, ce qui ne se pratiquoit point avant M. le Duc. M. le prince de Soubise n'a point voulu aller chez eux leur donner part de la mort de M. le prince de Rohan ; les princes du sang n'ont point pris le deuil.

Différentes circonstances ont fait aujourd'hui que toutes les dames de la Reine, de Mme la Dauphine, de Mme Infante et de Mesdames n'ont point été en mantes chez les princesses : Mme de Luynes parce qu'elle s'est trouvée mal, les autres à cause de la comédie et du jeu de Mme la Dauphine. Elles n'y ont été qu'avec les princesses qu'elles suivoient ; d'ailleurs elles ont fait faire des excuses, dont quelques-unes ont été reçues très-froidement. Il n'y a eu que Mme de Montauban qui a été partout.

Les dames de Mme d'Orléans sont venues aujourd'hui pour faire leurs révérences ; elles étoient six. Il avoit été décidé qu'elles entreroient chez le Roi. La visite est remise à demain ; il n'est pas encore décidé si les dames d'honneur entreront avec elles. Le Roi avoit fait retarder la comédie d'une demi-heure à cause des visites. Il y avoit une nouvelle actrice nommée Mlle Armand ; elle avoit déjà joué et avoit été refusée ; elle s'est représentée de nouveau ; il paroît qu'on en est médiocrement content. La comédie a fini tard. Il y avoit grand couvert. Les dames de Mme d'Orléans n'ont pu faire leurs révérences. N'ayant point de quoi coucher ici, elles sont retournées coucher à Paris. Mme de Lorges n'est point venue, parce qu'elle est malade. C'étoient Mme de Clermont, dame d'atours, Mme d'Armentières, Mme de Poitiers, Mme de Montoison, Mme de Bourdeil et Mme de Laval. M. de Crèvecœur, premier écuyer, y étoit aussi.

Du mercredi 12, Versailles. — Le Roi a décidé que les dames d'honneur des princesses et toutes les dames qui leur sont attachées entreront en mantes avec elles partout. Cette décision est donnée comme une politesse du Roi pour les dames.

La Reine a reçu aujourd'hui, avant que d'aller à la comédie italienne, les révérences des princesses en mantes ; elles étoient suivies de leurs dames, comme je l'ai marqué. Les princesses avoient d'abord été chez le Roi. Après la Reine, elles ont été chez M. le Dauphin, Mme la Dauphine, Mme Infante et Mesdames.

Avant-hier le Roi dîna dans ses cabinets avec Mme Infante et Mesdames ; ils n'étoient qu'eux cinq à table.

M. de Saint-Séverin contoit hier à Mme de Luynes une anecdote assez singulière sur la négociation d'Aix-la-Chapelle. Tous les traités de paix jusqu'à présent avoient été rédigés en latin ; il a été convenu que celui-ci seroit rédigé en françois. Dans les titres que le Roi a pris, est, comme on le peut croire, celui de roi de France. On a peine à imaginer que ce titre ait fait une difficulté. Tout le monde sait que l'Angleterre, n'oubliant point les malheurs dont la France fut accablée sous Charles VII, a toujours voulu que ses rois conservassent le titre de roi de France. Elle croyoit apparemment avoir ce titre exclusivement à tous autres princes, parce que notre souverain ne prenoit que celui de *rex Francorum,* ce qui veut dire roi des François et non pas roi de France. Les ministres d'Angleterre à Aix-la-Chapelle, voyant le titre de roi de France, s'élevèrent contre avec vivacité, et dirent qu'ils ne le passeroient jamais, insistant pour que l'on mît à la place roi des François. M. de Saint-Séverin essaya inutilement de les persuader ; la contestation s'échauffa. M. de Saint-Séverin leur déclara positivement qu'il jetteroit plutôt tous les traités au feu que de faire aucun changement ; enfin ils cédèrent, mais ce ne fut pas sans peine.

La paix a été publiée aujourd'hui à Paris. M. l'archevêque a envoyé aujourd'hui son mandement en conséquence de la lettre du Roi pour le *Te Deum* qui sera chanté demain à Notre-Dame à Paris. Les ambassadeurs et ministres étrangers étoient autrefois invités à ces cérémonies, par l'introducteur des ambassadeurs, de la part du Roi, et ils y alloient ; cet usage a été interrompu depuis la mort de la reine Marie-Thérèse, en 1683. Les ambassadeurs ont prétendu que le cinquième salut de cérémonie qui se fait en pareil cas devoit être pour eux, c'est-à-dire immédiatement après les princes du sang. De tous temps le premier salut a toujours été à l'autel ; le second au célébrant, le troisième aux princes du sang, le quatrième au clergé. Les ambassadeurs vouloient avoir le cinquième et être salués avant le Parlement. Cette même difficulté pour le salut avoit été faite par le Parlement dans les cérémonies auxquelles les ambassadeurs ne se trouvoient point. Cette difficulté a donné occasion à un accommodement. Le salut du clergé a été placé après celui de l'autel, les regardant comme ministres de l'autel, de sorte qu'ils sont salués avant les princes du sang. Le Parlement disoit bien qu'il reconnoissoit le clergé pour le premier ordre du royaume, mais que c'étoit seulement le clergé assemblé, et qu'il ne pouvoit être représenté par quelques évêques qui se trouvoient à Paris. Le même expédient qui avoit servi pour le Parlement fut proposé en 1701 aux ambassadeurs par M. des Granges, maître des cérémonies, chez M. de Torcy; les ambassadeurs ne voulurent point l'accepter. L'ambassadeur d'Espagne dit qu'il valoit mieux s'en tenir à l'usage où ils étoient de ne plus y aller que lorsque le Roy s'y trouveroit; d'autant plus que le Roi étant présent, S. M. leur faisoit l'honneur de les saluer, en entrant, d'un coup de tête, distinction qu'ils avoient exclusivement à tous autres et qui ne pouvoit être remplacée en l'absence du Roi.

Je ne prétends pas mettre ici le détail de la cérémonie de Paris pour la publication de la paix. On trouvera seulement ci-après les noms des treize lieux différents où elle est publiée, et les termes dont on se sert dans cette publication. Il est à remarquer qu'il n'y a point d'autres puissances nommées que l'Impératrice et l'Angleterre, parce que nous n'avions point de guerre déclarée avec les autres.

On a publié ces jours-ci un arrêt qui ordonne la suppression de plusieurs droits nouvellement établis. On trouvera aussi ci-après l'intitulé de cet arrêt.

Lieux où la paix a été publiée à Paris, le mercredi 12 février 1749.

1re publication, au Carrousel.
2e publication, cour du palais, devant le maï.

3ᵉ publication, devant l'hôtel de ville.
4ᵉ publication, devant le grand Châtelet.
5ᵉ publication, à la halle vis-à-vis le pilori.
6ᵉ publication, à la place des Victoires.
7ᵉ publication, à la place de Louis le Grand.
8ᵉ publication, à la Croix du Trahoir.
9ᵉ publication, sur le Pont-Neuf vis-à-vis la statue équestre de Henri IV.
10ᵉ publication, à la place du Pont-Saint-Michel.
11ᵉ publication, à la place Maubert.
12ᵉ publication, à la place Royale.
13ᵉ publication, à la place Baudoyer.

ORDONNANCE DU ROI

Pour la publication de la paix.

Du 14 janvier 1749.

DE PAR LE ROI.

On fait à savoir à tous, qu'une bonne, ferme, stable et solide paix a été faite et accordée entre très-haut, très-excellent et très-puissant prince Louis, par la grâce de Dieu, roi de France et de Navarre, notre souverain seigneur; et très-excellent et très-puissant prince Georges, roi de la Grande-Bretagne, électeur de Brunswick-Lunebourg, et très-haute, très-excellente et très-puissante princesse Marie-Thérèse, reine de Hongrie et de Bohême, impératrice des Romains, et leurs vassaux, sujets et serviteurs en tous leurs royaumes, pays, terres et seigneuries de leur obéissance. Que ladite paix est générale entre eux et leurs dits vassaux et sujets; et qu'au moyen d'icelle, il leur est permis d'aller, venir, retourner et séjourner en tous les lieux desdits royaumes, États et pays; négocier et faire commerce de marchandises; entretenir correspondance et avoir communication les uns avec les autres; et ce en toute liberté, franchise et sûreté, tant par terre que par mer et sur les rivières et autres eaux, et tout ainsi qu'il a été et dû être fait en temps de bonne, sincère et amiable paix, telle que celle qu'il a plu à la divine bonté de donner audit seigneur roi de la Grande-Bretagne, électeur de Brunswick-Lunebourg, à ladite dame reine de Hongrie et de Bohême, impératrice des Romains, et à leurs peuples et sujets. Et pour les y maintenir, il est très-expressément défendu à toutes personnes, de quelques qualités et condition qu'elles soient,

'entreprendre, attenter et innover aucune chose au contraire ni au
réjudice d'icelle, sur peine d'être punis sévèrement comme infracteurs
le paix et perturbateurs du repos public.

Et afin que personne ne puisse en prétendre cause d'ignorance, la
résente sera lue, publiée et affichée où besoin sera.

Fait à Versailles, le 14 janvier 1749.

Signé LOUIS.

Et plus bas BRULART.

ARRÊT DU CONSEIL D'ÉTAT DU ROI,

Portant suppression de la plus grande partie des droits établis par les édits des mois de février 1745 et 1748.

Du 4 février 1749.

(Extrait des registres du conseil d'État.)

Le Roi étant en son conseil a ordonné et ordonne que les droits de marque sur les cuivres, établis par l'édit du mois de février 1745, comme aussi les droits sur la poudre à poudrer et sur la cire, établis par l'édit du mois de février 1748, ensemble les droits sur les suifs et sur les papiers et cartons rétablis par le même édit, et tarifs y joints, seront et demeureront supprimés, et que la perception d'iceux cessera à compter du jour de la publication du présent arrêt.

Fait au conseil d'État du Roi, S. M. y étant, tenu à Versailles le quatrième jour de février 1749.

Signé PHÉLYPEAUX.

Du jeudi 13, *Versailles.* — J'ai parlé ci-dessus des révérences. Une circonstance qui ne m'avoit point paru mériter d'être observée, parce que c'est un usage constant et sans difficultés, c'est que les dames titrées qui suivoient la Reine dans ses visites s'assirent devant S. M., et que les autres demeurèrent debout. Ce ne fut que chez Mme de Modène que la Reine s'assit, parce qu'il y eut quelques moments de conversation ; chez Mme de Chartres et chez Mme de Penthièvre la Reine resta debout, et ne resta qu'un moment.

J'ai parlé ci-dessus du gouverneur de M. le comte de

la Marche et de l'interdiction de l'huissier ; j'ai appris et d'une manière très-positive, que le Roi a dit que M. d Richelieu a eu tort, que le gouverneur ne doit jamai quitter son pupille.

Du vendredi 14, Versailles.

Extrait d'une lettre écrite à M***.

Vous savez l'aventure singulière du comte de Noailles, qui glissa tomba et se cassa un doigt de la main gauche, hier, en sortant d cabinet du contrôleur général ; cela ne l'empêcha pas d'aller à l'o péra.

Celle de Mme de Duras est bien malheureuse et bien tragique. Elle a riva dans la petite galerie du Roi, en attendant le moment de l'opéra M. le Dauphin et Mme Adélaïde s'assirent sur son bas de robe (1) M. le Dauphin voulut faire tomber Mme Adélaïde, et tira le bas d robe ; Mme Adélaïde tomba effectivement, mais sans se faire de mal et Mme la maréchale de Duras tomba en même temps, et se démit e se cassa le pied (2). Heureusement elle ne fit aucun mouvement pou, se relever, car le talon étant disparu l'os auroit percé la peau, et l. fracture auroit été bien plus difficile à réparer. On appela sur-le-

---

(1) M. le Dauphin, qui s'ennuyoit en attendant le moment de l'opéra, prit le bas de la robe de Mme de Duras, qui, se retournant, dit qu'elle avoit un page de bonne maison. M. le Dauphin lui dit : « Je suis Criquet, et vous êtes la comtesse d'Escarbagnas ; mais je vais faire comme Criquet, car vous savez qu'il s'assit (*). » Mme Adélaïde s'assit en même temps sur le bas de robe de Mme de Duras. (*Note du duc de Luynes.*)

(2) La fracture fut si violente, que le talon rentré en dedans avoit entièrement disparu. Le Roi étant arrivé dans ce moment voulut la relever lui-même ; elle lui dit avec le plus grand sang-froid et la plus grande tranquillité qu'elle ne le pouvoit pas et qu'elle avoit le pied démis. Le Roi ordonna qu'on ne la touchât point jusqu'à ce qu'il vît venir un chirurgien. On chercha de tous côtés un petit fauteuil ou chaise qu'on pût porter ou rouler ; enfin le Roi trouva une chaise avec des roulettes ; un chirurgien prit la jambe de Mme de Duras et la soutint toujours depuis la petite galerie jusque chez elle. Elle étoit prête à se trouver mal en arrivant. La Martinière vint un moment après ; il remit et raccommoda le pied. Il dit que si l'on y avoit touché dans le moment, l'os auroit percé la peau et l'accident seroit devenu beaucoup plus considérable. (*Note du duc de Luynes.*)

(*) Voy. *la comtesse d'Escarbagnas*, scène II.

champ La Martinière ; il assure que tout est bien remis en place. Mme de Duras a beaucoup souffert cette nuit, et a été saignée trois fois ; peut-être sera-t-il nécessaire de faire une quatrième saignée. Cependant elle est mieux présentement et sans fièvre. Je vous parle d'après La Martinière. Mesdames étoient dans une consternation et une affliction extrême, et encore plus M. le Dauphin ; ils vinrent tous hier, au sortir de chez le Roi, voir Mme de Duras, qui a soutenu cet événement avec un courage héroïque ; elle étoit aussi tranquille et aussi gaie que s'il ne lui étoit rien arrivé.

Du samedi 15, *Versailles.* — Avant-hier, il y eut opéra dans les cabinets. C'étoit un divertissement composé de trois actes différents. Le premier et le dernier sont absolument nouveaux. Le premier est *Jupiter et Europe ;* les paroles sont de Fuzelier, la musique est du Sr Duport, huissier de la chambre du Roi, et de Dugué, musicien du Roi. Le Sr Duport est grand musicien, joue fort bien du clavecin et du violoncelle ; mais comme il n'est pas de la profession, il n'a pas voulu que son nom parût dans les imprimés que l'on a distribués. M. de la Salle faisoit le rôle de *Jupiter* travesti ; Mme de Pompadour faisoit *Europe ;* Mme Trusson faisoit *Palès,* déesse des bergers ; M. de Courtenvaux, qui devoit danser dans ce divertissement, ne le put pas, s'étant donné un effort, la veille, à la répétition. Il n'y eut que M. de Langeron qui dansa, et les enfants des maîtres à danser. Les danses des trois actes furent charmantes et dans un goût nouveau, quoique cela paroisse difficile à croire ; mais Dehesse, de la Comédie italienne, a un génie surprenant. Cet acte fut parfaitement bien exécuté.

Le second est intitulé *les Saturnales ;* c'est un acte des *Fêtes grecques et romaines,* dont la musique est de M. de Blamont et les paroles de Fuzelier. Mme la duchesse de Brancas faisoit le rôle de *Délie,* Mme Marchais celui de *la suivante Plautine,* et M. le chevalier de Clermont celui de *Tibulle.* Ce rôle dans l'opéra est une haute-contre ; M. de Blamont l'a changé et en a fait une basse-taille, pour que l'on eût plus de facilité à le faire exécuter. On avoit fait outre cela quelques changements et additions.

Le troisième acte est *Zélie*, nymphe de la suite de Diane. C'est Mme de Pompadour qui joue ce rôle. M. le duc d'Ayen jouoit celui de *Limphée*, Sylvain ; Mme Marchais faisoit *l'Amour*. La décoration du char de l'Amour fut fort belle et bien exécutée. Les paroles de cet acte sont de M. Cury, qui a acheté depuis peû la charge d'intendant des menus de M. de Bonneval. La musique est de M. Ferrand, fort ami de Mme de Pompadour, et qui accompagne du clavecin dans ces divertissements ; il est grand musicien.

M. et Mme de Montbéliard (Sponeck), depuis la perte de leur procès, dont j'ai parlé dans le temps, s'étant trouvés réduits à 12,000 livres de revenus, ont pris le parti de venir s'établir à Versailles, dans la paroisse de Saint-Louis, où ils louoient déjà une maison, étant très-souvent chez Mme de Ventadour. Mme de Montbéliard est une femme sensée et respectable par sa bonne conduite et sa piété. Elle a beaucoup d'amis. Ils n'ont qu'un fils, qui est dans le régiment du Roi-infanterie. Ils vivoient tous trois dans une grande régularité et une grande union. Comme ils ont toujours été dans une liaison intime avec Mme de Carignan, ils allèrent hier dîner avec elle à Paris. Ils n'ont pour tout équipage qu'un petit berlingot avec deux chevaux. Ils repartirent fort tard tous trois de Paris, dans leur petite voiture, pour revenir ici. En arrivant auprès de Viroflay, comme il faisoit fort noir, un carrosse à six chevaux accrocha rudement en passant la roue de leur carrosse ; leur cocher tomba, et quoique les chevaux n'allassent pas plus vite, le sombre de la nuit, les fossés à droite et à gauche du chemin de Versailles à l'avenue déterminèrent M. de Montbéliard le fils à se jeter hors de la voiture. Il tomba et se cassa le doigt ; le père voulant en faire autant, tomba sous la roue, qui lui passa sur la poitrine ; il ne vécut qu'une demi-heure. Il fut cependant confessé et reçut ses sacrements. Mme de

Montbéliard, témoin de cet horrible spectacle, resta dans le carrosse évanouie (1).

J'ai marqué ci-dessus que l'on envoyoit à Dresde, sur un brancard porté par des hommes, le bouquet de fleurs de Vincennes que M. de Fulvy apporta il y a quelques jours à Mme la Dauphine, et dont elle fait présent

---

(1) Il a été réglé qu'ils auroient 12,000 livres de rente foncière et 8,000 livres de pension. Cet arrangement a été fait depuis le jugement du procès en faveur de M. de Wurtemberg ; mais ils n'ont rien touché depuis ce règlement, et même cela n'étoit pas encore signé le jour de l'aventure tragique de M. de Montbéliard. Cela ne doit l'être qu'aujourd'hui ou demain.
Cette cruelle aventure, l'état de Mme de Montbéliard et la situation de son fils ont engagé leurs amis à prier M. le contrôleur général de prendre les ordres du Roi et d'implorer ses bontés pour qu'ils puissent toucher quelque argent. Le fils, qui étoit dans le régiment du Roi, ayant obtenu une commission de colonel, a eu en même temps une compagnie dans le régiment de Rozen. L'argent qu'il a fallu donner pour cette compagnie, l'équipage et la campagne ont mis le père et la mère dans la nécessité de faire des dettes. Ce qui rend leur état encore plus digne de compassion, c'est que cette compagnie va être réformée si elle ne l'est déjà, et M. de Montbéliard le fils qui portoit le nom de Wurtemberg demeurera colonel réformé à la suite du régiment de Rozen, à moins qu'on ne lui accorde l'agrément d'un régiment et qu'il ne trouve le moyen de le payer.
La cruelle aventure que je rapporte ici est telle à peu près que je l'ai marquée ; voici seulement les changements à y faire, que je n'ai appris qu'aujourd'hui. Le carrosse étoit à quatre chevaux avec un cocher et un postillon ; il fut accroché à huit heures du soir près de Viroflay ; le cocher tomba et ne se fit point de mal. M. de Montbéliard le fils voyant que le postillon alloit toujours, quoique le cocher fût à terre, lui cria d'arrêter ; mais voyant qu'il ne pouvoit se faire entendre, il ouvrit la portière et se jeta dans la boue où il se démit un doigt de la main ; la mère voulut se jeter aussi après son fils ; le père, qui dormoit, se réveilla dans ce moment, arrêta sa femme, et se jeta lui-même. La roue lui passa sur le corps et lui cassa quatre côtes. On le porta dans la première maison de Viroflay ; on envoya quérir le chirurgien et le curé du lieu. Le sang lui sortoit de tous côtés ; on voulut le saigner jusqu'à trois fois, mais il ne vint de sang que la première. Il fut confessé ; il avoit fait ses dévotions la veille et vivoit dans une grande piété. Il a conservé la présence d'esprit et le sang-froid presque jusqu'au dernier moment. Il dit à sa femme : « Le Seigneur nous a déjà envoyé bien des croix ; ceci en est une terrible ; mais il faut se soumettre à ses ordres et adorer les desseins de la Providence » ; et en donnant la main à sa femme, il expira à ses yeux sans s'être jamais plaint un moment. (*Note du duc de Luynes*, datée du 16 février 1749.)

au roi son père; cet arrangement a été changé. On a trouvé trop d'inconvénients à cette manière de transporter ce bouquet; on a pris le parti de le démonter et de l'envoyer par les voitures ordinaires; et M. de Fulvy fait partir l'ouvrier qui l'a monté, pour qu'il aille à Dresde le remettre en état d'être présenté au roi de Pologne.

M. de Fulvy m'a dit aujourd'hui plusieurs détails sur cette manufacture qui méritent d'être écrits. Le premier établissement fut fait en 1741. Le roi leur donna le manége de Vincennes, qui n'étoit d'aucun usage depuis longtemps. C'est là que l'on a construit des ateliers pour les tourneurs, sculpteurs, peintres et autres ouvriers nécessaires pour la manufacture, et les fours différents dont on a besoin. M. de Fulvy a choisi des entrepreneurs qui y ont dépensé jusqu'à présent 250,000 livres. Outre cela, le Roi donna, il y a deux ou trois ans, 40,000 livres pour aider à perfectionner l'établissement; et depuis S. M. a fait encore donner 60,000 livres, en tout 100,000 livres. Jusqu'à ce moment il n'y a eu de dépense faite pour cette manufacture que 320,000 livres; ainsi ils ont encore 30,000 livres devant eux. Il y a actuellement cent ouvriers travaillant à cette manufacture, les uns payés à tant par jour, les autres par pièces. Une des grandes difficultés est la terre pour les moules; il faut que cette terre ne soit mêlée d'aucun métal, car elle donne la teinture à la porcelaine; on en trouve de cette espèce, mais elle est si sèche qu'à chaque cuisson le moule casse et ne peut servir deux fois. M. de Fulvy espère que cette manufacture bien soutenue fera commerce de marchandises pour 7 ou 800,000 livres par an, dont environ 300,000 en France et le surplus dans les pays étrangers. On y en a déjà envoyé des pièces qui ont fort bien réussi, et qui font désirer avec impatience aux étrangers d'en pouvoir acheter. Mais M. de Fulvy ne veut pas que l'on débite publiquement avant le mois d'août prochain, afin que les entrepreneurs aient le temps de remplir leurs magasins. Les Anglois ne demandent que de la porcelaine toute blanche. Mais comme ils pourroient en faire usage pour y ajouter des peintures, on leur vend cette porcelaine blanche aussi chère que si elle étoit peinte.

Il y avoit plusieurs autres manufactures de porcelaine en France, et même auprès de Paris, à Chantilly, Saint-Cloud, Villeroy, Sceaux, etc. Les entrepreneurs visitoient, et envoient visiter, celle de Vincennes pour s'instruire et tâcher de la contrefaire, et outre cela pour débaucher quelques bons ouvriers en leur promettant un gain plus considérable. Pour mettre fin à ces deux inconvénients, M. de Fulvy a obtenu un ordre pour que personne ne pût aller voir travailler les ouvriers dans la manufacture. Ces visites fréquentes avoient au moins l'inconvénient de les détourner et de retarder l'ouvrage. Outre cela, il y a eu un arrêt du conseil qui fait défense à tous maîtres de manufactures de prendre aucuns ouvriers de celle de Vincennes à peine de 3,000 livres d'amende. Les ouvriers de cette manufacture ne sont ni logés ni nourris.

M. de Fulvy, pour être à portée de veiller de plus près à ce qui se passe, a obtenu un logement à Vincennes. C'est le bâtiment de la surintendance de cette maison royale. C'est son frère feu M. Orry qui lui avoit fait obtenir ce logement étant directeur général des bâtiments; mais il ne voulut jamais lui donner un brevet, de sorte qu'il a fallu qu'à sa mort il obtînt de M. de Tournehem la continuation de la même grâce, qui lui a été accordée.

Du dimanche 16, *Versailles.* — J'ai toujours oublié de parler du mariage de M. Turpin, ci-devant Sanzay, avec Mlle de Lusignan. Ce mariage se fera après demain à la même messe que M. de Lusignan épousera Mlle de Paulmy, seconde fille de M. de la Rivière; le frère et la sœur seront mariés en même temps.

Il a paru ici ces jours derniers une riche juive qui demeure ordinairement avec son mari en Hollande; elle est venue voir la France. Son mari, qui est aussi juif, est un gros commerçant; il s'appelle Pinto. On dit qu'ils ont plus de 200,000 livres de rente, et c'est par cette raison qu'on a remarqué ici cette femme.

Une femme, d'une espèce très-différente, qui est aussi venue ici ces jours derniers, est milady Ogilvy; elle est par elle-même de très-grande condition d'Écosse; elle a vingt et un ou vingt-deux ans; elle a une figure fort douce, jointe à un courage héroïque. Quoique son père soit dans le parlement d'Angleterre et attaché, au moins à ce qu'il paroît, aux intérêts du roi Georges, et pendant que ses frères, attachés au même parti, servoient dans l'armée du duc de Cumberland, elle s'est entièrement livrée elle et son mari aux intérêts du prétendant. Elle n'avoit que dix-huit ou dix-neuf ans lorsque étant en Écosse elle sut que la plus grande partie des montagnards des troupes de ce prince s'étoient retirés chez eux; dans le moment elle monta à cheval, et alla toute la nuit de maison en maison dans les montagnes, leur représenter combien il étoit honteux d'abandonner ainsi leur roi; elle en ramena quatre cents. Pendant ce temps, le duc de Cumberland s'avançoit avec ses troupes et avoit grand désir de faire prendre une femme qui faisoit aussi grand tort à ses intérêts. Il n'épargnoit rien pour découvrir où elle étoit; Mme Ogilvy, instruite de son dessein par les espions qu'elle avoit dans l'armée angloise, fit son calcul sur la distance dont elle étoit de l'armée du prince; elle jugea qu'elle auroit le temps de passer une rivière qui se trouvoit sur son chemin; elle la passa en effet avant que le duc de Cumberland pût arriver sur l'autre bord. Se voyant en sûreté, elle fit tirer en l'air les troupes qu'elle avoit avec elle pour se moquer de son ennemi. Malheureusement après la dernière bataille que le prétendant perdit, elle fut prise et conduite à la tour de Londres avec sa sœur; elle ne fut point accablée par cet événement; elle songea à sortir de prison. Elle y laissa sa sœur, et imagina de sortir déguisée en marchande. Elle est assez grande; pour être moins reconnue, elle marcha assez longtemps les genoux pliés afin de paroître plus petite. Elle s'embarqua sur un très-petit bâtiment, où elle fut cinq jours à découvert au milieu des vents et des tempêtes; enfin elle arriva heureusement en France. Son mari y étoit. Il a des terres considérables en Écosse; mais son attachement pour le prétendant ayant fait confisquer ses biens et l'ayant fait condamner à avoir le col coupé, il s'est retiré en France, où le Roi lui a donné un régiment qui lui vaut 14 ou 15,000 livres de rente. C'est de ce revenu que le mari et la femme subsistent, et de quelques secours que leurs parents leur envoient sous main d'Angleterre et d'Écosse. Mme Ogilvy étant devenue grosse, en France, résolut de retourner dans son pays pour y accoucher, sans être effrayée de tous les dangers où elle alloit s'exposer, et voulant que son fils, si c'en étoit un, ne fût pas exclu de l'héritage des terres de sa maison, ces terres étant substituées aux mâles nés dans le pays. En effet elle se mit en chemin, mais elle accoucha à Calais et n'eut qu'une fille. Pour cet accouchement, elle n'eut recours qu'à la première femme qui se trouva, et ne voulant point être connue, elle laissa ignorer sa situation à son mari, et sa fille fut huit jours à ne vivre qu'avec de l'eau. Elle espère bien dans trois ans d'ici être en état de retourner dans son pays, parce que suivant les lois du pays, au bout de ce terme, les punitions décernées contre des criminels qui n'ont point été exécutées sont pour ainsi dire prescrites, et il faut que le parlement prononce une nouvelle condamnation.

Du lundi 17, *Versailles*. — J'ai parlé du mariage de M. Turpin et de celui de M. de Lusignan. Ces deux contrats furent signés hier, et encore un troisième qui est celui de M. de Gouy, fils de M. d'Arcy et petit-fils de

Mme de la Lande, avec Mme de Vérac. Il y avoit longtemps que l'on parloit de ce mariage. Dès qu'il sera fait, Mme de Gouy entrera sûrement à Mesdames; c'est une grâce que le Roi a accordéé à Mme de la Lande lorsque Mme d'Estrades a été nommée dame d'atours.

Nous avons ici un ministre d'Angleterre; il est à Paris depuis deux ou trois jours. Il vint voir hier M. de Puisieux; il ne verra le Roi que demain. Il s'appelle M. d'York; il est fils du lord chancelier d'Angleterre. Il n'a le titre ni d'ambassadeur, ni d'envoyé, ni de ministre plénipotentiaire; il est chargé ici des affaires d'Angleterre. M. le duc de Richmond devoit venir ici en qualité d'ambassadeur; apparemment qu'il y a quelques raisons qui retardent son départ; je crois même qu'il est fort incertain qu'il vienne.

On a chanté aujourd'hui le *Te Deum* à la messe du Roi et à celle de la Reine (hier étoit celui des missionnaires, en conséquence du mandement de M. l'archevêque); aujourd'hui c'est la musique de la chambre qui a exécuté le *Te Deum* à la chapelle, et c'est le Sr Rebel, surintendant de la musique de la chambre, qui a battu la mesure.

J'ai parlé en d'autres occasions des contestations entre la chambre et la chapelle au sujet des *Te Deum*, et de la décision du Roi en faveur de la chambre. Une circonstance que je n'appris qu'hier, c'est qu'il y a eu aussi une contestation entre les chapelains du Roi et les chantres que l'on appelle la grande chapelle. On sait, et je l'ai expliqué ailleurs, que le *Te Deum* peut être exécuté à la chapelle comme un autre motet, et la mesure battue par le maître de la musique de la chapelle, pourvu que ce soit sans cérémonie. Ce qui constitue la cérémonie, c'est lorsqu'il est entonné par un prêtre en étole et que l'on dit l'oraison à la fin. Le chapelain qui dit la messe au Roi prétendoit devoir entonner le *Te Deum* avant que de commencer la messe, et dire l'oraison à la fin. Les chantres de la grande chapelle soutenoient qu'ils devoient faire l'une et l'autre fonction. On a partagé le différend par la moitié ; c'est un chantre de la grande chapelle qui en surplis et en étole entonne le *Te Deum* en haut, et c'est le chapelain du Roi qui chante l'oraison en bas après la messe. C'est du Roi même que je sais ce détail.

J'ai parlé du mariage de M. de Gouy et de la retraite de Mme de la Lande. J'ai appris depuis quelques détails sur cette retraite. Mme de la Lande, qui a été sous-gouvernante du Roi et ensuite des enfants de France, avoit 13,000 livres de pensions du Roi. Lorsque S. M. lui donna l'intendance de la garde-robe de Mesdames, elle voulut bien lui donner une pension de 2,000 écus, de sorte que Mme de la Lande avoit 19,000 livres de rente du Roi. Lorsqu'elle s'est retirée, le Roi lui a encore augmenté ses pensions de 6,000 livres, et a donné dès ce moment, comme je l'ai dit, à sa future belle-fille, la place de dame de Mesdames, vacante par le changement de Mme d'Estrades. M. d'Arcy, gendre de Mme de la Lande et père de M. de Gouy, avoit été gentilhomme de la manche avec M. d'Auxy, gendre de Mme de Villefort, autre sous-gouvernante. M. d'Arcy avoit eu une pension, je ne sais si c'est de 3 ou 4,000 livres. Après sa mort, le Roi a donné cette même pension à son fils ; elle a été augmentée apparemment depuis, car on m'a dit qu'il avoit 7,000 francs de bienfaits du Roi. M. de Gouy a très-bien servi ; il eut les deux cuisses percées à la malheureuse affaire de M. le chevalier de Belle-Isle, et nous l'avons vu longtemps ici avec des béquilles, digne de compassion ; il espéroit dans cette occasion de nouvelles marques de la bonté du Roi, mais il n'eut rien alors. A l'occasion de son mariage, le Roi vient de lui donner 2,000 francs de pension ; il a outre cela un logement que le Roi lui donne à Paris.

Du mardi 18, *Versailles.* — Il y eut avant-hier grand couvert. Mme la Dauphine y soupa ; c'est le premier jour qu'elle est sortie depuis sa fausse-couche. Ils étoient huit à table ; c'est la première fois que cela s'est trouvé ainsi depuis l'arrivée de Mme Infante.

La Reine alla hier aux prières de quarante heures à la paroisse. M. le Dauphin, Mme la Dauphine, Mme Infante, Madame et Mme Adélaïde étoient dans le carrosse de la Reine. Mme Victoire ne put pas y avoir de place. Elle ne monta point dans le second carrosse de la Reine ; elle alla monter dans un des carrosses du Roi qui sont destinés pour Mesdames ; elle y étoit seule dans le fond. Mmes les duchesses de Brissac et de Beauvilliers étoient sur le devant ; Mme de Belzunce et Mlle de Charleval aux portières ; Mme la maréchale de Duras ne pouvant suivre Mme Victoire, il étoit nécessaire que Mlle de Charleval fût auprès d'elle, ce qui n'auroit pu se faire si Mme Victoire avoit monté dans le second carrosse de la Reine ; Mlle de Charleval n'y a jamais monté, mais seulement dans ceux du Roi. Ce carrosse où étoit Mme Victoire passa immédiatement après celui où étoit la Reine et avant le second carrosse. Comme il est censé que les deux et même les trois, quand ils y sont, n'en font qu'un, il eût été à désirer que Mme Victoire eût pu monter dans le second de la Reine.

Du mercredi 19, *Versailles.* — Hier, M. le Dauphin, Mme la Dauphine, Mme Infante et Mesdames dînèrent tous six avec le Roi dans ses cabinets, dans le plus grand particulier. Ils n'allèrent point aux prières de quarante heures, à cause de ce dîner. La Reine y alla seule avec ses dames. Mme de Luynes étoit hier dans le carrosse de la Reine ; avant-hier elle étoit dans le second carrosse. Pour Mme de Brancas, elle alla avant-hier dans un des carrosses de Mme la Dauphine avec les dames de Mme la Dauphine.

Avant-hier, il y eut opéra dans les cabinets. C'est le même qui avoit été joué la dernière fois ; il n'y eut aucun changement, sinon que dans le troisième acte ce fut M. de la Salle qui chanta le rôle que M. d'Ayen avoit chanté la dernière représentation. Quoique le peu d'habitude que j'ai des spectacles ne me permette pas de juger aussi bien du mérite des acteurs, il me semble que l'on peut dire que M. de la Salle est acteur et qu'il a une belle voix. Tout le monde en convient. Mme de Pompadour est aussi fort applaudie, et avec raison.

Hier, il y eut encore opéra. L'on joua *Ragonde*, dont la musique est de feu Mouret, et les paroles de M. de Malezieux (1). M. de Sourches fit Ragonde. Il avoit déjà exécuté ce rôle avec applaudissements, quoi qu'il ait une voix fort peu avantageuse et peu agréable, mais c'est assez ce qui convient au personnage de Ragonde.

Mme Marchais faisoit *Colette*;

M. de la Salle, *Lucas*;

Mme de Pompadour, habillée en homme, avec une jupe, *Colin*.

M. le vicomte de Rohan faisoit *Thibaud le magister*.

Mme Trusson, *Mathurine*;

Comme il faut trois hommes habillés en sorciers, on avoit joint Richer, de la musique du Roi, à MM. de la Salle et de Rohan.

Les danses, qui sont toujours de la composition de Dehesse, sont les plus jolies que l'on puisse voir.

Après *Ragonde*, on exécuta une pantomime, je crois de la composition de Dehesse, et où il fait le principal personnage. Il n'y a aucunes paroles. Je ne sais si c'est

---

(1) C'est mal à propos que l'on a marqué les paroles de *Ragonde* être de M. de Malezieux. Ce divertissement fut fait pour une de ce que l'on appeloit les grandes nuits de Sceaux. Les paroles sont de M. de Néricault Destouches, de l'académie françoise; la musique est de différents auteurs. Partie des paroles sont sur différents morceaux de l'opéra d'*Arion*, musique de Matho, et de celui d'*Ulysse* de Rebel le père. Il y a différentes symphonies qui ont été ajoutées par MM. Rebel et Francœur; ce sont eux qui en ont fait un opéra; auparavant ce n'étoit que des morceaux détachés. (*Note du duc de Luynes*).

en deux espèces d'actes, ni si ce furent deux pantomimes, mais il y eut un de ces divertissements dont un petit danseur âgé d'environ cinq ans fit l'ornement principal. Il est singulier de danser avec autant de grâce, de force et de jeu de théâtre à cet âge. L'autre fut un festin qui est rempli de beaucoup de bouffonneries. Le tout finit à huit heures. Le Roi alla souper dans ses cabinets avec tous ceux et celles à qui il a permis d'assister au spectacle. C'est l'usage ; ils étoient hier trente-quatre à table.

J'oubliois de marquer que la Reine étoit lundi et mardi à l'opéra des cabinets avec toute la famille royale. L'infante Isabelle n'y fut point avant-hier, mais hier elle y étoit. Elle ne parut pas s'y amuser beaucoup, mais on dit qu'elle est fort timide, et il se peut faire qu'étant devant le Roi et la Reine elle ait été un peu embarrassée.

Quoiqu'il n'y eût personne hier, de la famille royale, pour la comédie, ni aucunes princesses, on la joua sur le théâtre ordinaire.

Dans ce que j'ai écrit des fêtes de la ville, j'ai dû parler d'un bâtiment de planches que le prévôt des marchands a fait faire sur l'eau à côté de la place de Grève. Ce bâtiment a eu deux objets, l'un de contenir une plus grande quantité de spectateurs, l'autre de faire voir l'avantage qu'il y auroit de combler, si on le jugeoit à propos, cette partie de la rivière, et de continuer le quai Pelletier jusqu'à la place aux Veaux. En faisant cet arrangement et bâtissant dans le fond de la place, vis-à-vis de la rivière, un bâtiment pour les fêtes de la ville, la place seroit d'une bien plus grande étendue, et les feux bien plus éloignés du port, d'où on le verroit. On pourroit conserver le bâtiment de l'hôtel de ville tel qu'il est pour les assemblées et affaires de la ville, et pour tel autre usage que l'on voudroit.

M. le cardinal de Soubise a donné aujourd'hui des cendres au Roi en bas, suivant l'usage. Les tambours des Cent-Suisses y sont, quoique ce ne soit pas fête. On ne chante pendan la messe que le *Miserere* en faux bourdon.

La Reine a reçu des cendres en haut à la chapelle, des mains de M. l'archevêque de Rouen.

J'appris hier par M. de Verneuil qu'il a vendu ces jours-ci le privilége de la *Gazette de France;* il m'a dit que cela valoit 8,000 livres de rentes; il l'a vendu 100,000 livres à M. le président Onillon (1), qui fut présenté hier ou avant-hier pour remercier le Roi.

Du jeudi de carême 20, *Versailles.* — La Reine va aujourd'hui à la comédie; elle a eu de la peine à s'y déterminer, disant que ce n'étoit point l'usage qu'il y eût comédie à la Cour les quatre premiers jours de carême; mais on lui a observé qu'il y en avoit eu tous les ns ledit jour, premier jeudi de carême, comme tous les autres jeudis d'hiver, et qu'il n'y avoit que la comédie italienne qui ne se jouoit point à l'ordinaire dans cette semaine, à cause que son jour est le mercredi des Cendres.

Du vendredi 21, *Versailles.* — Aujourd'hui le Roi a reçu les harangues des cours supérieures : le Parlement, M. le premier président de Maupeou portoit la parole; la chambre des comptes, c'est M. de Nicolaï premier président qui a parlé; la cour des aides, c'est M. de Blancmesnil, premier président de cette cour, qui a harangué le Roi; et la cour des monnoies, c'est M. Choppin de Gouzangré (2) qui a porté la parole. Cette après-dinée le Roi a eu les harangues du grand conseil; c'est M. Poultier qui a parlé; il préside cette année au grand conseil. Ensuite l'Université; c'est toujours le recteur qui parle; celui-ci s'appelle Amelin. La dernière de toutes les harangues étoit celle de l'Académie; elle a été faite par M. de Richelieu. Sa harangue a été courte et très-approuvée et avec raison; il a parlé le langage qui convient à un premier gentilhomme de la

---

(1) Onillon ou Aunillon étoit premier président de l'élection de Paris.
(2) Étienne-Alexandre Choppin de Gouzangré, premier président.

chambre, comblé des bontés et des grâces du Roi. Je mettrai cette harangue à la fin de ce livre, si je peux l'avoir (1). La fin a été à peu près en ces termes : « Les bouches de la Renommée publieront ce que vous avez fait, la mienne ce que vous inspirez. »

L'usage est que le secrétaire d'État de la maison du Roi aille chercher le Parlement, la chambre des comptes, la cour des aides et le grand conseil jusque dans le lieu où ils s'assemblent; la Ville, la cour des monnoies, l'Université et l'Académie seulement jusqu'à la porte de la chambre du Roi. Il les reconduit jusqu'aux mêmes lieux où il les a pris. Le Roi reçoit toutes ces visites dans sa chambre; il est assis dans son fauteuil, le dos tourné à la cheminée, et son chapeau sur sa tête; le capitaine des gardes, le grand chambellan derrière le fauteuil; M. le chancelier à la droite du fauteuil. M. le Dauphin a assisté aux harangues; il étoit à la droite du Roi, un peu en avant de M. le chancelier. Après la harangue de l'Académie, M. de Richelieu a nommé au Roi, suivant l'usage, tous les académiciens qui étoient présents. On les nomme suivant l'ancienneté de leur réception; il n'est point question d'autre rang. Il y en avoit en tout vingt-trois.

Il y aura demain huit jours que l'on jugea ici au conseil de dépêches le procès de Mme la duchesse de Ruffec douairière (2) contre M. le duc de Saint-Simon. Les biens de M. le duc de Saint-Simon sont estimés environ 3 millions; l'on compte qu'ils valent 180,000 livres de rentes. Ses dettes, à ce que l'on dit, sont plus considérables que son bien. L'on a formé une direction pour les créanciers. Les reprises de Mme la duchesse de Ruffec sur M. de Saint-

---

(1) On ne la trouve pas dans le manuscrit des Mémoires.
(2) Catherine-Charlotte-Thérèse de Gramont, veuve de Philippe-Alexandre, prince de Bournonville, s'étant remariée en 1727 à Jacques-Louis de Rouvroy, duc de Ruffec, fils aîné de Louis, duc de Saint-Simon, auteur des *Mémoires*. Restée veuve en 1746, elle mourut le 21 mars 1755, dix-neuf jours après son beau-père, ne laissant de son second mariage qu'une fille.

Simon sont de 30,000 livres de rentes ; pour le payement de cette somme elle a obtenu de M. de Saint-Simon une délégation, malgré laquelle elle n'a rien touché depuis quinze ou dix-huit mois, ce qui met ses affaires en si mauvais état qu'elle eut bien de la peine à trouver 3 louis, il y a quelques jours, pour venir ici. Elle représentoit cette triste situation et demandoit à être payée suivant sa délégation, au moins qu'il lui fût donné quelques sommes par provision. Ses moyens étoient que dans l'estimation des dettes de M. de Saint-Simon, on ne pouvoit en compter, dans le cas le moins favorable pour elle, qu'environ 500,000 livres antérieures à sa délégation, et dans le plus favorable, cent et tant de mille livres ; que par conséquent il y avoit environ 2,500,000 livres de biens qui devoient répondre de sa délégation avant les autres créances ; mais on a jugé presque tout d'une voix que les créanciers devoient se mettre peu en peine de la délégation ; qu'ils ne pouvoient pas la reconnoître, et qu'elle ne devoit point empêcher leurs actions sur les biens de M. de Saint-Simon.

Du samedi 22, *Versailles.* — J'ai oublié de parler de la harangue des harangères. Elles sont dans l'usage de venir haranguer le Roi dans les occasions importantes ; elles vinrent donc hier dans plusieurs carrosses de louage ; elles étoient vingt-quatre. Celle qui portoit la parole est une Mme Renard. Elles furent présentées par M. le duc de Gesvres, comme gouverneur de la ville de Paris. Le Roi s'avança à la porte de son cabinet, du côté de la galerie ; on ouvrit les deux battants de la porte de glace ; Mme Renard demeura dans la galerie contre la porte, et ce fut là qu'elle harangua le Roi. La Reine venoit de sortir de table ; elle n'avoit dans ce moment avec elle que Mme d'Agénois, qui est de semaine ; elle ne comptoit point avoir d'audience à donner aux harengères, et ce moment même n'est pas ordinairement celui destiné à des audiences publiques ; mais celle des harengères est d'une espèce particulière. La Reine en sortant de table aperçut dans son grand cabinet une multitude de femmes qu'elle fut étonnée d'y voir entrer, car elle ne savoit ce que c'étoit. L'instant après M. de Gesvres arriva, qui lui dit que les harengères demandoient à avoir l'honneur de la haranguer. Ce ne fut que dans le moment qu'elles sortirent de chez le Roi qu'elles prièrent M. de Gesvres de les mener chez la Reine. Comme la Reine dîne dans sa chambre, et que c'étoit dans la pièce la plus près de celle où elle avoit dîné qu'elle vouloit recevoir la harangue, ce fut dans le grand cabinet qui est avant la chambre. La Reine sortit de sa chambre, demeurant cependant en dedans de la porte dont les deux battants étoient ouverts. Mme Renard avec sa compagnie étoit dans le grand cabinet, un peu plus du côté de la cheminée. Cette harangue, que j'ai entendue, étoit bien composée, et fut prononcée assez distinctement. On peut croire qu'il y auroit eu quelques fautes d'énonciation à corriger. De chez la Reine M. de Gesvres les mena d'abord chez Mesdames; la harangue fut faite à la porte de la pièce où Mesdames mangent, mais en dehors de cette pièce. De chez Mesdames M. de Gesvres les mena chez Mme la Dauphine. M. le Dauphin y étoit; ils venoient de dîner suivant l'usage dans le grand salon qui est avant la chambre à coucher de Mme la Dauphine, où l'on a changé depuis quelque temps la position de la table, qui est actuellement dans le fond le plus près de la cheminée, apparemment à cause de l'estrade noire qui occupe le milieu. M. le Dauphin sortit à la porte en dehors de cette pièce, et par conséquent ce fut dans l'antichambre que Mme Renard harangua. La harangue finie, M. le Dauphin se retira en arrière et Mme la Dauphine s'avança au même endroit, car il y avoit aussi une harangue pour elle.

Comme on savoit que les harengères devoient venir haranguer le Roi, on leur avoit préparé un grand dîner au grand commun, où elles mangèrent suivant l'usage.

J'ai oublié d'observer en parlant des compagnies supérieures, que lorsque le premier président de chaque compagnie a fait ses révérences en se retirant, les gens du Roi s'avancent toujours pour complimenter le Roi ; c'est le plus ancien qui parle et son compliment est toujours fort court.

M. de Lesseville le Clerc, ancien maître des requêtes, qui avoit été intendant de Tours, mourut il y a peu de jours à Paris ; il étoit fort âgé.

Du dimanche 23, *Versailles.* — Comme je n'étois point présent aux harangues que l'on fit au Roi avant-hier matin, j'ai oublié de parler de celle des six corps de marchands de Paris ; elle fut faite par un marchand mercier, qui parla à genoux, pour tous les autres corps. M. de Dreux étant malade, et M. de Brezé son fils, à qui le Roi a donné le commandement de Flandre, étant actuellement en Flandre, M. des Granges, qui a conservé l'exercice de sa charge, qu'il a vendue, comme je l'ai sûrement dit dans mes mémoires, à M. de Giseu, a été le seul qui ait assisté aux cérémonies de vendredi. Il marchoit, suivant l'usage, à la tête de chaque corps. Il entre le premier chez le Roi, à qui il fait une révérence, et se range ensuite pour laisser faire les trois révérences ordinaires. Le secrétaire d'État de la maison du Roi marche toujours à côté de celui qui harangue, auquel il donne la droite.

La harangue que je viens de marquer des corps des marchands fut dans l'œil-de-bœuf ; le Roi s'avança à la porte de sa chambre pour cette harangue.

Il y a eu aujourd'hui deux présentations, Mme Rooth et Mme d'Apchon. Mme Rooth est grande et bien faite ; son visage est assez bien. Elle est Kiery. Son père porte le titre de milord Faklem, et sa mère étoit fille de milord Dillon. M. Rooth, mari de celle qui est présentée, est Irlandois. Il est lieutenant général au service de France. Mme d'Ayen s'est chargée de cette présentation, vraisemblablement parce que M. d'Ayen est gouverneur de Saint-Germain, où demeure M. Rooth. Cette présentation n'a été faite qu'après celle de Mme d'Apchon. C'est Mme de la Vallière qui a fait celle-ci comme parente (1). Mme d'Apchon est fille de M. d'Entragues qui étoit gros joueur. Ce n'est pas des d'Illiers d'Entragues. M. d'Apchon est homme de condition d'Auvergne (2). Mme d'Apchon est grande, bien faite, et a un assez joli visage. Mme de la Vallière n'a pas fait attention qu'elle ne devoit pas marcher devant celle qu'elle présentoit et ne la point nommer; elle a nommé Mme d'Apchon; en même temps, Mme de Luynes, qui étoit derrière, l'a nommée l'instant d'après. C'est le droit de la dame d'honneur, et personne qu'elle, ou la dame d'atours (3), ne doivent nommer à la Reine.

Du lundi 24, Versailles. — M. le duc de Croy fut présenté hier; il vient de Flandre, où il demeure ordinairement. Il est venu voir ici Mme de Lède, sa sœur. M. le duc de Croy et M. le prince de Croy sont tous deux neveux à la mode de Bretagne de Mme la maréchale de Duras par les Bournonville.

Les voyages que le Roi fera cette année paroissent décidés : un à Marly, le 27 d'avril ou environ, pour quinze jours; un à Compiègne, vers le commencement de juin; il ne sera que d'environ six semaines; des chasses à Rambouillet, entre Marly et Compiègne; et au retour de Compiègne, Fontainebleau dans le mois d'octobre, pour revenir vers la fin de novembre comme à l'ordinaire.

Les bâtiments projetés à Compiègne sont suspendus. Le Roi veut attendre que l'état de ses finances lui permette ces dépenses extraordinaires.

M. de Favolle, aide de camp de M. le maréchal de Belle-Isle, envoyé pour rendre compte de la fin des éva-

---

(1) Mme de la Vallière, mère de Mme la princesse de Conty, étoit fort parente de ces d'Entragues. (*Note du duc de Luynes.*)

(2) Parent de MM. de Montmorin. (*Note du duc de Luynes*).

(3) La première femme de chambre ou toutes autres des femmes de la Reine nomment dans les présentations. Ordinairement ce n'est qu'à la toilette. (*Note du duc de Luynes.*)

cuations d'Italie, arriva hier; il fut présenté au Roi par M. d'Argenson; il a été aujourd'hui présenté à la Reine par Mme de Luynes.

M. de la Luzerne, neveu du chef de brigade des gardes du corps, et M. de Puységur ont remercié aujourd'hui; le Roi vient de leur donner à chacun l'agrément d'un régiment (1).

M. Le Nain, intendant de Languedoc, qui en arrive, a été présenté aujourd'hui.

On a appris depuis deux jours que le feu a pris à l'abbaye de la Trappe et y a fait un dommage considérable. Une partie même de l'église a été brûlée. C'est par la maison de M. de Ponac que l'incendie a commencé. M. de Ponac est homme de condition, qui est retiré depuis près de quarante ans à la Trappe. Sa santé ne lui avoit pas permis de se faire religieux; il s'est établi dans un logement tout près de l'abbaye et qui en dépend; il suit la règle autant qu'il peut, et s'occupe d'ailleurs à faire des remèdes pour les pauvres et à les distribuer. Il jouit, à ce que l'on dit, de 4 ou 5,000 livres de rentes.

Du mardi 25, Versailles. — M. de Montbazon, fils aîné de M. le prince de Guéméné, vient de prendre depuis environ quinze jours le nom de prince de Rohan. Ils sont les aînés de cette maison; et ce n'étoit que par considération pour M. le prince de Rohan qui vient de mourir qu'il n'avoit pas encore pris le nom.

Du mercredi 26, Versailles. — Mme de la Lande a présenté aujourd'hui Mme de Gouy (Rivier), sa belle-fille. Elle est grande et bien-faite. Madame la présentera ces jours-

---

(1) A M. de la Luzerne le régiment de Bassigny qu'avoit le chevalier de Pons; à M. de Puységur celui de Vexin qu'avoit son cousin, fils du maréchal. M. Roussel a remercié aussi pour le régiment de Santerre dont il vient d'obtenir l'agrément. C'étoit M. de Lamain qui avoit ce régiment. Il me paroît que l'on croit qu'il y aura quelques changements dans cet arrangement des trois régiments. (*Note du duc de Luynes.*)

ci comme lui étant attachée. J'ai parlé ci-dessus de cette grâce accordée par le Roi à Mme de la Lande.

Du vendredi 28, *Versailles.* — Madame a présenté aujourd'hui Mme de Gouy, comme lui étant attachée. Elle a commencé aujourd'hui à suivre Mesdames.

Il y eut avant-hier un divertissement sur le théâtre des cabinets ; il est intitulé *Silvie,* pastorale héroïque, et composé d'un prologue et de trois actes. Le sujet du prologue est l'Amour, qui, n'ayant plus de traits dans son carquois vient en demander de nouveaux à Vulcain, qui ordonne sur-le-champ aux Cyclopes de travailler pour ce que désire l'Amour. Le sujet est entièrement d'imagination. C'est une nymphe de Diane poursuivie par un faune, qui en est amoureux et veut l'enlever. Elle aime Amintas, et croit que ce n'est que de l'amitié ; elle est en garde contre l'amour. Amintas lui déclare sa passion. Elle l'écoute, et aussitôt se reconnoissant coupable, et que Diane va faire éclater sa fureur contre elle, elle veut se percer d'un de ses traits. Elle se blesse en effet, mais il se trouve que c'est d'un des traits que Vulcain, dans le prologue, venoit de faire forger pour le carquois de l'Amour. Les paroles de ce divertissement sont du Sr Laujon, jeune homme de dix-huit ou dix-neuf ans, et la musique du Sr Lagarde, musicien du Roi, de la chambre ; les danses sont du Sr Dehesse.

Les acteurs du prologue sont :

VULCAIN, M. le chevalier de Clermont.
DIANE, Mme Trusson.
L'AMOUR, Mme de Marchais.

Les acteurs du divertissement sont :

SILVIE, nymphe de Diane, Mme de Pompadour.
AMINTAS, chasseur, M. le duc d'Ayen.
HILAS, faune, M. le marquis de la Salle.
DAPHNÉ, nymphe de Diane, Mme de Marchais.

Un chasseur, M. le vicomte de Rohan.
L'Amour, Mme de Marchais.

Les paroles sont fort jolies, et la musique charmante. C'est un des plus jolis divertissements que l'on ait joués jusqu'à présent dans les cabinets. Il paroît que tout le monde en est content.

MARS.

Nouvelles diverses de la Cour. — Vol au château. — La comtesse de Mortemart. — Un grand buveur. — Réforme de l'infanterie française et allemande. Détails sur la solde et sur les sergents devenus officiers. Corps des grenadiers. — Spectacle des cabinets. — La Reine obtient du Roi de se mettre sur le drap de pied, à la chapelle, sans être en grand habit. — Maladie du roi Stanislas. — Présentations. — Spectacle des cabinets et acteurs. — Mesdames à Saint-Cyr. — L'abbé de Brienne soutient sa *tentative*. — Milord Cornsbury et le spleen. — Le Prétendant quitte Avignon. — Spectacle des cabinets; pièce et acteurs. — Privilége du *Mercure*. Le maréchal de Belle-Isle à Versailles. — Mariages. — Madame Infante indisposée. Ses caméristes. — Morts. — Nouveaux ambassadeurs étrangers. — Spectacle des cabinets; la famille royale y assiste. — Nouveau maître de l'oratoire. — Gouverneur du Canada nommé. — Les Anglais lèvent le siége de Pondichéry. — Départ de MM. de Monteillano et de Carpentero; ce dernier ne trouve pas une seule jolie femme à la Cour. — Retraite de Mlle Gaussin. — Spectacle des cabinets. — Ce que c'est que *la capitation* à l'opéra. — Mort de M. de Liancourt. — Autruches présentées au Roi. — Le spectacle des cabinets plaît à Madame Infante. — Mariage. Il ne s'en fait plus la nuit. — Succession de Milord Liffort. — Présentations et mariages. — Procès gagné par l'évêque de Bayeux. — Vol à la comédie. Bonté du Dauphin. — Gouvernement et inspection donnés. — Service pour la duchesse d'Orléans. — Écrit anonyme contre le Roi. — Mort du chevalier de Villefort et de M. de Dreux. — Détails sur le commerce et les finances de la France et de l'Angleterre. — M. de Chavigny. Détails sur le roi de Portugal. — Mort de l'infante Marie Élisabeth.

Du lundi 3, Versailles. — Vendredi dernier le Roi n'alla point au sermon; la Reine y alla seule. Comme c'étoit la première fois qu'elle s'y étoit trouvée sans le Roi, le prédicateur, suivant l'usage, lui fit un compliment avant l'*Ave Maria*.

Avant-hier samedi, le Roi alla coucher au petit château. S. M. en revint hier entendre la messe ici, et dîna ensuite dans ses cabinets avec tous ses enfants. Le Roi alla l'après-dînée au sermon, après quoi il revint tenir conseil d'État. Après le conseil, il alla au salut, d'où il monta dans ses carrosses pour retourner au petit château. Il revient ce soir souper au grand couvert.

Mme d'Ossun fut présentée hier. Elle est fille de M. Hocquart et sœur de Mme de Cossé. Ce fut Mme de Puisieux qui la présenta. M. le marquis d'Ossun, son mari, avoit déjà été marié deux fois; il n'a point eu d'enfants de ses deux femmes; il avoit épousé la première dans son pays, je n'en sais pas le nom; la seconde étoit fille de M. Bertin, des parties casuelles.

J'ai parlé ci-dessus du vol fait à la chapelle il y a peu de temps; le voleur se sauva si promptement, que la Reine en arrivant à la tribune trouva encore les ciseaux dont il s'étoit servi. Mercredi dernier, il y eut encore un autre vol ici. La Reine vient chez Mme de Luynes tous les soirs, presque toujours en chaise, soit pour souper ou faire collation, soit après souper les jours de grand couvert. Les porteurs de la Reine laissent sa chaise sur l'escalier, vis-à-vis la porte de Mme de Luynes, et viennent la reprendre vers minuit. Ce jour-là les porteurs trouvèrent à leur retour qu'on avoit volé le carreau de la chaise. On a fait jusqu'à ce moment des perquisitions inutiles pour découvrir ce voleur.

Du mardi 4, Versailles. — J'appris hier que le Sidobre (1), fameux médecin, est mort à Paris; il avoit environ quatre-vingts ans; il avoit été attaché à feu M. le duc de Gramont, grand-père de celui-ci.

Mme la comtesse de Mortemart est présentée aujourd'hui; elle est Rouvray, comme je l'ai dit à l'occasion de son mariage. C'est Mme la duchesse de Mortemart (Nico-

---

(1) Sidobre, de Montpellier, était médecin consultant du Roi.

laï) qui la présente, comme veuve de l'aîné de la maison. Mme la comtesse de Mortemart n'est ni petite, ni grande ; elle n'est pas jolie ; on pourroit dire même qu'elle est laide ; cependant elle est bien faite, elle a un beau teint, et elle ne déplait pas.

Le Roi parloit il y a quelques jours d'un homme qui demeuroit à Versailles auprès de la butte de Montbauron, et qui a été fort connu par plusieurs entreprises qu'il avoit faites d'ouvrages de terrasses ; il s'appeloit M. Leclercq, dit Pitre, et étoit, je crois, Suisse d'origine. Cet homme, qui étoit d'une grosseur prodigeuse, a vécu jusqu'à l'âge de quatre-vingts ans ; il faisoit quatre repas et buvoit dix-sept ou dix-huit bouteilles de vin par jour. Il est mort ici le 20 mars 1736.

Il paroît depuis quelques jours une ordonnance du Roi par rapport à la réforme et incorporation des régiments d'infanterie françoise ; elle est datée du 10 février dernier. Les 168 bataillons d'infanterie françoise existant depuis la réforme sont réduits chacun à 13 compagnies, dont 1 de grenadiers de 45 hommes, et 12 de fusiliers de 40 ; en tout 525 hommes. Ces 168 bataillons formeront 80 régiments : les 12 premiers de 4 bataillons chacun ; 52 de 2 bataillons, et 16 de 1 bataillon. Il y avoit 98 régiments françois en tout. Les 18 derniers, qui sont d'un bataillon chacun, sont supprimés et incorporés dans les 18 qui les précèdent, lesquels seront désormais à 2 bataillons. Les colonels et lieutenants-colonels n'auront plus de compagnie. Les colonels auront 18,000 livres d'appointements pour tout ; les lieutenants-colonels 3,680 livres, outre les pensions et gratifications attachées à leurs places ; les commandants de bataillons 2,440 livres. Deux drapeaux par bataillon, dont un blanc attaché à la compagnie colonelle ; deux enseignes pour porter ces drapeaux avec rang de lieutenant et 270 livres par an d'appointements. Tous les lieutenants existant dans les régiments sont réformés, excepté ceux qu'il sera nécessaire de garder pour mettre un second officier aux compagnies de fusiliers où il n'y aura pas de capitaine en second. Tous les lieutenants de grenadiers seront aussi conservés et ne pourront être remplacés par des capitaines en second. Les sergents devenus officiers qui auront fait une campagne en cette qualité seront conservés lieutenants réformés à la suite des régiments avec 15 sols par jour (1). Les lieutenants, enseignes ou lieutenants en second sont renvoyés dans leur province sans appointements, excepté ceux dont les lettres sont antérieures au 1er janvier 1744 ; en ce cas ils seront lieutenants réformés dans leurs provinces avec 150 livres d'appointements. Les capitaines réformés qui ne pourront être employés capitaines en second faisant la fonction de lieutenants, auront 42 sols par jour. Il sera formé un corps composé des grenadiers des régiments et bataillons réformés ; ce corps sera commandé successivement par les colonels et lieutenants-colonels desdits régiments sous le commandement en chef et l'inspection d'un officier général que le Roi nommera.

RÉGIMENTS SUPPRIMÉS.	RÉGIMENTS DANS LESQUELS ILS DOIVENT ÊTRE INCORPORÉS POUR Y FORMER DES SECONDS BATAILLONS.
Bassigny.	Royal-Comtois.
Beaujolois.	Trainel.
Ponthieu.	Provence.
D'Escars.	Laval.
Fleury.	Rochefort.
La Tour d'Auvergne.	Nice.
Blaisois.	Guyenne.
Gâtinois.	Lorraine.
Auxerrois.	Flandre.
Agénois.	Berry.
Santerre.	Béarn.
Des Landes.	Hainaut.

---

(1) Ce n'est qu'à la veille de la Révolution qu'on a enlevé aux sergents le droit d'obtenir l'épaulette ; une ordonnance de Louis XVI exigea quatre quartiers de noblesse pour devenir officier.

Il paroît aussi depuis peu une ordonnance du Roi pour une réforme dans quelques régiments de l'infanterie allemande; elle est datée du 1er février dernier. Je rapporterai seulement le 1er article, qui contient tout l'essentiel de cette ordonnance.

Les régiments de Saxe, La Marck, Royal-Suédois et Lowendal, qui sont chacun de 3 bataillons, seront réduits à 2, et celui de Nassau-Saarbruck à 1 bataillon, au lieu de 2 à quoi il est actuellement; et à cet effet il sera retranché de chacun desdits régiments 1 bataillon de 600 hommes, faisant 8 compagnies de 75 hommes.

Du mercredi 5, Versailles. — On joue aujourd'hui dans les cabinets le même opéra de *Silvie* qu'on y avoit représenté la semaine dernière. La Reine y va, M. le Dauphin, Mme la Dauphine, Madame Infante et Mesdames.

La Reine ne va jamais à la chapelle sur le drap de pied lorsqu'elle n'est pas en grand habit (1), lors même que le Roi n'y est pas. Elle a représenté aujourd'hui au Roi que tous ses enfants venant souvent à la messe avec elle et ne pouvant point se mettre dans la grande travée, lorsqu'elle est dans sa petite niche, ils étoient obligés d'aller entendre la messe dans différentes chapelles, ce qui pouvoit s'éviter si le Roi lui permettoit en son absence de se mettre sur le drap de pied dans la grande tribune sans être en grand habit. Le Roi l'a trouvé bon; ainsi la Reine dorénavant, quoiqu'en robe de chambre, se mettra sur le drap de pied en haut.

Du vendredi 7, Versailles. — La Reine entendit hier la messe et le salut, dans la grande tribune, sur le drap de pied sans être habillée.

---

(1) La Reine dit que ce n'est point la règle ni l'étiquette de ne se mettre dans la tribune sur le drap de pied qu'en grand habit; que cette règle n'est que pour la chapelle en bas; de même qu'à la comédie la Reine va en robe de chambre dans sa loge et qu'elle avoit eu tort de ne s'y être pas mise jusqu'à présent; à la tribune elle n'est point censée être en représentation. (*Note du duc de Luynes.*)

J'ai parlé ci-dessus de l'opéra qui fut joué avant-hier dans les cabinets. Ce même jour mercredi il y eut comédie italienne sur le théâtre ordinaire. L'infante Isabelle y étoit.

La Reine eut hier des nouvelles du roi son père qui l'inquiétèrent beaucoup. M. de Puisieux avoit reçu une lettre, du 3, de M. de Lucé, qui est chargé des affaires de France à Lunéville; il est frère de M. de la Galaisière. M. de Lucé mandoit que, la nuit du 2 au 3, le roi de Pologne avoit eu une grande colique, à Inville, avec une rétention d'urine; qu'on en avoit été extrêmement inquiet, mais que ces inquiétudes étoient entièrement passées et qu'il n'en restoit plus que les impressions de la douleur. Il y avoit une autre lettre de M. de Lucé, écrite six heures après, où il étoit marqué que l'impression de la douleur étoit passée. M. de Puisieux alla chez la Reine, et lui dit que le roi de Pologne avoit eu une colique, mais qu'il en étoit guéri. A ce mot du roi de Pologne, la Reine crut que c'étoit le père de Mme la Dauphine; mais lorsqu'elle sut que c'étoit de Lunéville que venoit la nouvelle, sa vivacité et sa sensibilité la mirent dans une agitation extrême, faisant plus d'attention à la maladie qu'à la guérison. M. de Puisieux lui donna à lire les deux lettres pour la rassurer; malgré cela la Reine jugea à propos de faire partir sur-le-champ M. de Saint-Cloud, son écuyer ordinaire, et d'envoyer en même temps un piqueur de son écurie pour en avoir des nouvelles plus promptement. Madame Infante y envoya aussi M. de la Vera, un de ses majordomes, et Mesdames ont fait partir M. Dalard, écuyer de Mme Adélaïde. La Reine a reçu ce matin une lettre de la main du roi son père qui l'a entièrement tranquillisée; la colique a été violente, et ce sont les douleurs qui ont donné occasion à la rétention d'urine. C'étoit une espèce d'indigestion, mais qui n'a eu aucunes suites fâcheuses et qui a été guérie par les remèdes ordinaires.

Mme la maréchale de la Mothe présente aujourd'hui

Mme Turpin (Lusignan). M. le maréchal de la Mothe est parent des MM. Sensé-Turpin. Mme Turpin n'est pas fort grande, elle est bien faite et n'est pas jolie.

Du samedi 8, *Versailles.* — Mme d'Agénois, qui entre de semaine demain, est arrivée ici ce soir. Elle est en grand deuil de sa belle-mère, Mme de Moron. M. de Moron, père de Mlle de Plelo, avoit épousé en secondes noces cette femme-ci, qui n'étoit rien et dont il a eu plusieurs enfants. Elle s'est jetée par la fenêtre.

Du dimanche 9, *Versailles.* — Mme de la Rivière vient de présenter sa seconde fille Mme de Lusignan; elle est plus grande que sa belle-sœur Mme de la Rivière; elle est bien faite et a une figure agréable.

Du mardi 11, *Versailles.* — Il y eut hier lundi opéra dans les cabinets. On y joua l'acte de *la Terre* du ballet des Éléments de Vertumne et Pomone; celui de *Tibulle* des Fêtes grecques et romaines, et celui nommé *Zélie*, dont les paroles sont de M. de Cury, et la musique de M. Ferrand. Quoique j'aie déjà parlé de ces trois actes dans le temps qu'ils ont été joués, je crois devoir répéter encore ici le nom des auteurs et acteurs. Les *Éléments* sont, comme l'on sait, de M. Roy pour les paroles, et de M. Destouches pour la musique. Les acteurs sont: POMONE, Mme la marquise de Pompadour; VERTUMNE, M. le vicomte de Rohan; PAN, M. le chevalier de Clermont; et UNE BERGÈRE, Mme de Marchais.

Les *Fêtes grecques et romaines* sont du Sr Fuselier; la musique, du Sr Collin de Blamont.

Les acteurs sont: DÉLIE, Mme la duchesse de Brancas; PLAUTINE, suivante de Délie, Mme de Marchais; TIBULLE, M. le chevalier de Clermont.

Celui de M. Ferrand.

Les acteurs sont: ZÉLIE, nymphe de Diane, Mme la marquise de Pompadour; LIMPHÉE, *Sylvain*, M. le duc d'Ayen; L'AMOUR, Mme de Marchais.

La Reine alla au spectacle d'hier; M. le Dauphin,

Mme la Dauphine, Madame Infante et Mesdames y étoient aussi.

Mesdames avoient été, au sortir de leur dîner, à Saint-Cyr, et revinrent pour l'opéra.

Du mercredi 12, *Versailles.* — Aujourd'hui M. l'abbé de Saint-Hubert a fait sa révérence au Roi; il s'en retourne dans son abbaye; il y a sept ans qu'il n'y a été, à cause de la guerre.

M. Blondel a été présenté au Roi; il va à Vienne chargé des affaires de France en attendant qu'il y ait un ambassadeur de nommé.

Il est certain que M. le duc de Richemond, qui devoit venir ici en qualité d'ambassadeur d'Angleterre, n'y viendra point.

Du jeudi 13, *Versailles.* — M. l'abbé de Brienne soutint hier en Sorbonne sa première thèse publique; c'est ce que l'on appelle *la tentative.* Ce fut M. l'évêque de Chartres (Fleury) qui y présida. Il paroît que l'on a été très-content de M. l'abbé de Brienne. Il a été élevé dans le séminaire de Saint-Nicolas du Chardonnet; il en étoit sorti après avoir fait son temps; il y est rentré depuis quatre mois pour prendre l'ordre de sous-diacre. Il est actuellement l'aîné des deux fils qui restent à Mme de Brienne, l'aîné ayant été tué dans le temps, comme je l'ai dit, à l'affaire de M. le chevalier de Belle-Isle.

Je n'ai point encore parlé d'un seigneur anglois qui est ici depuis quelque temps; il s'appelle milord Cornsbury. Il est petit-fils ou arrière-petit-fils de milord Clarendon; c'est un jeune homme, grand, bien fait, le nez un peu long, et qui n'a pas une figure désagréable; il paroît être aimable, avoir de l'esprit et le ton de la bonne compagnie. On dit qu'il a eu de grandes passions dans le cœur, et qu'il est venu ici pour se faire guérir d'une maladie que les Anglois appellent le *spline.*

On sait très-positivement que le Prétendant est parti la nuit du lundi au mardi de la première semaine de carême. On ignore s'il est allé à Rome, à Boulogne ou à Fribourg. On croit que le vice-légat lui a fait entendre qu'il ne pouvoit rester dans l'état d'Avignon.

Il y a eu aujourd'hui opéra sur le théâtre des petits appartements. C'est un divertissement nouveau intitulé *le Prince de Noisy*. La musique est des Srs Rebel et Francœur, et les paroles du Sr de la Bruère. Celui-ci est un jeune homme, qui a beaucoup d'esprit et un grand talent pour ces sortes d'ouvrages; il s'est appliqué à l'histoire; l'on dit que ses succès sont moins brillants. Il étoit fort attaché à M. le comte de Clermont et à M. de Nivernois; il est actuellement à Rome avec M. de Nivernois. Malgré ce voyage, il a conservé toujours le privilége qui lui a été accordé pour faire *le Mercure*. Le privilége du *Mercure* vaut environ 8,000 livres par an. Ils sont deux qui ont ce privilége et qui par conséquent partagent le profit par moitié. Sur le total du revenu, M. de Maurepas a fait accorder une pension de 2,000 livres au Sr Cahusac, qui a fait plusieurs ouvrages en vers connus et estimés. Le Sr de la Bruère a laissé ici un commis qui continue à faire *le Mercure*.

Le divertissement du *Prince de Noisy* est un ballet héroïque, dont le sujet est tiré d'un conte d'Hamilton, que tout le monde connoît, appelé *le Bélier*. On peut dire, pour parler plus juste, que ce sont les noms que l'on en a tirés plutôt que le sujet. En effet les personnages sont les mêmes que dans *le Bélier*. Il y a un druide : M. le duc d'Ayen devoit chanter ce rôle, mais il l'a cédé à M. le chevalier de Clermont. La fille du druide est Alie, représentée par Mme de Marchais. Le prince de Noisy, qui est le rôle le plus difficile, le plus brillant et le plus souvent sur le théâtre, c'est Mme de Pompadour. Il y a un géant qui s'appelle Moulineau, comme dans le conte du *Bélier*, et c'est M. de la Salle qui chante ce rôle. Mais il y a dans le ballet un grand prêtre ordonnateur des jeux, qui n'est pas dans le conte; c'est M. le vicomte de Rohan qui fait ce personnage. Outre cela, dans le conte, c'est sous la figure du bélier qu'est caché le prince de Noisy, et le petit Poinçon est le confident du druide et le gardien de ses trésors et de ses secrets. D'ailleurs un des principaux personnages du conte est la Mère aux gaines. Il y a un couteau enchanté, un hibou, etc. Ici, il n'est question de rien de tout cela, excepté le petit Poinçon. On ne pouvoit pas faire paroître un bélier sur le théâtre ; on a donc supposé que le petit Poinçon étoit le prince de Noisy. Poinçon aime Alie ; Alie l'aime réciproquement, avec la plus grande passion. Le géant Moulineau est aussi fort amoureux d'Alie ; il apprend à Poinçon que l'oracle a déclaré que le cœur d'Alie étoit sensible, mais que c'étoit pour le prince de Noisy. Le géant est furieux de l'indifférence et même des mépris d'Alie ; Poinçon, qui aime tendrement et de bonne foi, et qui ne se connoît pas lui-même, est dans l'affliction la plus grande ; il se plaint à Alie de la manière la plus touchante. Alie a beau lui protester qu'elle n'aime uniquement que lui, il oppose toujours à cette déclaration la décision de l'oracle, qu'il regarde comme infaillible. Le temple de la Vérité paroît, ce qui fait une belle décoration. Poinçon veut l'aller consulter en présence d'Alie. Alie est blessée que son amant n'ait pas assez de confiance à son amour et qu'il veuille chercher à connoître son cœur par la décision de l'oracle. Poinçon lui dit qu'elle ne doit pas craindre cette décision si elle est aussi assurée de ses sentiments ; enfin Alie, qui est de la simplicité la plus ingénue, se détermine à consulter elle-même l'oracle. L'oracle prononce ces mots terribles pour le pauvre Poinçon :

L'amant qu'Alie a choisi
Est le prince de Noisy.

Alie est constante et fidèle ; elle continue à protester à Poinçon que l'oracle est menteur, et qu'elle n'aime que lui. Il est aisé de sentir que ces sentiments exprimés de part et d'autre de la manière la plus tendre font un spectacle touchant. Poinçon se laisse persuader par les protestations d'Alie ; alors le druide arrive, et déclare que Poinçon est le prince de Noisy. On voit paroître peu de temps après un palais magnifique, qui fait une décoration admirable. Dans ce palais est un trône pour Poinçon et Alie. J'oubliois de marquer que le temple consulté par les deux amants s'appelle le temple de vérité ; c'est dans un vestibule du palais de Moulineau. Ce que je viens d'expliquer est dans le troisième et dernier acte. Il y a dans le second une autre décoration digne d'être remarquée. Au lieu que dans le conte le géant, en combattant contre le prince de Noisy sur le pont que le bélier avoit construit pour attaquer le druide et enlever sa fille, périt en tombant dans la rivière avec son grand cheval, ici c'est Poinçon qui tue le géant. On voit paroître des guirlandes de fleurs qui descendent du haut du théâtre en bas, et qui sont entremêlées avec beaucoup d'art et en dansant ; elles ont la vertu d'endormir le géant, et c'est pendant qu'il dort que Poinçon le tue avec un glaive sacré, dont le couteau de la Mère aux gaines a donné l'idée. Il y a aussi dans le premier acte la fête du gui sacré, que les druides détachent avec respect et qu'ils adorent. On voit que tout cela n'est pas le conte du *Bélier;* mais le sujet qu'on a pris pour cette pièce donne occasion à beaucoup de danses, qui sont très-bien imaginées et exécutées dans la plus grande perfection. Le rôle de Mme de Pompadour est très-fatigant, mais il n'y en a point qu'elle joue mieux que celui-ci. La musique est fort agréable et dans le goût françois.

Du samedi 15, *Versailles.* — Avant-hier, M. le maréchal de Belle-Isle arriva ici, après dix mois d'absence. Pendant ce temps il a presque toujours été à Nice, et n'est parti qu'après que toutes les évacuations ont été faites et après avoir donné tous les ordres nécessaires pour les troupes. Un des principaux ouvrages qu'il a faits pendant son commandement a été la réunion et la conciliation des esprits entre les Espagnols et les François, qui ne pouvoient pas se souffrir auparavant; les deux nations ont vécu avec tranquillité, politesse et amitié; leur séparation s'est faite de la manière la plus tendre et la plus sincère, depuis M. de la Mina jusqu'au dernier soldat. M. de la Mina a toujours estimé M. de Belle-Isle, parce qu'on ne peut penser autrement; mais comme les désirs et volontés de ce général espagnol sont d'une grande vivacité et difficiles à satisfaire, il a fallu de la patience, de la douceur et de la complaisance. M. de Belle-Isle s'est prêté à tout, et le roi d'Espagne en a été si content qu'il a écrit une lettre à M. de Belle-Isle de sa main pour l'en remercier.

Hier M. le duc de Sully et son neveu M. d'Henrichemont, M. le duc de Béthune et M. le maréchal de Belle-Isle firent signer le contrat de mariage de M. de Béthune, frère de père (1) de Mme la maréchale de Belle-Isle, avec la fille de M. de Thiers (Crozat); le mariage doit se faire mercredi prochain.

Hier, M. de Bérenger, lieutenant général et chevalier de l'Ordre, demanda l'agrément du Roi pour sa fille avec M. de Saucourt (Boisfrand), dont la mère est Feuquières. C'est un frère de celui qui a épousé Mlle de Béthune; il a 45,000 livres de rentes; il est âgé de vingt et un ans. Il a encore un autre frère, qui ne veut point se marier. La fille de M. de Bérenger a seize ou dix-sept ans.

Le Roi partit hier pour Choisy, d'où il doit revenir lundi.

―――――――――

(1) Ils sont tous deux enfants de feu M. de Béthune que l'on appeloit *le cosaque* ou *Béthune-Pologne*, lequel avoit eu de sa seconde femme (Mlle de Gesvres) deux garçons et une fille. Il y eut un des garçons tué sur mer, il y a quelques années. La fille est Mme de Saucourt. M. de Thiers est un des fils de M. Crozat. Sa femme est La Vallée-Montmorency. Son frère aîné s'appelle M. du Châtel, dont la femme est Gouffier, mère de Mme la marquise de Gontaut, morte en couche, qui a laissé un fils. MM. Crozat ont encore un autre frère, qu'on appelle M. de Tunis, qui a épousé une Amelot. (*Note du duc de Luynes.*)

Mercredi et samedi il y aura encore le même ballet dont j'ai fait le détail ci-dessus, et ce sera la fin de ces spectacles jusqu'à l'hiver prochain.

Madame Infante est incommodée d'une fluxion depuis deux ou trois jours; la Reine y descend tous les jours en sortant de la messe. Mesdames vont dîner avec Madame Infante, et elles y vont encore lorsque le jeu de la Reine commence.

J'ai dit ci-dessus que Madame Infante n'a amené ici que trois caméristes. Il n'est pas encore décidé si elle prendra ici des caméristes ou des femmes de chambre. Mme de Lède disoit aujourd'hui à Mme de Luynes que l'on ne prend les caméristes que dans la noblesse; qu'il s'en trouve même quelquefois qui sont filles de grande condition; que leur état est d'avoir 10 écus par mois, un plat tous les jours, et outre cela 3 livres 15 sols par jour. Si elles ne veulent pas se marier, elles restent caméristes toute leur vie. Autrefois, lorsqu'elles se marioient, on donnoit quelques emplois à ceux qu'elles épousoient; mais comme cet usage donnoit occasion à des plaintes de la part de ceux qui croyoient mériter la préférence pour ces grâces, on ne les accorde plus. On donne 1,500 livres de pension à la caMériste qui se marie, et même 2,000 livres quand on veut la bien traiter.

Les dames du palais en Espagne étoient autrefois toutes filles. Il y avoit outre cela des *signora d'honor* qui étoient toutes veuves. Celles-ci étoient femmes de condition, quoiqu'elles ne passassent qu'après les dames du palais. Comme elles étoient d'un état différent du leur et qu'elles quittoient dès qu'elles se marioient, elles souffroient sans peine cette préférence; mais depuis que le dernier roi d'Espagne, Philippe V, a supprimé cet usage et que les dames du palais ont été toutes mariées, les femmes de condition n'ont plus voulu être *Signora d'honor*.

Du mardi 18, *Versailles.* — Le Roi revint hier de Choisy; il devoit aller aujourd'hui à la chasse du vol, mais la partie a été remise, ce qui arrive souvent pour cette chasse.

Mme la marquise de Seignelay mourut avant-hier, à Paris; elle avoit environ soixante ans. Elle est Furstemberg. Sa sœur avoit été la première femme de M. d'Isenghien, aujourd'hui maréchal de france. Mme de Seignelay étoit mère de feu Mme de Luxembourg, qui a laissé un fils et une fille; la fille est Mme de Robecque.

On apprit hier la mort de milord Liffort. Il est mort le 8 de ce mois, à Londres; il avoit quatre-vingt ou quatre-vingt-un ans; il étoit frère de feu M. le comte de Roucy (1), de M. de Blanzac (2), de M. le marquis de la Rochefoucauld (3) et de M. le chevalier de Roye (4). MM. de la Rochefoucauld ont hérité du nom et des biens de la maison de Roye, par le mariage d'un de leurs auteurs, François, troisième comte de la Rochefaucauld, qui avoit épousé en secondes noces la fille de Charles Ier du nom de Roucy, seigneur de Roye. Ce seigneur de Roye, de sa femme Madeleine Mailly, sœur du seigneur de Conty et d'Éléonor de Montmorency, ne laissa que deux filles, dont l'aînée épousa le prince de Condé et mourut en 1564, et l'autre épousa M. de la Rochefoucauld. Ce Charles Ier comte de Roucy mourut en 1552.

Mlle Pellissier mourut hier, à Paris, âgée de quarante ans; elle avoit été longtemps à l'opéra.

---

(1) Qui avoit épousé une Arpajon, morte en 1716, dont il a eu M. le comte de Roye, père de Mmes d'Ancenis et de Biron, mort le 25 février 1725; un autre fils, mort en 1711; et M. le cardinal de la Rochefoucauld d'aujourd'hui. (*Note du duc de Luynes.*)

(2) Qui avoit épousé, en 1691, une Rochefort, veuve de M. le marquis de Nangis, dont il a eu M. le duc d'Estissac d'aujourd'hui et Mme de Tonnerre. (*Note du duc de Luynes.*)

(3) Qui a épousé Mlle du Casse, dont il a eu feu M. le duc d'Anville, dont j'ai marqué la mort ci-dessus. (*Note du duc de Luynes.*)

(4) Qui prit le nom de marquis de la Rochefoucauld en épousant Mlle Prondre. De ce mariage il n'y a eu qu'une fille, qui a épousé M. de Midelbourg, frère de M. d'Isenghien. (*Note du duc de Luynes.*)

J'ai appris aujourd'hui la mort de M. de Cotte, contrôleur des bâtiments de Fontainebleau ; il avoit cette place depuis longtemps et étoit âgé de plus de quatre-vingts ans. Il avoit servi et avoit la croix de chevalier de Saint-Louis. Il avoit la place d'architecte ordinaire, à laquelle place il y a 2,000 livres de pension attachées. Cette charge et la pension vont de droit au plus ancien contrôleur des bâtiments, qui est actuellement M. de Lassurance, contrôleur de Marly.

Du mardi 18, *Versailles*. — M. d'York est venu ici aujourd'hui. Il est fils du grand chancelier d'Angleterre. Il paroît avoir environ trente ans ; il est d'une figure assez agréable. Il est chargé ici des affaires d'Angleterre jusqu'à l'arrivée de l'ambassadeur qui sera nommé.

On a appris aujourd'hui la mort de Mme de Harlay (Coëtjanval) ; elle avoit environ quatre-vingts ans ; elle est morte à Paris, dans une maison qui est dans l'enceinte de Belle-Chasse, et appartient à cette communauté. Cette maison a été achetée à vie par Mme la duchesse de Mortemart (Colbert), qui depuis plusieurs années s'est retirée dans la maison des filles de Sainte-Marie, à Saint-Denis, où elle a une fille religieuse. Mme de Mortemart est extrêmement âgée, aveugle depuis quelques années, et actuellement en enfance. Elle avoit loué cette maison à Mme de Harlay. Mme de Harlay étoit mère de Mme la maréchale de Montmorency et grande mère de M. le prince de Tingry, de M. le comte de Montmorency, de Mme la comtesse de Tresmes et de Mme la duchesse d'Havré. Elle étoit dans une grande piété depuis longtemps. M. d'Harlay, son mari, fils du premier président (1), est mort le 23 juillet 1717, âgé de quarante-neuf ans.

---

(1) Le premier président de Harlay eut cette charge en 1689, s'en démit en 1707, et mourut le 23 juillet 1712, âgé de soixante-treize ans. Son fils, conseiller d'État, père de Mme la maréchale de Montmorency, avoit épousé, le 2 février 1683, Mlle de Coëtjanval, héritière de Bretagne.

M. de Harlay de Cely, mort intendant de Paris, en 1739, 27 novembre,

On sait trois ambassadeurs nommés pour venir en France. M. Pignatelli, de Madrid ; il est lieutenant général au service d'Espagne. Il a servi avec distinction.

M. de Saint-Germain, de Turin, et milord Albermale, de Londres : il est beau-frère du duc de Cumberland et lieutenant général.

On a appris aussi la mort du fils unique de M. de Rothelin, âgé de huit ans. Mme de Rothelin, sa mère, étoit, comme l'on sait, la veuve de M. du Palais. Elle est Pont-Saint-Pierre.

Du mercredi 19, *Versailles.* — M. de Valory a pris congé aujourd'hui. Il s'en retourne à Berlin, où il étoit depuis longtemps ministre du Roi. Il n'étoit venu ici que par congé.

On a appris aujourd'hui la mort de M. de Thianges. Il est mort en Auvergne. Il avoit plus de quatre-vingts ans. Il étoit frère aîné du chevalier de Thianges, ci-devant grand veneur du roi de Pologne à Lunéville, qui avoit passé pour le roi Stanislas sur l'escadre commandée par feu le chevalier de Luynes dans le temps de l'élection de Pologne. Ce M. de Thianges qui vient de mourir a ici actuellement un neveu qui est jeune et marié depuis peu,

---

étoit cousin issu de germain du mari de Mme de Harlay qui vient de mourir.

Christophe de Harlay, qui a fait la branche des Cely, fut nommé chevalier de l'Ordre en 1612 par Louis XIII. Mais après avoir fait ses preuves, il mourut en 1615, sans avoir reçu le collier.

M. l'archevêque de Paris, mort en 1695, étoit aussi Harlay, mais de la branche de Champvallon. Cette branche vient de celle de Cezy. Le premier des Champvallons s'appeloit Jacques, mort le 3 avril 1630 ; il étoit troisième fils de Louis de Harlay-Cezy.

Louis de Harlay, qui a fait la branche de Cezy, étoit quatrième fils de Louis de Harlay, seigneur de Beaumont, mort en 1544. Le premier président de Harlay étoit le cinquième descendant en ligne directe de Louis, mort en 1544.

M. l'archevêque de Paris (Harlay Champvallon) avoit été archevêque de Rouen à vingt six ans ; il fut nommé archevêque de Paris en 1671, à la mort de M. de Péréfixe. Il étoit commandeur des Ordres et avoit eu la nomination de S. M. pour le chapeau. C'est en faveur de ce prélat que le Roi érigea Saint-Cloud en duché-pairie pour être uni à perpétuité à l'archevêché de Paris. (*Note du duc de Luynes.*)

et qui fut fait chambellan du roi Stanislas lorsque son oncle se démit de sa place de grand veneur en faveur de M. de Ligneville, qui l'est présentement.

Il y a eu aujourd'hui opéra sur le théâtre des petits cabinets. C'est le même opéra qu'on joua la dernière fois, et on le jouera encore samedi prochain. La Reine y alla, M. le Dauphin, Mme la Dauphine et Mesdames Adélaïde et Victoire. Madame Infante est incommodée d'une fluxion depuis quelques jours.

Du vendredi 21, Versailles. — Nous avons eu ici aujourd'hui un nouveau maître de l'oratoire (1). Il est comte de Lyon. Il y a dix ou douze jours que le Roi lui a donné cette place, qui est honorable, donne les entrées de la chambre et vaut environ 4,000 livres de rentes, et n'a aucunes fonctions. Il s'appelle l'abbé ou plutôt le comte de Bouillé. Il achète cette charge d'un M. d'Hunolstein, Liégeois, qui n'a jamais paru ici, et qui avoit acheté de M. l'abbé d'Oppède, lequel l'avoit eue pour 40,000 livres à la mort de l'abbé du Vigean, et l'avoit vendue 80.

M. de la Jonquière, ancien officier de marine, prit congé hier. Il est nommé pour aller au Canada en qualité de gouverneur. Cette place n'avoit point été remplie depuis que M. de Beauharnois en est revenu.

Le Roi eut hier par M. de Puisieux des nouvelles d'Angleterre, par lesquelles on apprend que les Anglois ont été obligés de lever le siége de Pondichéry (2), après y avoir perdu environ 1,000 hommes, tant par notre feu que par les maladies. Ils ont, avant que de se retirer, fait sauter un petit fort dont ils s'étoient rendus maîtres. M. de Maurepas n'a point encore eu des nouvelles de cet événement, dont je marquerai plus de détails lorsqu'on en sera instruit.

---

(1) De l'oratoire du Roi.
(2) Ils y arrivèrent le 9 août 1748, commencèrent à l'attaquer le 29 du même mois, et furent obligés de se rembarquer le 17 octobre.

On sut enfin hier la destination des régiments. Il y a longtemps qu'on l'attendoit (1).

J'ai toujours oublié de marquer que M. de Monteilliano, majordome major de Madame Infante, est parti il y a environ quinze jours pour retourner en Espagne. Dans le peu de temps qu'il a paru ici, il s'est contenté de donner la main à Madame Infante, mais il n'a été chez personne. Il s'est fait une écorchure à la jambe; il a gardé sa chambre et même je crois son lit. Personne ne l'a vu, et il n'a rien eu de plus pressé que de retourner en Espagne.

M. de Carpentero, ministre de l'infant don Philippe, dont j'ai parlé dans le temps de l'arrivée de l'Infante, a fait à peu près comme M. de Monteilliano; il logeoit ici à ma porte, dans l'appartement de feu M. le prince de Rohan, qui est aujourd'hui à M. le prince de Soubise. Il n'a vu personne, et est parti pour aller joindre l'Infant. On prétend qu'il aime fort les femmes, mais il n'en a point trouvé ici à la Cour qui lui parût mériter d'être regardée avec attention, ni Mme de Flavacourt (Mailly), ni Mme de la Vallière (Uzès), ni Mme de Pompadour (peut-être ne l'a-t-il seulement pas vue); enfin, il n'a trouvé que Mme de Forcalquier qui lui ait paru assez jolie; elle l'est en effet.

Du samedi 22, Versailles. — Avant-hier, le Roi alla dîner à l'Ermitage; il n'y eut point de grand couvert. Hier le Roi retourna à l'Ermitage, y fit collation, s'y promena et revint au sermon.

On sait depuis quelques jours que Mlle Gaussin, comédienne illustre dans sa profession, quitte le théâtre; elle épouse un notaire.

---

(1) Par cette promotion le Roi donnait
13 régiments d'infanterie,
11 — de cavalerie,
2 — de dragons,
et nommait 16 colonels pour servir au corps des grenadiers de France.

Aujourd'hui, il y a eu encore opéra sur le théâtre des cabinets. C'est ce qu'on appelle la capitation, comme à l'opéra de Paris, où la dernière représentation, avant la semaine de la Passion, est destinée à payer la capitation. La Reine, M. le Dauphin, M*** la Dauphine, Mesdames Adélaïde et Victoire y ont été. Madame Infante a une fluxion depuis quelques jours, et Madame ne sort point, pour la même incommodité. On a exécuté aujourd'hui le même divertissement du *Prince de Noisy* des deux dernières représentations. La musique, les paroles et les décorations méritent bien d'être vues et entendues plusieurs fois.

On a appris aujourd'hui la mort de M. de Liancourt; il est mort à Liancourt, d'où il ne sortoit point depuis longtemps; il étoit dans sa quatre-vingt-cinquième année. Il étoit frère de feu M. de la Rochefoucauld, qui a été grand veneur, mais fort peu de temps. Il étoit oncle de celui-ci.

Du dimanche 23, *Versailles.* — J'ai toujours oublié de marquer que l'on présenta au Roi il y a quelques jours, dans le salon d'Hercule, deux jeunes autruches destinées pour la Ménagerie; on en avoit amené trois d'Égypte, il en est mort une en chemin.

J'ai aussi oublié de marquer que madame d'Esquelbeck fut présentée hier par M*** de Maulde (Conflans), qui est la plus proche parente qu'ait ici son mari. M*** d'Esquelbeck, qui a quinze ans, est assez grande et d'une assez jolie figure; elle est fille de M. de Sourches, grand prévôt, et de sa première femme, M*** de Biron. M. de Sourches a encore quatre filles de cette première femme, et de la seconde (Maillebois) trois garçons et une fille.

J'ai marqué l'opéra d'hier dans les cabinets. L'infante Isabelle y étoit; elle regarda le spectacle avec beaucoup d'attention. La Reine lui demanda comment elle le trouvoit; elle lui dit : « Fort bien. » C'est le terme ordinaire dont elle se sert, et qu'elle applique même à tout ce qui lui plaît davantage. Feu Mme la Dauphine (Marie-Thérèse) se servoit souvent de la même expression ; elle est apparemment plus conforme au langage espagnol.

Le mariage de M. de Béthune avec Mlle de Thiers fut fait mercredi dernier à Paris, chez M. de Thiers.

Tous les mariages se font présentement à midi ; M. l'archevêque ne veut point donner de permission de marier la nuit.

J'ai parlé ci-dessus de milord Liffort. Il sortit de France avec ses deux sœurs en 1685, à la révocation de l'édit de Nantes, et passa en Angleterre, mais ce fut avec permission du Roi ; aussi leurs biens ne furent point confisqués. MM. de la Rochefoucauld ayant voulu trouver la preuve que cette permission avoit été donnée firent différentes recherches inutilement. Cependant ils trouvèrent un partage fait dans leur maison en 1710 ; partage revêtu des formes les plus authentiques et fait en vertu de lettres patentes. Ces lettres patentes disent positivement que milord Liffort et ses deux sœurs étoient sortis de France avec permission du Roi pour passer en Angleterre. En conséquence Louis XIV permet par lesdites lettres que les fonds de terre et biens à eux appartenant leur soient et demeurent conservés pour leur être rendus s'ils revenoient en France, et que lesdits biens soient administrés par MM. de Roye (la Rochefoucauld), qui pourront même, disent lesdites lettres, faire les revenus leurs, c'est-à-dire en user et en disposer à leur profit. Ces biens étoient donc régis sans être partagés, et quoiqu'il fût bien recommandé à MM. de Roye (la Rochefoucauld) de n'en point envoyer l'argent en Angleterre, ils y envoyoient tous les ans régulièrement les revenus desdits biens ; et même depuis la mort des deux sœurs de milord Liffort, qui sont mortes protestantes en Angleterre, ils lui faisoient tenir la même somme qu'il avoit coutume de toucher pour lui et ses deux sœurs. Ces biens, dont le fonds peut être d'environ 200,000 livres, n'étoient point partagés, comme je l'ai déjà dit. M. le cardinal de la Rochefoucauld, archevêque de Bourges, proposa il y a quelques années (c'est de lui que je tiens tout ce détail) que l'on fît un partage conditionnel entre les héritiers, afin que tout se trouvât réglé lorsque milord Liffort viendroit à mourir. Cette proposition regardoit les héritiers de M. le comte de Roucy, qui sont d'une part M. le cardinal de la Rochefoucauld et Mmes d'Ancenis et de Biron, M. le duc d'Estissac comme fils de M. de Blanzac, M. le duc d'Anville, qui je crois n'étoit pas encore mort alors, et qui étoit fils de M. le marquis de Roye, enfin Mme de Midelbourg comme fille de M. de la Rochefoucauld ci-devant chevalier de Roye. La proposition fut unanimement acceptée, et M. Gilbert de Voisins prié par toute la famille, dont il est ami depuis longtemps, de vouloir bien se charger de faire faire ce partage sous ses yeux. La plus grande difficulté fut de lui trouver les éclaircissements dont il avoit nécessairement besoin. Enfin le partage fut fait et signé par toute la famille, sans vouloir même lire l'acte. M. le cardinal de la Rochefoucauld, qui étoit, comme je viens de l'expliquer, héritier nécessaire, croyoit cependant n'avoir aucun intérêt à la succession; ce fut par M. Gilbert qu'il apprit qu'elle le regardoit pour une somme assez considérable. Il me dit hier qu'il croyoit qu'il lui en reviendroit environ 25,000 livres. On a trouvé à milord Liffort 200,000 livres argent comptant, dont il a disposé en partie en legs pieux, et le surplus en faveur du gendre d'un de ses amis. C'est par ce gendre que l'on a appris le détail de ces dispositions.

Il y a eu aujourd'hui deux présentations. Mme de Ségur a présenté sa belle-fille, qui est une créole, comme je l'ai dit ci-dessus; son nom est Vernon : elle est bien faite, assez grande et assez jolie.

L'autre a été Mme de Choiseul (Lallemant de Betz), sœur de Mme de Pons. C'est Mme de Choiseul (Paris), veuve du fils aîné de M. de Meuse, qui l'a présentée.

M. de Barbançon a demandé ce matin l'agrément du Roi pour son mariage avec la fille de M. de Maubourg et de M{self}^{lle} de Bezons. M. de Barbançon est veuf depuis plusieurs années. Il avoit épousé la fille de M. le marquis de Bissy et de Mlle Chauvelin, sœur de M. de Bissy qui a été tué devant Maestricht.

J'ai oublié de marquer que mon frère gagna avant-hier au conseil de dépêches, au rapport de M. de Saint-Florentin, un procès qu'il soutenoit pour ses grands vicaires contre le S^r d'Issigny, lieutenant général de Bayeux. Ce lieutenant général, qui a dépensé 8 à 10,000 livres au moins dans cette affaire, soutenoit que sa charge lui donnoit le droit de préséance sur les grands vicaires de mon frère au bureau des pauvres de Bayeux. La préséance fut adjugée aux grands vicaires tout d'une voix vendredi dernier. C'est mon frère qui a fait lui-même le mémoire instructif donné aux juges.

Du mardi 25, Versailles. — M. de Brou, conseiller d'État, vint ici hier pour demander l'agrément du Roi pour le mariage de sa fille avec M. de Mesmes. C'est un jeune homme qui est, à ce que l'on m'a dit, de la même maison que feu M. de Mesmes, premier président. Il vient d'être nommé pour servir dans les grenadiers de France, en qualité de colonel ; cette grâce a été accordée en considération du mariage.

On continue à voler beaucoup dans Versailles. Il y a quelques jours, c'étoit jeudi dernier, 20 de ce mois, que l'on vola dans la salle de la comédie M. de Nugent, homme de condition d'Irlande, lieutenant colonel du régiment qu'a eu M. de Fitz-James ; on lui prit sa bourse, où il y avoit 78 louis ; il n'est pas riche, et c'étoit vraisemblablement tout ce qu'il avoit, peut-être même pour six mois ou un an. On sut hier que deux ou trois jours après cet événement, on vint apporter à M. de Nugent, de la part de M. le Dauphin et de Mesdames, 125 louis ; et on lui dit en même temps que M. le Dauphin et Mesdames exigeoient qu'il ne leur fît aucun remercîment. M. de Nugent fut infiniment sensible à cette marque de bonté, et crut devoir demander avec instance la permission de remercier. M. le Dauphin et Mesdames, qui n'avoient eu d'autres principes pour exiger la condition qu'ils demandoient que celui de vouloir oublier eux-mêmes leur bienfait, n'ont pas pu refuser la permission à M. de Nugent de les remercier. On conta hier à la Reine cette bonne action de M. le Dauphin ; elle lui demanda si cela étoit vrai. M. le Dauphin, avec une simplicité et une modestie digne de lui, lui dit que le fait étoit vrai, mais que ce n'étoit pas lui qui l'avoit imaginé ; que c'étoit un conseil qu'on lui avoit donné. Il est vrai que Mme la duchesse de Fitz-James (Matignon), connoissant le triste état des affaires de M. de Nugent, en avoit parlé à M. le Dauphin ; mais il est bien honorable d'avoir profité de cet avis avec autant de promptitude, de bonté et de générosité.

M. du Cayla a été nommé gouverneur de Saint-Omer. Ce gouvernement étoit vacant depuis environ dix-huit mois ; c'étoit M. de Beuil qui l'avoit eu ; et le gouvernement du mont Dauphin, qu'avoit M. du Cayla, vient d'être donné à M. de Clermont-d'Amboise.

M. de Mailly-d'Aucourt a eu l'inspection de cavalerie qu'avoit M. du Cayla.

Du mercredi 26, *Versailles*. — Avant-hier il y eut à Notre-Dame un service solennel fait par ordre du Roi pour Mme la duchesse d'Orléans. Les trois princes nommés par le Roi étoient M. le duc de Chartres, M. le prince de Conty et M. le comte de la Marche (1). Les princesses étoient Mme la duchesse de Chartres, Mlle de la Roche-sur-Yon et Mme de Penthièvre (2). Il n'y eut point d'oraison funèbre.

---

(1) M. le duc d'Orléans ni Mme de Modène n'y étoient point. En pareil cas, il n'y a jamais ni princes ni princesses que ceux et celles qui sont nommés par le Roi. (*Note du duc de Luynes*.)

(2) Le Roi avoit nommé Mme la princesse de Conty et Mademoiselle, mais

M. le duc d'Orléans avoit demandé qu'on n'en fît point.

Il y a environ quinze jours qu'il parut un écrit anonyme qui a été envoyé à tous Messieurs du Parlement et à tous les gens en place à Paris. Je ferai copier cet écrit à la fin de ce livre (1); il s'y agit du dixième et des engagements que le Roi avoit pris avec ses sujets par rapport au temps que dureroit cette imposition. Il a embarrassé Messieurs du Parlement; comme anonyme il pourroit être regardé comme un libelle et mériter d'être condamné; cependant il ne contient que ce que le Parlement doit et peut dire, si on lui permet de faire des remontrances. Messieurs du Parlement ont voulu savoir la volonté du Roi; il n'y a encore rien de décidé sur cette affaire.

M. le chevalier de Villefort mourut hier ou avant-hier, à Paris, d'une fluxion de poitrine. Il avoit quarante ou quarante-cinq ans. Il étoit fils de Mme de Villefort, qui a été longtemps sous-gouvernante des enfants de France.

---

ni l'une ni l'autre ne jugèrent point à propos d'y aller, et ce n'a été qu'au refus des princesses du sang que S. M. a nommé Mme la duchesse de Penthièvre. Suivant la règle, les princes et princesses légitimés ne sont point dans les mêmes rangs des princes et des princesses du sang dans ces cérémonies; ils ne doivent être qu'en seconde ligne, comme aux mariages; mais lorsqu'ils sont nommés par le Roi et qu'ils remplissent la place des princes du sang, ils ont les mêmes honneurs qu'eux. Le Roi a été fort piqué du refus des princesses du sang; il vouloit y envoyer Madame, si elle ne s'étoit pas trouvée incommodée dans ce moment (*). Ce fut M. l'archevêque de Paris qui officia, M. le duc de Chartres donnant la main à Mme la duchesse de Chartres, M. le prince de Conty à Mlle de la Roche-sur-Yon, et M. le comte de la Marche à Mme de Penthièvre. Celui qui devoit faire l'oraison funèbre étoit malade (**). Ainsi ce qu'on m'avoit dit de M. le duc d'Orléans par rapport à cette oraison funèbre n'est pas apparemment vrai. (*Addition du duc de Luynes.*)

(1) Voir aux pièces justificatives, à la fin de l'année.

(*) Madame n'auroit pas pu aller à cette cérémonie; ce n'est pas l'usage que les princesses d'un rang supérieur aillent aux cérémonies faites à celles d'un rang inférieur. (*Note du duc de Luynes.*)

(**) C'étoit l'évêque d'Olinde qui devoit faire l'oraison funèbre; il étoit malade, d'une humeur de goutte qui l'a empêché de travailler à son discours. C'est un évêque *in partibus*, protégé par le roi de Pologne (Stanislas) et honoré des bontés de la Reine, parce qu'il étoit intime ami de feu M. l'abbé Labizinski, son confesseur. (*Note du duc de Luynes.*)

Il étoit frère de M. d'Auxy, et d'un autre qui est dans les gardes françoises ; il a encore un autre frère, qui est religieux. M. le chevalier de Villefort étoit chevalier de Saint-Lazare. Il avoit treize petits bénéfices, qui lui ont été donnés par M. le comte de Clermont, dans le temps qu'il avoit les abbayes de Marmoutiers, du Bec et de Cercamps. Lorsque le Roi donna l'abbaye de Saint-Germain à M. le comte de Clermont, ce ne fut que sur la démission qu'il donna de ces trois abbayes, qui, quoique toutes considérables, ne sont pas à beaucoup près d'un revenu aussi considérable que Saint-Germain. Ces trois abbayes avoient beaucoup de collations, que le Roi retira. S. M. rendit aussitôt aux évêques la nomination aux cures de leur diocèse, et se réserva la nomination aux bénéfices simples ; en conséquence, les bénéfices vacants par la mort de M. le chevalier de Villefort sont à la nomination du Roi.

Du jeudi 27, Versailles. — M. de Dreux mourut hier, à neuf heures du soir, à Paris. Il étoit malade depuis six semaines ou deux mois. Il avoit soixante-douze ans, et étoit lieutenant général depuis le 2 juillet 1710. Il avoit le gouvernement des îles Sainte-Marguerite et Saint-Honorat, et la charge de grand maître des cérémonies. M. de Brézé, son fils, lieutenant général fort estimé, a depuis longtemps la survivance de cette charge. M. de Dreux a encore un autre fils, qui est le chevalier de Dreux, et une fille, veuve de M. du Vigean. Il avoit eu aussi une fille, morte il y a longtemps, qui avoit épousé M. du Guesclin. M. de Brézé est veuf depuis l'année passée ; il avoit épousé Mlle de Nancré, dont la sœur épousa M. de Bernachea, plénipotentiaire d'Espagne, et mourut deux ou trois ans après. Mme de Brézé n'avoit point vécu avec son mari, et on ne l'a jamais vue. Elle mourut l'année dernière, dans un couvent auprès de Falaise.

Ce que j'ai marqué ci-dessus par rapport à l'imprimé envoyé à Messieurs du Parlement a donné occasion à différents raisonnements sur la finance. On m'a fait aujourd'hui un détail qui mérite d'être écrit.

A la mort de Louis XIV, il n'y avoit d'espèces en France qu'environ 850 millions, et l'on y compte actuellement près de 1,500 millions. Le commerce est aussi fort augmenté. Au lieu qu'en 1715 il n'y avoit guère plus de 300 bâtiments commerçants, il y en a présentement 17 ou 1,800. La seule ville de Marseille a perdu environ 80 millions depuis le commencement de cette guerre-ci, et l'on ne s'y aperçoit pas de cette perte. Dans cette seule ville, il y a sept ou huit cents chefs de famille dont le moins riche a plus de 500,000 livres de bien. Il y a à Rouen une manufacture de siamoises. Ce commerce augmenta l'année dernière de 3 millions malgré la guerre, et on l'estime environ de 30 à 31 millions par an.

Cette situation est bien différente de celle de l'Angleterre, qui cependant a toujours eu des dépenses immenses à soutenir, tant en négociations que pour l'entretien de ses forces de terre et de mer depuis le commencement de cette guerre. Le roi, ou plutôt le royaume d'Angleterre, n'a qu'environ deux millions cinq ou six cent mille livres sterling par an de revenu ordinaire; c'étoit en effet le seul revenu du temps de la reine Anne; mais depuis, les impositions augmentées ont doublé ce revenu. C'est cette augmentation que l'on appelle recette extraordinaire, quoiqu'elle soit annuelle. Ces deux revenus anciens et nouveaux forment environ 160 millions de notre monnoie; et l'Angleterre a à payer tous les ans 10 millions de plus que son revenu pour l'intérêt des dettes de l'État et pour les dépenses accoutumées même en temps de paix.

Du lundi 31, *Versailles.* — M. de Chavigny fit hier sa révérence u Roi. Il est ambassadeur de France en Portugal, comme je l'ai marqué ci-dessus. Il vient ici par congé. Je lui ai fait quelques questions sur la cour de Portugal. Il dit que ce n'en est point une, que l'on ne voit jamais le Roi ni la Reine que lorsqu'on leur demande audience. Le roi de Portugal a de l'esprit et parle bien affaires, mais il est d'ailleurs fort singulier. Il a beaucoup aimé son plaisir ; ses incommodités l'ont obligé à changer de conduite. Il est présentement dans une grande piété ; il a une chapelle, que l'on appelle la patriarcale, où l'on fait le service avec beaucoup de dignité et de régularité ; il a voulu que l'office se fît à l'instar de la cour de Rome ; ainsi il y a des chanoines qui représentent les cardinaux et sont vêtus de même, et d'autres dignités inférieures. Le Roi assiste tous les matins à l'office, dans une tribune qui communique à son appartement. Il est extrêmement occupé de la régularité de cet office, et retourne à vêpres à trois heures. Les ornements de la chapelle patriarcale sont de la plus grande magnificence, mais la grandeur de l'édifice n'y répond pas. Le roi de Portugal, outre cela, a fait faire à Rome et apporter à Lisbonne, et à grands frais, une petite chapelle, grande à peu près comme une chambre médiocre, et compte y faire dire la messe dès qu'elle sera en place ; on y travaille actuellement. C'est dans ces occupations pieuses qu'il passe sa journée, et il y emploie des sommes immenses ; il prend pour ses dépenses particulières, et on peut dire de sa poche, tous les revenus qui lui reviennent du Brésil, ce qui monte à plus de 20 millions par an. La reine de Portugal est aussi dans une très-grande dévotion et fort attachée au roi. Le prince et la princesse du Brésil ont la chasse à tirer pour amusement, et quelques petits jeux, mais en particulier ; il n'y a aucun divertissement dans la ville de Lisbonne, depuis que la santé du roi ne lui permet plus d'y prendre part. L'ambassadeur de France a peu d'occasions de conférer avec les ministres de cette cour, et il est quelquefois trois mois sans les voir. M. de Chavigny m'a parlé de l'ambassadeur d'Espagne à Lisbonne, avec qui il a fait grande liaison ; il dit que c'est un homme dont la taille

AVRIL 1749.   373

est petite, mais qu'il est d'un mérite et d'un esprit supérieurs, sachant beaucoup, ayant une conversation très-aimable. Il s'appelle le duc de Soto-Major. Nous avons vu ici son frère, qui vient d'être ministre plénipotentiaire d'Espagne au congrès d'Aix-la-Chapelle.

Le Roi n'apprit qu'hier la nouvelle de la mort d'une princesse de Naples. C'est l'infante Marie Élisabeth, l'aînée des trois filles qui restent au roi des Deux-Siciles. Elle auroit eu six ans faits le dernier du mois prochain; elle est morte de la petite vérole, ou plutôt de la suite de cette maladie, car c'étoit le dix-septième jour. C'est une dissenterie qui l'a emportée. Les médecins ont cru qu'une chute qu'elle avoit faite avant que de tomber malade, dans laquelle elle s'étoit donné un coup dans le ventre, avoit pu contribuer à sa mort. Ce qui est singulier, c'est que cette nouvelle ne soit arrivée qu'hier ou avant-hier au soir, et cette princesse est morte le 5 de ce mois. Mme la Dauphine avoit déjà eu des nouvelles par Dresde qu'elle étoit à la dernière extrémité.

AVRIL.

Anecdotes sur le siége de Vienne en 1683 et sur la reine Christine. — Mariage de Mlle de Bonac. — La Reine fait ses pâques. — Nouvelles du siége de Pondichéry. — M. et Mme de Gramont. — Cène du Roi et de la Reine. — Mort de M. de Mérode. — Mariage de Mlle de Maupeou. — Mort de Mme de Linières. — L'évêque de Beauvais nommé cardinal par le roi de Pologne. — Détails sur la nomination des couronnes. — Dame de Mlle de la Roche-sur-Yon. — Assassinat d'un curé à Paris. — Nouveaux régiments de cavalerie. — Siége de Pondichéry; les Anglais y sont battus. — Quesnay nommé médecin consultant du Roi. — Le Roi soupe avec ses enfants. — Présentation de la comtesse de Béthune. — Procès des médecins et des chirurgiens. — M. d'Huescar nommé chevalier des ordres. — Arrivée à Versailles du roi Stanislas. — Le Dauphin et Mesdames à Choisy. — Nouveau vol à la chapelle. — Chasse du vol. — L'infante Isabelle va voir le rhinocéros. — Usage chez Mme de Luynes quand la Reine y vient souper. — Audience des États de Bourgogne. — Présentations. — Pension accordée au commandeur de Rénon. — Polonais à Versailles. — Anecdote sur l'impératrice de Russie Élisabeth. — Départ de M. Palavicini et de M. et Mme d'Ardore. — Porcelaines trouvées à Trianon. — M. de Sassenage nommé chevalier d'honneur en survivance de la Dauphine. — Création d'un nouveau duché-pairie. — Assemblées chez M. d'Argenson. — Conseil de finances pour le dixième. — Augmentation du commerce. — Remerciments de Mme de Sassenage. — Occupations du Roi. — Manière de vivre à Versailles du roi Stanislas. — Uniforme des courtisans invités aux voyages du Roi. — Réception de M. de Belle-Isle au Parlement. — Procès de Mlles de Nesle contre Mme de Mazarin. — Exil de M. de Maurepas. — Présentations. — M. Rouillé ministre de la marine. — Nouvelles de Pondichéry. — Mort de la marquise d'Ancezune. — Partage des fonctions de M. de Maurepas. — Mort de Mme de Lutzelbourg. — Ouvrages d'une petitesse extraordinaire. — Oculiste allemand. — Départ du roi Stanislas. — Épidémie. — L'infant don Philippe s'établit à Parme. — L'infante Isabelle.

Du mardi 1er, Versailles. — J'ai oublié de marquer que samedi dernier, veille des Rameaux, on trouva les fauteuils du Roi et de la Reine dans la tribune de la chapelle dégalonnés ; on trouva aussi le carreau de velours de Mme de Villars dégalonné, et celui de Mme de Luynes le velours et le galon ôtés. Ces deux carreaux restoient toujours dans la tribune. On a peine à imaginer que ces vols soient faits par des étrangers, d'autant plus que l'on a trouvé les portes bien fermées et les serrures entières.

Du mercredi 2, Versailles. — Comme je mets volontiers les anecdotes qui viennent à ma connoissance, j'ai donc cru devoir faire écrire ici ce qui arriva à Vienne en Autriche vers l'an 1683. On sait que cette ville fut assiégée le 14 juillet de cette année par les Turcs, dont l'armée étoit de 50,000 hommes, commandée par le grand vizir. Le comte de Staremberg, gouverneur de Vienne, soutenoit avec le plus grand courage et la plus grande fermeté les attaques les plus vives d'un ennemi aussi redoutable ; mais il auroit succombé à la fin si le roi de Pologne Jean Sobiesky, troisième du nom, n'étoit arrivé avec 24,000 hommes de ses troupes, qu'il joignit à l'armée impériale commandée par le prince Charles de Lorraine. Il attaqua les infidèles près de la montagne de Kalemberg, le 12 septembre ; il les mit entièrement en déroute ; le grand vizir fut un des premiers à se sauver, abandonnant ses trésors, ses munitions et son cheval de bataille. Il y avoit alors à

Vienne un fameux prédicateur que l'on appeloit Alviano, il monta en chaire quelques jours après cet événement, et prit pour son texte ces paroles de l'Évangile, *fuit homo missus a Deo, cui nomen erat Joannes.*

Une autre anecdote est ce qui arriva à la reine Christine. Elle étoit, comme l'on sait, fille du grand Gustave, tué à la bataille de Lutzen, en Allemagne, en 1632. Sa mère étoit Brandebourg ; elle fut reconnue reine de Suède en 1633. Quoiqu'elle eût beaucoup d'esprit, sa conduite et son gouvernement parurent déplaire aux Suédois, ce qui la détermina, le 16 juin 1654, à abdiquer en faveur de Charles-Gustave, son cousin, comte palatin des Deux-Ponts. Aussitôt elle sortit de Suède et vint à Bruxelles, où elle trouva Pimentel, qui avoit été résident du roi d'Espagne auprès d'elle, et en qui elle avoit une grande confiance. Elle fit abjuration du luthérianisme ; elle alla à Rome en 1656, et de là elle vint en France ; elle retourna à Rome en 1658, et y resta jusqu'à sa mort, en 1689. Pendant son séjour en France, elle fut traitée avec tous les honneurs dus à son rang ; elle alla à Saumur. Cette ville a été longtemps une ville de sûreté accordée aux luthériens et calvinistes. Il y avoit alors un de leurs ministres dont le nom est connu ; il s'appeloit Lamerau. Il crut devoir donner des marques de son respect à la reine Christine ; il la harangua au nom de l'église protestante de Saumur, et se servit des termes les plus flatteurs. La Reine fut étonnée de ce qu'il ne lui parloit point de son abjuration ; elle lui en demanda la raison. Lamerau lui dit : « Madame, l'église de Saumur m'avoit chargé de faire l'éloge de Votre Majesté, et non pas son histoire. »

M. le duc de Biron est venu aujourd'hui faire signer le contrat de mariage de sa nièce, Mlle de Bonac, avec M. de Vignacourt, qui demeure à Toulouse. Mlle de Bonac y demeure aussi ; elle est auprès de sa grande mère ; elle n'a point de bien, ou fort peu. M. de Vignacourt a 30,000 livres de rente. Elle est fille de feu M. de Bonac et de

Mlle de Biron, sœur du duc de Biron ; elle est sœur de M. de Bonac qui a épousé Mlle de la Grandville. M. le duc de Biron s'étoit adressé à Mme de Villars, pour demander l'agrément du mariage, pendant le temps d'une absence de Mme de Luynes, ou pendant le temps qu'elle s'est trouvée incommodée ; Mme de Villars s'étant trouvée incommodée aussi aujourd'hui à son tour, d'un violent mal de tête, auquel elle est fort sujette, Mme de Luynes, qui ne savoit rien du mariage, n'a pu prendre l'ordre de la Reine ; il a fallu qu'au sortir du dîner de la Reine, elle y retournât pour prier S. M. de vouloir bien signer le contrat ; et comme il n'y avoit point eu de secrétaire des commandements de la Reine d'averti, c'est elle qui a présenté la plume à la Reine.

La Reine fit ses Pâques lundi dernier, suivant son usage. Mme de Luynes et Mme d'Antin s'étant trouvées les deux plus anciennes duchesses, ce furent elles qui tinrent la nappe, Mme de Luynes à droite et Mme d'Antin à gauche.

Du jeudi 3, Versailles. — Dimanche dernier, jour des Rameaux, le Roi entendit l'office en bas, suivant l'usage. La Reine, qui étoit un peu incommodée, n'alla le matin qu'à la tribune dans sa niche. Ce fut Mme de Sourches (Maillebois) qui quêta. Il n'y eut point d'évêque qui officia. L'après-dînée le sermon, les vêpres chantées par la grande chapelle, et tout de suite le salut par les missionnaires. La Reine descendit en bas.

Le même jour il arriva ici un courrier venant de l'Inde. Il a débarqué à Vigo, et a fait depuis ce moment grande diligence. Il arriva fort fatigué, et fut étonné de ce que M. de Maurepas lui apprit des nouvelles postérieures aux siennes. Les lettres dont il étoit chargé étoient de M. Dupleix du 28 août ; c'étoit la veille du jour que les Anglois avoient commencé leur attaque, et l'on sait, comme je l'ai déjà marqué, qu'ils ont été obligés d'abandonner leur entreprise sur Pondichéry, le 17 octobre. Ce courrier a dit qu'une escadre françoise, d'environ huit ou neuf vaisseaux, étoit allée chercher la flotte angloise; mais comme ceux-ci sont beaucoup plus forts que nous, il y a lieu de croire qu'il n'y aura point eu de combat.

J'appris il y a quelques jours que M. le duc de Gramont a vendu sa maison de Paris 450,000 livres. Elle est située rue neuve-Saint-Augustin. Vendue à des architectes. M. et Mme de Gramont vont loger à l'hôtel d'Humières. M. de Gramont comptoit n'avoir que 200,000 livres à payer à sa femme sur cette vente, et pouvoir disposer des 250,000 livres restant; mais elle lui a fait voir qu'il lui devoit environ 800,000 livres. Elle a de revenu environ 180,000 livres. Elle a deux enfants, qui sont deux garçons.

Aujourd'hui tout s'est passé comme à l'ordinaire; c'est M. l'évêque d'Autun (Montazet) qui a fait l'absoute à la cène du Roi et à celle de la Reine. Tous les princes du sang et les légitimés étoient à la cène du Roi, M. le comte de Charolois faisant les fonctions de grand maître; et pour les plats, M. le Dauphin, M. le duc de Chartres, M. le prince de Condé, M. le comte de Clermont, M. le prince de Conty, M. le comte de la Marche, M. le prince de Dombes, M. le comte d'Eu et M. le duc de Penthièvre; les autres plats ont été portés comme l'année dernière, par ceux qui se sont présentés. Le prédicateur de la cène étoit M. Varré; il est docteur de Sorbonne. Je ne l'ai point entendu; on dit qu'il a du talent pour la composition; il parle un peu trop vite et n'a point de gestes agréables; il a fait deux compliments au Roi, le dernier a paru trop long. Le prédicateur de la Reine a été un chanoine de la cathédrale de Dijon que l'on appelle Carlet. Celles qui ont porté les plats étoient Mme la Dauphine, Mme Infante, Madame, Madame Adélaïde, Madame Victoire, Mme la duchesse de Chartres, Mme de Penthièvre, Mme de Brissac, Mme d'Agénois, Mmes de Bouzols, de Flavacourt, de Rochechouart, de Rupelmonde, de Talleyrand et de la Rivière. Le Roi et la Reine ont entendu la grande messe en bas. C'est Mme de la Suze (Chauvelin) qui a quêté. L'infante Isabelle désiroit beaucoup de servir à la cène, mais le Roi ne l'a pas jugé à propos.

J'ai appris aujourd'hui la mort de M. de Mérode, dont la femme est morte dame du palais de la Reine. Il est mort dans ses terres, en Flandre; il y a presque toujours demeuré depuis la mort de sa femme; il avoit environ soixante-dix ans. Il ne laisse qu'une fille, qui est âgée au moins de quarante ans.

Du samedi 5, Versailles. — Aujourd'hui M. le maréchal de Montmorency (Laval) et M. le premier président (Maupeou) sont venus demander l'agrément du Roi pour le mariage de Mlle de Maupeou avec le fils de M. le maréchal de Montmorency. Mlle de Maupeou est fille du lieutenant général et petite-fille d'un grand M. de Maupeou, aussi lieutenant général, qui avoit été directeur d'infanterie. Ces Maupeou et le premier président sont de même maison. Le Roi donne en considération de ce mariage, 8,000 livres de pension au maréchal de Montmorency sur le gouvernement de Verdun.

Aujourd'hui, il n'y a point eu d'évêque qui ait officié. Le Roi et la Reine ont entendu l'office et la messe dans la tribune; le Roi a été ensuite à la chasse, et la Reine a été à six heures à Complies dans la tribune; les Complies ont été chantées par la grande chapelle, le *Regina Cœli* par la musique ainsi que *l'O filii et filiæ*.

Demain, jour de Pâques, c'est M. l'évêque d'Autun (Montazet) qui officie. La quêteuse est Mme de Gouy, la nouvelle mariée, qui est à Mesdames.

On a appris aujourd'hui la mort de Mme de Linières; elle étoit sœur de feu M. le grand prévôt de Sourches; elle avoit trois ans de plus que lui; ainsi elle avoit quatre-vingt-cinq ans. Son mari, dont j'ai marqué la mort dans le temps, étoit propre fils de M. de Colbert, mort en 1683; elle laisse plusieurs enfants: un fils qui s'appelle Colbert, et qui a toujours servi dans la gendarmerie; il avoit épousé en premières noces la fille de M. Bachelier, dont il n'a point eu d'enfant; c'est ce qui a rendu Mme de Cotte sa sœur une très-grande héritière. En secondes noces il a épousé..... Mme de Linières laisse une fille, qui a épousé M. de Maridor, et une autre, qui n'est point mariée.

Du lundi 7, Versailles. — Nous avons su aujourd'hui que M. l'évêque de Beauvais, frère de M. le duc de Gesvres, a été nommé cardinal par le roi de Pologne. Il seroit inutile de dire que c'est le roi de Pologne électeur de Saxe, car le roi Stanislas n'a point de droit à la nomination des couronnes. L'on sait aussi que ceux qui sont nommés sont quelquefois longtemps à attendre la calotte. La première nomination que fait le Pape est toujours pour ceux qui lui sont attachés et pour les nonces; il fait ensuite celle des couronnes, mais il peut la différer tant qu'il lui plaît; il ne la fait jamais que lorsqu'il y a assez de chapeaux vacants (1) pour en donner un à chacun de ceux qui ont droit de nommer. Ceux qui ont ce droit sont l'Empereur, la France, l'Espagne, le Portugal, le roi d'Angleterre qui est à Rome, et le roi de Pologne électeur de Saxe. Nous avons vu M. le cardinal de Rohan, M. le cardinal de Bissy et en dernier lieu M. le cardinal de la Rochefoucauld attendre longtemps la calotte; actuellement il y a fort peu de chapeaux vacants. Ce pape-ci n'a point encore fait de promotion pour lui, et s'il venoit à mourir, après que cette promotion seroit faite et avant que d'avoir fait celle des couronnes, son successeur commenceroit, suivant l'usage ordinaire, à en faire une pour lui avant que de songer à celle des couronnes.

Mlle de la Roche-sur-Yon a présenté aujourd'hui Mme de Lamberty, qu'elle prend auprès d'elle. Elle avoit pour dame d'honneur Mme d'Alègre, et outre cela Mme de Tournemine, qui lui étoit attachée. Mme de Tournemine est devenue sa dame d'honneur à la mort de Mme d'Alègre,

---

(1) Il n'y a actuellement que trois chapeaux vacants sur les douze, et il y a depuis la promotion du cardinal de la Rochefoucauld trois chapeaux *in petto*. (*Note du duc de Luynes.*)

et Mme de Lamberty remplace actuellement Mme de Tournemine. Mme de Lamberty est une fille de condition, de Champagne, qui a une figure agréable ; son mari est le second fils de M. de Lamberty, qui est mort capitaine des gardes du roi de Pologne à Lunéville. Les Lamberty sont gens de condition, de Lorraine ; ils prétendent tirer leur origine d'Italie.

On a appris ces jours-ci que vers le commencement de la semaine dernière il y a eu un curé d'assassiné dans Paris ; c'est le curé de Saint-Jean de Latran. Trois hommes ont monté par une échelle extrêmement haute jusqu'à une des croisées de l'église, par où ils ont descendu dans l'église même ; ils ont trouvé le curé sans autre défense que la force de son corps et de son courage ; ils lui ont donné cinq coups d'épée, dont il y en a un de fort dangereux, sans être mortel. L'un d'eux l'a voulu empêcher de crier en lui mettant la main dans la bouche ; mais le curé l'a mordu avec tant de force, que le voleur lui-même a été obligé de crier. Ces cris joints à ceux du curé ont fait amasser la populace ; on a pris un des voleurs, que le curé dit connoître et qui porte le nom de Duras. Le curé n'a pas connu les deux autres ou n'a pas voulu les dénoncer. On ne sait point encore le motif de cet assassinat ; on l'attribue à la fureur de la vengeance, soit par rapport à une affaire qui regarde un curé de Gentilly, lequel a un grand procès depuis longtemps, ou bien par rapport à la nomination d'un bedeau.

Le Roi vient de créer deux nouveaux régiments de cavalerie, de 2 escadrons chacun. Ils sont composés de compagnies détachées des plus anciens régiments de cavalerie, qui ont été remis aussi à 2 escadrons. Ces deux régiments seront commandés par M. de Montcalm, brigadier, ci-devant colonel d'Auxerrois, et par M. de Bezons, aussi brigadier, ci-devant colonel de Beaujolois.

J'ai parlé ci-dessus de la lettre de M. Dupleix, de Pondichéry, du 28. Je crois devoir ajouter ce que j'ai appris depuis du détail contenu dans cette lettre. L'amiral Boscawen, ayant fait ses approches du côté d'Archiouack, avoit attaqué avec 1,500 hommes de troupes réglées et 2,000 noirs le camp retranché que les François y tenoient depuis six mois, et de la défense duquel on avoit chargé des Cipayes; que ces derniers, quoiqu'il leur eût été ordonné de ne faire que quelques décharges de mousqueterie et de se replier ensuite sur un corps de troupes posté à Ariancoupan, avoient soutenu l'assaut avec la plus grande intrépidité et avoient repoussé trois fois les Anglois, qui en cette occasion avoient fait une perte considérable; que l'ordre ayant été récidivé aux Cipayes de se retirer, ils avoient fait une forte belle retraite; que ce premier échec avoit fort découragé les troupes noires des Anglois, et qu'eux-mêmes ne l'avoient pas moins été par le mauvais succès de l'attaque du fort d'Ariancoupan, dont ils avoient tenté de s'emparer sans échelles et sans grenades; que cette témérité leur avoit coûté au moins cent de leurs plus braves soldats et la plupart de leurs meilleurs officiers; que depuis cette action ils s'étoient occupés à élever une batterie, qui battoit en même temps le fort d'Ariancoupan et deux batteries établies par les François, et que cette batterie avoit commencé à tirer le 28 au matin. Le sieur Dupleix fait de grands éloges de la valeur et de la conduite des sieurs Prévôt de la Touche, Law et de la Borderie, qui ont défendu le fort d'Ariancoupan.

J'ai déjà dit qu'on eut il y a plusieurs jours des nouvelles postérieures à celles de M. Dupleix. Ces nouvelles sont venues par l'Angleterre; voici ce qu'elles contiennent. Le fort d'Ariancoupan ayant sauté et les Anglois ayant passé la rivière qui étoit entre eux et Pondichéry, l'amiral Boscawen ordonna à sa flotte de s'avancer vers le nord; et après avoir établi une communication de ce côté, il fit ouvrir la tranchée devant la place le 30 du mois d'août au soir. Le 1er septembre, les assiégés firent une sortie de 300 Européens et de 700 noirs ; mais ils furent repoussés ; trois de leurs officiers furent tués, et le S⁽ʳ⁾ de Paradis (1), leur ingénieur en chef, fut blessé mortellement. Divers obstacles nuisant aux progrès des travaux des assiégeants, ils ne purent achever l'établissement de leurs batteries que le 25 septembre. Elles étoient au nombre de quatre ; la première, de 5 gros mortiers et de 15 royales ; la seconde, de 15 cohorns ; la troisième, de 8 pièces de canon, dont 6 de 24 livres de balles et 2 de 18 ; la quatrième, de 4 pièces, dont 2 de 24. Deux batteries que les assiégés élevèrent de leur côté, et qui incommodoient fort la tranchée, mirent les Anglois dans la nécessité d'en établir deux nouvelles : l'une de 3 pièces de canon, l'autre de 2. Afin que leurs ingénieurs ne fussent point détournés de la conduite des autres ouvrages, leurs officiers d'artillerie se chargèrent de la direction de ce travail. Dès le temps de l'ouverture de la tranchée, l'amiral Boscawen avoit fait approcher une galiote à bombes pour bombarder nuit et jour la citadelle. Les François coulèrent à fond la chaloupe amarrée à la poupe de cette galiote, et ils l'accablèrent d'un tel feu qu'elle fut obligée de s'éloigner. Cependant la saison s'avançoit, et les assiégés étant parvenus à former une inondation sur le front de l'attaque, il fut impossible aux Anglois de la pousser plus loin. Ces raisons déterminèrent l'amiral Boscawen à tenter un dernier effort pour contraindre la ville de se rendre. Il fit étendre en croissant les vaisseaux de la flotte, qui commencèrent tous en même temps à canonner la place, dont l'artillerie répondit par un feu très-vif. Comme les vaisseaux Anglois consommoient une grande quantité de poudre, sans produire beaucoup d'effet, l'amiral Boscawen leur donna ordre de se mettre hors de la portée du canon ; mais un vent de mer, qui

---

(1) Une des plus originales, des plus intelligentes et des plus braves figures de toute notre histoire militaire.

s'éleva pendant la nuit, les empêcha de se retirer assez loin, et le lendemain matin ils souffrirent quelques dommages du feu de la ville. Un homme fut tué à bord du vaisseau le *Vigilant*; et le Sʳ. Adam, commandant le *Harwich*, ayant eu la cuisse emportée d'un boulet de canon, mourut de sa blessure. Les jours suivants les batteries des assiégeants continuèrent de tirer, et renversèrent plusieurs ouvrages. L'amiral Boscawen se proposoit de faire brèche à la courtine du front de l'attaque; mais cela fut impossible, les assiégés ayant démasqué une batterie de 6 pièces de canon dans cette même courtine, et une autre dans la courtine voisine. Le 14 octobre, les commandants de la flotte Angloise tinrent un conseil de guerre, dans lequel il fut décidé que la perte faite par les assiégeants dans les différentes attaques montant déjà à près de 700 hommes, leurs troupes s'affoiblissant tous les jours par les maladies, les vaisseaux de guerre n'étant d'aucun secours pour le siége et le temps des pluies approchant, ils couroient risque, en s'obstinant à demeurer devant la place, de perdre leurs munitions et leur artillerie; que peut-être les chemins deviendroient impraticables, même pour les troupes de terre, si elles attendoient plus longtemps à se retirer; que d'ailleurs il étoit à craindre que la flotte ne fût chassée de la côte; qu'ainsi les Anglois ne pouvoient faire rien de plus sage que de renoncer à leur entreprise pendant qu'ils étoient encore sûrs de pouvoir regagner le fort Saint-David. En conséquence de cette décision, ils rembarquèrent leur artillerie, et le 16 ils mirent le feu à leurs batteries. Le 17 au matin, leurs troupes de terre commencèrent à reprendre la route du fort Saint-David, où elles arrivèrent le même jour. Les rivières qu'ils eurent à passer étoient si grosses et les chemins si rompus par une forte pluie qui étoit tombée la nuit précédente, qu'il n'y a point de doute que la retraite ne fût devenue impossible si elle avoit été différée de quelques jours. La garnison de Pondichéry étoit composée de 1,900 Européens et de 3,000 noirs. Les forces de l'amiral Boscawen, quand il partit du fort Saint-David pour assiéger cette place, consistoient en 2,690 soldats, 148 hommes du corps de l'artillerie, 1,097 de marine, et 2,000 noirs, qui n'ont été que de peu d'utilité. Cet amiral a perdu pendant le siége 757 soldats, 43 canonniers et 265 matelots.

Du vendredi 11, *Versailles.* — J'ai marqué ci-dessus la mort de M. Sidobre, médecin consultant du Roi. Celui qui a été nommé pour remplir cette place est M. Quesnay, qui a été chirurgien de M. le duc de Villeroy, et qui depuis s'est fait recevoir médecin.

Le Roi revint hier du petit château où il avoit été coucher mardi ; ce même jour mardi il avoit dîné dans ses cabinets avec M. le Dauphin, Mme la Dauphine, Mme Infante et Mesdames.

Aujourd'hui Mme la maréchale de Belle-Isle a présenté Mme la comtesse de Béthune (Thiers) ; elle auroit dû naturellement être présentée par Mme la marquise de Béthune (Boulogne), dont le mari est l'aîné de l'autre branche, ou par Mme la duchesse d'Ancenis, mais elles n'ont pu s'y résoudre ni l'une ni l'autre.

Du dimanche 13, *Versailles.* — Hier on jugea au conseil des dépêches, au rapport de M. Maboul, le grand procès des médecins et chirurgiens dont j'ai parlé ci-dessus. Je marquerai ce jugement quand j'en serai plus instruit. Jusqu'à présent, c'est un mystère ; on veut que l'arrêt soit rédigé avant de rendre ce jugement public. Tout ce que j'ai pu savoir jusqu'à présent, c'est que les chirurgiens seront obligés de subir un examen des médecins ; il paroît que les chirurgiens sont peu contents, on dit aussi que les médecins ne le sont pas entièrement.

M. d'Huescar, ambassadeur d'Espagne, a pris congé aujourd'hui ; il s'en retourne à Madrid. Le Roi lui a dit, lorsqu'il a pris congé de lui, qu'il le faisoit chevalier de ses ordres. M. d'Huescar l'a dit sur-le-champ ; ainsi ce n'est point un mystère. Il sera nommé à la Pentecôte, et sera reçu à Madrid par le roi d'Espagne, sur une commission du Roi, au 1er janvier de l'année prochaine ; il n'a pas encore l'âge, mais il est dans la trente-cinquième année.

Du mardi 15, *Versailles.* — Le Roi alla courre le cerf hier du côté de Sceaux, et alla ensuite coucher à Choisy, d'où il ne reviendra que samedi prochain.

Hier, pendant que la Reine étoit chez moi, M. le marquis de Boufflers, qui est attaché au roi de Pologne, vint lui dire que le roi de Pologne étoit arrivé. La Reine l'attendoit mercredi, ou tout au plus tôt aujourd'hui. Il avoit annoncé qu'il partiroit de Commercy le 14, pour venir ici ; mais il arrive toujours avant le jour où on l'attend ; il se fait un plaisir de surprendre. Il avoit envoyé devant lui un de ses maîtres d'hôtel, sans lui donner aucun ordre précis pour le jour de son arrivée ; il lui avoit dit : « Allez toujours ; que tout soit prêt ; mais ni vous ni moi ne savons le jour. » Le roi de Pologne s'arrêta une demi-heure à Paris chez Mme la marquise de Boufflers-Remiancourt (Boufflers), pendant qu'on le relayoit de chevaux de poste, car la Reine n'étant point avertie n'avoit pu lui envoyer des carrosses. Il alla tout droit à Trianon. Il a amené avec lui M. le duc Ossolinski (M. le marquis de Boufflers étoit venu avant lui l'attendre à Paris), M. de la Galaizière et M...... Il loge à Trianon, dans le grand appartement ; il loge ordinairement de l'autre côté, mais on y travaille actuellement ; on y fait des entresols. Le roi de Pologne est venu ici sur les neuf heures voir la Reine, et la Reine a entendu la messe plus tôt qu'à l'ordinaire, et a été aussitôt après à Trianon avec M. le Dauphin, Mme Infante, Madame, Mme Victoire et Mme de Luynes dans un carrosse, et ses dames de semaine dans le second carrosse. J'oubliois de marquer que la Reine avoit envoyé dès le matin M. le maréchal de la Mothe à Trianon ; elle vouloit l'y envoyer dès hier au soir, mais on lui dit que le Roi son père seroit couché. Le voyage du roi de Pologne ne sera pas long. Il vient principalement pour voir Mme Infante et l'infante Isabelle; et s'en retournera lorsque le Roi ira à Marly.

M. de Vaulgrenant prit congé hier; il part ces jours-ci pour Madrid. M. l'évêque de Rennes n'est pas encore arrivé; on l'attend incessamment; il sera sûrement parti de Madrid avant que M. de Vaulgrenant y arrive.

Du mercredi 16, *Versailles.* — M. le Dauphin et Mme la Dauphine ont quitté le deuil aujourd'hui. M. le Dauphin a été cette après-dînée à Choisy, où il a soupé; Mme la Dauphine, n'y a point été, parce qu'il y a un fort léger soupçon de grossesse. Mesdames vont demain souper et coucher à Choisy; Mme Adélaïde y ira aussi. Elle n'a commencé à sortir de sa chambre qu'aujourd'hui. Il y a huit ou dix jours qu'elle est incommodée d'une fluxion. Mme Infante ira avec Mesdames.

Du samedi 19, *Versailles.* — On vola encore dans la chapelle, la nuit d'avant-hier à hier. On trouva hier matin qu'on avoit cassé une des glaces de la niche qui est dans la grande tribune vis-à-vis celle de la Reine, et qu'on avoit emporté les rideaux qui étoient en dedans de cette niche. Les voleurs croyoient sans doute trouver le tapis de pied du Roi, que l'on y enferme quelquefois.

Le Roi alla hier à la chasse du vol auprès de Choisy. S. M. étoit en carrosse avec Mme Infante et Mesdames; c'est la seconde chasse de vol que le Roi fait cette année; il en doit faire encore une troisième. Mesdames revinrent ici après la chasse.

La Reine alla jouer hier au cavagnole chez Mme la Dauphine, qui garde sa chambre depuis hier; les mêmes apparences dont j'ai parlé subsistant toujours. Aujourd'hui le concert et le jeu sont chez Mme la Dauphine. Le Roi est arrivé de Choisy sur les cinq heures.

L'infante Isabelle est sortie en carrosse aujourd'hui, pour aller dans la ville voir le rhinocéros que l'on a ramené ici de Paris depuis deux jours, parce que Mme la Dauphine désiroit le voir. La garde françoise et suisse étoit dans la cour à cause du Roi et du roi de Pologne; ils ont pris les armes pour l'infante Isabelle, et ils ont rappelé. Il y a huit ou dix jours que cet ordre avoit été donné; c'est aujourd'hui la première fois que l'occasion s'en est présentée. Quoique M. le duc d'Orléans et Mme la duchesse d'Orléans, qui vient de mourir, eussent eu le rang de petits-fils de France, ce n'est pas par cette raison que la garde rappeloit pour eux. On avoit rappelé pour M. le duc d'Orléans pendant qu'il étoit régent, et depuis sa mort le Roi avoit bien voulu que Mme la duchesse d'Orléans continuât à jouir du même honneur.

Demain dimanche est la signature du contrat de mariage du fils de M. le maréchal de Montmorency (Laval) avec Mlle de Maupeou. Il y a aussi demain une présentation; Mme d'Argenson présente sa belle-fille, Mme le Voyer (Mailly); elle est venue ce soir voir Mme de Luynes, et s'y est trouvée dans le moment que la Reine venoit pour souper. L'usage en pareil cas est de faire semblant de se cacher; mais la Reine a la bonté de voir celle qui lui donne cette marque de respect. Mme le Voyer est extrêmement petite; elle a le nez trop long, et ressemble beaucoup à M. de Mailly son père.

Du dimanche 20, Versailles. — Les États de Bourgogne ont eu aujourd'hui audience. Ils ont harangué le Roi, la Reine, M. le Dauphin, Mme la Dauphine, Mme Infante et Mesdames. C'est l'abbé de Grosbois, doyen de la Sainte-Chapelle, qui a porté la parole. Il a un frère président à mortier du parlement de Dijon. M. le duc de Saint-Aignan, comme gouverneur de la province, étoit à la droite de M. l'abbé de Grosbois, qui avoit à sa gauche M. d'Anlezy, gouverneur de M. le prince de Condé et député de la noblesse. M. des Granges, maître des cérémonies, marchoit devant eux. C'étoit audience publique; ainsi la Reine les a reçus dans son grand cabinet avant sa chambre.

La présentation dont j'ai parlé hier se fait aujourd'hui, après le salut, à l'ordinaire.

Il y a encore une autre présentation. Mme de la Trémoille présente Mme de la Luzerne. Elle a environ quarante ans. Elle a un fils qui vient d'avoir un régiment. Elle n'est jamais venue ici.

M. de la Chétardie a fait aujourd'hui sa révérence et son remerciement. Il arrive de Dauphiné et de Provence. Il y a environ six ans qu'il est employé dans l'armée d'Italie. M. de Puisieux l'a présenté en qualité d'ambassadeur du Roi à Turin.

J'oubliois de parler de la présentation de Mme de Saucourt. C'est Mme Bérenger, sa mère (1), qui l'a présentée immédiatement après la présentation de Mme le Voyer. Celle de Mme de la Luzerne (2) ne s'est faite qu'après le sermon de M. le curé de Saint-Louis chez la Reine.

Le commandeur de Rénon, qui a environ soixante-dix-sept ans, a remercié aujourd'hui le Roi, qui vient de lui donner 8,000 livres de pension; cette grâce est à l'occasion du grand prieuré que ce commandeur devoit avoir de droit par son ancienneté. Le Roi, comme je l'ai déjà dit, désire que ce soit M. le prince de Conty qui ait ce grand prieuré, et en dernier lieu vient d'écrire au grand

---

(1) Mme Bérenger est d'Orsay, fille du maître des requêtes. C'est une assez bonne famille de robe. Elles n'étoient que deux filles, Mme de Pracomtal et elle. M. d'Orsay leur père étant mort *ab intestat*, elles ont partagé également sa succession, qui étoit considérable. Mme Bérenger a trois garçons et deux filles. L'aîné des garçons mourut il y a environ un an; je dois l'avoir marqué. Les deux filles sont mariées. L'aînée, qui est assez jolie, mais boiteuse, a épousé M. de Dolmieu, homme de condition de Dauphiné, qui a bien servi, mais qui a été estropié d'une blessure, et qui n'a quitté le service que par cette raison; il demeure en Dauphiné avec sa femme. (*Note du duc de Luynes.*)

(2) Guignonville, son père, étoit chargé de la recette de Meudon. Son mari est de la même maison que M. de la Luzerne des gardes du corps et est fort ami de M. de Bouillon. C'est par cette raison que Mme de la Trémoille s'est chargée de la présenter. (*Note du duc de Luynes.*)

maître pour que cette affaire finisse sans aucune nouvelle représentation.

Du mercredi 23, *Versailles.* — J'ai déjà parlé de plusieurs de ceux qui sont venus ici de Lunéville avec le roi de Pologne. Le séjour qu'il fait ici y attire les Polonois qui se trouvent à Paris et qui lui sont attachés. Nous y vîmes il y a quelques jours M. Potowski; c'est un jeune homme d'une des grandes maisons de Pologne. Il y est venu aussi M. Yakobowski ; celui-ci est un gentilhomme Polonois; il est au service de France; il est lieutenant-colonel à la suite du régiment Royal-Allemand.

M. de Verneuil présenta hier M. Finkenstein (1). C'est un des ministres du roi de Prusse. Il vient ici, à ce que l'on dit, pour ses affaires particulières ; on n'est pas, je crois, obligé d'ajouter foi à cette raison de son voyage. Il a trente-sept ans (2), une figure assez agréable, une physionomie d'esprit, et paroît en avoir beaucoup. Il a voyagé dans plusieurs cours du Nord Il nous contoit hier un usage assez singulier de Russie, qui s'est établi sous l'impératrice qui règne actuellement, Élisabeth Petrowna. On sait qu'elle doit son avénement au trône au zèle des soldats attachés à son parti. Voulant leur donner une marque de reconnoissance, elle en forma une compagnie dont elle voulut être le capitaine, et y plaça pour officiers principaux les plus grands seigneurs de sa cour. Elle fit faire un uniforme vert avec des galons d'or pour cette compagnie. Tous les ans, le jour qu'elle est montée sur le trône, elle s'habille en homme, habit, culotte et bottines; on dit que cet habillement lui sied fort bien. Elle se met à table et mange avec toute cette compagnie, non-seulement avec les officiers, mais avec les soldats, qui à la vérité sont la plupart gens de condition. Il n'y

---

(1) Charles-Guillaume Finck, comte de Finkenstein, ambassadeur et ministre des affaires étrangères de Prusse, né en 1714, mort en 1800.

(2) Il n'avait que trente-cinq ans en 1749.

a aucune femme admise à cette table. On vient lui faire sa cour pendant le commencement du souper, on la laisse ensuite avec ces hommes. On y boit beaucoup de santés; le souper dure environ une heure et demie.

M. de Palavicini, envoyé de Gênes, prit hier congé. Il s'en retourne à Gênes pour ses affaires. Il dit qu'il reviendra. C'est un homme de beaucoup d'esprit. Il a 50 ou 60,000 livres de rente. La République donne 36,000 livres par an à ses envoyés.

M. et Mme la princesse d'Ardore sont venus ici passer deux ou trois jours. Ils s'en retournent à Naples avec toute leur maison et tous leurs enfants. Ils disent cependant qu'ils reviendront dans six mois, ou un an, ce qui paroît assez difficile à croire, d'autant plus qu'ils avoient grand désir de retourner chez eux. M. d'Ardore avoit demandé son rappel, soumettant cependant ce désir à la volonté du roi son maître et au besoin qu'il auroit de ses services. La permission de retourner lui a été accordée à condition qu'il reviendroit. Ils n'ont point pris congé en cérémonie. Mme d'Ardore alla dimanche au grand couvert et à la conversation chez la Reine, à la fin de laquelle elle demanda les ordres du Roi pour Naples; elle alla le lendemain au dîner de la Reine. C'est une femme respectable que Mme d'Ardore, et son mari est un bon homme. Ils vivent dans une grande union.

Il y a quelques jours que l'on trouva une espèce de petit trésor de porcelaines à Trianon. J'ai marqué que le roi de Pologne loge cette année dans l'appartement de Monseigneur, du côté du canal. Le concierge voulant donner quelque commodité de plus à cet appartement, qui n'étoit point habité ordinairement, a fait ouvrir une armoire à laquelle on n'avoit pas songé jusqu'à ce moment; elle n'avoit pas été ouverte depuis la mort de Louis XIV. On a trouvé cette armoire remplie de porcelaines fort belles. Il n'y en a pas une seule du Japon; c'est de l'ancienne; il y a entre autres une écuelle garnie d'or.

Il y eut hier ici deux nouvelles grâces accordées : M. de Sassenage, menin de M. le Dauphin, fut déclaré chevalier d'honneur de Mme la Dauphine en survivance de M. le maréchal de la Fare, qui garde toujours sa charge et ses appointements, et qui continuera à servir autant qu'il le jugera à propos. M. de la Fare ne borne pas ses vues à la charge de chevalier d'honneur. Le commandement d'Alsace, qui pourroit bien devenir vacant par l'âge et les infirmités de M. le maréchal de Coigny, seroit l'objet de ses désirs, ou quelque autre s'il s'en présentoit. D'ailleurs il aime sa liberté. Il est fort bien avec le Roi; il a beaucoup d'amis et veut pouvoir vivre avec eux; enfin il désiroit avoir un survivancier. M. le prince de Croy, gendre de M. d'Harcourt et neveu de Mme de Lède, avoit eu la volonté de demander cette survivance; on dit même qu'il offroit 80,000 livres à M. de la Fare. Cet arrangement n'a pu se faire, et le Roi a nommé M. de Sassenage, qui, je crois, n'avoit pas songé à le demander. Ce changement de charge met M. de Périgord en jouissance des appointements de la charge de menin que le Roi lui avoit donnés, comme je l'ai marqué dans le temps. M. de Sassenage ne savoit pas encore hier quel seroit son traitement; mais il y a apparence qu'il conservera au moins les mêmes appointements qu'il avoit étant menin. La seconde grâce d'hier, c'est un duché-pairie érigé en faveur du fils de M. le prince de Talmond; ce duché sera mis sur la belle terre de Taillebourg, qui est en Poitou et dont ce jeune homme porte le nom. Il a quinze ans; il est d'une jolie figure. C'est le roi de Pologne qui a demandé cette grâce. M. de Talmond n'avoit que le brevet de duc.

Il y a eu ces jours-ci plusieurs assemblées chez M. d'Argenson de presque tous MM. les inspecteurs d'infanterie. Il y en avoit huit. On y a fait venir les principaux commis, suivant les éclaircissements dont on avoit besoin. Il s'agit apparemment des opérations qui peuvent rester à faire pour l'infanterie.

Il y a eu pendant le dernier voyage de Choisy un conseil de finances, où l'on a déterminé les opérations à faire par rapport au dixième ou autres impositions. On ignore jusqu'à présent ce qui a été déterminé. Je crois devoir mettre à cette occasion ce que quelqu'un bien instruit me disoit il y a quelques jours, qu'en 1748 notre commerce a augmenté de 147 millions.

Mme de Sassenage a prié Mme de Luynes de la mener chez le Roi, la Reine, etc., pour faire ses remercîments de la grâce accordée à M. de Sassenage. Elle avoit remercié lorsqu'il fut fait chevalier de l'Ordre. Elle prétend qu'on l'avoit trouvé singulier, sur le fondement que les femmes ne doivent pas remercier pour les grâces accordées à leur mari. Mme de Sassenage a fait demander au Roi ce qui lui seroit agréable, et le Roi lui a dit de le venir remercier. Il est assez singulier que cela puisse faire une question.

Il y eut hier matin conseil de finances, et l'après-dînée conseil de dépêches. Ce matin il y a eu conseil d'État; le Roi a dîné ensuite dans ses cabinets avec ses enfants, et est parti sur les quatre heures pour aller au petit château de la Celle, d'où il ne reviendra que vendredi ou samedi.

Le roi de Pologne mène ici la même vie qu'à son ordinaire; il dîne à Trianon à midi ou midi et demi; il mange seul, ou avec des Dames quand il y en a quelques-unes qui vont le voir le matin. Il ne mange point ici avec ses grands officiers comme à Lunéville, parce qu'il n'a ici qu'un très-petit détachement de sa maison et que ce seroit un embarras de recevoir et de refuser beaucoup de gens qui se présenteroient. Il y a une table pour ses grands officiers, où quelquefois ils prient les gens les plus connus du roi de Pologne qui vont lui faire leur cour le matin. Le roi de Pologne vient ici entre deux et trois heures dans le petit appartement de M. le comte de Clermont; il y demeure avec la Reine jusqu'à cinq heures et demie ou environ; il descend ensuite chez Mlle de la

Roche-sur-Yon, qu'il aime beaucoup, et qui est venue ici exprès pour être à portée de lui ; il y joue presque toujours une espèce de comète, différente cependant de la comète ordinaire. Il repart entre six et sept heures pour retourner à Trianon, et se couche toujours de très-bonne heure.

La Reine descend presque tous les jours chez Mme la Dauphine, pour la musique et pour le jeu.

J'ai marqué le départ du Roi pour la Celle. S. M. a dans ces voyages un habit vert avec un bordé d'or. C'est un uniforme que portent les hommes qui ont l'honneur de suivre le Roi dans ses voyages de Choisy, Crécy, La Meutte et La Celle, comme MM. de Richelieu, de Meuse, de Gontaut, de la Vallière, de Soubise et de Luxembourg. Mais le Roi ne porte point cet habit à Choisy ; il n'y a que ces Messieurs qui en font usage.

Du jeudi 24, Paris. — Je vins ici hier au soir pour être ce matin à la réception de M. le maréchal de Belle-Isle au Parlement. Son rapporteur étoit M. l'abbé de Salaberry (1) ; ses témoins M. le maréchal de la Fare, M. le duc de Gesvres et moi. Après la lecture du témoignage de M. le curé de Saint-Sulpice et des dépositions des trois témoins, M. de Salaberry a fait un discours très-flatteur pour M. le maréchal de Belle-Isle. M. le premier président a fait appeler ensuite M. le maréchal de Belle-Isle, suivant l'usage, et après lui avoir fait prêter le serment ordinaire, M. de Belle-Isle a pris sa place. Un moment après, M. le premier président (2) ayant mis son bonnet un instant, l'a ôté aussitôt, et adressant la parole à M. de Belle-Isle, a fait un discours assez long, rempli des sentiments d'estime et d'amitié les plus capables de faire impression. Il l'a prononcé avec la grâce avec laquelle il a

---

(1) Conseiller clerc à la grand'chambre.
(2) René-Charles de Maupeou. C'est le père du fameux chancelier ; il fut lui-même chancelier pendant vingt-quatre heures, en 1763.

coutume de parler. M. de Belle-Isle a répondu en peu de mots, de la manière la plus convenable. Si je peux avoir ces trois discours, je les mettrai à la fin de ce livre (1). Il y avoit de prince du sang M. le comte de Charolois seul ; de prélats-pairs, M. l'évêque comte de Beauvais (Gesvres), et neuf ou dix pairs laïques. A la grande audience on a plaidé un des chefs du procès de la succession de Mazarin contre Mlles de Nesle. Mme de Mazarin n'en veut payer que les trois quarts, et Mlles de Mailly disent qu'il leur est dû 13 ou 1,400,000 livres pour leur légitime, sur quoi elles n'ont encore touché que 62,000 et tant de livres; que le surplus est entre les mains de Mme de Mazarin, et que par conséquent il est juste que ce soit elle qui fasse les avances des frais du quart dont elles sont chargées. Guyot de Reverseau, avocat de Mme de Mazarin, parla le premier, fort peu de temps; et Simon, avocat de Mlles de Nesle, tout le reste de l'audience.

Du vendredi, 25, Versailles. — J'appris hier à midi, à Paris, que M. d'Argenson avoit été entre huit et neuf heures du matin chez M. de Maurepas, à Paris, pour lui demander la démission de sa charge de secrétaire d'État et lui remettre une lettre de cachet pour se rendre à Bourges. Cet événement a surpris avec raison; personne ne s'y attendoit, et M. de Maurepas n'en avoit pas le moindre soupçon. Il avoit été la veille à la noce de Mlle de Maupeou, chez M le premier président, jusqu'à deux heures du matin. C'est à une heure après minuit que M. d'Argenson reçut l'ordre du Roi. M. de Maurepas part demain, Mme de Maurepas mardi 29, pour Bourges. On a su ce matin ici que le détail de la maison du Roi, de la Reine, de Mme la Dauphine a été donné à M. de Saint-Florentin, et le détail de Paris à M. d'Argenson. On ignore encore à qui l'on donnera la place de ministre et la marine.

---

(1) Voy. les pièces n°^{s} 2, 3 et 4, à l'appendice pour l'année 1749.

Du samedi 26, Versailles. — Il y eut hier deux présentations : M*me* la maréchale de Montmorency-Laval (Saint-Simon) présenta sa belle-fille (Maupeou) ; elle n'est ni petite ni grande ; elle étoit fort jolie ; elle l'est beaucoup moins depuis qu'elle a eu la petite vérole, cependant elle est encore fort bien.

La seconde présentation est celle de M*me* de Mesmes, qui est assez jolie ; c'est la fille de M. de Brou, conseiller d'État. Son mari vient d'avoir une commission de colonel dans les grenadiers de France ; il est de même maison que feu M. le premier président de Mesmes. Il étoit en province et fort peu riche. M. de Ravignan, lieutenant général, qui étoit cousin de M. de Mesmes, étant mort sans enfants, M*me* de Ravignan (Racine) sa veuve, ayant hérité de son mari en vertu d'une donation mutuelle, a voulu que le bien venant de M. de Ravignan passât à un homme du nom de Mesmes ; elle a découvert en province M. de Mesmes ; elle l'a fait venir, en a pris soin et lui a assuré tout le bien qu'elle a eu de son mari. C'est M*me* la duchesse de Lorges, fille du feu premier président de Mesmes, qui a présenté M*me* de Mesmes. La mère du premier président de Mesmes étoit de Brou ; ainsi la nouvelle mariée est parente de M*me* de Lorges, par elle et par son mari.

On a su ce matin, au lever du Roi, que S. M. a donné à M. Rouillé la place de secrétaire d'État de la marine. On ne dit encore rien de la place de ministre. M. Rouillé est le plus honnête homme du monde, connu pour tel, et qui a prouvé et prouve tous les jours sa capacité sur le commerce à la tête de cette partie de l'administration du royaume, et chargé depuis M. de Fulvy de ce qui regarde la Compagnie des Indes (1). M. Rouillé est fort riche. Il n'a qu'une fille, mariée à M. d'Harcourt, comme je l'ai marqué dans le temps.

---

(1) **En qualité de commissaire du Roi.**

M. le cardinal de la Rochefoucauld est venu ici ce matin au lever du Roi; il est reparti aussitôt pour Paris. Il part aujourd'hui pour Bourges, son archevêché, et mène avec lui M. de Maurepas. Mme de Maurepas partira mardi pour aller le joindre.

Du lundi 28, *Versailles.* — Il arriva hier deux courriers de Pondichéry. L'un est un officier envoyé par M. Dupleix, et l'autre est un aumônier françois venu avec lui. Les lettres sont du 28 octobre dernier. C'est M. le contrôleur général qui en a rendu compte au Roi aujourd'hui et lui a présenté les deux courriers. Le Roi partoit pour la chasse, ce qui l'a empêché de se faire rendre compte du détail; c'est ce qui fait qu'on l'ignore jusqu'à présent. On sait seulement que c'est la confirmation de ce que nous avions appris par l'Angleterre, de la levée du siége par les Anglois et de ce qu'ils y ont perdu, et plusieurs circonstances de ce qui s'est passé depuis.

Du mardi 29, *Versailles.* — Mme la marquise d'Ancezune mourut hier, à Paris. Elle avoit cinquante-trois ans. C'étoit une femme fort aimable par son esprit et son caractère; elle savoit beaucoup et contoit fort bien. Elle étoit fort brune et avoit cependant un visage agréable. Elle n'avoit jamais eu d'enfants. Elle étoit fille de feu M. de Torcy, ministre et secrétaire d'État des affaires étrangères, et de Mlle de Pomponne, et sœur de M. le marquis de Croissy, de Mme du Plessis-Châtillon et de feu Mme de Mailly-d'Haucourt, mère de Mme de Voyer. Mme d'Ancezune avoit une très-mauvaise santé : un crachement de sang fréquent, un asthme continuel et un estomac entièrement perdu. Elle avoit beaucoup d'amis, et tous gens aimables. On ne peut assez louer les attentions et les soins de M. d'Ancezune pour elle. Elle étoit dans une grande piété depuis plusieurs années.

M. Rouillé vint ici avant-hier matin. Il prêtera serment demain; les arrangements pour le brevet de retenue seront terminés. M. Rouillé logera dans l'appartement qu'occupe actuellement M. d'Argenson. Celui de M. de Maurepas, qui est le premier après M. de Chalmazel, du côté de la cour des Princes, sera rendu à M. d'Argenson; c'étoit l'appartement de M. Le Blanc et de M. d'Angervilliers. A la mort de celui-ci, M. de Maurepas le désira, et il lui fut donné. Le détail de Paris et des haras, qu'avoit M. Ménard sous M. de Maurepas, a été donné par M. d'Argenson à M. Marie, l'un de ses principaux commis; mais M. Ménard reste toujours chargé, sous M. de Saint-Florentin, de ce qui regarde la maison du Roi, de la Reine et de Mme la Dauphine. Le ministre chargé de Paris et des maisons n'a aucuns appointements affectés à ce détail. Il n'y a que les haras pour lesquels le Roi donne des appointements; mais c'est M. le maréchal de Brancas qui en jouit encore actuellement.

Mme de Lutzelbourg mourut hier, à Paris. Elle étoit fille de M. Borio, qui avoit été, je crois, banquier et qui avoit été chargé des affaires du duc de Guastalla; elle est morte de la petite vérole et du pourpre, le neuvième jour de sa maladie. Sa belle-mère, Mme de Lutzelbourg, est sœur de M. Klinglin, préteur royal de Strasbourg.

Il vint ici hier une femme, qui est depuis quelque temps à Paris, avec des ouvrages d'une délicatesse et petitesse singulières, M. le maréchal de Richelieu la mena chez Mesdames, et ensuite chez M. le Dauphin et Mme la Dauphine. C'est une femme assez jeune et d'une figure passable; c'est la femme d'un horlogeur de Londres, qui fait tous ces ouvrages sans lunettes, ce qui est presque inconcevable. Il y a une chaîne d'or, de 200 mailles, avec un cadenas au bout fermant à clef; cette femme prétend que la chaîne et le cadenas, qui sont d'or, ne pèsent que le quart d'un grain, et on peut le croire par l'extrême petitesse de cet ouvrage. Il y a un carrosse dont les portières s'ouvrent et se ferment, qui est suspendu sur des soupentes, attelé de six chevaux, dont on distingue les harnois, un cocher, un postillon, quatre petites figures dans le carrosse et deux laquais derrière; le tout traîné par une pièce. Une autre voiture, qui n'est qu'un train avec quatre roues tournantes visiblement, une petite figure assise sur une chaise sur la flèche, le tout traîné aussi par une pièce; enfin des cuillers, des fourchettes, des ciseaux d'une délicatesse surprenante. Comme la femme à qui sont ces ouvrages ne parle point françois, elle a pris pour interprète un homme de trente-cinq ans ou environ, qui est Irlandois d'origine, né en Espagne et établi depuis douze ans à Paris.

On vit aussi hier ici un Allemand qui a vingt-huit ans. Il est né à Vienne en Autriche. Il s'est rendu fameux par une grande habileté et une adresse extrême dans l'opération des cataractes et autres à faire aux yeux. Le roi de Prusse l'a attaché à son service, et lui a seulement permis de voyager encore deux ou trois ans. Il s'appelle Ilmer; il va faire l'opération à M. le duc de Brancas; il en a fait ici plusieurs avec grand succès. La Reine voulut qu'il vît les yeux de Mesdames, dont il fut fort content. Quoiqu'il soit en France depuis peu de temps, il y a déjà acquis une grande réputation.

Du mercredi 30, Versailles. — Avant-hier matin, le roi de Pologne vint voir la Reine de fort bonne heure; il lui dit qu'il la reverroit encore un moment après le dîner; c'étoit pour éviter un adieu, car dès qu'il eut dîné il partit pour Vauréal. La Reine y envoya hier M. de la Mothe. Le roi de Pologne partit de Vauréal à trois heures pour Lunéville; il coucha à Château-Thierry. La Reine en a eu des nouvelles ce matin, ayant envoyé jusqu'à Chateau-Thierry pour en savoir.

Mme la princesse de Soubise fit avant-hier une fausse couche; malheureusement ce n'est pas la première.

Mme la comtesse d'Estrées (Puisieux), qui n'est hors d'affaire que depuis avant-hier, a été saignée cinq fois ces jours-ci pour un mal de gorge très-violent. C'est une espèce de maladie épidémique qui a régné à Paris depuis l'hiver dernier. Il y en a beaucoup aux filles Sainte-Marie de la rue du Bac, et plusieurs en sont mortes. On avoit nommé cette maladie la peste blanche; en effet la gorge devenoit blanche et la gangrène s'y mettoit en fort peu de temps. La maladie de Mme la comtesse d'Estrées n'a pas été d'un aussi mauvais caractère.

On sait que l'Infant don Philippe est actuellement dans une de ses maisons de campagne auprès de Parme. Il commence à faire accommoder ses maisons. Lorsque le roi d'Espagne lui a ôté les 500,000 livres de rentes de la charge d'amiral, comme je l'ai dit, et les 50,000 livres qu'il avoit par mois comme commandant d'armée, il lui a fait donner 50,000 écus une fois payés pour ses voyages et son établissement dans ses nouveaux États. On peut juger que cette somme a été bientôt dépensée. Il ne reste plus de revenus en Espagne à l'Infant qu'environ 100,000 écus provenant de ses commanderies et de deux terres que la reine d'Espagne sa mère lui a fait acheter de ses épargnes sur ses revenus pendant qu'il étoit fort jeune; ces deux terres valent environ 70,000 livres de rentes.

Mme de Gonzalès, gouvernante de l'infante Isabelle, étant malade depuis quelques jours, Mme de la Lande a été mise auprès de la petite Infante. Mesdames allèrent courre le daim et le Roi ne sortit point. L'infante Isabelle ayant eu envie d'avoir aussi un habit de cheval, on lui en a fait un bleu. Elle étoit hier chez Mme la Dauphine et elle étoit ce matin chez le Roi, un petit bâton comme les exempts en portent à la chasse; elle disoit qu'elle étoit exempt des gardes du corps de la compagnie de Charost, mais qu'elle ne vouloit servir qu'auprès du Roi, de la Reine et de M. le Dauphin, mais non pas auprès de Mesdames ni de l'infante Isabelle.

MAI.

Procès des médecins et des chirurgiens. Mot de Daguesseau. — La Cour à Marly. Le Dauphin et la Dauphine restent à Versailles. — M. de Sassenage exerce les fonctions de chevalier d'honneur. — Mort de l'évêque de Saint-Papoul, de l'abbé Boursier et de M. de Crèvecœur. — Détails sur le siège de Prague et la retraite de Bohême. — Fausse couche de la Dauphine. — Revue des gardes françoises et suisses. — Procès de Mmes de Mailly contre Mme de Mazarin. — Assemblées du Parlement. Remontrances et usage. — Mort de M. Amelot. — Nouvelles de Marly. — Le lieutenant de police de Paris travaille avec le Roi. — La Reine va à la revue des gardes; pourquoi elle n'y allait pas pendant la guerre. — Le Roi visite la maison de M. d'Argenson à Neuilly. — Élection du général des Augustins. — Mort de M. de Lanmarie. — Départ de M. de Finkenstein. — Salutations de M. de Bène et de l'évêque de Rennes. — Intendant nommé conseiller d'État. — Le lansquenet et le salon à Marly. Repartie de milord Cathcart. — Mort de Mme de la Cour. — Les gens du Roi viennent demander au Roi une audience pour le Parlement. — Le duc de Brancas opéré de la cataracte. — Le Roi donne audience au Parlement. — Le Parlement enregistre l'édit. — Départ du duc de Modène. — Ambassadeurs nommés. M. d'Havrincourt. — Aventure des pages à Versailles; combat et punition. — Mort de M. Fournier. — Mesdames à Choisy. — Mort de M. de Bayers. — Le Roi chasse; la Reine va à l'office et joue. — Chapitre de l'Ordre. — Contrats de mariage. — Nouvelles diverses de la Cour. — Présent du Dauphin à la paroisse. — Nouveaux détails sur le testament de la duchesse d'Orléans. — Le grand prieuré de France et le prince de Conty. — Présentation. — Voyages du Roi. — Testament de M. Fournier. — Édits et déclarations. — Morts et Mariage.

Du jeudi 1er. — J'ai parlé ci-dessus du procès des médecins et chirurgiens, et je n'ai dit qu'un mot du jugement. On ne m'a envoyé que ces jours-ci l'arrêt du conseil; je l'ai fait copier à la fin de ce livre (1). On me contoit hier que le premier chirurgien du Roi, M. de la Martinière, étant allé solliciter un des commissaires, lui représentoit avec vivacité la nécessité indispensable de rendre un jugement qui fixât d'une manière solide et permanente les fonctions des médecins et des chirurgiens; et pour mieux exprimer quelle devoit être la solidité de ce règlement, il lui dit qu'il falloit mettre un mur d'airain

---

(1) Voir la pièce n° 5 à l'appendice.

entre les médecins et les chirurgiens. « Vous avez raison, lui dit le commissaire, mais quand le mur sera mis, de quel côté mettra-t-on les malades? » On prétend que cette réponse est de M. Daguesseau; il en seroit bien capable : mais de quel côté qu'elle vienne, elle est bien ingénieuse.

Le Roi alla hier à la chasse du côté de Saint-Germain, et revint souper et coucher à Marly. La Reine ne part que cette après-dînée; elle va avec Mesdames. L'état de Mme la Dauphine subsiste toujours; elle a même eu quelques maux de cœur : c'est ce qui augmente les espérances; elle reste ici, et ne sort point de sa chambre; elle donnera à souper tous les jours, et jouera avant et après souper. M. le Dauphin ira à Marly, souper avec le Roi tous les jours qu'il n'y aura point de cabinets; il n'y couchera point. Mesdames viendront souvent dîner ici; la Reine y viendra tous les jeudis et dimanches, au salut, et voir Mme la Dauphine; et le Roi tous les dimanches.

J'ai toujours oublié de marquer que M. de Sassenage prêta serment il y a deux ou trois jours. Il exerce actuellement. Il continue à jouir de la même somme de 6,000 livres par an qu'il avoit étant menin.

Comme je suis peu instruit des affaires ecclésiastiques, je n'ai appris qu'aujourd'hui que l'évêque de Saint-Papoul (Ségur), frère du lieutenant général et de l'abbesse de Giffe (nouveau Port-Royal des Champs), mourut à Paris il y a deux ou trois mois. Ses sentiments étoient si suspects, que l'on a regardé comme une démarche très-imprudente que le curé de Saint-Nicolas du Chardonnet lui ait administré les sacrements et l'ait enterré; et le séminaire de Saint-Nicolas du Chardonnet, dont les sentiments sont très-orthodoxes, s'en est plaint hautement.

Cette même imprudence vient d'être faite par un autre curé de Paris à la fin du carême dernier; c'est le curé de Saint-Gervais. L'auteur des *Nouvelles ecclésiastiques*, Boursier, qui est un ecclésiastique, étant dans Paris déguisé en laïque, mourut il y a environ un mois ; le curé de Saint-Gervais fut appelé ; il lui administra les sacrements, l'assista à la mort et l'enterra.

Du vendredi 2, Dampierre. — M. de Crèvecœur mourut hier à Paris, âgé de cinquante-sept ans, de la goutte dans les entrailles ; il étoit chevalier d'honneur de feu Mᵐᵉ la duchesse d'Orléans. Son père, M. de Saint-Pierre, qui mourut fort âgé, il y a deux ou trois ans, avoit eu cette même charge ; il avoit de l'esprit, étoit aimable et avoit beaucoup d'amis ; il avoit un fils, qui mourut en Flandre, de la petite vérole il y a un an ou deux ; il n'avoit point d'autres garçons. Il a, je crois, une ou deux filles mariées. Il avoit épousé une Fargès.

On trouvera dans mes Mémoires, à la fin de 1742 et au commencement de 1743, tout ce que j'ai pu savoir sur la retraite de M. le maréchal de Belle-Isle de Prague ; il me contoit hier plusieurs circonstances qui méritent bien d'être écrites.

Pendant le siége (je l'ai marqué dans le temps) et pendant qu'il étoit le plus resserré, il fit payer 13 à 1,400,000 livres qui étoient dues des contributions de la Bohême. Après la proclamation de l'électeur de Bavière roi de Bohême, les états de Bohême assemblés à Prague avoient nommé un député de chaque cercle, lesquels députés, au nombre d'environ 25 ou 30, s'étant assemblés avoient déterminé ce que chaque cercle devoit payer pour la subsistance des troupes ; ces contributions alloient à environ 3 millions (1) ; il en avoit été payé plus de la moitié ; mais comme il restoit encore dû une grande partie, M. le Maréchal songea au moyen de faire payer cette somme. Il étoit instruit qu'il n'y a point de grand seigneur en Bohême qui n'ait une maison dans Prague, que les cercles y en ont aussi pour ceux qui suivent leurs

---

(1) M. de Belle-Isle m'a dit depuis 6 ou 7 millions. (*Addition du duc de Luynes.*)

affaires dans cette capitale, et de même aussi les communautés, qui sont extrêmement riches, et par conséquent ont encore plus d'affaires que les particuliers ; il savoit que ces maisons étoient remplies d'effets ou de meubles, et même de titres appartenant aux propriétaires. Il fit dire à tous ceux qui étoient dans ces maisons qu'il alloit se mettre en possession de tous ces effets s'il n'étoit pas payé. Chacun écrivit de son côté ; l'alarme se répandit partout, jusqu'au point que M. de Lobkowitz, général de l'armée autrichienne et commandant le siége de Prague, écrivit à M. de Belle-Isle pour le prier de vouloir bien épargner ce qui appartenoit à son neveu, lequel avoit une maison dans Prague ; et tout fut payé.

J'ai écrit que M. de Monti, ingénieur autrichien, fut pris dans une sortie, et l'étonnement où il fut de voir entre les mains de M. de Belle-Isle un plan de Vienne où étoient les ouvrages qu'il y avoit fait faire il y avoit deux mois. Cet ingénieur étoit fort bien traité à Prague et avoit toute liberté d'aller et de venir chez M. de Belle-Isle. M. de Belle-Isle avoit dès lors formé le projet de sauver l'armée du Roi et de sortir de Prague ; il avoit prévu ce qui pouvoit arriver dans la suite de ce siége, et que s'il se trouvoit trop resserré il faudroit prendre des mesures fort secrètes pour dérober aux ennemis la connoissance de son projet, et qu'une retraite précipitée, comme elle le seroit en pareil cas, ne lui permettroit pas d'emmener les malades et blessés, ni une quantité prodigieuse de gros équipages qui se trouvoient dans Prague. Voulant absolument que ces différents objets, très-importants l'un et l'autre, fussent ménagés par une capitulation honorable, sans être obligé de laisser beaucoup de troupes, il falloit que cette capitulation fût faite par la citadelle de Prague, autrement dit le Vischerat ; mais le grand point étoit de persuader que cette citadelle étoit en état de défense et pouvoit tenir longtemps. Pour y parvenir, en raisonnant avec M. de Monti sur des sujets indifférents, il fait tomber la conversation sur les mesures qu'il a prises pour mettre Prague en état de se défendre longtemps ; il parle à M. de Monti des ouvrages qu'il a fait faire à la citadelle et lui fait naître le désir et la curiosité de les aller voir ; en même temps il fait ses arrangements de manière que M. de Monti n'a le temps que d'en voir une partie. Cette partie étoit réellement très-forte, très-bien accommodée et remplie d'une prodigieuse quantité d'artillerie, de sorte que M. de Monti revient persuadé que ce n'est pas une entreprise facile que de prendre cette citadelle ; il continue à voir M. de Monti comme à l'ordinaire et tient d'ailleurs une conduite uniforme par rapport aux arrangements pris pour se défendre longtemps ; il fait acheter des provisions de toutes espèces. Peu de jours avant sa sortie, on voulut payer à M. de Séchelles quelques sommes qui avoient été imposées et qui ne devoient être payées que dans les mois de janvier et février. M. de Séchelles les refusa, disant qu'il avoit ordre de M. le Maréchal de ne recevoir ces payements qu'à leur échéance ; enfin le jour déterminé, et tout arrangé pour le 16 décembre au soir, il donne ordre précis que depuis trois ou quatre heures personne ne pût sortir de la ville pour quelque cause que ce pût être. La nouvelle du départ étoit publique dans la garnison ; mais non-seulement les ennemis ne pouvoient en avoir connoissance, mais même nos quartiers qui étoient hors de la ville. M. de Berchiny, qui commandoit un de ces quartiers, ayant envoyé un homme de confiance à lui pour recevoir les ordres de M. le Maréchal, cet homme ne put jamais ressortir de la ville ; il eut beau représenter que son maître ayant à marcher le lendemain, il falloit qu'il l'en avertît ; M. le Maréchal vouloit que l'ordre fût sans exception, et le domestique de M. de Berchiny coucha dans la ville.

Ce même jour veille du départ, M. de Belle-Isle envoya dès le matin quatre sentinelles dans la maison de M. de Monti ; il lui manda qu'il le prioit de ne point trouver mauvais s'il lui demandoit de rester chez lui sans sortir de la journée ; qu'il en sauroit la raison dans vingt-quatre heures. En même temps, M. de Chevert envoyoit enlever les quinze ou seize personnes les plus considérables de la ville, que M. de Belle-Isle vouloit emmener comme otages. Comme M. de Belle-Isle avoit accoutumé les ennemis depuis longtemps à le voir sortir avec de gros détachements pour des fourrages, et même de l'artillerie, il jugea avec raison que le mouvement qu'il alloit faire le lendemain ne leur paroîtroit qu'une suite de la même manœuvre. Tout étant donc arrangé, il partit ledit jour 16, et arriva le 26 à Égra. Il laissa un fort petit corps de troupes à M. de Chevert ; je l'ai marqué dans le temps. Lorsque l'armée fut à une certaine distance, M. de Chevert, suivant l'ordre qu'il avoit, alla trouver M. de Monti ; il lui dit que l'armée étoit sortie, que M. le Maréchal l'avoit laissé pour défendre la citadelle de Prague ; qu'il s'attendoit bien d'être assiégé dans fort peu de temps, mais qu'il avoit assez de troupes et de munitions de toutes espèces pour répondre dignement à la confiance que M. le Maréchal lui marquoit. Il ajouta à M. de Monti qu'il étoit le maître de s'en aller sur sa parole trouver M. de Lobkowitz. M. de Monti, persuadé par ce discours et encore plus par ce qu'il avoit vu lui-même, sachant d'ailleurs que la citadelle, avec une nombreuse artillerie, comme il le supposoit, pouvoit tirer sur la ville, en détruire une partie et même y mettre le feu, représenta fortement à M. de Lobkowitz la nécessité indispensable d'accorder une capitulation honorable et avantageuse à M. de Chevert. Lorsque la garnison sortit et que M. de Lobkowitz vit clairement qu'il avoit été trompé, il fut au désespoir, mais tout étoit signé. Des 4,500 malades ou blessés qui étoient restés, il y en eut plus des trois quarts qui sortirent avec la garnison ; ils étoient sous les armes, et par conséquent dans le cas de la capitulation. Il est vrai que dès qu'ils eurent passé la porte ils quittèrent leurs armes qu'ils n'auroient pu porter plus longtemps, et montèrent dans les chariots qui avoient été fournis par les ordres de M. de Lobkowitz, suivant la capitulation ; je crois qu'il y en avoit 600. Il étoit dit dans cette capitulation que les troupes seroient conduites à Égra.

Lorsque M. de Belle-Isle fut arrivé à Amberg, dans le haut Palatinat, il jugea qu'il seroit plus court pour M. de Chevert et pour ceux qui l'escortoient de venir par Pilsen ; il écrivit à M. de Lobkowitz pour lui proposer ce changement de route ; mais le général autrichien ne voulut point y consentir : il avoit déjà son projet de faire attaquer M. de Chevert aussitôt qu'il sortiroit d'Égra. M. de Chevert s'en douta ; il écrivit à M. de Belle-Isle, qui revint au-devant de lui.

Pendant le temps que M. de Belle-Isle étoit investi, comme je l'ai dit, il ne cessoit de donner de ses nouvelles par des espions ; il donnoit 500 livres à chaque espion pour porter une lettre à Dresde ; elles étoient presque toujours rendues, et les espions même ne couroient pas grand risque. Les lettres étoient fort petites ; ils les portoient dans leurs mains, et lorsqu'ils se voyoient à portée d'être pris, ils les jetoient derrière un buisson, où ils les venoient reprendre lorsqu'ils avoient le temps. Lorsque le roi de Prusse eut fait sa paix, un officier, né auprès de la terre de Chanlay en Bourgogne, et qui étoit au service du roi de Prusse, vint trouver M. de Belle-Isle dans Prague. M. de Bérenger, à qui appartient la terre de Chanlay, le reconnut ; d'ailleurs il avoit un passe-port de M. de Lobkowitz, et demandoit de l'emploi à M. de Belle-Isle dans les troupes de France. M. de Belle-Isle examina son passe-port ; il étoit daté de la veille. Il étoit trop attentif à suivre son objet principal pour laisser échapper une occasion si favorable. Cet officier étoit un jeune homme qui lui parut avoir de l'intelligence et grande volonté ; il lui demanda s'il voudroit se charger de porter une lettre à Dresde, ce qui lui étoit facile avec un passe-port de date aussi fraîche, et il lui promit une lieutenance d'infanterie si la lettre étoit rendue exactement. Il ajouta qu'il ne lui demandoit point de rapporter la réponse, parce qu'alors le passe-port étant trop ancien lui seroit inutile. Cet officier ne pouvoit être arrêté par les difficultés même les plus insurmontables ; non-seulement donc il accepta la commission avec joie, mais il promit à M. de Belle-Isle de lui rapporter la réponse de M. des Alleurs. Il part sur son cheval ; il trouve à trois lieues un quartier des ennemis ; son passe-port ne fait aucune difficulté, on le laisse aller, et il arrive à Dresde. M. des Alleurs venoit de recevoir un gros paquet de la Cour très-important ; il donne à cet officier une lettre où non-seulement il accuse la réception de celle de M. de Belle-Isle, mais donne beaucoup de louanges à l'officier prussien et lui remet en même temps le paquet, l'officier l'ayant assuré qu'il le rendroit exactement. Le passe-port ne pouvoit plus être d'usage, comme je l'ai observé ; malgré cela l'officier se remet en chemin, et arrive au quartier où il avoit déjà été arrêté en allant. Il est arrêté une seconde fois ; deux hussards le mènent avec son cheval dans une écurie qui étoit à gauche du grand chemin ; il étoit nuit ; en entrant dans l'écurie, l'officier remarque qu'il y a une grande quantité de fumier, et en se baissant sans qu'on y prît garde, il glisse son paquet sous le fumier, donne un coup de talon par-dessus et entre dans l'écurie tenant son cheval par la bride. Il avoit un habit galonné d'or de l'uniforme du roi de Prusse ; les hussards ne l'avoient pas encore examiné ; ils apportent une chandelle, à la lumière de laquelle ils aperçoivent des galons d'or, dont ils comptent bien faire leur profit quand ils auront mené l'officier à leur commandant. L'officier n'ayant affaire qu'à ces deux hommes, donne une saccade à son cheval qui lui fait lever la tête ; la chandelle tombe et s'éteint ; il profite de ce moment de grande obscurité, il sort de l'écurie sans être aperçu, trouve le moyen de se sauver, et arrive enfin à Prague. Il rend compte de sa commission et de son aventure à M. de Belle-Isle; mais il n'avoit aucune preuve; il propose à M. de Belle-Isle de lui donner un détachement; il dit qu'il ira au quartier des ennemis, qu'il retrouvera l'écurie et le paquet, et qu'il le rapportera. Il parloit avec beaucoup d'assurance; mais plusieurs des officiers généraux n'ajoutoient point de foi à ses discours. M. de Belle-Isle pensa différemment; il étoit de la dernière conséquence d'avoir le paquet, et les moyens d'y parvenir étoient sans inconvénient. M. de Belle-Isle savoit ce que les ennemis avoient de troupes dans le quartier où l'officier avoit été arrêté; il n'y avoit que trois lieues à faire, il ne s'agissoit que d'envoyer un détachement supérieur en nombre, commandé par un homme sage. C'étoit envoyer un détachement à la guerre; le pis aller étoit qu'on ne trouvât rien. On donne un cheval à l'officier prussien; le détachement part, le commandant bien averti de ne rien hasarder et de prendre toutes les précautions dont on fait usage quand on va pour savoir des nouvelles de l'ennemi. Ils ne trouvent en chemin que quelques hussards, qui se retirèrent d'abord; ils arrivent auprès du village; le commandant du détachement met ses troupes en bataille, et l'officier prussien, lui cinquième ou sixième, s'avance à la droite du grand chemin, descend au village, où il ne trouve plus personne, reconnoît l'écurie, lève le fumier, retrouve son paquet, et le rapporte. Les lettres n'étoient point du tout gâtées. M. de Belle-Isle lui fit donner une lieutenance, comme il le lui avoit promis, et peu de temps après une compagnie franche. Cet officier sortit de Prague avec l'armée, et n'alla que jusqu'à Amberg, où il mourut d'une fluxion de poitrine.

Du samedi 10, *Dampierre.* — Mme la Dauphine vient de faire une fausse couche, dont elle se porte bien. Ce sont les termes de la lettre de M. de la Fare, qui vient d'envoyer un exprès à Mme de Tessé, qui est ici depuis hier. La Reine vient de Marly à Versailles, voir Mme la Dauphine. C'est un triste événement qui déterminera sûrement le voyage de Forges et assurera celui de Compiègne, dont on commençoit à être incertain.

Le Roi fit hier la revue des gardes françoises et suisses dans la plaine des Sablons, à l'ordinaire. Il avoit couru un bruit, qu'après la revue M. de Biron seroit déclaré maréchal de France; mais ce bruit étoit sans fondement.

Mmes de Mailly devoient être jugées avant-hier à la grande chambre sur un incident de leur procès contre Mme de Mazarin (Mazarin) concernant l'estimation des biens de la succession. Elles se rendirent à la grande chambre, et il y eut audience; mais l'avocat général qui devoit parler ne parla point, à cause des affaires pressées du Parlement.

Il y avoit grande rumeur au Parlement, où les esprits étoient déjà fort échauffés. Il y eut une assemblée des chambres (1); c'étoit au sujet de trois édits: un pour une augmentation d'impôt de 30 sols par livre sur le tabac étranger; un pour un emprunt que le Roi fait de 36 millions pour payer des dettes de l'État, pour lesquelles S. M. constitue 1,800,000 livres de rentes; le troisième

---

(1) Cette assemblée des chambres étoit la troisième. Il y en avoit eu une le mardi, et l'autre le mercredi; je crois même que les commissaires avoient été nommés dans la seconde assemblée, et que ce fut là qu'il y eut cette différence considérable de 140 voix contre 47. Le fait toujours constant, c'est que les commissaires pour examiner l'édit furent nommés après la délibération où la pluralité avoit été pour demander la suppression de l'édit. Il y a eu depuis une autre assemblée, où M. l'abbé de Salaberry, un des commissaires nommés, proposa à la Compagnie de délibérer sur les modifications à demander à l'édit, au cas qu'on ne pût pas parvenir à obtenir la suppression; il n'y eut que 14 ou 15 voix de cet avis, et tout le reste persista à demander la suppression totale; il a fallu absolument dresser les remontrances.

En conséquence, elles ont déjà été lues aux chambres assemblées; il est question dans ce moment de savoir quand elles seront portées au Roi et quelles en seront les suites. (*Addition du duc de Luynes*, datée du 15 mai 1749.)

au sujet de l'établissement du vingtième. Les chambres assemblées, au nombre de plus de cent quatre-vingts personnes, l'édit pour le tabac a été passé sans contradiction; les deux autres ont excité de grandes contestations. Il n'y eut que 47 voix seulement pour demander des modifications à l'édit du vingtième, mais tout le reste a été pour le rejeter et que les remontrances ne tendissent qu'à obtenir la suppression totale; en conséquence on a nommé des commissaires. On pourroit dire en inconséquence, car nommer des commissaires pour examiner un édit que l'on a déjà résolu de rejeter, ce n'est pas l'usage ordinaire; enfin cela est fait, on travaille aux remontrances. M. le premier président est au désespoir. Il y a lieu de croire que ceci ne finira que par un lit de justice, et vraisemblablement à Versailles. On a seulement fait lecture de l'édit, et ensuite on a été aux opinions; l'édit a été remis aux commissaires. On leur en fait la lecture autant de fois qu'ils le désirent, mais jamais on ne leur en remet de copies pour l'examiner; c'est l'usage du Parlement.

M. Amelot, ci-devant ministre, est mort; il fut enterré hier. Il y avoit très-longtemps qu'il étoit malade.

La place de conseiller d'État de M. Rouillé n'est pas encore donnée; celle de directeur du commerce est donnée à M. Trudaine, et celle de la Compagnie des Indes à M. de Montarant, qui avoit la seconde place sous M. Rouillé.

Du dimanche 11, *Dampierre*. — Excepté ce que l'on trouvera écrit dans ce livre sous la date d'hier, je n'y ai rien écrit depuis le 1er de mai, que le Roi est allé à Marly. Je suis venu ici le même jour. La Reine a donné ce temps de congé à Mme de Luynes par rapport à sa santé. Mme de Luynes l'a demandé comme celui où son assiduité est moins nécessaire auprès de la Reine. J'ai déjà marqué que la Reine soupe tous les jours à Marly avec ses enfants, des princesses et des dames, et joue dans le salon après souper. Le logement de Mme de Luynes à Marly a été fort désiré parce qu'il est proche et commode; Mmes de Brancas et de Duras (maréchale) l'avoient demandé l'une et l'autre; il a été donné à M. et à Mme de Tallard. Mme la maréchale de Duras, qui ne fait que commencer à marcher depuis son accident, et qui est obligée de faire usage d'une bottine pour contenir son pied, a eu permission d'entrer dans le salon sans panier. On m'a mandé de Marly que le lansquenet s'étoit fort bien soutenu; M. de Soubise y a beaucoup gagné les premiers jours; il y a presque toujours eu quatorze coupeurs.

M. le Dauphin n'a point couché à Marly; il y a été tous les jours pour la musique et pour le jeu; il a joué à cavagnole avec la Reine, pour être auprès d'elle, car il n'aime point le jeu; il a soupé à Marly tous les jours que le Roi a soupé avec la Reine; et les jours que le Roi soupoit dans ses cabinets, M. le Dauphin revenoit souper à Versailles. Le Roi a été à Versailles au salut le dimanche 4, et en même temps a été voir Mme la Dauphine. Il est revenu aussi la voir jeudi 8. La Reine a été à Versailles les dimanches et les jeudis, et outre cela la Reine a été hier, comme je l'ai marqué, voir Mme la Dauphine, à cause de son accident. Le Roi alla coucher jeudi dernier à la Meutte pour la revue des gardes françoises; M. le Dauphin a suivi le Roi à ce petit voyage.

J'ai oublié de marquer que les premiers jours du voyage de Marly, M. d'Argenson, chargé, comme je l'ai dit, du détail de Paris, depuis la disgrâce de M. de Maurepas, a engagé le Roi à permettre que M. Berrier, lieutenant de police, eût l'honneur de travailler avec S. M. Ce travail a été fait en présence de M. d'Argenson; c'est ce qui ne se faisoit point du temps de M. de Maurepas.

La Reine alla avant-hier de Marly à la revue des gardes françoises et suisses; il y avoit longtemps qu'elle n'y avoit été. Elle avoit toujours dit qu'elle y iroit à la paix, ne pouvant voir sans une peine extrême pendant la guerre tant de braves gens dont plusieurs vraisemblablement ne seront plus à la fin de la campagne.

Le Roi, M. le Dauphin et Mesdames, après la revue dans la plaine des Sablons, ont été voir la maison que M. d'Argenson a à Neuilly ; c'est une petite maison à peu de distance du bord de la rivière, un peu à droite du chemin qui va du Roule à Neuilly ; elle a appartenu à feu M. de Sassenage, depuis à feu Mme de Gontaut.

On me mande de Marly que M. Amelot est mort, sans avoir fait de testament. Mme Amelot est allée à la campagne, chez M. Bombarde.

Du lundi 12, *Dampierre.* — M. de Sauvigny, intendant de Paris, qui étoit à Marly ce matin, est venu ici ce soir. Il arrive du chapitre général des Mathurins qui s'est tenu à Cerfroy sur la Marne. M. Lefebvre, ministre de la maison de Paris, et qui l'étoit de celle de Fontainebleau en 1745, vient d'être élu général ; il en faisoit les fonctions depuis plusieurs mois, ayant été nommé vicaire général.

M. de Sauvigny nous a dit aussi l... t de M. de Lanmarie. Le rapport de ses preuves fait à la Chandeleur, le Roi lui avoit envoyé le cordon. Il revenoit par congé ; il est mort à Stockholm, le 24 d'avril ; il avoit été malade à la dernière extrémité, et auroit bien voulu par cette raison qu'on lui eût nommé un successeur ; mais comme on étoit fort content de lui, on ne lui avoit permis de revenir que pour quelques mois. La première nouvelle de sa mort est venue par la *Gazette*. Il avoit soixante ans. Son nom est Beaupoil, comme MM. de Saint-Aulaire ; ils sont de même maison. Il avoit épousé une sœur de M. de la Ravoye ; il n'en avoit qu'une fille, qu'il avoit fait épouser à son frère, qu'il aimoit beaucoup. Ce frère étoit avec lui en Suède, où il mourut, il y a quelques années. La vive douleur de M. de Lanmarie a été la première cause du dérangement de sa santé. Il n'a d'autres enfants qu'un petit-fils, fils de son frère et de sa fille. Il n'a été malade que sept jours, et n'a même cru mourir que le dernier jour. Sa maladie étoit une humeur scorbutique qui s'est jetée sur la poitrine. Sa santé l'avoit déterminé à demander depuis longtemps son rappel; mais bien loin de vouloir rester, s'il lui étoit possible, et de profiter de son congé, les affaires du Nord demandant dans ce moment-ci une attention particulière, M. de Lanmarie s'étoit déterminé à retarder son départ, trouvant sa santé un peu meilleure.

Du jeudi 15, Versailles. — M. de Finkenstein, ministre du roi de Prusse, dont j'ai parlé ci-dessus, a pris congé aujourd'hui; il paroît fort pressé de retourner à Berlin; il m'a dit que le roi son maître désiroit qu'il y fût arrivé à la fin de ce mois.

M. de Bène a salué le Roi aujourd'hui. Il arrive de Dresde, où il est ministre d'Espagne depuis environ cinq ans; il retourne à Madrid; il compte demeurer ici environ trois semaines. J'ai parlé de lui ci-dessus.

M. l'évêque de Rennes a salué le Roi aujourd'hui. Il y a huit ans et trois mois qu'il est parti d'ici pour Madrid; il avoit été nommé ambassadeur de France en cette cour au mois de décembre 1740. Il a été parfaitement bien reçu; le Roi lui a fait beaucoup de questions et a paru le traiter avec toutes sortes de bontés. C'est M. de Puisieux qui l'a présenté. M. de Rennes nous a paru un peu changé; c'est peut-être encore plutôt l'effet d'une perruque qu'il a prise à la place de ses cheveux, que les années d'augmentation.

M. Rouillé remercia hier le Roi pour la place de conseiller d'État, vacante par sa démission, que le Roi a donné à M. Pallu, son beau-frère, qui étoit intendant à Lyon.

Il paroît que ceux qui ont le plus gagné au lansquenet à Marly sont : M. de Soubise, M. de la Vallière et M. Hesse, et que M. de Luxembourg et Mme de Pompadour ont beaucoup perdu. Pour le Roi, il est assez difficile de savoir ce qu'il a fait, parce que M. le Dauphin, Madame Infante et

Mesdames toutes trois, n'ont joué au lansquenet que l'argent du Roi, sans être de quoi que ce soit.

On a laissé entrer beaucoup de monde dans le salon, surtout après souper, à cause du lansquenet. L'usage n'étoit point d'y laisser entrer les étrangers; cependant Mme Brignole, qui étoit venue voir le salon de dessus un des balcons d'en haut, eut permission de descendre en bas. Les otages sont aussi venus au salon; ils le désiroient avec empressement, et sur ce qu'on leur représenta que l'usage n'étoit point de laisser entrer les étrangers, milord Cathcart répondit avec esprit qu'ils n'étoient point étrangers et qu'ils devoient être regardés comme étant au Roi.

Il faut ajouter à l'honneur du lansquenet de Marly que la veille du départ, ou le jour d'auparavant, il y eut une réjouissance où l'on compta 54,000 livres de différence; ce fut M. Hesse qui la fit.

Du samedi 17, Versailles. — On apprit ici avant-hier la mort de Mme de la Cour, mère de M. de Balleroy; elle est morte chez lui en Normandie, où elle s'étoit retirée depuis environ deux ans. Elle avoit soixante-dix-huit ans.

MM. les gens du Roi sont venus ici aujourd'hui; ils ont parlé au Roi après le conseil des finances; ils étoient quatre, les trois avocats généraux et le procureur général. Ils ont demandé à S. M. quel jour et à quelle heure il lui plairoit de recevoir les très-respectueuses remontrances de son parlement. Le Roi leur a donné à demain à une heure après midi, et a dit qu'il falloit que ce fût M. le premier président seulement qui vînt avec deux autres présidents.

Il y a quatre ou cinq jours que l'oculiste allemand dont j'ai parlé fit à Paris l'opération des cataractes à M. le duc de Brancas. Il se trouve bien jusqu'à présent; il faut voir quelle sera la suite.

Du mardi 20, Dampierre. — Dimanche dernier, 18, le Roi tint conseil d'État à dix heures et demie; il alla ensuite à la messe, après laquelle il donna audience dans son cabinet à M. le premier président (1) et à MM. les présidents Molé (2) et de Rozambo (3); M. le premier président remit à S. M. les remontrances par écrit; il paroît que l'on veut supprimer l'usage de les faire verbalement. Le premier président et les deux autres présidents allèrent dans l'œil-de-bœuf attendre le moment que le Roi leur donneroit sa réponse. S. M. tint conseil de dépêches, après lequel on fit rentrer dans le cabinet les trois présidents. Le Roi dit à M. le premier président : « Les remontrances de mon parlement ne m'ont point fait changer de sentiment ; je veux que mes édits soient enregistrés demain matin, et vous m'en rendrez compte demain à Choisy avant deux heures. »

---

(1) La cour de Parlement se composait de 9 chambres : la grand'chambre, 5 chambres des enquêtes, 2 des requêtes et 1 chambre de la marée. Le Parlement comptait :

1° *A la grand'chambre,*

1 premier président,
10 présidents à mortier,
2 présidents honoraires,
8 conseillers d'honneur,
21 conseillers,
12 conseillers clercs,
20 conseillers lais honoraires,
26 conseillers lais honoraires aux enquêtes et requêtes,
3 avocats généraux,
1 procureur général,
18 substituts du procureur général,
42 greffiers, receveurs, huissiers, etc.,
4 secrétaires du Roi,

2° *Dans les autres chambres,*

21 présidents,
187 conseillers,
2 procureurs,
69 greffiers, huissiers, trésoriers, etc.
En total 447 membres, dont 308 magistrats.
(2) Président à mortier, présidant la chambre de la marée.
(3) Président à mortier de la grand'chambre.

Les trois présidents, qui n'avoient pas osé quitter d'un moment l'œil-de-bœuf pendant tout le conseil, pas même pour aller dîner, repartirent presque aussitôt après. On trouvera ci-après la copie de l'arrêté qui fut fait hier par les chambres assemblées et que l'on vient de m'envoyer.

Réponse aux remontrances.

Les remontrances de mon Parlement ne m'ont point fait changer de sentiment ; je veux que mes édits soient enregistrés demain matin, et vous m'en rendrez compte demain à Choisy avant deux heures.

Arrêté sur la réponse.

La Cour désirant donner au Roi des marques de sa soumission et néanmoins persuadée de l'importance des représentations qu'elle a eu l'honneur de lui faire sur le bien de son service, Arrête, que M. le premier président se retirera par devers le seigneur Roi, pour recevoir de nouveaux ordres, afin que ces ordres réitérés puissent être à jamais une décharge de ce que son zèle et sa conscience exigeroient d'elle dans l'occasion présente, et au surplus arrête que les chambres seront assemblées de relevée pour procéder à l'enregistrement, s'il est ainsi ordonné par ledit seigneur Roi.

Il y a trente-cinq voix pour d'itératives remontrances. Cet avis a été ouvert par un jeune homme sans voix.

Le premier président alla hier rendre compte au Roi de cet arrêté à Choisy, et sur la réponse qu'il rapporta aux chambres assemblées l'après-dînée de ce même jour, l'édit fut enregistré.

Le Roi partit avant-hier, entre quatre et cinq, pour Choisy où il restera jusqu'à jeudi.

J'ai oublié de marquer que M. le duc de Modène, qui est ici incognito, comme je l'ai dit, sous le nom de comte de Saint-Félix, au retour du voyage de Marly, où il a toujours été, a pris congé pour aller en Angleterre ; il va y passer quinze jours ou trois semaines. Il reviendra ici faire un tour pour quelques jours, et partira ensuite pour ses états.

M. de Maulevrier-Colbert, père de celui qui avoit

épousé une Chauvelin, fut nommé il y a deux ou trois jours ministre du Roi auprès de don Philippe.

M. d'Havrincourt, maréchal de camp, qui étoit allé avec permission du Roi voyager en Angleterre et en Hollande, et qui comptoit aller de là dans quelques cours d'Allemagne pour son instruction particulière, a reçu ordre d'aller à Stockholm pour y remplacer M. de Lanmarie. M. d'Havrincourt a de l'esprit, beaucoup de volonté, et très-capable d'application ; il en a donné des preuves dans toute cette guerre ; et se voyant sans occupation à la paix, il avoit imaginé d'aller voyager pour s'instruire et se rendre utile. Il paroît que l'on est fort pressé qu'il arrive à Stockholm, où la circonstance des affaires demande la présence d'un ministre du Roi ; on ne lui donne pas même le temps de revenir ici.

Du vendredi 23, *Versailles*. — Je revins avant-hier de Dampierre. Pendant le petit séjour que j'y ai fait, il y a eu ici une aventure des pages de la grande écurie qui a fait beaucoup de bruit. Deux ou trois d'entre eux, en se promenant dans la ville, s'arrêtèrent à la boutique d'un charcutier, dont ils trouvèrent la femme à leur gré ; ils commencèrent par la caresser un peu familièrement, et lui dirent ensuite beaucoup de sottises de son mari. Le mari arriva, et répondit vivement ; le boucher, beau-père du charcutier, se joignit à lui, et les pages furent obligés de se retirer ; mais ce fut pour avertir leurs camarades. Vingt-cinq ou trente pages arrivèrent chez le charcutier, armés de grands bâtons. Il s'étoit assemblé du monde dans la maison ; il y eut un combat fort vif ; il y a eu un ou deux pages bien blessés et en danger de mort ; il y en a eu aussi de blessés dans l'autre parti ; le boucher l'est assez considérablement. Le gouverneur des pages, qui par sa charge est en droit de les mettre aux arrêts, quand il juge à propos, crut que cet événement méritoit qu'il en allât rendre compte à M. le Dauphin, le Roi étant à Choisy. M. le Dauphin lui dit de ne laisser sortir aucun page jusqu'à ce que le Roi en eût ordonné. Les femmes du charcutier et du boucher ont été se plaindre à Choisy; le Roi a ordonné que trois ou quatre pages des plus coupables seroient mis à la correction à Saint-Lazarre, et ensuite cassés. On m'a dit aujourd'hui que les pages de la grande écurie avoient voulu engager ceux de la petite écurie à se joindre à eux, mais qu'ils avoient refusé.

C'est aussi pendant mon voyage que M. Fournier, maître d'hôtel ordinaire de la Reine, est mort subitement d'apoplexie; il paroissoit avoir soixante ans environ. Il y a plusieurs années qu'il logeoit et vivoit avec Mme de Saint-Sulpice; on les croyoit même mariés, quoiqu'elle n'ait point changé de nom; mais le mariage n'est point déclaré. Il lui laisse la jouissance de presque tout son bien; la plus grande partie de ce qu'il avoit d'ailleurs étoit dans le commerce. Il a plusieurs neveux, dont l'aîné est mousquetaire et est, à ce que l'on dit, un bon sujet. M. Fournier étoit fort riche, mais je crois que la plus grande partie de son bien étoit dans son portefeuille. C'étoit à la création de la maison de la Reine qu'il acheta la charge de maître d'hôtel ordinaire, qu'il paya je crois 80,000 livres, non pas en argent, mais en effets assez mauvais. M. de Saint-Florentin doit travailler ce soir avec le Roi pour cette charge.

Mesdames allèrent coucher avant-hier à Choisy, d'où elles ne sont revenues qu'aujourd'hui en même temps que le Roi.

Du samedi 24, veille de la Pentecôte, Versailles. — M. de Bayers (la Rochefoucauld) mourut à Paris, il y a deux ou trois jours; il étoit âgé d'environ quarante ans.

Aujourd'hui le Roi a été courre le cerf du côté de Rambouillet. La Reine a entendu dans la tribune, sur le drap de pied, les vêpres, chantées dans la tribune de la musique par les chantres de la grande chapelle, ensuite la prière des Missionnaires, après laquelle elle est descendue chez Mme la Dauphine, où elle a joué à cavagnole; puis elle est venue faire collation chez moi, et y a joué à cavagnole comme à l'ordinaire.

Du 25, dimanche de la Pentecôte, Versailles. — Il y a eu ce matin chapitre de l'Ordre. M. l'abbé de Pomponne a lu les preuves des six chevaliers qui alloient être reçus, mais il a lu si bas que presque personne ne l'a entendu. M. l'abbé de Pomponne est debout, au bout du bureau, du côté de la fenêtre; le Roi est debout à l'autre bout, derrière son fauteuil. S. M. nous a dit qu'il n'avoit entendu que quelques mots. M. l'abbé de Pomponne remet au Roi le cahier que l'on remet à chaque chevalier, où sont ses armoiries et le détail de sa généalogie. Après la lecture des preuves, le Roi a dit qu'il nommoit M. le duc d'Huescar chevalier de l'Ordre. Je dois avoir dit ailleurs que lorsque l'on fait entrer les chevaliers dans le cabinet, c'est l'huissier de l'Ordre qui prend la porte du cabinet. Au retour de la procession, ce même huissier reste à la porte de la chambre du Roi en dedans. Après le chapitre, on a fait entrer les six chevaliers, M. de la Vallière le premier, et le Roi les a fait chevaliers de Saint-Michel. C'est M. l'abbé d'Harcourt qui a officié, et Mme de Castries (Chalmazel) qui a quêté. M. de Saint-Florentin a fait les fonctions de maître des cérémonies; cette place n'est pas encore donnée. Après la messe, le Roi a reçu les six nouveaux chevaliers trois à trois : M. de la Vallière, M. de Sassenage et M. de Mailly; les parrains étoient : M. le duc d'Ayen, à la droite, et M. le maréchal de Belle-Isle, à la gauche. Immédiatement après, s'est fait la réception des trois autres : M. de Chalmazel, M. de Souvré et M. le baron de Montmorency; les parrains étoient : M. le maréchal de Tonnerre, à droite, et M. de Matignon, à gauche. La Reine étoit sur le drap de pied, dans la tribune, avec Mme la Dauphine (qui a sorti aujourd'hui pour la première fois depuis sa fausse couche), Madame Infante et Mesdames. Le prédicateur est M. l'abbé Rivière, chanoine de Saint-Médéric et docteur de Sorbonne; il n'y a point de vêpres de l'Ordre, ce n'est pas l'usage.

Mme Brignole, Génoise, dont j'ai déjà parlé, étoit dans la galerie avec sa fille, qui est assez jolie et qui a environ dix ans; elles étoient toutes deux en grand habit. La Reine avoit déjà vu Mlle Brignole dans le salon de Marly, comme je l'ai marqué; aujourd'hui elle n'est point entrée dans la chambre de la Reine, où il n'y a que Mme Brignole qui ait suivi Sa Majesté.

Il y a eu aujourd'hui deux contrats de mariage de signés, celui de M. de la Vieuville, ci-devant capitaine dans le régiment de Noailles, avec la fille de M. Choppin d'Arnouville, maître des requêtes, à qui on donne 350,000 livres. M. de la Vieuville a, depuis l'affaire de Dettingen, un régiment de cavalerie de son nom, vacant par la mort de M. le chevalier de Fleury, qui y fut tué. Mme de la Vieuville sa mère est Mailly.

Le second contrat est celui de M. de la Luzerne, neveu du vice-amiral et cousin du lieutenant des gardes du corps. Ils sont de Normandie et leur nom est Briqueville. Celui-ci a eu un des régiments d'infanterie qui ont été réformés presque aussitôt que donnés; il est dans les grenadiers royaux. Il épouse Mlle de Pontcarré, nièce du premier président du parlement de Rouen.

M. de la Vieuville vint hier prier Mme de Luynes de demander l'ordre de la Reine pour la signature du contrat; Mme de Luynes, qui n'avoit pas entendu parler de ce mariage, lui demanda si pendant qu'elle avoit été absente il avoit fait demander l'agrément de la Reine, et lui dit avec grande raison que l'attention que l'on a de donner part du mariage avant de faire signer le contrat est un respect indispensable que l'on doit à la Reine. M. de la Vieuville convint qu'il avoit grand tort de l'avoir oublié. Il est peu au fait de ce pays-ci; c'est plutôt la faute de ceux à qui il a demandé conseil. M. de la Luzerne étoit dans le même cas; Mme de Luynes lui en a parlé aussi.

Il y a trois ou quatre mois que M. l'archevêque de Tours

a fait un mandement au sujet du livre du P. Pichon. Ce mandement fait beaucoup de bruit et est regardé comme peu catholique ; on croit qu'il a été fait dans un moment d'indisposition et d'humeur.

Du lundi 26, Versailles. — M. de Machault, contrôleur général, est entré ce matin au conseil d'État. J'ai déjà marqué qu'il n'y a point d'autre nomination que d'être averti, par l'huissier du cabinet, que le Roi lui mande de se trouver au conseil.

M. le comte de Maillebois, fils de M. le maréchal de Maillebois, a été nommé à la place d'honoraire à l'Académie des sciences vacante par la mort de M. Amelot. C'est M. d'Argenson qui prend l'ordre du Roi.

Du mercredi 28, Versailles. — Mme la princesse de Montauban, qui connoît beaucoup de dames angloises, et qui s'y intéresse à cause de sa mère, qui est Ogletorp, a mené aujourd'hui au dîner de la Reine, de Mme la Dauphine et de Mesdames, milady Montaigu et sa fille Mlle Poisse, dont le nom est Arbot de Montgommery. Par sa mère elle est petite-fille de milord Waldegrave, qui étoit ici ambassadeur d'Angleterre. Mme de Montaigu est sœur du duc de Norfolk. Elles n'étoient point en grand habit, ce n'est point présentation (1).

M. de Saive, officier général au service d'Espagne, fut présenté hier ; il a le cordon rouge de Saint-Louis ; c'est une grâce que le Roi a accordée à la prière du roi d'Espagne. M. de Saive a environ cinquante ans ; il est grand et maigre ; sa figure n'est ni bien ni mal. Il est de Grenoble ; il n'a jamais servi dans les troupes de France (2).

Mme de Montoison (Clermont) fut déclarée hier dame du palais de la Reine, surnuméraire, et sera présentée

---

(1) Avec les trois dames angloises il y avoit un jeune homme, qui est le neveu du duc de Norfolk. (*Note du duc de Luynes.*)

(2) On m'a dit depuis qu'il avoit servi dans les troupes de France avant d'entrer au service d'Espagne. (*Note du duc de Luynes.*)

aujourd'hui par Mme de Luynes. Cet arrangement étoit fait du temps de M. de Maurepas, il y a plus de trois mois. C'est la Reine qui l'a désirée, parce qu'elle est nièce du feu maréchal de Nangis. Mme de Montoison et Mme de Lannion sont toutes deux filles de feu Mme de Tonnerre, qui étoit fille de M. de Blanzac (la Rochefoucauld). Mme de Tonnerre étoit attachée à feu Mme la duchesse d'Orléans, et a été mise sur son testament pour 4,000 livres de pension, ce qui n'étoit que la continuation de ses appointements. Mme de Montoison à la mort de sa mère a eu sa place auprès de Mme la duchesse d'Orléans. Par cette raison, il étoit vraisemblable qu'elle auroit été nommée, comme Mme sa mère, dans le testament de Mme d'Orléans, si ce testament avoit été fait depuis la mort de Mme de Tonnerre. Il a donc fallu une grâce de M. le duc d'Orléans, qu'il a eu la bonté d'accorder; mais comme il a fallu du temps pour l'obtenir, on a cru plus prudent de tenir très-secret ce qui étoit accordé à Mme de Montoison d'être dame du palais; elle n'aura point actuellement d'appointements.

M. le Dauphin a fait présent ces jours-ci à la paroisse Notre-Dame d'un très-beau soleil de vermeil, qui coûte au moins 10,000 livres. Il y a sur ce soleil une figure de la sainte Vierge avec la couronne de douze étoiles. Mme la Dauphine fait ajouter des diamants à cette couronne.

Du vendredi 30, Versailles. — A la mort de la duchesse d'Orléans, j'ai dit quelque chose des dispositions de son testament; j'ai appris depuis quelques détails qui pourront servir à corriger ce que j'ai marqué. Mme la duchesse d'Orléans avoit eu deux millions de dot, sur lesquels le feu Roi lui avoit permis de disposer de 500,000 livres. Elle avoit fait il y a plusieurs années un arrangement avec M. le duc d'Orléans, son fils, par lequel, en lui abandonnant tous les fonds, elle s'étoit réservé une pension considérable et la liberté de disposer de 100,000 livres de rentes viagères; c'est cet arrangement qui a fait des difficultés après sa mort, parce qu'elle a laissé des pensions ou rentes viagères pour 130,000 livres ; mais M. le duc d'Orléans a bien voulu écouter les représentations qui lui ont été faites pour cet excédant, et s'est chargé du total, au moins de la plus grande partie.

Je n'ai appris qu'aujourd'hui que l'affaire de M. le prince de Conty pour le grand prieuré est entièrement terminée depuis quelques jours. M. le prince de Conty a déjà paru avec la croix de Malte. Le grand prieuré de France vaut environ 110,000 livres de rente, sur quoi il peut y avoir pour 40,000 livres de charge ; outre cela il y a la belle et magnifique habitation du Temple, que l'on doit regarder comme un objet considérable. Cette habitation donne la liberté à M. le prince de Conty de vendre l'hôtel de Conty, sur le quai, qu'il a par moitié avec Mme la duchesse de Chartres, et qu'il doit vendre fort cher parce que l'emplacement est très-grand. Je ne crois point avoir parlé jusqu'à présent de cette affaire de M. le prince de Conty, j'attendois qu'elle fût terminée. La première idée vint à Mme la princesse de Conty dans le temps d'une grande maladie que feu le grand prieur eut au retour de la campagne d'Allemagne où il fut blessé ; ce projet n'a pu s'exécuter sans rencontrer beaucoup d'obstacles. Le grand prieuré de France est regardé comme la récompense des plus anciens commandeurs de l'Ordre ; c'est ordinairement celui qui est grand hospitalier qui monte à la première dignité vacante de l'Ordre. Celui qui par cette raison avoit lieu de l'espérer s'appelle le bailli de Rénon. Le Roi lui a donné 8,000 livres de pension ; et quoique M. le prince de Conty n'ait jamais été dans l'ordre, on a obtenu le consentement du grand maître avec la dispense de faire des vœux. Si M. le prince de Conty vouloit se marier, il faudroit une nouvelle grâce ou qu'il remît le grand prieuré.

Du samedi 31, *Versailles*. — Mme de Saive fut présentée hier par Mme de Lède. Mme de Saive est Flamande ; son nom est de Klabec. Elle a été *Signora d'honor* de Madame

Infante, qui a conservé beaucoup de bonté pour elle et qui a désiré qu'elle fût présentée. Elle est assez grande et paroît avoir quarante-cinq à cinquante ans; elle s'en va actuellement dans ses terres avec son mari.

Le Roi alla souper jeudi à l'Ermitage; hier il y eut conseil d'État et grand couvert; aujourd'hui le Roi est parti à midi pour aller courre le cerf au poteau de Hollande près Saint-Léger, et de là il est allé coucher à Crécy, où il doit rester jusqu'à mercredi. Mme de Pompadour partit hier matin avec Mme d'Estrades, qui s'étoit donnée une très-grande entorse il y a quelques jours.

J'ai parlé ci-dessus de la mort de M. Fournier. Il a fait plusieurs legs, entre autres un diamant d'environ 25,000 livres à Mme la princesse de Carignan; des porcelaines à Mme de Flavacourt et à M. de Gesvres, etc. Il nomme aussi plusieurs personnes dans son testament; les legs sont en blanc, n'ayant pas eu le temps de le remplir. Mme la duchesse de Boufflers est de ce nombre. Il avoit été très-gros joueur, et il alloit souvent chez feu Mme de Mazarin et chez Mme de Carignan.

J'ai aussi parlé des édits et déclarations; *l'extrait* ci-après expliquera mieux ce que c'est que ce que j'en ai marqué.

« On vient de publier un édit portant suppression du dixième. A compter du 1er janvier 1750, l'établissement d'une caisse générale d'amortissement pour la libération des charges et dettes tant anciennes que nouvelles de l'État et l'imposition du vingtième.

« On a aussi publié un autre édit portant création de 1,800,000 livres de rentes au denier vingt, au principal de 36 millions, remboursables en douze années.

« Il est ajouté que le Sr Sorba, ministre de la république de Gênes, épousa la dame Peloux de Rorebel, fille du feu Sr de Montgrand. La célébration de leur mariage s'est faite dans l'église de Saint-Sulpice, et le nonce du Pape leur a donné la bénédiction nuptiale.

« M. Claude le Bègue de Marjanville, abbé de l'abbaye de Morigny et conseiller de la grande chambre du Parlement, mourut à Paris, le 10 de ce mois, âgé de soixante-dix-huit ans.

« Il est dit encore que Pierre Badoire, curé de l'église paroissiale de Saint-Roch, docteur de Sorbonne, est mort le 21, dans la soixante-troisième année de son âge. »

JUIN.

Mort de M. Fernand Nunnez. — Le Roi à Anet. — Mort de la vicomtesse de Beaune. — Présentations. — Chasses et voyages du Roi. — M. de Belle-Isle élu à l'Académie, et portrait. — Présentations. — Procession du Saint-Sacrement. — Chasses et voyages. — La Cour à Marly. — Le lansquenet à Marly et le cavagnole de la Reine. — Mort de Mme de Chavigny. — Le prince Édouard. — Voyages du Roi. — Départ de la Dauphine pour Forges. — Helvétius maître d'hôtel ordinaire de la Reine. Mot du Roi. — Constructions nouvelles à Marly. — Budget des dépenses du Roi, de l'armée et de la marine. — Ce que coûtent un vaisseau et une frégate. Projet pour le rétablissement de la marine. — Effectifs de l'armée en 1748 et en 1749. — Revenus du Roi. — Les fermes. — Grand maître des cérémonies de l'Ordre nommé. — Départ de la Dauphine pour Forges. — Présentations d'étrangers. — Le Roi et ses enfants à Rambouillet. — La Reine à Saint-Cyr. — Mlle Silvestre nommée lectrice de la Dauphine. — La Reine à Lucienne. — Mort et mariage. — Retour du Roi à Versailles. — Indisposition de Madame Victoire. — Nouveaux bâtiments aux Invalides et développements de l'institution. — Manière dont se font les élections à l'Académie. — Fouquet protégeait l'Académie et les belles-lettres. — Arrivée de la Dauphine à Forges. — Officier jugé pour avoir porté la croix de Saint-Louis sans l'avoir obtenue. — M. de Soubise achète la capitainerie de la plaine Saint-Denis ; sa maison de Saint-Ouen.

Du samedi 7, Versailles. — J'ai toujours oublié de marquer qu'il y a environ huit jours M. de Maulevrier-Colbert fut nommé ministre du Roi auprès de l'Infant don Philippe.

Dimanche dernier, 1er de ce mois, on apprit ici la mort de M. Fernand Nunnez ; il avoit environ quatre-vingts ans ; il est mort à Carthagène en Espagne ; il avoit été général des galères d'Espagne ; depuis la paix on avoit supprimé cette charge, mais on lui en avoit laissé les appointements, qui sont d'environ 15,000 livres. Il avoit épousé, comme je l'ai marqué dans le temps, Mlle de Léon, sœur de Mme de Lautrec, de M. le duc et de M. le vicomte de Rohan ; il laisse deux enfants de ce mariage, un garçon et une fille. M. Fernand Nunnez avoit du bien, mais il laisse encore plus de dettes ; la moitié de ses appointements a été donnée à sa veuve par le roi d'Espagne.

Le Roi arriva de Crécy mercredi dernier, 4 de ce mois. Le lundi il alla voir Anet, qu'il ne connoissoit point. Mme la duchesse du Maine, à qui cette maison appartient, n'y étoit point ; je crois même qu'elle n'en savoit rien. M. le prince de Dombes et M. le comte d'Eu lui en firent les honneurs ; M. et Mme de Penthièvre y étoient aussi venus de Rambouillet. M. le comte de Clermont y étoit aussi ; il s'éloigna dans le moment que le Roi se mit à table pour que M. le prince de Dombes pût présenter la serviette à S. M. M. le prince de Dombes donna au Roi un grand déjeuner, qui étoit une espèce d'ambigu ; ce repas dura trois quarts d'heure ou une heure. Le Roi avoit vu la maison en arrivant, et au sortir de table il monta à cheval, et alla voir la forêt de Dreux, qui est fort belle ; de la forêt il retourna à Crécy. Il y a cinq grandes lieues de Crécy à Anet.

Le Roi soupa au grand couvert jeudi, et hier il alla souper à l'Ermitage.

On apprit il y a deux ou trois jours la mort de Mme la vicomtesse de Beaune ; elle étoit sœur de M. le baron de Montmorency et de Mme de Chateaurenaud, dont elle étoit l'aînée ; leur père étoit M. le baron de Montmorency-Fosseux, et leur mère Mlle Poussemothe de l'Étoile. Elle avoit quarante-sept ans ; elle n'a jamais eu d'enfants.

Mme la marquise de Boufflers (Craon), qui étoit dame du palais de la feue reine de Pologne (Opalinska), arriva hier ici de Lunéville. J'ai marqué dans le temps que le roi de Pologne avoit demandé et obtenu pour elle une place de dame surnuméraire auprès de Mesdames ; elle n'avoit point encore été présentée en cette qualité ; Madame l'a présentée ce matin, avant que le Roi soit parti pour la chasse.

M. le marquis d'Hautefort, gendre en premières noces de Mme la maréchale de Duras, et en secondes de M. le maréchal d'Harcourt, fut présenté hier par M. de Puisieux ; il vient d'être nommé ambassadeur du Roi à Vienne.

Le Roi est parti ce matin pour aller courre le cerf du côté de Rambouillet ; il couchera à Rambouillet, où il restera jusqu'à lundi.

Du jeudi 12, octave du Saint-Sacrement. — Samedi dernier, 7 de ce mois, M. le maréchal de Belle-Isle fut élu à l'Académie françoise à la place de M. Amelot. M. de Belle-Isle n'avoit nullement songé à demander cette place. La supériorité de ses talents est connue dans plusieurs genres différents ; il sait beaucoup ; il a prodigieusement lu et raconte avec force et énergie les faits dont il a été témoin. Il met dans ses récits et ses conversations une âme qui le rend éloquent ; il a la mémoire heureuse, et n'oublie aucune circonstance essentielle ; ses narrations sont vives, ses discours précis, ses termes choisis pour ce qu'il veut exprimer. Tous ces différents avantages naturels ne lui avoient jamais donné l'idée de songer à remplir une place dans l'Académie françoise. Il n'a jamais été auteur que de mémoires particuliers qui auroient été très-dignes de curiosité, mais qui ont été perdus dans ses différentes campagnes. Des lettres missives dans le temps de ses négociations ou de ses opérations militaires seroient des monuments d'autant plus curieux qu'elles sont écrites avec la plus grande justesse et précision ; mais ce sont des ouvrages secrets, qui ne peuvent donner la qualité d'auteur. Quelque désir de la gloire qu'ait toujours eu M. de Belle-Isle, il n'a jamais prétendu à celle d'homme de lettres ni d'académicien ; mais comme il a grand nombre d'amis, et même dans l'Académie, ils se sont déterminés, sur

l'exemple de M. le maréchal de Villars, à communiquer
à M. de Belle-Isle le désir qu'ils avoient de le voir agrégé
à cet illustre corps. Leur motif a été que M. le maréchal
de Villars, qui avoit été désiré par l'Académie, avoit sans
comparaison beaucoup moins de talents littéraires que
M. de Belle-Isle. M. de Belle-Isle n'a pas cru devoir refuser un honneur dont il a senti le prix; il a demandé ce
qu'il falloit faire, on lui a conseillé d'écrire une lettre
au directeur de l'Académie. Mais comme l'usage est de
paroître au moins solliciter ces sortes de places et de passer à la porte de tous les académiciens pour leur demander leurs suffrages, M. de Belle-Isle, dès qu'il en a été
instruit, étant absent, a envoyé des billets à toutes les
portes. L'élection s'est faite tout d'une voix.

Avant-hier, M. Ossorio, ministre de la cour de Turin, qui
est depuis vingt ans en Angleterre ou en Hollande, et qui,
ayant obtenu son rappel, passe ici pour s'en retourner à
Turin, fut présenté par M. de Verneuil, introducteur des
ambassadeurs; il eut audience particulière.

M. le comte de Chavannes, ministre de cette même
cour à La Haye, et qui passe ici, a aussi été présenté ces
jours derniers.

Il y a aujourd'hui huit jours que le Roi alla comme à
l'ordinaire à la procession du Saint-Sacrement. L'incertitude du temps fit que l'on n'alla que jusqu'au premier
reposoir. On sait que l'usage ordinaire est, de ce reposoir,
qui est à l'hôtel Conty à l'entrée de la rue Dauphine, de
venir à la chapelle et de s'en retourner par le même chemin en s'arrêtant au même reposoir. Cet usage avoit été
changé cette année, et l'on avoit arrangé pour que la
procession, au sortir de la chapelle, passât par la rampe
de la chapelle, et s'arrêtant à un reposoir qu'on avoit fait
à l'hôtel de Noailles, retournât par la rue de la Pompe et
rentrât par la place Dauphine. La Reine n'alla, il y a huit
jours, qu'à la grande messe. Aujourd'hui, la procession
a été comme tous les ans, seulement jusqu'au reposoir de

l'hôtel de Conty. La Reine y a été; il n'y avoit aucun prince ni princesse du sang. M. le Dauphin, Mme la Dauphine, Mesdames y étoient; Madame Infante n'y étoit pas, s'étant trouvée incommodée hier.

Le Roi, qui revint lundi de Rambouillet, devoit aller mardi souper et coucher à La Celle. Quelques rougeoles qui sont dans ce lieu firent changer ce voyage, et il y eut grand couvert.

Hier, chasse du daim, où M. le Dauphin, Mme la Dauphine et Mesdames allèrent; Madame Infante y étoit aussi et se trouva incommodée d'un grand mal de dents au rendez-vous. Ils avoient tous dîné chez Mme la Dauphine, avant que de partir, avec les dames qui les suivoient à la chasse.

Aujourd'hui est le départ pour Marly.

Du vendredi 20, *Dampierre.* — Je ne n'ai point écrit depuis plusieurs jours. Je suis venu ici avec Mme de Luynes passer tout le voyage de Marly comme le dernier. On m'a mandé que le lansquenet s'étoit bien soutenu; toujours quatorze ou quinze coupeurs. Le Roi a beaucoup gagné d'abord; il coupe, et outre cela c'est son argent que jouent M. le Dauphin, Mme la Dauphine et Mesdames. M. de Luxembourg et M. de Richelieu ont été ruinés d'abord; M. de Richelieu a regagné au 30 et 40. Madame Infante a fait une fortune brillante dans le commencement. Pour le cavagnole de la Reine, on m'a mandé qu'il se soutenoit avec peine.

Les circonstances de la santé de Mme la Dauphine permettent depuis hier la décision du jour de son départ pour Forges.

Mme de Chavigny mourut le 13 à Paris, âgée de soixante-cinq ans. Elle étoit sœur de M. de Varennes qui a été lieutenant-colonel du régiment des gardes françoises. Elle étoit mère de M. de Chavigny tué à Dettingen, et veuve de M. de Chavigny mort en 1728, 29 ou 30, lequel étoit cousin germain de Mme de Luynes et frère de M. l'archevêque de Sens et de M. de Pont. Il a eu aussi deux filles, Mme de Beaujeu, morte au mois de décembre 1735, et Mme d'Orvilliers.

On a eu depuis peu des nouvelles du prince Édouard; on ne savoit dans quel endroit il habitoit, mais présentement l'on sait qu'il est à Bologne, en Italie.

Du samedi 21, Versailles. — Le Roi partira le mercredi 25 de Versailles pour Rambouillet (1); il reviendra le 27 à Versailles, d'où il ira le dimanche 29 à Choisy jusqu'au 2 juillet que S. M. va de Choisy à la Meutte, où il fera la revue des mousquetaires, le 3, dans le bois de Boulogne, au rond de Morteniart; et le 4 le Roi partira de la Meutte pour Compiègne. La Reine ne s'y rendra que le 7.

Il est décidé que Mme la Dauphine partira mercredi prochain 25 juin pour Forges; elle va coucher même mercredi à Gisors, et arrivera à Forges le lundi.

Je suis revenu ce matin de Dampierre. J'ai appris que la charge de maître d'hôtel ordinaire de la Reine étoit donnée à M. Helvétius le fils. Le Roi avoit dit qu'il vouloit qu'elle fût vendue; le neveu de M. Fournier n'en offroit que 30,000 livres; en 1725, elle n'avoit été payée, par M. Fournier, que 75,000 livres; et la survivance de premier maître d'hôtel de la Reine accordée à M. de Talaru a infiniment diminué la charge de maître d'hôtel ordinaire. Dimanche 15, M. de Saint-Florentin travailla avec le Roi; il lui rendit compte de l'offre de 30,000 livres par le neveu de M. Fournier, et lui dit que le fils de M. Helvétius offroit la même somme. Le Roi répondit : « C'est un bon sujet, il faut lui donner la préférence (2). »

---

(1) M. le Dauphin et Mesdames seront de ce voyage et partiront avec le Roi. (*Note du duc de Luynes.*)

(2) Ces 30,000 livres ont été employées par ordre du Roi en gratifications, savoir : à M. de Nestier, 8,000 livres ; à M. de Butler, 8,000 livres. Tous deux écuyers de la grande écurie ;

A M. de Dampierre, gentilhomme des plaisirs, 6,000 livres ; à M. de Tourdonay, aussi écuyer de la grande écurie, 4,000 livres ; à M. de Nivelly, se-

Il est question actuellement de construire de nouveaux logements à Marly ; on doit élever les communs et faire des mansardes au château ; ces sortes de dépenses ne font point partie de celles destinées pour l'entretien des bâtiments.

L'entretien ordinaire des maisons royales joint à la dépense annuelle du Roi pour sa maison, indépendamment de ce que l'on appelle la maison militaire, le tout monte à environ 25 millions par an. Les fonds ordinaires pour l'entretien des troupes en temps de paix est de 45 ou 50 millions ; ils étoient beaucoup plus considérables en 1748, parce que le Roi payoit alors 393,000 hommes. Depuis la réforme, il n'en a plus que 180,000. Les fonds pour la marine, qui étoient ordinairement de 12 millions, ont été augmentés cette année de 8 ; ainsi ils sont actuellement de 20 (1).

On compte que les revenus du Roi en total sont de 230 millions, sur quoi les fermes générales font près de

---

cond écuyer du manége, 3,000 livres ; au porte-manteau de la Reine, nommé M. du Breuil, 1,000 livres. (*Addition du duc de Luynes*, datée du 7 juillet.)

(1) Il est vrai que feu M. le Duc avoit mis les fonds pour la marine à 12 millions ; feu M. le Cardinal les avoit réduits à 9 ; on vient de les mettre à 20 millions, à cause des ouvrages considérables qu'il y a à faire pour les réparations de la marine. Cette somme est indépendante du payement des dettes, lesquelles montent à près de 22 millions. L'arrangement de 20 millions étoit fait du temps de M. de Maurepas.

Un homme très-instruit me disoit aujourd'hui que le Roi a actuellement dans ses ports vingt-sept vaisseaux en état d'être mis à la mer, sans compter huit ou neuf que l'on construit actuellement. L'on compte qu'un vaisseau de 74 canons, armé en guerre sans aucun approvisionnement, revient à 7 ou 800,000 livres ; et une frégate de 50 canons, armée de même, ne revient qu'à environ 300,000 livres. Le projet de M. de Maurepas pour le rétablissement de la marine étoit que le Roi eût soixante vaisseaux de ligne, et environ cinquante frégates. Il avoit espéré dans le courant de 1749 faire construire douze vaisseaux. (*Note du duc de Luynes.*)

M. Rouillé dit que le Roi n'a que vingt-six vaisseaux, dont il y en a quatre ou cinq absolument hors d'état de servir. L'article des colonies est fort considérable ; il compte qu'il faut 5 millions pour les rétablir. (*Seconde note du duc de Luynes*, datée du 12 juillet 1749.)

la moitié. Elles sont actuellement à 92 millions, et on espère qu'à ce bail-ci elles seront portées à 100 millions. Outre les fermes générales, il y a la recette des domaines et bois, et celle des tailles, sans compter quelques domaines particuliers du Roi.

Du mercredi 25, *Versailles*. — M. de Brézé, grand maître des cérémonies et lieutenant général fort estimé, qui commande en Flandre et qui n'est ici que par congé, fut nommé hier ou avant-hier pour remplir la charge de maître des cérémonies de l'Ordre, vacante par la mort de M. Amelot (1).

Mme la Dauphine est partie ce matin pour Forges, à neuf heures et demie (2); elle va à trois carrosses, en comptant celui des écuyers, et avec quatre relais, coucher à Gisors, d'où elle ira demain aussi avec des relais à Forges. Les voitures dont elle se sert sont des berlines à six places. Il va avec Mme la Dauphine un détachement de 24 gardes du corps avec un chef de brigade et deux exempts.

Il y a ici souvent les mardis des présentations d'étrangers. Nous vîmes hier un jeune homme qui vient d'être présenté. C'est un Anglois, âgé seulement de vingt-quatre ans; il s'appelle milord Harwey. Sa mère, qui étoit une belle femme, est venue en France. Il est petit-fils du comte de Bristol, pair d'Angleterre. Il a déjà fait quatorze campagnes. Il faut qu'il ait commencé de bonne heure; il a même commandé une escadre de douze vaisseaux; il montoit un vaisseau de 74 canons.

Nous avons aussi ici, mais il y a déjà un mois, M. le comte de Torring, second fils du maréchal de Torring, Bavarois, que nous avons vu ici. Ce jeune homme est, depuis

---

(1) Il paye 200,000 livres pour cette charge; mais le revenu de la charge vaut mieux que l'intérêt de l'argent. (*Note du duc de Luynes.*)

(2) Il y a eu bien des larmes de répandues. L'union est très-grande entre M. le Dauphin et Mme la Dauphine, et c'est la première séparation pour aussi longtemps. (*Note du duc de Luynes.*)

trois ans, à Strasbourg, à étudier le droit civil ; il retournera en Bavière après avoir été faire un petit voyage en Angleterre et en Hollande.

Il y a quelques jours que Mme de la Ferté-Imbault perdit, de la poitrine, à Paris, sa fille unique âgée de treize ans. Mme de la Ferté-Imbault est fille de M. Geoffrin, directeur de la manufacture des glaces; elle épousa en [1731] M. de la Ferté-Imbault, qui mourut colonel de cavalerie en 1737, le 11 mars; il étoit fils de M. d'Estampes, capitaine des gardes de M. le duc d'Orléans et chevalier de l'Ordre, mort en 1716 le 3 décembre.

Le Roi a entendu la messe aujourd'hui de meilleure heure qu'à l'ordinaire et a tenu conseil d'État. Il est parti à midi avec M. le Dauphin et Mesdames pour aller courre le cerf et coucher à Rambouillet, d'où il ne reviendra que vendredi. M. le Dauphin et Mesdames y resteront le même temps.

La Reine voulant aller demain jeudi dîner à Lucienne, chez Mme la comtesse de Toulouse, et prévoyant qu'elle ne sera pas revenue ici pour l'heure du salut, elle a pris la précaution d'aller l'entendre aujourd'hui à Saint-Cyr. Il y avoit trois ans que S. M. n'avoit été dans cette maison.

Le Roi vient de créer une nouvelle charge chez Mme la Dauphine; c'est celle de lectrice, en faveur de Mlle Silvestre. Le père de Mlle Silvestre est frère de M. Silvestre qui a montré à dessiner au Roi. Il s'est établi plusieurs années en Saxe, et sa fille a appris le françois à Mme la Dauphine, qui aime beaucoup Mlle Silvestre. Son père et elle sont venus de Saxe ici, comptant n'y faire qu'un séjour assez court; cependant Mme la Dauphine désirant s'attacher Mlle Silvestre l'a toujours engagée à rester, et a prié le Roi de vouloir bien lui faire la même grâce qu'à M. de Moncrif qui est lecteur de la Reine; le Roi y a consenti, et y a attaché 2,000 livres. Il n'y a point de brevet pour ces charges, et elles ne prêtent point de serment.

Du jeudi 26, Versailles. — La Reine est partie aujourd'hui après la messe pour aller dîner à Lucienne. La Reine avoit dans son carrosse Mmes de Luynes, de Villars, d'Agénois et de Montoison; et dans le second carrosse Mmes de Fleury, de Rupelmonde et de Talleyrand, qui sont de semaine.

Hier, Mmes de Lusignan (la Rivière) et de Turpin (Lusignan) montèrent pour la première fois dans les carrosses de la Reine; et avant-hier Mme Rouillé, qui n'avoit pas encore eu l'honneur de manger avec la Reine, soupa ici avec Sa Majesté.

M. de Caumartin, fils du conseiller d'État qui est mort premier président du grand conseil, épouse ces jours-ci Mlle Mouffle, à qui on donne 40,000 livres de rente (1).

Dimanche dernier on apprit la mort de M. de Caval; il est mort en Portugal. Par sa mère il étoit neveu de M. le prince Charles, grand écuyer, et il avoit épousé Mlle de Lambesc, sœur de M. le comte de Brionne.

Du samedi 28, Versailles. — J'ai déjà marqué que M. de Modène devoit retourner de Londres à Modène. Il y a environ quinze jours qu'il est parti de Londres; il n'est point revenu ici. Mme de Modène me dit hier qu'il a passé par Francfort et que les dernières nouvelles qu'elle avoit reçues de lui étoient de ce lieu.

Le Roi revint hier au soir de Rambouillet en chassant. S. M. avoit renvoyé Mme Victoire dès le matin, parce qu'elle avoit la fièvre. Mme Victoire depuis la chute qu'elle a faite n'est pas aussi hardie à cheval; d'ailleurs la chasse fut fort rude le mercredi en allant à Rambouillet. Mme Victoire revint extrêmement fatiguée; la nuit elle eut un peu de fièvre. Il paroit que cette maladie ne doit cependant pas donner d'inquiétude.

---

(1) Ce mariage se fait le 30 de ce mois.

M. Mouffle, fils du fameux notaire, a été receveur des tailles et a quitté; le bien de la fille vient du côté de sa mère, qui est morte. (*Note du duc de Luynes*, datée du 29 juin.)

Je croyois avoir parlé de la chute de Mme Victoire ; c'étoit pendant le dernier voyage de Marly ; elle fut sans aucun accident.

On fait actuellement un nouveau bâtiment aux Invalides pour pouvoir y loger un plus grand nombre d'officiers. M. d'Argenson compte y faire un établissement assez honnête pour que des officiers principaux puissent y être admis et que le traitement qu'on leur fera puisse leur tenir lieu de plus de 7 ou 800 pistoles de rente. Le gouverneur, M. de la Cour-Neuve, a fait planter, depuis peu, en allées les quatre carrés qui séparent les Invalides de la rivière et qui sont coupés par le chemin et la continuation de la rue Saint-Dominique, ce qui fait une augmentation de promenade fort agréable.

La réception de M. le maréchal de Belle-Isle à l'Académie est pour lundi 30 de ce mois. On me contoit hier à cette occasion la manière dont se font les élections. Chaque académicien écrit un billet où est le nom de celui qu'il croit digne de remplir la place d'académicien. Tous ces billets sont remis au directeur et à un académicien nommé pour les examiner avec lui. Cet examen se fait en particulier. Le directeur ayant compté les voix, dit tout haut que la pluralité est pour un tel. Alors on va au scrutin ; on remet à chaque académicien une boule noire et une boule blanche, et l'on apporte sur la table deux boîtes, l'une blanche et l'autre noire. Pour que l'élection soit approuvée, il faut que toutes les boules noires, au moins presque toutes, soient dans la boîte noire, et de même pour la boîte blanche. S'il se trouvoit un tiers de blanches dans la noire, ou un tiers de noires dans la blanche, le prétendant est exclus pour toujours. Le directeur vide les boîtes devant tout le monde.

Une circonstance particulière, mais dont vraisemblablement on n'osera point parler dans la réception de M. de Belle-Isle, c'est que M. Pellisson, secrétaire de l'Académie françoise et si connu par ses ouvrages, étoit secrétaire de M. Fouquet, grand-père de M. de Belle-Isle, et que M. Fouquet avoit une telle passion pour le progrès des belles-lettres et pour attirer à l'Académie un nombre d'hommes propres à augmenter la réputation de cet illustre corps, qu'il y en avoit plusieurs à qui il faisoit des pensions. M. Fouquet pendant sa prison faisoit payer très-exactement encore quelques-unes de ces pensions.

La Reine avoit envoyé un page à Gisors pour lui rapporter des nouvelles de Mme la Dauphine; il arriva avant-hier à Lucienne pendant le jeu de la Reine. Mme la Dauphine étoit arrivée à Gisors à cinq heures et demie, se portant assez bien, ayant cependant beaucoup pleuré, et ayant un peu mal à la tête. On a su depuis qu'elle étoit arrivée le jeudi à la même heure à Forges; elle devoit être saignée le vendredi et commencer aujourd'hui ses eaux; mais le temps n'est pas trop favorable, à cause de la pluie et du froid. Si l'on veut savoir un plus grand détail du voyage de Mme la Dauphine, on le trouvera à la fin de ce livre, dans les extraits des lettres de mon frère (1).

Du dimanche 29, *Versailles.* — On doit juger à Paris, la semaine prochaine, un officier (2) qui a pris la croix de Saint-Louis sans l'avoir obtenue (3). C'est un capitaine du régiment des Vaisseaux qui avoit demandé cet honneur; il a quitté le service sans avoir pu réussir à ce qu'il désiroit. Comme il vouloit se marier, et que la personne qu'il devoit épouser exigeoit qu'il fût chevalier de Saint-Louis, il s'est déterminé à prendre lui-même la croix; un autre officier qui le connoissoit, je ne sais si ce n'est pas du même régiment, est venu ici demander la croix de Saint-Louis; on lui a dit qu'il n'avoit pas assez d'an-

---

(1) Voy. pièces 6 à 12, à l'appendice.
(2) Suivant Barbier, il s'appelait M. d'Hilaire (IV, 375, édit. in-12).
(3) Voy. le texte du jugement à l'appendice, pièce 13.

cienneté; il a cité l'exemple de celui dont je viens de parler, qui étoit moins ancien que lui. Au bureau, on a dit que cet officier n'avoit point la croix de Saint-Louis; l'affaire éclaircie, l'officier a été arrêté et mis en prison. Le Roi pour juger cette affaire a nommé une commission particulière, composée d'un maréchal de France, qui est M. de Belle-Isle, et douze lieutenants généraux; c'est un commissaire des guerres qui doit faire l'instruction du procès et le rapport.

Je n'ai appris qu'aujourd'hui que M. le prince de Soubise vient d'acheter de M. de Vandières la capitainerie de la plaine Saint-Denis. Cette capitainerie vaut, à ce que l'on dit, l'intérêt de l'argent par la vente des petites charges qui en dépendent et par le gibier. Il est vraisemblable que M. le prince de Soubise profitera peu de tous ces avantages; l'agrément qu'il en tirera est la chasse à tirer, qu'il aime beaucoup, et de se trouver au milieu de sa capitainerie par sa maison de Saint-Ouen. Cette maison, qui est charmante, quoiqu'elle n'ait d'autre jardin qu'une terrasse assez petite, avoit été donnée, par feu M. le prince de Rohan, en usufruit, par contrat de mariage, à Mme de Picquigny, lorsqu'il l'épousa; comme elle ne l'a jamais aimée et qu'elle ne vouloit point en faire usage, elle a fait un accommodement avec M. de Soubise, après la mort de M. le prince de Rohan; M. de Soubise lui donne je crois 5,000 livres par an.

JUILLET.

Arrestation de l'abbé Leblanc, janséniste. — Nouveaux détails sur l'affaire de M. Boursier, janséniste. — Réception du maréchal de Belle-Isle à l'Académie. — Présentation de lord Baltimore. — Affaire de l'archevêque de Tours. — Grand ouvrage d'orfévrerie pour l'électeur de Cologne. — Statues de Pigalle et d'Adam données par le Roi au roi de Prusse. — Voyages du Roi et de ses enfants. — Procès de Mlles de Nesle contre Mme de Mazarin. — Condamnation de l'officier qui avait pris la croix de Saint-Louis. — La Cour à Compiègne. — Procès de la duchesse de Lorges. —

Mort du duc de Popoli et de M. de Beauharnais. — La Dauphine à Forges. — Procès entre le nonce et l'ambassadeur de Venise. — Honneurs rendus à l'Infante Isabelle. — Nouveaux ambassadeurs étrangers. — Piété de la Reine. — Voyage de M. d'Argenson. — Présentation. — Audience de l'ambassadeur de Sardaigne. — Départ de M. de Mirepoix pour Londres. — La Dauphine à Forges. — Mort et portrait du cardinal de Rohan. — Le vivier Coras et la maison de bois du Roi. — On établit une faisanderie à Compiègne. — Mme de Lorges gagne son procès. — Procès gagné par le comte de Lorges. — Cérémonies de voiles donnés. — Mesdames visitent Mme de la Lande. — Mort de M. Félix. — Le Parlement s'occupe des refus de sacrement et de sépulture. — Affaire de M. Coffin. — Origine des billets de confession. — Affaire de l'hôpital général. — Arrivée de milord Albemarle. — Projets d'une nouvelle place à Paris. — Retraite de Mme de Boufflers. — Couches de Mme de Castries.

Du mardi 1er, Versailles. — Mme la Dauphine arriva à Forges le 26 ; le 27 elle a été saignée ; le 28 elle a été purgée dans des eaux qui ont passé très-bien.

Il est décidé que le parlement de Rouen enverra des députés à Mme la Dauphine, à Forges. M. de Brézé, grand maître des cérémonies, y a un logement et y est attendu pour régler le cérémonial de la députation.

On trouvera un plus grand détail sur tout ce qui regarde Mme la Dauphine à la fin de ce livre, depuis son départ de Gisors jusqu'au 29.

Du jeudi 3, Versailles. — Il y a toujours dans Paris quelques partisans zélés de la nouvelle doctrine. Il y a environ un mois qu'on conduisit à la Bastille un abbé Leblanc, qui portoit et distribuoit des écrits jansénistes dans des maisons religieuses. Il alloit tous les ans une ou deux fois, peut-être même plus souvent, à Orléans, où il confessoit dans des communautés. Il y alloit déguisé avec un habit rouge, une épée au côté. Lorsque les ordres eurent été donnés à la maréchaussée de l'arrêter et son signalement, l'exempt qui en étoit chargé monta dans le carrosse d'Orléans, sur les indications qu'on lui avoit données ; il y trouva un prêtre ; il n'y en avoit point d'autre ; il crut que les indications étoient fausses, ne reconnoissant point la figure qu'on lui avoit dépeinte. Dans la conversation pendant la route; il reconnut que le prêtre étoit bon catholique, et qu'un autre homme, qui avoit un couteau de chasse, disputoit contre lui d'une manière à lui donner du soupçon; et l'examinant, croyant le reconnoître, il le fit suivre; il savoit la maison où il devoit se retirer au sortir de la communauté où il confessoit. L'officier de maréchaussée déguisé vint demander l'abbé Leblanc dans cette maison, et dit qu'il avoit des papiers à lui remettre en particulier. L'abbé ne douta pas que ce ne fussent des écrits du parti; mais on lui montra la lettre de cachet, et on le mena à la Bastille. Interrogé par M. Berrier sur son habillement, il dit que tout est permis dans un temps de persécution; et à l'égard de son usage de confesser sans pouvoirs, il dit qu'il n'y a qu'à lire les canons pour voir qu'il n'a pas de tort.

Je dois avoir déjà parlé d'une affaire du curé de Saint-Nicolas des Champs à l'occasion d'un M. Boursier, qui composoit la *Gazette ecclésiastique*. J'ai appris depuis quelques circonstances. Le curé, instruit de la maladie du Sr Boursier, s'y transporta, et après l'avoir confessé, il envoya à la paroisse dire qu'on apportât les sacrements; il demanda une étole et ne dit pas pour qui; on conduisit le prêtre; le curé administra lui-même le malade. M. Boursier mort, le curé fit sonner, avertit les prêtres pour un enterrement, fit tout préparer pour le service, sans vouloir que l'on sût pour qui. Le séminaire, qui est dans les sentiments les plus orthodoxes, étoit à cet enterrement. La messe étoit prête à commencer; il arriva une infinité de carrosses; le parti avoit envoyé des billets de tous côtés chez ses adhérents. Le supérieur du séminaire, étonné de cette nombreuse compagnie, arriva tout à coup, et du silence sur le nom jugea à propos de s'en informer. Ayant su que c'étoit le Sr Boursier, il ne voulut point faire de scandale dans le moment que la grande messe alloit commencer; mais il y eut des plaintes portées à M. l'archevêque. M. l'archevêque envoya avertir le curé de lui venir parler ; il lui fit une forte réprimande, et l'engagea à lui promettre qu'il n'officieroit plus. Le curé promit, mais il ne tint pas parole longtemps ; il voulut dire la grande messe malgré les représentations qui lui furent faites. Cette conduite a déterminé à lui faire donner une lettre de cachet, par laquelle il a été envoyé à Senlis.

Le dernier concert chez la Reine fut samedi dernier, 28 juin, et le dernier motet à la chapelle le dimanche 29. Il n'y a plus de musique jusqu'à Compiègne.

M. le maréchal de Belle-Isle fut reçu lundi 30 à l'Académie françoise. Il y avoit 24 académiciens et beaucoup de monde en bas et dans les tribunes. Le discours de M. de Belle-Isle fut fort approuvé. Il est court et convenable à son caractère ; ce n'est point une pièce d'éloquence, mais ce qu'il dit est bien dit ; les transitions sont heureuses, et l'article où il est parlé du Roi mérite les louanges qu'on lui a données. La réponse de M. l'abbé du Resnel, directeur, fut un peu trop longue. On trouva que l'ordre des faits n'y étoit pas bien observé. Il y a cependant de belles pensées ; il seroit à désirer que le style ne fût pas aussi diffus. L'usage dans ces assemblées est de lire quelques beaux morceaux d'éloquence ou de poésie. Voltaire avoit eu le projet de faire lire un morceau de l'histoire du Roi qu'il compose, dans lequel il est beaucoup parlé de M. de Belle-Isle ; il se trouva, l'ayant communiqué, qu'il y avoit plusieurs changements à faire sur des faits qui n'étoient pas exacts, faute sans doute de bons mémoires. On prit le parti de lire un ouvrage manuscrit de M. de Fontenelle ; ce fut M. de Foncemagne, renommé par la grâce avec laquelle il lit, qui fut chargé par le directeur de lire cet ouvrage. M. de Fontenelle, qui est sourd, mais toujours aimable, étoit présent. Il a quatre-vingt-douze ou treize ans. Aussitôt qu'on annonça un ouvrage de M. de Fontenelle, il y eut un battement de mains général, éloge bien flatteur et bien mérité. Cet ouvrage est intitulé *Discours sur la poésie.* L'auteur y attribue l'origine de la poésie aux lois et au chant ; il y fait des réflexions sur l'inutilité d'employer trop souvent, comme l'on fait, les divinités du paganisme dans la poésie ; il dit que des descriptions simples, où la Nature seroit bien peinte, seroient suffisantes ; il rapporte même des exemples, comme une tempête, où l'horreur de ce moment est parfaitement représenté, et il demande si l'on peut désirer d'y voir paroître Neptune avec son trident. Cet ouvrage est parfaitement bien écrit et fut fort bien lu. On y voit des traits d'esprit, de gaieté et de vivacité qui sont surprenants à l'âge de quatre-vingt-treize ans.

Il y a déjà quelque temps que milord Baltimore a été présenté. C'est un des grands seigneurs d'Angleterre ; il a des terres si considérables dans la nouvelle Angleterre qu'on leur donne le nom de royaume. On dit qu'elles ont 200 lieues d'étendue, qu'elles valent 600,000 livres de rente, mais qu'il y en a la moitié qui se dépense dans le pays pour l'entretien et les charges. Milord Baltimore a toujours au moins un vaisseau à l'ancre dans la Tamise.

L'affaire de M. l'archevêque de Tours (Rastignac) n'est pas encore finie ; le mandement qu'il a donné à l'occasion du livre du P. Pichon forme un assez gros volume in-12. On a trouvé dans cet ouvrage des termes peu mesurés et des sentiments peu conformes à la saine doctrine. Quelques évêques ont paru dans le dessein d'écrire contre cet ouvrage ; il est actuellement question d'empêcher ces écrits. M. le cardinal de Rohan est entré dans cette affaire ; il est ami de M. l'archevêque de Tours ; il a de la douceur, de la conciliation dans l'esprit ; il est infiniment instruit. Quoiqu'il soit très-incommodé depuis son retour d'Alsace, qu'il ait même presque tous les jours la fièvre, il s'est livré à ce travail avec tout le désir d'y réussir. Il ne paroît pas jusqu'à présent que ses lettres aient fait aucune impression sur M. l'archevêque de Tours.

Le Roi a vu ces jours-ci un ouvrage du Sr Roettiers, orfévre fameux, que l'on dit extrêmement digne de curiosité. C'est un très-grand surtout d'argent pour l'électeur de Cologne. L'électeur a mandé à Roettiers qu'il avoit pris un cerf sur la maison d'un paysan, et ne lui a pas marqué d'autre détail; il a dit qu'il désiroit que cette chasse fût représentée dans un surtout; Roettiers a composé un dessin admirable. Le milieu du surtout représente la chasse de cerf, autant dans le vrai qu'elle peut être dans un ouvrage d'orfévrerie; les deux côtés représentent deux autres chasses. Le même ouvrier a fait, pour accompagner ce surtout, quatre flambeaux, qui sont quatre chênes parfaitement bien exécutés. Il a dit au Roi que le surtout et les flambeaux étoient du prix de 10,000 écus, seulement pour la matière et le contrôle, et qu'il en demandoit 2,000 louis de façon.

Le Roi a vu aussi ces jours-ci un présent qu'il fait au roi de Prusse, qui lui a envoyé des chevaux. Ce sont quatre statues de marbre; il y en a déjà deux de parties, ce sont les deux dernières qui ont été présentées au Roi depuis peu. Les deux premières sont un Mercure et une Vénus; elles ont été faites par le nommé Pigalle, un des plus fameux sculpteurs que nous ayons actuellement; elles sont exécutées parfaitement; le Mercure est encore plus beau que la Vénus. Il y a cependant un très-grand défaut, mais il vient du marbre et non de l'ouvrier : c'est une veine bleue qui s'y est trouvée et qui couvre la moitié du visage. Les deux autres statues sont une Pêche et une Chasse. C'est le nommé Adam, aussi fameux sculpteur, qui les a faites. Ces deux figures, quoique très-belles, ne sont cependant pas à comparer à celles de Pigalle; il y a un filet que l'on regarde comme un chef-d'œuvre de l'art.

Le Roi revint avant-hier de Choisy entre huit et neuf heures du soir; il soupa au grand couvert. Hier il alla dîner à l'Ermitage, revint à trois heures reprendre M. le Dauphin, Madame Infante et Mesdames, les mena à la revue des mousquetaires au rond de Mortemart, de là souper à la Meutte. M. le Dauphin et Madame Infante y ont couché; Mesdames revinrent après le souper.

Le Roi part aujourd'hui de la Meutte pour Compiègne avec M. le Dauphin et Madame Infante, à trois ou quatre heures. L'infante Isabelle ira samedi.

Du samedi 5, Versailles. — On trouvera à la fin de ce livre, dans l'extrait d'une lettre de Forges, du 2, le détail de ce qui s'est passé aux harangues de la députation du parlement de Rouen à Mme la Dauphine, et l'origine des noms des trois fontaines.

Mme de Mailly et Mmes ses sœurs gagnèrent, il y a environ huit jours, à la grande chambre, un chef principal de ce qui reste de leur procès contre Mme de Mazarin (Duras); il s'agissoit des parties qui doivent être comprises dans l'estimation des terres.

Du dimanche 6, Versailles. — L'infante Isabelle partit hier pour Compiègne.

La Reine part demain entre neuf et dix heures du matin. Mme de Luynes n'a pas l'honneur de la suivre, et n'arrivera que jeudi. La Reine mène dans son carrosse Madame, Mme Adélaïde, Mme Victoire, Mme de Villars et Mme de Montauban. Il y a fort peu de dames du palais qui suivent la Reine; il n'y a que Mme de Montauban et sa fille (Mme de Brionne), Mme de Flavacourt, Mme de Talleyrand, Mme de Rupelmonde, Mme de Fleury et Mme de Montoison.

Mme d'Agénois n'a pu suivre la Reine; elle reste auprès de M. d'Aiguillon, qui est très-mal depuis longtemps d'une tumeur qui lui est venue au col; une partie des chirurgiens vouloit qu'on y fît une ouverture, mais les autres ont été d'un avis contraire.

Il n'y a à la suite de Mesdames que Mme de Beauvilliers et Mme de l'Hôpital (1). Mme la marquise de Boufflers re-

---

(1) Ces dames vont dans le carrosse de Mesdames avec Mme la maréchale de Duras et Mme de Belzunce. (*Note du duc de Luynes*, du 7 juillet.)

tourne à Lunéville, et ne reviendra que cet hiver. Mme de Castries reste auprès de sa grande mère, Mme de Bonneval, qui a quatre-vingt-dix ans et qui est à l'extrémité (1).

L'officier dont j'ai parlé fut jugé hier par la commission à la tête de laquelle étoit M. le maréchal de Belle-Isle. Il fut condamné à être dégradé des armes, sa croix de Saint-Louis publiquement arrachée, à l'hôtel des Invalides, [devant] la garde montante, et à dix ans de prison. Il fut dit en même temps que le Roi seroit très-humblement supplié de faire un règlement pour pareil délit, aussi bien que pour les cas où quelques officiers seroient assez malheureux pour manquer à leur devoir par faute de courage. Outre ce, il est exilé à trente lieues des lieux habités par le Roi. Le Roi est aussi supplié d'ordonner que dorénavant en pareil cas, le coupable, s'il est gentilhomme, sera dégradé de noblesse; s'il est roturier, sera pendu.

Du samedi 12, *Compiègne*. — Hier M. de Sainctot présenta au Roi M. de Schutt, chambellan du roi de Pologne duc de Lorraine.

M. et Mme d'Aumont ont commencé à ouvrir leur maison ici; ils donnent à souper tous les soirs, hors les jours maigres.

Il y a quelques changements ici dans les logements. M. le Dauphin loge dans l'appartement où il étoit pendant son éducation, et Mesdames logent dans l'appartement de l'autre côté; elles ne sont séparées de M. le Dauphin que par la salle des gardes. On avoit fait l'année passée une cloison dans cette salle des gardes et ouvert une porte à côté de celle qui subsiste encore sur l'escalier; on a bouché cette année cette seconde porte. Madame Infante loge dans l'appartement qu'occupoit l'année passée Mme Victoire, au-dessus de l'appartement qu'occupe actuellement M. le Dauphin.

---

(1) Morte le même jour 6. (*Note du duc de Luynes.*)

Mme la duchesse de Lorges (de Mesmes) est habitante ici à la communauté de la Congrégation. Elle est à la suite d'un procès contre un M. de Lanque, Breton ; elle demande la cassation d'un arrêt qu'il a obtenu aux enquêtes au parlement de Bretagne, au sujet d'une mouvance du duché de Quintin.

C'est au sujet d'une terre appartenant à un particulier. Ce seigneur prétend que sa terre est mouvante du duché de Quintin ; M. de Lanque soutient qu'elle relève de lui. M. le duc de Lorges a fait un accommodement avec M. de Lanque, par lequel il lui a cédé la mouvance de cette terre, et c'est en conséquence de cette cession qu'est intervenu l'arrêt du parlement de Bretagne. Mais Mme de Lorges d'une part prétend que M. de Lorges a fait ce qu'il ne pouvoit faire, que le duché de Quintin relevant de la couronne, les mouvances particulières n'ont pu en être démembrées. D'un autre côté, le seigneur à qui appartient le fief soutient qu'il doit relever directement du Roi. C'est au conseil privé que l'affaire sera jugée.

On a appris ces jours-ci que M. le duc de Popoli, gendre de feu Mme la maréchale de Boufflers, est mort à Madrid.

Du lundi 14, Compiègne. — On apprit hier la mort de M. de Beauharnois ; il étoit lieutenant général de marine, et avoit été vingt-deux ans commandant en Canada. Il avoit environ soixante-dix-sept ou soixante-dix-huit ans, et ne paroissoit pas à beaucoup près cet âge ; il faisoit encore trois ou quatre repas par jour ; il est mort d'une espèce d'apoplexie ou d'une forte indigestion. On prétend que c'est la suite d'une saignée faite mal à propos ; mais Dumoulin, qui l'a vu dans cette maladie, jugea bien que la saignée pouvoit être dangereuse ; mais il dit en même temps que si on ne le saignoit pas il étoit mort.

M. de la Vauguyon partit hier pour Forges ; il y va de la part de M. le Dauphin pour savoir des nouvelles de Mme la Dauphine ; il reviendra ici vendredi. On mande que Mme la Dauphine continue ses eaux avec exactitude, mais que la douleur qu'elle a d'être séparée de M. le Dauphin se remarque facilement malgré l'attention qu'elle a de bien traiter ceux qui lui font leur cour. Il y a eu une consultation ces jours-ci dans laquelle il a été décidé que Mme la Dauphine continuera les eaux sept ou huit jours après le temps où sa santé oblige de les interrompre. M. Bouillac part pour Forges, afin d'être à portée d'examiner ce qui conviendra le mieux.

Du jeudi 17, Compiègne. — Les étrangers commencent à arriver ici depuis quelques jours. Le nonce et l'ambassadeur de Venise n'y sont que d'hier ou avant-hier; ils viennent d'avoir un procès au sujet des carrosses du nonce. Le nonce, qui compte s'en aller incessamment, vouloit vendre ses carrosses, et désiroit d'en avoir 50,000 livres. L'ambassadeur de Venise, qui en a besoin, les a marchandés plusieurs fois, et enfin en a offert 35,000 livres; le nonce s'étoit relâché à 40. Il dit qu'il avoit donné un temps à l'ambassadeur pour se déterminer; que ce temps étant passé de plusieurs jours et n'ayant point de réponse, il s'étoit cru libre de pouvoir vendre à un autre. L'ambassadeur dit qu'il avoit écrit au nonce, mais que la lettre étant arrivée un jour de poste pour Rome, le nonce non-seulement n'avoit point voulu la lire, mais qu'il n'avoit même pas voulu la recevoir et qu'elle lui avoit été rapportée. Enfin M. d'Hautefort, qui cherchoit aussi des carrosses pour Vienne, a été trouver le nonce, lui a offert 40,000 livres, et l'affaire a été conclue. Plaintes de part et d'autre sur le procédé. Chacune des deux parties ont consigné 40,000 livres, consentant de les perdre s'ils avoient tort; ils se sont rapportés au jugement des ambassadeurs de Portugal (Acunha), de Pologne (Loss) et de Malte (Froulay). Ce petit tribunal a décidé que chacun retireroit son argent, qu'ils dîneroient ensemble, ce qui a été fait, et que les carrosses demeureroient à M. d'Hautefort.

J'ai déjà marqué ci-dessus les honneurs que le Roi fait

rendre à l'infante Isabelle : rappeler pour elle les deux battants chez le Roi et chez la Reine, etc., un exempt des gardes. On me disoit ces jours-ci qu'outre cela elle a été sur le drap de pied à côté de Mesdames dans la tribune à Versailles, et qu'à Marly elle a dîné avec M. le Dauphin, Mme la Dauphine et Mesdames, assise dans un fauteuil. Ces faits sont certains.

On sait depuis environ huit jours que c'est M. le comte de Kaunitz que l'Empereur a nommé pour son ambassadeur en France.

M. de Saint-Germain, ambassadeur de Turin, est arrivé à Paris, et sera ici incessamment.

La Reine alla dimanche en chaise à la grande messe à Saint-Jacques; M. le Dauphin et Mesdames y allèrent en carrosse. La Reine depuis qu'elle est ici a été presque tous les jours aux Carmélites, depuis son dîner jusqu'à six heures. Hier, fête de Notre-Dame du Mont-Carmel, elle alla à huit heures aux Carmélites, y fit ses dévotions, revint à midi savoir des nouvelles du Roi, qui avoit pris sa médecine de précaution, retourna dîner aux Carmélites, dans son petit appartement, avec Mme de Villars et Mme de Saint-Florentin. Elle revint ici sur les six heures; elle ne voulut point de musique, quoique ce fût un jour de concert; elle joua à cavagnole. Tous ces jours-ci la Reine a mené Mme de Luynes aux Carmélites, et l'y a gardée toute l'après-dînée; elle mène aussi deux de ses femmes et au moins un homme de sa faculté qui reste dans la maison. Hier elle ne garda aucune dame; elle s'étoit enfermée mardi l'après-dînée, comme elle fait toutes les veilles de ses dévotions.

M. d'Argenson partit d'ici dimanche dernier pour aller coucher à Séchelles. Le lendemain il a été à Arras pour voir le corps des grenadiers de France, qui y est établi. C'est, comme je l'ai dit, un établissement qu'il a fait et auquel il prend grand intérêt. De là il ira à Cambray pour voir cette place, qui est la seule de Flandre qu'il n'a pas vue; il revient par Séchelles et sera de retour ici dimanche.

Il y a eu aujourd'hui grand couvert. Le Roi y a beaucoup parlé à un officier de marine qui lui a été présenté ce matin. Il s'appelle M. d'Orve. Il paroît avoir environ soixante-dix ans. Il commande la marine à Toulon ; il n'étoit pas venu ici depuis 1714.

Du vendredi 18, *Compiègne.* — M. de Saint-Germain, ambassadeur de Sardaigne, arriva ici hier ; il a eu ce matin sa première audience particulière. J'étois à celle de la Reine, qui l'a reçu debout dans sa chambre à coucher vis-à-vis la porte. Quoique ce fût audience particulière, M. de Sainctot pria hier Mme de Luynes de faire avertir des dames, et il y en avoit plusieurs. Comme il n'y a pas grand couvert aujourd'hui, la Reine n'étoit pas en grand habit.

Le Roi a été aujourd'hui courre le cerf avec M. le Dauphin et Mesdames. Cette circonstance a fait quelque léger embarras par rapport à l'audience. Mesdames devant s'habiller en habit de chasse auroient bien désiré ne pas faire deux toilettes ; elles envoyèrent hier au soir consulter Mme la maréchale de Duras qui soupoit chez moi ; son avis fut que Mesdames devoient être en grand habit pour recevoir l'ambassadeur. Mesdames ont suivi ce conseil ; mais quand même elles auroient voulu se mettre en habit de chasse, les dames qui les devoient suivre à la chasse n'auroient pas été moins obligées d'être en grand habit pour l'audience. Le Roi et M. le Dauphin ont reçu l'ambassadeur en habit de chasse. C'étoit M. de Sainctot qui conduisoit l'ambassadeur, marchant à sa gauche ; M. de Puisieux étoit entré auparavant. Le secrétaire d'État des affaires étrangères est toujours présent à ces audiences. M. de Saint-Germain est lieutenant général dans les troupes piémontoises ; il est assez grand ; il n'a que trente-sept ans, mais il paroît davantage.

M. le marquis de Mirepoix arriva ici hier ; il vient pour

recevoir les derniers ordres du Roi ; il part ces jours-ci. Il y a deux mois que ses gens l'attendent à Londres, dans la maison de M. d'Albemarle, qu'il prend ; ceux de M. d'Albemarle sont établis à Paris depuis environ le même temps, dans la maison de M. de Mirepoix. L'on compte que M. d'Albemarle est passé ou prêt à passer, c'est ce qui a déterminé le départ de M. de Mirepoix.

Du samedi 19, *Compiègne.* — M. de la Vauguyon et M. Bouillac revinrent hier de Forges. Ils ont trouvé Mme la Dauphine fort maigrie ; ils disent qu'elle mange peu et qu'elle a grand désir de revenir. Il paroît en effet que ce sentiment l'occupe par-dessus tout et met de l'amertume dans les plaisirs auxquels elle se prête, par l'envie qu'elle a de réussir et de se faire aimer. Enfin, il a été résolu qu'elle partira le 26. Comme elle n'aura point de relais du Roi ni de la Reine, à cause de l'éloignement, elle sera trois jours en chemin et arrivera le 28 à Versailles. Elle sera baignée et purgée plusieurs fois après son retour. M. le Dauphin, qui doit se rendre le 28 d'ici à Versailles, a donné toutes les paroles que l'on pouvoit désirer pour mettre l'esprit en repos sur les remèdes qu'il y auroit à faire. On me mande qu'il y a eu une dispute assez vive au sujet du service de Mme la Dauphine. On a construit une maison de bois, qui, je crois, est celle du Roi auprès de la fontaine. Le 16 de ce mois, Mme la Dauphine, à neuf heures du matin, y demanda des croûtes ; il fut question de savoir qui les présenteroit. La maison de bois avoit été réputée chambre, et on n'y laissoit entrer que les entrées de la chambre ; en ce cas le service, tant pour les plats que pour boire, devoit être fait par la dame d'honneur, la dame d'atours, ou la première femme de chambre ; si au contraire, on réputoit la maison de bois comme grand cabinet, le service devoit être fait par le premier maître d'hôtel ou par le contrôleur de la maison. La nouveauté du cas a fait que chacun a soutenu son sentiment et l'a soutenu avec trop de vivacité en présence de M.*me* la Dauphine, et le service a été fait de deux manières différentes pendant la durée de ce petit repas.

On vient d'apprendre que M. le cardinal de Rohan est fort mal à Paris; c'est une espèce d'apoplexie ou plutôt la suite d'une humeur de goutte qui s'étoit jetée sur ses jambes et qui y avoit causé une érésipèle et des clous. La Reine, qui l'aime beaucoup, a envoyé un page en poste pour savoir de ses nouvelles.

Du dimanche 20, Compiègne. — On a reçu ce matin des nouvelles de M. le cardinal de Rohan; il mourut hier, à six heures du soir.

On a su ce matin que M. Hurson, conseiller de la troisième des enquêtes du parlement de Paris, a été nommé intendant de la Martinique.

Du Lundi 21, Compiègne. — M. le cardinal de Rohan, dont j'ai marqué hier la mort, avoit soixante-quinze ans passés; étant né le 26 juin 1674. C'est une grande perte pour sa maison, pour la religion, pour le Roi, auquel il étoit véritablement attaché, pour la Reine, qui le connoissoit dès le temps qu'elle demeuroit à Wissembourg avec le Roi son père, et même pour l'État. M. le cardinal de Rohan étoit infiniment instruit des matières concernant la religion; on ne retrouvoit ces connoissances en lui que lorsqu'il étoit nécessaire qu'il en fît usage. Il travailloit avec une facilité qu'on ne peut presque concevoir. Il se prêtoit avec plaisir à la société et à toutes sortes de conversations; il ne paroissoit occupé que de ceux avec qui il étoit. Il quittoit le travail le plus susceptible d'application et le reprenoit comme s'il n'eût pas cessé d'en être occupé. S'il s'agissoit d'entrer dans des détails, de parler, d'écrire, de travailler à concilier les esprits, il montroit dans tous ces genres des talents supérieurs. Une éloquence naturelle, des termes choisis, un style noble, une douceur, une politesse, tout se trouvoit réuni en lui. Strasbourg, Saverne, n'oublieront jamais la grandeur et la magnificence avec laquelle il y vivoit; il y tenoit le plus grand état, et recevoit avec les plus grandes marques d'attention tout ce qui y arrivoit de toutes parts ; depuis les princes souverains jusqu'au dernier des gentilshommes, tous étoient comblés des soins qu'il avoit pour que qui que ce soit ne manquât de ce qu'il pouvoit désirer. Dans le temps même qu'il avoit chez lui la compagnie la plus nombreuse et la plus considérable, il ne paroissoit point occupé. Il tenoit le même état à Paris, à Versailles, et avec la même facilité. Considéré et honoré de tous les princes d'Allemagne, il étoit à portée de rendre des services à l'État, dans les occasions, par les sentiments que l'Alsace et tous les États voisins avoient pour lui. Depuis quelques années ses voyages en Alsace étoient plus fréquents et plus longs ; il habitoit peu Versailles, et lors même qu'il l'habitoit, quoiqu'il ne fût pas moins aimable, il se rassembloit moins de monde chez lui. Outre la magnificence, il avoit beaucoup de règle et d'ordre chez lui, et c'est une obligation qu'il avoit au feu abbé de Ravanne, qui s'étoit attaché à lui.

M. d'Argenson revint hier de Séchelles.

Du jeudi 24, Compiègne. — Le Roi a fait faire, ce voyage-ci, dans la forêt, un petit établissement pour y aller déjeuner ; c'est un endroit qu'on appelle le vivier Coras ; il a choisi ce lieu par préférence, parce qu'il y a des mares aux environs, et que les cerfs y passent souvent et quelquefois s'y font prendre. Cet établissement n'est actuellement qu'un petit enclos fait sous la futaie, et fermé par des toiles. On y a tendu ce que l'on appelle la maison de bois du Roi. C'est une tente parquetée, avec des fenêtres, divisée en trois pièces ; on y a ajouté deux tentes du feu Roi faites à peu près de même, mais d'un goût plus antique ; l'une sert de garde-robe, l'autre de cabinet. On a tendu, à portée de cette maison de bois, des tentes pour les officiers des gardes et pour mettre des tables pour la suite du Roi. On a fait aussi une espèce de petit jardin sous la futaie ; c'est M. le duc de Chaulnes qui a fait le premier plan de ce jardin. Il y a une étoile où aboutissent plusieurs allées sablées, et outre cela une petite salle. En dehors de l'enceinte est une autre tente, avec des fourneaux et une cheminée. Le Roi y fait porter ses cantines, et l'on ajoute aussi quelques plats chauds quand il le désire. Il n'y a point d'étiquette pour son service quand il y est; il prend à boire lui-même ou s'en fait verser par le premier de ceux qui ont l'honneur de le suivre.

M. d'Aumont a aussi commencé cette année à faire travailler à l'établissement d'une faisanderie auprès du puits de Berne; il y avoit cinquante-neuf ans que l'on avoit entièrement négligé ce soin. M. Mignot, contrôleur des bâtiments ici, a fait enfermer par ordre du Roi environ quarante-cinq arpents de terrain dans la forêt; cette enceinte est divisée en treize ou quatorze parquets; on y a fait les bâtiments nécessaires, et M. d'Aumont espère y avoir beaucoup de faisans l'année prochaine.

Du samedi 26, *Compiègne*. — Le Roi avant-hier, après la chasse, alla souper au vivier Coras.

Du lundi 28, *Compiègne*. — Il y a aujourd'hui huit jours que Mme la duchesse de Lorges gagna son procès au conseil. L'affaire est renvoyée à l'inspecteur du domaine; c'est ce que Mme de Lorges désiroit. Il y a apparence que M. de Lanque (de Rumeur) se déterminera à un accommodement sur les droits qui ont été reçus de part et d'autre; il y avoit déjà eu des propositions faites par M. de Lorges qui n'ont pas été acceptées. L'essentiel est que la mouvance de la terre de M. de Trevenue (1) demeure au duché de Quintin, et par conséquent qu'elle soit reportée au Roi.

M. le comte de Lorges a gagné aussi un procès ici il y a environ quinze jours. C'est au sujet de la cession faite à son fils par Mme de Randan, dans le temps qu'elle ar-

---

(1) Ou de Trevenne.

rêta le mariage de sa fille avec M. le duc de la Trémoille, comme je l'ai marqué. Les fermiers demandoient à M. le comte de Lorges un droit de centième denier ; il a représenté que le bien que son fils acquéroit étoit incertain et dépendroit des événements, au lieu que le payement seroit très-réel ; il a été prononcé pour la règle que M. le comte de Lorges payeroit, mais en même temps il lui a été donné les plus fortes assurances qu'il ne payeroit point.

La Reine, M. le Dauphin et Mesdames ont toujours été au prône à Saint-Jacques. Les quêteuses sont des dames de la paroisse ; mais vendredi, qui étoit la fête de la paroisse, ce fut Mme de Montoison qui quêta. Le Roi alla ce jour-là au salut à la paroisse. Outre cela, la Reine a chargé Mme de la Rivière de quêter pour les Carmélites.

Je croyois avoir parlé de l'arrivée de M. le marquis de Mirepoix ici ; Mme de Mirepoix est venue l'y trouver, et ils sont partis ensemble pour Calais, le 17 ou le 18.

Il y a eu ici depuis quelques jours plusieurs cérémonies de voiles donnés, presque tous aux Carmélites. Madame Infante en donna un jeudi dernier ; ce fut M. l'évêque de Rennes (Vauréal) qui fit la cérémonie. Madame en donna un samedi ; ce fut M. l'évêque de Beauvais (Gesvres); Mme Adélaïde en a donné un ce matin ; c'est M. l'évêque de Rennes ; celui-ci étoit un voile noir ou une profession. Cette après-midi, la Reine donne un voile blanc à la congrégation, et demain un blanc aussi aux Carmélites ; c'est M. l'archevêque de Rouen qui fera ces deux cérémonies.

Madame Infante, Madame et Mme Adélaïde vont aujourd'hui faire collation, à deux ou trois lieues d'ici, à une maison de campagne nommée Arcy. C'est une terre appartenant à M. de Gouy, petit-fils de Mme de la Lande, qui a été sous-gouvernante des enfants de France. C'est Mme de la Lande que Mesdames vont voir ; elles ont toujours eu beaucoup d'amitié pour elle.

M. Félix, contrôleur général de la maison du Roi et secrétaire des commandements de M. le grand maître (1), mourut hier matin, à Versailles, âgé de soixante-quinze ans. Il étoit fils de M. Félix, premier chirurgien du Roi avant M. Maréchal. Cette mort ne donne point occasion à une nouvelle grâce; le fils avoit toutes les survivances.

M. le premier président et MM. les gens du Roi vinrent hier ici. Il y a quelques jours que les chambres étant assemblées pour la réception d'un conseiller, M. Angran (2) se leva et représenta à la Cour qu'il étoit nécessaire qu'elle prît connoissance du refus qui avoit été fait depuis peu, en plusieurs occasions, des sacrements et de la sépulture. Il cita premièrement l'exemple de M. Coffin, principal du collége de Beauvais, deux autres aussi dans le diocèse de Paris, et un dans le diocèse de Lyon. Le Parlement ordonna que MM. les gens du Roi informeroient de tous ces différents sujets de plaintes et en rendroient compte à la Cour dans huitaine. Dans ce moment MM. les gens du Roi rendirent compte ici de ce qui s'étoit passé, et l'on parla beaucoup de cette affaire au conseil de dépêches de vendredi. Ils reçurent ordre de venir ici. M. le premier président, qui étoit venu coucher chez lui à Brière, à dix lieues d'ici, arriva hier matin en même temps qu'eux et retourna coucher à Brière, d'où il se rend aujourd'hui à Paris. La réponse du Roi a été que le Parlement suspendît les informations jusqu'à ce que S. M. eût fait les réflexions qu'il croiroit nécessaire. M. le premier président est chargé de voir s'il sera possible d'éviter un arrêt d'évocation. Il paroît que l'on est déterminé à le donner si cela est absolument nécessaire. Dans d'autres occasions le Roi a interdit au Parlement la connoissance de pareilles affaires, comme juge incompétent sur les matières qui concernent la discipline ecclésiastique. Ici,

---

(1) Le prince de Condé, dont le comte de Charolois faisait les fonctions.
(2) Conseiller à la quatrième des enquêtes.

M. le chancelier, instruit qu'il y a une grande vivacité dans les esprits, a cru devoir proposer une voie plus douce et plus propre à rétablir la tranquillité.

M. Coffin, quoique homme très-habile, qui a été employé à faire plusieurs hymnes que l'on a mises dans le nouveau bréviaire de Paris, fait il y a sept ou huit ans, étoit cependant plus que suspect pour la nouvelle doctrine, et ce n'est pas sans raison que l'on a trouvé qu'il y auroit plusieurs changements à faire dans ce qui compose le nouveau bréviaire. M. Coffin étant malade à l'extrémité, son neveu, conseiller au Châtelet, est venu trouver le 20 juin le S¹ curé de Saint-Étienne du Mont, sa paroisse, pour demander qu'il vînt ou qu'il envoyât administrer les sacrements à son oncle. Le curé a demandé un billet de confession; c'est la règle et l'usage du diocèse. Règle, à ce que disent les jansénistes, établie par feu M¹ le cardinal de Noailles; il avoit interdit les Jésuites, et croyoit que malgré cette interdiction ils confessoient quelquefois des malades à l'extrémité qui avoient confiance en eux; pour en être donc instruit, il voulut savoir les noms des confesseurs. Ainsi cette règle fait aujourd'hui l'effet contraire à son principe. La règle et l'usage sont antérieurs à M. le cardinal de Noailles. Le refus du certificat fut suivi de celui des sacrements. Plaintes portées à M. l'archevêque, et demande d'envoyer au moins un prêtre pour une nouvelle confession. M. l'archevêque dit que l'on pouvoit choisir tel prêtre que l'on voudroit, pourvu qu'il fût approuvé, et M. Coffin mourut. Le neveu a fait un mémoire sur lequel il a consulté des avocats; il y en a eu quarante et un qui ont signé. Leur avis est que M. Coffin peut porter sa plainte aux tribunaux séculiers. Cette consultation a été imprimée et est publique. Je marquerai quelle sera la suite de cette affaire.

Il y en a eu encore une autre ces jours-ci, toujours à l'occasion de la nouvelle doctrine. On sait ce que c'est que l'hôpital général, qui comprend dans son administration; la Salpétrière, Bicêtre, la Pitié, etc. Le détail est confié aux soins d'une supérieure générale. Il y a outre cela des administrateurs, desquels est : M. l'archevêque, M. le premier président, M. le procureur général, M. de Nicolaï, etc. Il y a encore un conseil d'administration, composé de plusieurs célèbres avocats. M. de la Haye, fermier général, en est aussi, et fait des avances pour l'hôpital, lorsque cela est nécessaire, sans vouloir aucun intérêt de son argent. La supérieure est une personne considérable, et qui doit être choisie avec grand soin. Il y avoit dans cette place une Mme Pataclin, qui étoit illustre dans son état. Une de celles qui lui ont succédé étant connue pour avoir des sentiments contraires à ceux de l'Église, M. l'archevêque, conjointement avec les autres administrateurs, a jugé à propos de la changer. Celle qu'il a mise à sa place a été fort bien reçue dans la maison, mais le second conseil d'administration n'a pas pensé de même. Ils ont tous donné leur démission. Ainsi il faut aujourd'hui que le Roi ordonne une nouvelle administration. Ce second conseil prétend ne faire qu'un avec les administrateurs, et que leurs voix doivent être délibératives dans tous les cas. M. l'archevêque ne convient pas qu'ils puissent ne pas accepter ce qui a été déterminé à la pluralité des voix par les administrateurs. Dans les voix des administrateurs, celle de M. l'archevêque est prépondérante.

Du mercredi 30, *Compiègne*. — On a eu des nouvelles de Paris; tout s'est passé avec assez de douceur au Parlement, quoique les esprits y soient fort échauffés.

Milord Albemarle arriva ici hier au soir; il a eu aujourd'hui audience particulière. Il a l'ordre de la Jarretière; il a reçu cette décoration fort peu de temps avant son départ. Il n'est ni petit ni grand; il est assez gros, et a une figure assez agréable.

Dimanche dernier, on apporta au Roi un plan en relief d'une place que l'on projette faire pour mettre la statue équestre du Roi. Ce plan est fait pour être exécuté dans le terrain compris depuis le quai jusqu'à la rue de l'Université, entre la rue des petits Augustins et la rue des Saints-Pères. On abattroit presque toutes les maisons de ce terrain et par conséquent l'hôtel de Bouillon, et l'on placeroit la statue au fond du jardin de cet hôtel. La forme de la place seroit en demi-cercle. Dans le fond seroit l'hôtel de ville, du côté de la rue des Saints-Pères la maison du gouvernement de Paris, de l'autre côté celle du prévôt des marchands et des officiers de ville. Il y auroit trois escaliers (et même quatre, parce que celui du milieu se partageroit en deux), fort ornés de vases et de figures, lesquels auroient quarante marches chacun, pour descendre à la rivière, et le tour intérieur de la place fort décoré. Ce projet est très-beau ; il coûteroit fort cher, mais quoique la dépense ne soit point un obstacle, cependant il y a apparence que ce n'est pas ce plan qui sera choisi. On doit en faire voir plusieurs autres ; et il y en a actuellement chez M. le duc de Gesvres vingt-sept ou vingt-huit pour différents lieux de la ville ; mais ils ne sont que dessinés.

On apporta hier un nouveau plan en relief, mais en carton, lequel est beaucoup plus en petit que celui dont je viens de parler, qui est en bois et fait avec beaucoup de soins. Celui-ci présente une beaucoup plus grande étendue de terrain. C'est à peu près pour le même quartier que l'autre. La place tiendroit à peu près depuis l'hôtel de Bouillon jusqu'aux Théatins. L'idée seroit que la façade des galeries du Louvre formât un des côtés de la place. Les bâtiments nécessaires pour l'hôtel de ville seroient construits derrière la place du côté de la rue de l'Université ; il y auroit derrière un jardin pour l'hôtel de ville.

Du jeudi 31, Compiègne. — Nous avons d'aujourd'hui un changement dans le palais de la Reine; il y a déjà quelque temps que l'on s'en doutoit. Mme la duchesse de Boufflers se retire, et a obtenu sa place de dame du palais pour sa belle-fille.

Il y a déjà cinq ou six jours que Mme de Castries (Fleury) accoucha à Paris, d'une fille. Ce n'est pas sa première couche ; elle étoit déjà accouchée une fois, de trois enfants qui sont morts.

AOUT.

Petite biche du Bengale. — Accident à la chasse. — Audience de M. de Pignatelli. — Le Roi soupe au vivier Coras. — Indisposition de la Reine. — Le comte Potowski. — Le prince de Hesse-Darmstadt. — Retour de la Cour à Versailles. — Nouvelles diverses de la Cour. — Tableaux de Detroy exposés à Versailles. — Voyages et courses du Roi. — La Reine et ses enfants font leurs dévotions. — Présentation de Mme de Narbonne. — Arrêt du conseil sur les actions de la Compagnie. — Le maréchal de Saxe à Versailles. — Voyages du Roi. — Maladie de M. le Nain. — Courses et voyages continuels du Roi avec ses enfants. — La Ville présente le scrutin. — Maladie et guérison du duc d'Aiguillon. — Audience des États d'Artois et de Languedoc. — Opération faite au duc de Duras. — Les ducs de Gramont et de Biron reçus au Parlement. — Maladie de Mme de Montoison. — Louisbourg rendu. — Conspirations à Malte et à Berne. — Le gouvernement de la Bastille donné à M. Bayle. — Ordonnance du Roi sur les colonels, mestres de camp, lieutenants-colonels et commandants de bataillon. — Le Roi paye les dettes de M. d'Argenson et lui donne un logement à Paris. — Tragédie représentée par les écoliers du collège de Versailles. — La Ville prend la direction de l'opéra. — L'hôtel de Soissons démoli. — Contrat de mariage.

Du lundi 4; Compiègne. — Il y a quatre jours que M. de Montarant, qui est, comme je l'ai dit ci-devant, à la tête de la Compagnie des Indes, apporta ici une petite biche qui vient du Bengale. M. le contrôleur général, à qui elle fut remise d'abord, la fit porter chez le Roi, où elle a resté pendant deux jours ; actuellement, elle est dans la maison du contrôleur général. Je ne l'ai pas mesurée, mais elle paroît avoir environ 5 pouces de haut sur 6 de longueur. Ces animaux sont en grand nombre au Bengale, mais apparemment difficiles à prendre et encore plus à conserver ; il n'en étoit point encore arrivé ici en vie. On avoit apporté en même temps un petit cerf, mais le capitaine qui en étoit chargé ayant changé de vaisseau, on

oublia le cerf dans le premier vaisseau, et l'on ne mit
que la biche où ces deux animaux avoient toujours été
ensemble; dès que le capitaine s'en aperçut, il renvoya
chercher son cerf, mais on avoit aussi oublié de lui donner à manger, et on le trouva expirant. La petite biche
ne vit que de laitues avec un peu de pain qu'on lui donne
mouillé; elle ne boit point autrement; elle a le pied fait
absolument comme une biche, les jambes extrêmement
fines; elles paroissent même l'être trop pour son corps;
le pelage entièrement semblable à la biche, mais la tête
fort différente; les oreilles un peu plus courtes, le nez
très-pointu et un peu semblable à celui d'un blaireau. Le
projet est de l'envoyer à la Ménagerie et de faire venir
plusieurs cerfs et biches du même pays, s'il est possible.

On présenta avant-hier M. le baron d'Uben; c'est un
Suédois, qui a vingt-deux ou vingt-trois ans et qui est
d'une assez jolie figure.

On attend incessamment ici l'arrivée du nouvel ambassadeur de Hollande; il vient d'être nommé; il s'appelle
Berkenrode : c'est le nom d'une terre, car le sien est Les-
tevenon. Il est échevin de la ville d'Amsterdam. Il y a eu
quelques difficultés en Hollande qui ont retardé la décision de cette affaire; c'est ce qui fait que M. de Courteil
n'a pas été plus tôt présenté comme ambassadeur de
France en Hollande.

Avant-hier le Roi courut le cerf. M. le comte de Brionne,
qui suit toujours comme grand écuyer en survivance, reçut
un coup de pied de cheval qui alloit en main. Ce coup porta
dans la genouillère un peu au-dessus de la tige, et malgré
le coussinet qui est en dedans fit une plaie large de 24^s [sic]
qui va jusqu'à l'os. On regarde cet accident comme aussi
heureux qu'il pouvoit l'être; peu s'en est fallu que la
jambe n'ait été cassée, et il auroit fallu la couper au-dessus
du genou.

Le Roi parla beaucoup hier à M. de Saint-Germain au
grand couvert, et lui fit plusieurs questions sur les minis-

tres du roi de Sardaigne. Il dit au Roi que M. de Rozignan, qui a été ambassadeur ici, étoit mort il y a sept ou huit ans, et que M. d'Ormea, premier ministre, mourut en 1745, âgé de soixante-quatre ou soixante-cinq ans.

Nous avons eu ici M. le comte Potowski, homme de très-grande condition de Pologne, âgé de quarante-cinq ans; il a l'ordre de Saxe; il a amené avec lui son fils et son neveu.

Du mardi 5, Compiègne. — M. de Pignatelli, ambassadeur d'Espagne, a eu aujourd'hui son audience particulière. Il est lieutenant général; il a amené ici son fils, qui a vingt ans et qui a un régiment; il a amené aussi un colonel espagnol. L'un et l'autre ne seront présentés que demain. M. de Pignatelli est assez petit, un peu plus grand que M. Rouillé; il a soixante-cinq ans; il est de même maison que MM. d'Egmont. Mesdames se sont habillées en grand habit pour cette audience, et se sont déshabillées ensuite pour aller à la chasse avec le Roi. S. M. après la chasse va souper au vivier Coras; c'est la troisième ou quatrième fois du voyage.

L'état de la santé de la Reine a fait douter que son départ pût être le jeudi; elle n'a point sorti depuis deux jours; elle a entendu la messe dans sa chambre hier et aujourd'hui, et a toujours été sur une chaise longue. Cependant la faculté croit qu'elle pourra suivre son premier arrangement et partir jeudi.

Du vendredi 8, Versailles. — J'ai parlé ci-dessus de M. le comte Potowski. Sa femme est petite-fille de Mme la marquise de Béthune. Le comte Potowski est venu ici pour régler quelques affaires qu'il a avec la maison de Béthune.

Nous avons eu aussi, les derniers jours de Compiègne, le prince de Hesse-Darmstadt. Il vint ici il y a quelques années avec ses deux frères sous le nom de comte de Nida (1); ils avoient pour gouverneur le baron de Planta.

---

(1) Voy. tome III, pages 305 et suivantes.

L'aîné, qui est prince héréditaire, est un homme singulier ; il a épousé la sœur du duc des Deux-Ponts, qui n'est point heureuse avec lui, et on croit qu'ils n'auront point d'enfants ; il a quitté le service de France. Celui qui s'appelle le comte de Nida est au service du roi de Prusse ; il a l'ordre de Pologne, qui est l'aigle blanc. Il a épousé une comtesse de Linange ; son frère, le chevalier de Nida, est mort.

La Reine partit hier, sur les dix heures du matin, de Compiègne ; elle arrêta dans la forêt de Senlis pour dîner ; elle passa tout le boulevard au pas, et arriva ici à huit heures et demie du soir. M. le Dauphin et Mme la Dauphine allèrent recevoir la Reine et l'embrasser à la descente de son carrosse, et vinrent la voir chez Mme de Luynes aussitôt que le souper fut fini. Ils s'enfermèrent avec S. M. jusqu'à onze heures et demie.

Mme la Dauphine, que je n'avois point vue depuis son retour, paroît en fort bonne santé, seulement un peu maigrie.

Du mardi 12, *Versailles.* — On trouvera à la fin de ce livre (1) l'extrait d'un arrêt du conseil d'État du Roi à l'occasion de quatre consultations d'avocats, qui ont été imprimées et distribuées dans le public, dont la mort de M. Coffin, comme je l'ai marqué, est le motif.

Du jeudi 14, *Dampierre.* — Mme de Jaucourt mourut à Paris, au Luxembourg, le 2 de ce mois ; son nom étoit Grave. Elle étoit fort attachée à Mme la duchesse du Maine. Elle avoit quarante-deux ans.

M. de Launay mourut, à Paris, le 6 de ce mois ; il avoit soixante-seize ans ; il étoit gouverneur de la Bastille.

On sut il y a quelques jours que Mme la comtesse de Noailles (Arpajon) est tombée malade de la petite vérole dans son château d'Arpajon, ci-devant Châtres ; elle est aussi bien qu'on le puisse désirer.

---

(1) Voy. à l'appendice la pièce n° 14.

J'appris il y a trois ou quatre jours que le Roi s'est enfin déterminé sur le choix du lieu dans Paris où l'on doit faire la nouvelle place destinée à mettre la statue équestre de S. M. Ce sera au carrefour de Bussy.

Il y a deux jours que Mme la princesse de Conty vint à Versailles faire sa cour à la Reine et souper avec elle chez Mme de Luynes; elle dit à S. M. que M. le duc de Chartres s'est donné une entorse et est parti sur-le-champ pour Bourbonne. Mme la duchesse de Chartres n'est point de ce voyage.

Il y a demain deux présentations : une nouvelle mariée qui est Mme de la Luzerne-Briqueville (1); elle est le Camus de Pontcarré. J'ai parlé ci-dessus de ce mariage à l'occasion de la présentation de Mme de la Luzerne par Mme de la Trémoille.

La seconde présentation est Mme d'Havrincourt (Gergy); c'est Mme de Luynes qui la présente. Mme d'Havrincourt n'avoit point encore paru à la Cour. Ceci est à l'occasion de la commission dont son mari est chargé; il est ambassadeur en Suède; elle doit l'y aller trouver incessamment (2).

Le Roi partit lundi dernier, 2 de ce mois, de Compiègne, et alla courre le cerf dans la forêt de Compiègne; tout étoit arrangé pour qu'il trouvât à souper en chemin dans le lieu où il se trouveroit, à neuf heures du soir; il y avoit un surtout et des tentes qui le suivoient. Ce fut dans la forêt de Senlis que le Roi s'arrêta, et y soupa. Mesdames s'y rendirent, et y soupèrent avec le Roi. Ils n'arrivèrent à la Meutte que sur les quatre heures du matin.

On exposa hier dans les appartements du Roi, à Ver-

---

(1) Mme de la Luzerne-Briqueville fut présentée par Mme de la Luzerne sa belle-mère. (*Note du duc de Luynes.*)

(2) Mme de Luynes conseilla à Mme d'Havrincourt de prendre congé du Roi pour Stockholm dans le même moment de sa présentation, et ce conseil fut suivi. (*Note du duc de Luynes.*)

sailles, quatre grands tableaux. Ils ont été faits à Rome ; c'est le Sʳ Detroy, directeur de l'académie françoise, qui les a envoyés ; ils représentent l'histoire de Médée et Jason. Il est déjà venu ici deux tableaux de cette même histoire, sur lesquels on a commencé à faire une tapisserie aux Gobelins. L'un de ceux-ci représente les dents du dragon qui gardoit la toison, semées en terre, d'où il sort une multitude de gens armés qui se tuent eux-mêmes par la force des enchantements de Médée.

Un autre est l'enlèvement de la toison d'or par Jason.

Un troisième représente la robe empoisonnée donnée à Glaucé ou Creuze, fille du roi de Corinthe ; cette robe fit périr le père et la fille.

Le quatrième est le comble de la vengeance que Médée exerce sur Jason, en égorgeant à ses yeux les deux enfants qu'elle avoit eus de lui, après quoi elle s'élève dans les airs dans un char que lui avoit donné le Soleil ; elle emporte avec elle les corps de ses enfants qu'elle va cacher dans le temple de Junon.

Le Roi, après avoir tiré toute la journée du mardi et soupé à la Meutte, alla coucher au petit château ; il ne revient qu'aujourd'hui après souper à Versailles, d'où il repart samedi, après le conseil, pour aller à Choisy pour huit jours.

La Reine et toute la famille royale s'enferma hier. Ils ont fait leurs dévotions aujourd'hui.

On doit célébrer incessamment à Copenhague, avec grande magnificence, l'époque séculaire de l'avénement de la maison d'Oldembourg au trône de Danemark. Christian Iᵉʳ, duc de Holstein, issu des comtes d'Oldembourg, fut, au mois d'octobre 1449, le premier roi de cette race.

Du mardi 19, Dampierre. — J'ai parlé ci-dessus de deux présentations qui ont été faites le 15 de ce mois ; il y en eut une troisième ce même jour. Mᵐᵉ la duchesse de Penthièvre présenta Mᵐᵉ de Narbonne, qui est fille de Mᵐᵉ de Chalut, dame d'honneur de Mᵐᵉ la comtesse de

Toulouse. M. de Narbonne, son mari, est colonel du régiment de Soissonnois ; il est de la même maison que M. le vicomte de Narbonne, chef de brigade des gardes du corps, qui a épousé une petite-nièce de feu M. le cardinal de Fleury. M. et Mme de Narbonne prennent le parti l'un et l'autre de s'attacher à l'Infant et l'Infante, duc et duchesse de Parme. Le lendemain 16, l'Infante présenta une seconde fois Mme de Narbonne comme ayant l'honneur de lui être attachée.

Le 15, jour de l'Assomption, Mme de Benthem (Bournonville) quêta et mon frère officia. On trouvera ci-après quelques détails et quelques observations que j'ai fait copier d'après lui sur cette cérémonie (1).

Après cet article on en trouvera un autre aussi copié d'après M. de Bayeux contenant quelques détails de ce qui s'est passé pendant le séjour de Mme la Dauphine à Forges (2).

---

(1) La veille de l'Assomption, à sept heures du soir, Mgr le Dauphin envoya demander à M. de Bayeux par M. de Sassenage s'il pourroit officier dans la chapelle le lendemain, que cela lui feroit plaisir. L'évêque de Bayeux répondit qu'il étoit tout prêt à exécuter les ordres de M. le Dauphin ; qu'il le supplioit seulement de lui faire savoir promptement la décision du Roi pour envoyer chercher sur-le-champ à Paris les choses dont il avoit besoin pour officier. M. le Dauphin proposa aussitôt l'évêque de Bayeux au Roi pour officier le lendemain dans la chapelle, ce qui fut agréé par S. M.

Il n'y a que deux exemples avant celui-ci que des évêques aient officié dans la chapelle le jour de l'Assomption ; une fois ce fut l'archevêque de Rouen (Tavannes), et l'autre, l'évêque de Bethléem. Les évêques n'officient qu'à la grande messe. La chapelle prétend que les vêpres et la procession du vœu de Louis XIII lui sont réservés. Cependant à la centième année de l'établissement de cette procession, le curé de la paroisse de Notre-Dame ayant prétendu devoir faire cette procession privativement à la chapelle, pour éviter toutes les difficultés, le Roi ordonna que M. l'archevêque de Rouen (Tavannes) officieroit aux vêpres et feroit ensuite la procession, ce qui fut exécuté, et on m'a assuré que c'est la seule fois.

(2)   A Forges.

Il a été décidé que l'officier commandant les gardes de la porte ne prendroit point immédiatement l'ordre de Mme la Dauphine ; il prétendoit avoir ce droit comme le chef de brigade des gardes du corps ;

Quoiqu'il ne doive y avoir qu'un exempt de service auprès de Mme la Dau-

M. l'archevêque de Toulouse (la Roche-Aymon) et
M. le marquis d'Asfeld, fils du feu maréchal, demandèrent

phine, on lui avoit cependant donné pendant le voyage de Forges M. de Narbonne, chef de brigade. Au retour de Forges, il a été aussitôt rappelé auprès de la personne du Roi, et M. de Vossé, exempt, qui étoit à Forges, a resté seul auprès de Mme la Dauphine.

Il a été décidé que la maison de bois étoit regardée comme chambre;

Que le contrôleur de la bouche de quartier avoit le service préférablement au chef du gobelet;

Lorsque le Parlement est venu haranguer Mme la Dauphine par députés, le premier président étoit à la tête de la députation, chose remarquable; il harangua Mme la Dauphine, et après lui l'avocat général. Le bailli Ménager harangua aussi, ce dont le Parlement prétendoit qu'il n'avoit pas droit; il y a toute apparence que cette harangue sera l'époque du droit d'haranguer, en pareille circonstance, pour les avocats généraux de ce parlement, comme il est arrivé aux avocats généraux du parlement de Paris (président Hénault).

Mme la Dauphine avoit pour sa garde une compagnie de gardes françoises commandée par M. de Razilly et une compagnie de gardes suisses commandée par M. de Castella; les gardes du corps, les gardes de la porte et les suisses dans le nombre accoutumé.

On a donné aux musiciens, qui étoient venus de Rouen pour la musique que Mme la Dauphine faisoit faire chez elle tous les soirs à cinq heures, pendant les quinze jours qui ont précédé son départ, 50 louis; il y avoit deux cantatrices, une basse taille, deux violoncelles et trois violons, et un accompagnateur de clavecin. On a trouvé que cette somme étoit trop modique.

On a donné 50 louis au fontainier, 40 louis aux capucins de Forges, dans l'église desquels Mme la Dauphine entendoit tous les jours la messe au retour des eaux.

M. le Dauphin et Mme la Dauphine ont tenu deux cloches qui ont été fondues pour la paroisse de Forges pendant le séjour que Mme la Dauphine y a fait. M. de Sassenage, chevalier d'honneur en survivance, a eu l'honneur de représenter M. le Dauphin dans cette cérémonie, et Mme la duchesse de Brancas a représenté Mme la Dauphine, l'évêque de Bayeux; premier aumônier, a fait la cérémonie de cette bénédiction.

M. de Sassenage et Mme de Brancas se sont rendus à l'église, M. de Sassenage dans le carrosse de M. le premier aumônier, qui l'a mené, et Mme de Brancas dans son petit fauteuil, sans aucune autre cérémonie. Ils avoient chacun un fauteuil à droite et à gauche des marches du sanctuaire, le dos du fauteuil tourné vers l'autel; l'évêque en avoit un autre avancé dans la nef. Les deux cloches suspendues entre les parrain et marraine et la place où étoit l'évêque, ils furent reçus à la porte de l'église par le curé à la tête de son clergé, qui leur présenta l'eau bénite et leur donna à chacun trois coups d'encensoir, et de même en sortant. Pour éviter tous les embarras, on a mis pour chemises aux cloches de la mousseline et on a remis pour M. le Daul'agrément du mariage de M. le comte de la Roche-Aymon avec Mlle d'Asfeld.

Il vient de paroître un arrêt du conseil d'État du Roi, daté du 5 août, pour ordonner le renouvellement des actions. Le 23 mars 1723, le nombre des actions fut fixé à 56,000. Le Roi en a retiré ou remboursé plus de 10,000 et plus de 12,000 dixièmes, qui ont été brûlés. Par la loterie établie en 1724 la Compagnie a retiré plus de 6,500 actions, et outre cela plus de 80 par des payements. Toutes ces actions ont été brûlées; de sorte qu'il n'en reste plus dans le public qu'un peu plus de 38,000, qui sont de différents numéros de tous les milliers. Outre cela les actions dont les numéros sont sortis de la roue dans le tirage de la loterie de 1730 ne sont pas de la même valeur que les autres sur la place. Le Roi voulant donc réduire les numéros des actions et dixièmes d'action qui restent dans les mains du public, ce qui ne se peut faire sans l'autorité de S. M., à cause des dépôts, tutelles, etc., a ordonné qu'il n'y aura plus que 38,342 actions 8 dixièmes, et qu'il sera fait un tableau de 48,000 actions et 80,000 dixièmes pour supprimer toutes celles qui ont été retirées par S. M. ou par la Compagnie.

Du mercredi 20, Dampierre. — J'ai oublié de marquer que M. le maréchal de Saxe arriva à Versailles il y a deux ou trois jours; il vient de faire un grand voyage; il a été à Dresde, où on l'a reçu avec les plus grandes marques de distinction.

Le Roi n'a pas fait un grand séjour à Versailles; il en partit samedi 16, et alla coucher à la Meutte; il y tint dimanche le conseil d'État. Avant-hier, lundi 18, il alla tirer toute la journée dans la plaine Gennevilliers; M. de Richelieu donna à souper à S. M. dans une maison qu'il a dans cette plaine. Le Roi revint coucher à la Meutte.

---

phin et pour Mme la Dauphine 100 louis au curé pour être employés ainsi qu'il jugera le plus à propos pour la plus grande utilité de son église.

Le Roi alla hier coucher à Choisy. M. le Dauphin et Mme la Dauphine y ont été aujourd'hui passer la journée et y souper; Mesdames y vont demain pour jusqu'à vendredi après souper.

M. le Nain, conseiller d'État et ci-devant intendant de Languedoc, est toujours dans un état qui fait tout craindre pour sa vie; on lui a déjà coupé un doigt de la main, et l'on est déterminé à lui couper le bras (1); mais l'état de son sang a déterminé à le faire passer auparavant par les grands remèdes.

On mande de Paris qu'il y a eu un grand incendie dans le cul-de-sac de l'Oratoire, et que les PP. Capucins ont rendu de grands services pour prévenir les suites de ce funeste accident.

Du jeudi 21, *Dampierre*. — Mme la duchesse de Beauvilliers (Fervaques), seconde belle-fille de M. le duc de Saint-Aignan, accoucha hier, à Paris, d'une fille; c'est son quatrième enfant. Jusqu'à présent elle n'a eu que des garçons.

M. le duc de Biron et M. le duc de Gramont ont envoyé des billets d'avertissement pour leur réception au Parlement mardi prochain.

Du dimanche 24, *Versailles*. — Le Roi revint hier de Choisy, où il étoit depuis mardi au soir. Mercredi, M. le Dauphin et Mme la Dauphine y allèrent; ils revinrent jeudi; ils allèrent encore se promener hier. L'arrangement est que Mme la Dauphine fera encore un petit voyage mercredi à Choisy, après quoi elle ne sortira plus pendant tout le temps que l'on pourra avoir des espérances.

Mesdames allèrent jeudi à Choisy; elles devoient en revenir vendredi après souper; le Roi désira qu'elles restassent; elles écrivirent à la Reine, et ne revinrent que hier après avoir été à la chasse du cerf. Le Roi revint

---

(1) On lui a coupé le bras il y a deux ou trois jours. (*Note du duc de Luynes*, datée du 6 septembre.)

sur les neuf heures, relaya entre les deux écuries et alla souper à l'Ermitage. Il reste ici aujourd'hui et demain. Mardi 26, à Choisy, où il restera jusqu'au samedi 30.

Aujourd'hui la Ville vint présenter le scrutin; j'ai déjà marqué ce qui se passe en cette occasion. C'est M. de Bernage, prévôt des marchands, qui porte la parole et qui harangue un genou en terre; il est précédé par M. de Brézé, grand maître des cérémonies, et accompagné et présenté par M. le duc de Gesvres et par M. d'Argenson, ministre d'État qui a Paris dans son département, et suivi par les échevins. L'audience est publique; le Roi la reçoit dans sa chambre, assis dans son fauteuil le dos vers la cheminée. La Ville a eu audience du Roi, de la Reine, de M. le Dauphin, Mme la Dauphine, Mme Infante et de Mesdames.

Mme la duchesse d'Aiguillon (Florensac) vint ici hier. Elle n'avoit point paru à la Cour depuis longtemps; elle a toujours resté à Paris auprès de M. d'Aiguillon, qui depuis son apoplexie étant parti pour les eaux de Bourbon est revenu avec une grosseur très-considérable au col, dont on craignoit infiniment des suites fâcheuses. Elle nous dit hier que Morand, fameux chirurgien, après l'avoir bien examiné, avoit décidé qu'il étoit impossible de songer à ouvrir cette tumeur, ni que l'on ne pouvoit espérer de la résoudre par des fondants; que par conséquent il falloit songer à faire vivre M. d'Aiguillon le plus que l'on pourroit, en lui faisant observer un grand régime. Cependant on a appliqué des fondants. On s'est servi en même temps de l'usage des purgations réitérées; actuellement la tumeur a entièrement disparu. L'appétit et le sommeil sont revenus, et il partit il y a deux jours pour aller à sa terre de Véret en Touraine. Son état, malgré cet événement heureux et singulier, est toujours fort dangereux, parce que c'est à la suite d'une apoplexie très-décidée.

Du mardi 26, Paris. — Les États d'Artois eurent hier

audience à Versailles, présentés par M. d'Argenson, secrétaire d'État de la province, et par M. le prince Charles. M. l'abbé de Roquelaure, grand vicaire d'Arras, portoit la parole. Ces États n'ont jamais audience que du Roi; c'est audience publique dans la chambre. Les États de Languedoc eurent aussi audience, présentés par M. de Saint-Florentin et M. le prince de Dombes. M. de Brézé, grand maître des cérémonies, dans ces occasions prend toujours l'ordre du Roi et marche immédiatement avant les députés. Ce fut M. l'évêque du Puy (Pompignan) qui porta la parole pour le Languedoc. Je n'entendis que sa harangue à la Reine ; elle me parut très-bien, assez courte, prononcée distinctement, et très-convenable de tous points. Il m'a paru que l'on étoit content de lui.

On fit hier une opération à M. le maréchal de Duras. La chute de cheval qu'il fit l'année passée à la chasse, et de laquelle la mâchoire fut cassée, a donné occasion d'abord à des esquilles qui sont sorties de la mâchoire, et ensuite un abcès fort considérable qui a percé en dedans ; mais comme on a trouvé qu'il n'y avoit pas assez d'ouverture pour la matière, La Martinière a jugé à propos d'y faire quelques incisions pour y donner du jour. Cette opération a duré cinq minutes. Elle est à peu près semblable à celle que l'on fit il y a quelques années à M. le Dauphin.

Le Roi soupa hier au grand couvert. On avoit cru qu'il pourroit n'y pas souper, mais sans aucun fondement. Le matin il y eut la musique des Vingt-quatre, suivant l'usage. La Reine alla à la grande messe et aux vêpres chantées par la musique de la chapelle. C'est le curé de Notre-Dame qui vient officier ce jour-là à la chapelle. Immédiatement après les vêpres il y eut le salut.

M. le duc de Gramont et M. le duc de Biron ont été reçus ce matin au Parlement. Le rapporteur de M. de Gramont étoit M. l'abbé de Salaberry ; et celui de M. de Biron, M. d'Héricourt, fils de celui qui avoit été chef du conseil de M. le comte de Toulouse. Les témoins de M. de Gramont étoient M. le duc de Gesvres, M. le duc de Tallard et un troisième que j'ai oublié; ceux de M. de Biron étoient aussi M. le duc de Gesvres et deux officiers aux gardes françoises.

Mme de Montoison (Tonnerre), dame du palais de la Reine, se trouva très-mal avant-hier à la suite de la Reine, et encore plus mal hier matin; elle fut presque sans connoissance dans le grand salon de la Reine; on y fit entrer un petit fauteuil pour l'apporter chez Mme de Luynes. Différents petits remèdes que M. Helvétius lui fit donner n'ayant pu la soulager, on l'emporta à l'appartement de M. d'Estissac, comme le plus près. Elle n'en a point; elle loge à l'hôtel de Villeroy. Lorsqu'elle fut chez M. d'Estissac, elle perdit entièrement connoissance, et elle ne lui revint point pendant longtemps, malgré deux saignées du pied et plusieurs grains d'émétique. Le soir, la connoissance revint; ce matin elle est mieux, mais elle a toujours un grand mal de tête qui donne beaucoup d'inquiétude. Mme de Montoison est jeune, mais elle a une santé fort délicate; elle a eu trois grossesses, mais elle n'a jamais pu porter ses enfants que jusqu'à sept mois et demi au plus.

Le Roi dit hier au grand couvert qu'il avoit eu nouvelle que les Anglois avoient rendu Louisbourg. Ainsi voilà les otages libres. Le Roi demanda à milord Cathcart s'il ne reviendroit point en France; il répondit qu'il étoit si comblé des bontés de S. M., qu'il lui en demandoit la permission.

Il paroit que la conspiration de Malte est entièrement étouffée et que l'on regarde ce pernicieux dessein comme l'ouvrage du pacha de Rhodes, prisonnier de la Religion depuis quelques années. Quelques-uns de ses complices ont déjà été exécutés, mais pour lui il est au château Saint-Elme, gardé à vue; et comme il a réclamé la protection de la France, le grand maître n'a pas voulu prononcer sans recevoir les ordres de Sa Majesté.

L'affaire de la conspiration de Berne paroît aussi entièrement terminée ; quelques-uns des coupables ont été bannis à perpétuité, et d'autres seulement pour un temps.

Il est arrivé depuis quelques jours ici un ministre de Vienne que l'on appelle M. Marchal.

Le gouvernement du château de la Bastille, vacant par la mort de M. Delaunay, a été donné à M. Bayle, lieutenant de Roi du château de Vincennes.

Le 9 de ce mois M. le cardinal Tencin fut élu proviseur de la maison de Sorbonne.

Il paroît depuis quelques jours une ordonnance du Roi pour les colonels, mestres de camp, lieutenants-colonels et commandants de bataillon. Le Roi a jugé à propos qu'ils n'eussent plus de compagnies, et par cette ordonnance S. M. veut qu'ils servent dans les places et y fassent la visite des postes.

Je n'ai appris qu'aujourd'hui que le Roi, voulant donner des marques de bonté à M. d'Argenson, ministre de la guerre, et sachant que sans avoir aucun fonds de bien, il a fait des dépenses immenses aux dernières campagnes, et particulièrement au dernier siége de Fribourg, où il tenoit le plus grand état qu'il soit possible, a bien voulu payer les dettes de ce ministre; c'est un objet de 3 ou 400,000 livres.

Outre cela, S. M. lui a donné l'appartement de feu M. le cardinal de Rohan, au vieux Louvre. M. d'Argenson, obligé les jours d'audience de recevoir une compagnie nombreuse, tant pour le militaire que pour ce qui regarde Paris, n'avoit point l'espace assez grand dans sa maison et étoit obligé d'aller aux Invalides. L'éloignement de cette maison étoit un grand inconvénient pour plusieurs personnes peu en état de prendre des voitures pour aller à ces audiences. C'est ce qui l'a déterminé à demander au Roi l'appartement que le Roi vient de lui donner.

Du vendredi 29, Versailles. — M. le Dauphin et Mme la Dauphine allèrent mercredi à Choisy et en revinrent hier.

Mesdames y sont allées aujourd'hui et reviendront demain avec le Roi.

Hier M. le Dauphin, Mme la Dauphine, Madame Infante et Mesdames allèrent à la tragédie représentée par les écoliers du collége de Versailles. La pièce étoit *la mort de César* de Voltaire. Il y eut ensuite une petite pièce intitulée *les Mécontents ;* elle est de la Bruère, qui fait le *Mercure*. Il est attaché à M. le duc de Nivernois, et est actuellement à Rome avec lui. Ces deux pièces furent assez bien jouées pour des enfants. Il y avoit beaucoup de monde. Un des amphithéâtres tomba quelques heures avant la représentation, avec vingt-cinq ou trente personnes qui étoient dessus ; il y en a eu cinq ou six de blessées, et entre autres un officier du gobelet-pain de la Reine, qui l'est assez considérablement.

Du samedi 30, *Versailles*. — J'ai appris ces jours-ci que le Roi a nommé M. le cardinal de la Rochefoucauld pour présider à l'assemblée du clergé qui se tiendra au commencement de l'année prochaine.

Il y a quatre ou cinq jours que la ville de Paris a pris la direction de l'opéra ; M. le duc de Gesvres alla hier à Paris avec M. d'Argenson pour donner des ordres en conséquence de ce nouvel arrangement.

On va abattre incessamment la tour bâtie par Catherine de Médicis (1) dans la cour de l'hôtel de Soissons ; les créanciers de M. le prince de Carignan ont vendu la démolition de cette grande maison. Il reste encore à vendre l'emplacement qui est un objet considérable. On croit que la Ville pourroit bien l'acheter pour y faire construire une nouvelle salle pour l'opéra.

Du dimanche 31, *Versailles*. — M. de Rohan-Chabot et M. de Clermont-d'Amboise sont venus ici aujourd'hui faire signer au Roi le contrat de mariage de la fille de

---

(1) Cette tour ne fut pas démolie et existe encore près de la halle au blé à Paris.

M. de Rohan-Chabot avec M. de Clermont-d'Amboise, veuf de Mlle de Berwick.

SEPTEMBRE.

Mort de M. de Villemur. — Maladie de M. de Saint-Séverin. — Abbayes données. — Mlle de Ligneville; détails sur sa famille. — Le chevalier de Tourville. — Présentation de Mmes de Linange et d'Hamilton. — Présent de la Reine à Mlle de Ligneville. — La Reine joue chez Madame Adélaïde; difficultés. — Projet de voyage du Roi au Havre. — Mort du comte de Matignon. — Mariage de M. de Brézé. — Promotion d'officiers généraux et régiments donnés. — Affaire de l'hôpital général. — Mort de la maréchale de Montmorency. — Trois grands couverts de suite. — Changements dans le projet de voyage du Roi. — Rang de M. de Monaco. — Mesdames à Dampierre. — Les grenadiers de France. — Réforme de divers corps. — Mort de Mme du Châtelet. — Accident arrivé au maréchal de Saxe. — Le Roi à Crécy; il y tient conseil. — Uniforme des courtisans pour les voyages. — Nouvelle route de Versailles à Choisy. — Chasses du Roi. — Hautes-contre reçues à la Chapelle. — M. Polowski et ses ordres. — Mort de M. de Lède. — Variquez et plaisanterie du Dauphin. — Maison de Narbonne. — Mort de M. de Taillebourg. — La Reine à Lucienne. — Précautions de la Dauphine. — Chasses du Roi. La forêt de Dreux. — Mesdames à Paris. — Le Palais Bourbon. — Procès de Mme de Mézières. — Procès de Mme de Carignan. — Indisposition de Madame. Hommes qui peuvent entrer quand elle est dans son lit. — Jeu de la Reine et usages. — Relation du voyage de Mesdames à Paris. — La princesse de Rohan fait ses révérences. — Lord et lady Montaigu et leur fils. — Le duc de Richemond. — Morts et naissances. — Voyage du Roi au Havre. — Réception de l'évêque de Rennes à l'Académie. — Nouveaux détails sur l'affaire de Mme de Carignan. Généalogie de la maison de Carignan. — Indisposition de Madame Infante. — Courses du Roi. — Le Roi tient conseil d'État à Rambouillet. — Arrangements pour les départs de la Cour. — L'abbesse de Montivilliers présente un paon au Roi. — Fondation du Havre par François Ier. — Droit de Mme de Melmont. — Mort de Mme de Vassé. — Voyages du Roi et de Mesdames. — Arrangements pour le voyage des deux Infantes. — Difficultés au voyage de Mme de Modène. — Présentation du prince de Hesse-Cassel et de Mme de Mézières.

Du lundi 1er, Versailles. — Il y a deux ou trois jours que le père de Mme de Saint-Séverin est mort à Paris (1); il y avoit longtemps qu'il étoit malade, et on l'avoit dit mort

---

(1) Il mourut le 31 août. (*Note du duc de Luynes.*)

pendant Compiègne. Il s'appeloit M. de Villemur ; il étoit garde du trésor royal.

M. de Saint-Séverin, son gendre, qui depuis l'opération qu'on lui fit un an environ avant qu'il ait été à Aix-la-Chapelle, avoit paru jouir d'une assez bonne santé, est retombé depuis dans un état que l'on croyoit presque sans ressource ; cependant il est mieux présentement.

Le Roi a donné depuis peu de jours à M. le cardinal de Soubise l'abbaye de la Chaise-Dieu, vacante par la mort de M. le cardinal de Rohan. M. le cardinal de Soubise a remis en même temps à S. M. l'abbaye de Saint-Epvre, diocèse de Toul, qui vaut au moins 30,000 livres. La Chaise-Dieu vaut moins, mais elle a de fort belles collations. L'abbaye de Saint-Epvre a été donnée au prince Constantin. M. le cardinal de Soubise a pris congé aujourd'hui ; il s'en va à Saverne.

Le Roi partit hier à quatre heures et demie pour aller tirer et ne revint que vers les sept heures. Il travailla comme à l'ordinaire avec M. l'évêque de Mirepoix et ensuite avec M. de Muy ; il travailla aussi avec M. le chancelier et M. d'Argenson ; c'étoit un travail extraordinaire. Ensuite il y eut celui du contrôleur général, suivant l'usage.

Aujourd'hui S. M. est partie sur les onze heures pour aller à la chasse et de là coucher à Choisy, d'où il reviendra vendredi.

Mlle de Ligneville est venue aujourd'hui faire sa cour à la Reine ; elle est fille de M. de Ligneville frère du grand veneur du roi de Pologne. Ce sont gens de grande condition, de Lorraine, et une famille très-nombreuse. Le maréchal de Ligneville, qui étoit son grand-père, a eu vingt-quatre enfants. Le duc de Lorraine ayant désiré qu'une des filles de M. de Ligneville fût fille d'honneur de la duchesse de Lorraine, la maria à M. le prince de Craon ; c'est Mme de Craon d'aujourd'hui, qui a eu vingt-deux enfants. Le fils aîné du maréchal de Ligneville n'a jamais été marié ; c'est celui qui a eu la charge de grand veneur de Lorraine sur la démission de M. le chevalier de Thianges. Le frère du grand veneur, père de Mlle de Ligneville dont c'est ici l'article, n'a que 600 livres de rente, quinze enfants, tous vivants et sa femme grosse. On peut juger de la situation de cette famille. Il y a huit filles et sept garçons. Des filles, il y en a deux religieuses et une à Saint-Cyr. Celle-ci, qui est grande, bien faite et d'une jolie figure, est au couvent de Belle-Chasse à Paris, avec une pension de 400 livres que M. le cardinal de Rohan lui payoit, et elle craint beaucoup actuellement que ce secours ne lui soit pas continué par M. le cardinal de Soubise. Des garçons, il y en a deux chanoines de Nancy, et deux qui ont été pages de la feue reine de Pologne et sont actuellement officiers dans le régiment des gardes de Lorraine. Mlle de Ligneville, qui est venue ici, fut présentée au Roi et à la Reine, à Lunéville, en 1744 ; cependant elle n'a point paru ici aux heures de cour ni en grand habit. La Reine au sortir de son dîner a bien voulu la recevoir dans sa chambre en particulier ; c'est Mme de Luynes qui l'a présentée ; elle a baisé le bas de la robe comme à une présentation. Elle vient représenter à la Reine sa triste situation et implorer ses bontés et sa protection. J'oubliois dans le nombre des enfants de cette famille ceux de Mme de Lénoncourt, sœur de Mme de Craon ; elle n'en a que deux ; mais outre cela il y a tous les enfants des filles de M. de Craon.

M. le chevalier de Tourville a été présenté aujourd'hui au Roi et à la Reine ; il est de la même maison que feu M. le maréchal de Tourville ; il étoit enseigne de vaisseau et a été présent à l'évacuation de Louisbourg. C'est lui qui en a apporté la nouvelle. Il a fait le chemin en vingt-quatre jours. Le Roi vient de le faire lieutenant de vaisseau. On dit que c'est un sujet de distinction dans la marine ; c'est le témoignage qui lui est rendu dans tous les bureaux de la marine et par tous les marins qui ont servi avec lui; il a la croix de Saint-Louis; il a obtenu cette marque d'honneur à l'occasion d'une action brillante.

Il n'y a point eu aujourd'hui de musique à la chapelle, ni de concert chez la Reine, parce que les musiciens du Roi, suivant l'usage ordinaire, étoient à Saint-Denis, au service anniversaire de Louis XIV.

Du mercredi 3, Versailles. — Hier, la Reine, après son dîner, vit dans sa chambre Mme la marquise de Linange et Mme la comtesse d'Hamilton, sa sœur. Leur nom est Lewenhaupt; elles sont Suédoises, parentes du général Lewenhaupt qui eut le col coupé en Suède il y a quelques années. Elles étoient en robe de chambre, mais l'audience que S. M. eut la bonté de leur donner fut en particulier; Mme de Luynes les présenta à la Reine; elles baisèrent le bas de la robe, comme Mlle de Ligneville avoit fait avant hier. Un moment après, la Reine voulut bien permettre que M. de Linange et M. d'Hamilton, leurs maris, entrassent pour lui faire la révérence. Mme de Linange et Mme d'Hamilton sont deux grandes femmes, qui ne sont plus jeunes, mais qui ont dû être de figure agréable; elles ont un fort beau teint, Mme d'Hamilton a même encore actuellement un visage qui plaît. M. et Mme de Linange demeurent dans leur château à Ober-Breu, en Alsace, à cinq ou six lieues de Wissembourg. C'est à Wissembourg qu'ils ont vu la Reine avant son mariage, et M. d'Hamilton, qui est d'extraction écossoise, mais qui est né en Suède et qui a servi douze campagnes sous les ordres de Charles XII, a vu la Reine en Suède. Les deux sœurs et les deux beaux-frères vivent ensemble, et des quatre, il n'y a que M. d'Hamilton qui soit catholique; les autres sont luthériens. Le comte de Linange a servi la France dans le régiment du prince de Birkenfeld, son beau-frère. M. d'Hamilton est encore actuellement dans le service; il a la croix de Saint-Louis; il commande actuellement le régiment du comte Louis de la Mark, et est brigadier des armées du Roi. La Reine lui dit hier qu'elle se souvenoit fort bien d'avoir vu son père en Suède. M. et Mme de Linange n'ont qu'une fille, qu'ils ont amenée avec eux mais qu'ils ont laissée à Paris. M. d'Hamilton n'a point d'enfants. Toute cette compagnie dîna chez moi au sortir de chez la Reine.

Mlle de Ligneville, dont j'ai parlé ci-dessus, y dîna aussi. La Reine, touchée de sa triste situation, en a parlé à M. le Dauphin, Mme la Dauphine et à Mesdames, et tous ensemble ils ont fait présent de 40 louis à Mlle de Ligneville, auquel la Reine a joint une robe.

Mme Adélaïde prit des eaux hier, et la Reine alla chez elle à six heures jouer à cavagnole. La table étoit dans la pièce avant la chambre de Mme Adélaïde. M. de Saint-Jal, chef de brigade, et l'exempt qui sont de service auprès de la Reine, demeurèrent alternativement derrière le fauteuil de la Reine pendant tout le jeu. Les valets de chambre représentèrent que cette pièce devoit être regardée comme le grand cabinet de la Reine, et que par conséquent c'étoit à eux à rester derrière le fauteuil de S. M., et non aux officiers des gardes. La Reine répondit que la volonté du Roi étoit que les officiers des gardes soient derrière son fauteuil lorsqu'elle est chez ses enfants. Il est certain que ce sont les valets de chambre qui y demeurent chez Mme la Dauphine dans son grand salon les jours que la Reine y joue. Je l'ai vu plusieurs fois.

Du jeudi 4, Versailles. — Les voyages du Roi sont décidés d'hier. Le Roi part d'ici mercredi 10 pour aller à Choisy; il part de Choisy mercredi 17 et va coucher à Navarre; le jeudi 18 à Bizy; le vendredi 19, passant par Gaillon sans y arrêter et à Rouen, où il ne restera que pour relayer et recevoir les clefs, S. M. va coucher au Havre; il y séjourne le 20. Le 21, du Havre à Bizy, et le 22 à Versailles. Le Roi ne verra point le Parlement à Rouen, mais seulement au Havre, le jour qu'il y séjournera. La chambre des comptes s'y rendra aussi. Ce sera M. le duc de Luxembourg, comme gouverneur de Normandie, qui présentera l'un et l'autre à S. M.; mais c'est M. de Saint-Aignan qui prendra l'ordre du Roi. Le Havre est un gouvernement particulier, qui a environ trente lieues de circuit et qui a été formé par Louis XIV. C'est dans ce lieu qu'est né le fameux Scudéry, mort en 1668, et sa sœur, la Sapho de notre temps, morte au commencement de ce siècle.

Le Havre de Grâce, autrefois Françoiseville, en latin *Franciscopolis*, a environ 24,000 habitants. Louis XII jeta les fondements de cette ville en 1509 ; François Ier la fit fortifier d'une fort grosse tour qui a son commandant particulier. Louis XIII y fit faire une double enceinte flanquée de bastions, et la citadelle fut bâtie aux frais du cardinal de Richelieu, qui étoit gouverneur de cette ville.

Le Havre a un très-beau bassin, où il entre 18 pieds d'eau dans les grandes marées; et on y en conserve 16 par le moyen des écluses.

Du samedi 6, *Versailles.* — Je viens d'apprendre que M. Savalette, fermier général, a eu la place de garde du trésor royal vacante par la mort de M. de Villemur, beau-père de M. de Saint-Séverin.

J'appris hier la mort du comte de Matignon, l'un des fils de M. de Valentinois. Il étoit colonel du régiment de Forez ; il avoit vingt-deux ou vingt-trois ans. M. de Valentinois avoit eu quatre garçons et une fille, qui est religieuse aux filles Sainte-Marie, rue Saint-Antoine. Des quatre garçons, il n'en reste plus que deux ; il en perdit un il y a quatre ou cinq ans, qui avoit été abbé et avoit quitté le petit collet pour entrer dans le service ; il avoit environ quinze ans et étoit je crois dans le régiment de Forez. Il mourut à Mouzon près Sedan. Des deux qui lui restent, l'aîné est le prince de Monaco ; l'autre est le chevalier de Monaco, qui est dans la marine.

M. de Brézé, grand maître des cérémonies et fils de

M. de Dreux, est venu ici aujourd'hui demander l'agrément du Roi pour son mariage. Il avoit épousé Mlle de Nancré, avec laquelle il avoit peu ou point vécu. Elle est morte depuis environ deux ans. M. de Brézé épouse la fille de Mme de la Châtre (Nicolaï). M. de la Châtre, son père, tué en Italie, avoit été connu pendant longtemps sous le nom de comte de Nancey; il étoit fils de M. de la Châtre, lieutenant général des armées du Roi, et de Mlle de Lavardin, fille de M. de Lavardin et d'une sœur de M. le duc de Chevreuse. Il a laissé un garçon et une fille. Le fils a épousé la fille de feu M. de Tresnel, et c'est la fille qui se marie.

Le chevalier de Maulevrier est venu ici aujourd'hui prendre congé. C'est lui que le Roi a nommé pour commander les galères qui passeront Madame Infante.

M. de Bréan, colonel de Médoc et brigadier, est arrivé aujourd'hui de Strasbourg, où est ce régiment. Le Roi lui a donné celui de Picardie, vacant par la promotion de M. le duc d'Antin qui est fait maréchal de camp (1); M. de Bréan a remercié le Roi ce soir avant le grand couvert.

Du lundi 8, Versailles. — La promotion dont j'ai parlé ci-dessus a donné occasion à de nouvelles grâces. Le Roi a disposé de plusieurs régiments. Celui de Picardie qu'avoit M. le duc d'Antin, fait maréchal de camp, a été donné à M. de Bréan, brigadier des armées du Roi et colonel du régiment de Médoc. Celui de Médoc à M. de Mesmes, qui étoit colonel dans les grenadiers de France. Le régiment de Tournaisis, vacant par la promotion de M. de Curzé, qui est encore en Corse, a été donné à M. le chevalier de Joyeuse, qui étoit aussi dans les grenadiers de France. Le régiment de Bonac, vacant aussi par la pro-

---

(1) Le 25 août le Roi fit une promotion de :
 4 lieutenants généraux,
 6 maréchaux de camp,
 4 colonels aux grenadiers de France.

motion a été donné au fils aîné de M. le duc de Brissac, qui est aussi dans les grenadiers de France. Le régiment de Ségur, vacant aussi par la même promotion, à M. de Briqueville (la Luzerne), celui qui vient d'épouser Mlle de Pontcarré; il étoit aussi colonel dans les grenadiers de France. Le régiment de Forez qu'avoit M. de la Roche-Corbon, aussi fait maréchal de camp, a été donné au fils de M. le marquis de Matignon; il étoit aussi colonel dans les grenadiers de France.

Il fut fait il y a deux ou trois jours un règlement au sujet de la grande affaire de l'hôpital général. Cette affaire fait grand bruit depuis les démissions données par les seconds administrateurs à l'occasion de la nomination de la nouvelle supérieure; et il y a huit ou dix jours que les chambres étant assemblées, M. de Vougny, conseiller de grande chambre, prit la parole et dit que les hôpitaux étoient dans un état digne de l'attention de la Cour; qu'il n'y avoit plus de provisions dans les magasins que pour très-peu de temps, et que l'hôpital devoit beaucoup. Les gens du Roi furent mandés aussitôt, et convinrent qu'il étoit nécessaire d'y mettre ordre. Le Parlement parut fort agité sur cette affaire. Sur le compte qui en a été rendu au Roi par M. d'Argenson, il a été décidé ce qui suit :

L'affaire de l'administration vient d'être réglée d'une voix unanime au conseil des dépêches. Il y aura un arrêt par lequel le Roi annoncera un règlement qu'il fera pour la bonne administration de l'hôpital général et qu'il enverra au Parlement à la Saint-Martin; qu'en attendant, il nommera le nombre d'administrateurs qu'il jugera nécessaire pour avoir soin dudit hôpital, lesquels seront dispensés dans le moment présent de la prestation de serment; que du reste toutes choses demeureront dans l'état actuel, et la dame Moisan, supérieure. Au surplus, S. M. a évoqué toute cette affaire à elle et à son conseil.

Mme la maréchale de Montmorency est morte cette nuit, à cinq heures; elle se portoit bien, au moins comme à son ordinaire, hier au soir; cependant depuis quelque temps elle se plaignoit d'un mal de côté, mais il ne l'empêchoit pas de sortir; elle crachoit aussi du sang de temps en temps; en tout elle avoit une santé délicate et faisoit assez d'attention à ses maux. Elle s'est trouvée mal à trois heures et demie, et est morte en une heure et demie de temps. Elle étoit fille de M. de Harlay, mort en juillet 1717, le 23, âgé de quarante-neuf ans, et de Mlle de Coëtjanval, morte à Paris, le 18 mars dernier. Son grand-père étoit M. le premier président de Harlay, mort en 1712, le 23 juillet, qui avoit épousé, le 12 septembre 1667, Mlle de Lamoignon. Elle avoit été mariée avec M. le chevalier de Luxembourg, qui prit alors le nom de prince de Tingry, depuis maréchal de Montmorency, le 7 décembre 1711. Elle laisse quatre enfants : M. le prince de Tingry, veuf de Mlle de Sénozan, depuis le 29 septembre 1741, et qui a une fille de ce mariage; M. le comte de Montmorency, marié, le [12 juin 1741], à Mlle Pelletier; Mme la comtesse de Tresmes et Mme la duchesse d'Havré. Mme la maréchale de Montmorency avoit environ cinquante-quatre ans.

Du mardi 9, *Versailles.* — Il y a eu trois grands couverts de suite, ce qu'on n'avoit pas vu depuis longtemps, samedi, dimanche et lundi. Aujourd'hui, le Roi a soupé dans les cabinets avec M. le Dauphin, Mme la Dauphine, Madame Infante et Mesdames. Demain conseil d'État, après lequel S. M. part vers les onze heures du matin, pour aller à Crécy, où il reste jusqu'au mercredi 17. Ce jour il va à Navarre, où il passe la journée du 18 et y soupe; il en partira à minuit, pour le Havre. Le premier projet d'aller coucher à Bizy est changé, parce que le chemin est plus court de deux lieues en partant de Navarre, et que la journée étant de trente lieues, dont les dernières sont de chemin fort rude, le Roi s'est déterminé à partir à minuit.

M. et Mme de Linange vinrent ici, avec M. et Mme d'Hamilton et Mlle de Sinclair, dimanche 7, voir le grand couvert en bayeurs. Mlle de Sinclair est grande, bien faite et assez jolie; elle a environ quinze ans. Elle est fille de Mme de Linange, de son premier mariage avec M. de Sinclair, cousin de celui qui fut assassiné il y a quelques années; cet événement a fait grand bruit dans l'Europe. Ce M. de Sinclair, premier mari de Mme de Linange, avoit son bien en Alsace, et la terre d'Ober-Brünn, où demeurent M. et Mme de Linange, appartient actuellement à Mlle de Sinclair; elle a 18,000 livres de rente acquises dès à présent, et en aura à peu près autant du bien de sa mère. M. de Linange a ses terres dans l'Empire; il jouit de 60,000 livres de rente. Il vient de gagner un procès qui lui vaudra encore 60 ou 80,000 livres de rente d'augmentation; et il va plaider contre M. le prince de Hesse-Darmstadt, qui est ici sous le nom de comte de Nida et qui a épousé une princesse de Linange, comme je crois l'avoir marqué ci-dessus. M. de Linange prétend avoir encore des biens considérables à espérer du jugement de ce progrès.

Du mercredi 10, *Dampierre.* — La mort du frère de M. de Monaco a donné occasion à une question qui a été agitée sur le rang de M. de Monaco. Le Roi fait l'honneur à ceux qui sont titrés, ducs, grands d'Espagne, d'envoyer chez eux un gentilhomme ordinaire leur faire des compliments dans les occasions. On a demandé si M. de Monaco étoit titré; on s'est adressé à Mme de Tallard, qui a dit qu'il avoit dansé des menuets et danses figurées avec Mesdames et qu'il avoit eu l'honneur de les saluer; Mme de Tallard a ajouté qu'elle n'avoit agi en cela que sur ce que lui avoit dit M. le cardinal de Fleury; qu'à la vérité M. le cardinal de Fleury lui dit quelque temps après qu'elle évitât le plus qu'il seroit possible de faire danser des menuets à M. de Monaco avec Mesdames. On a consulté aussi Mme la duchesse de Brancas, la dame d'honneur, qui a dit que M. de Monaco l'étant venu trouver pour être présenté à feu Mme la Dauphine, elle avoit voulu s'informer du traitement qu'il devoit avoir, et qu'après avoir pris tous les éclaircissements qu'elle croyoit nécessaires, M. de Monaco avoit salué M#### la Dauphine. M#### la Dauphine d'aujourd'hui lui a fait le même honneur. Dans le temps du mariage projeté de M. de Monaco avec M### de Bouillon, qui a été rompu comme l'on sait, personne ne doutoit que le rang n'eût été accordé à M. de Monaco à l'occasion du mariage et qu'il ne continuât à jouir de cette grâce. Il est certain que feu M. de Monaco, son grand-père, avoit un rang. On prétend même que ce rang fut accordé par un traité. M. de Monaco d'aujourd'hui est souverain de la principauté. Je ne sais point quelles sont les conditions du traité fait avec le grand-père, ce que je sais seulement c'est que le Roi jusqu'à présent n'a point envoyé faire compliment à M. de Monaco.

Du vendredi 11, *Dampierre.* — Mesdames me firent l'honneur hier de venir passer ici l'après-dînée et souper. Madame et M#### Adélaïde étoient déjà venues ici à l'un des voyages de la Reine, je l'ai marqué dans le temps ; mais alors Madame Infante étoit en Espagne, et M#### Victoire à Fontevrault. Elles ont eu l'une et l'autre la curiosité de voir Dampierre ; elles y arrivèrent donc toutes quatre hier, un peu avant trois heures après midi. Elles avoient déjeuné à Versailles avec les six dames qui avoient l'honneur de les suivre. C'étoit M#### de Lède (Crouy), M#### la maréchale de Duras (Bournonville), M#### de Beauvilliers (Creil), M#### de Belsunce (Heudicourt), M#### de la Rivière (la Rivière) et M#### de Narbonne (Chalut). Elles avoient deux carrosses à huit places chacun, sans compter celui des écuyers, où ils étoient huit : les deux majordomes de semaine de Madame Infante, M. de Sasatelli, qui est aussi premier écuyer et M. de la Vila, M. du Saussoy, écuyer de Madame, M. d'Alard, écuyer de M#### Adélaïde, et M. de la Vallette, écuyer de M#### Victoire. Il y avoit outre cela trois porte-manteaux pour Madame, M#### Adélaïde et M#### Victoire. Ces huit mangèrent avec mon fils et moi. Mesdames avoient quatre pages de la petite écurie, deux exempts des gardes du corps, M. le chevalier de Breteuil (1) et M. de Caulaincourt, l'un pour Madame Infante et l'autre pour Mesdames, douze gardes du corps, dont quatre à leur suite, et huit avec un brigadier, qui étoient arrivés deux ou trois heures auparavant.

Mesdames voulurent d'abord voir la maison ; elles virent le rez-de-chaussée et le premier étage ; il pleuvoit, et on ne pouvoit leur proposer de sortir que dans une voiture couverte. Elles voulurent aller à l'île dans la chaloupe ; il y avoit un bateau qui suivoit la chaloupe, dans lequel étoient des timballes, trompettes, violons et violoncelles, qui jouoient, sonnoient et battoient alternativement. Dans l'île, on servit des gaufres à la hollandoise à Mesdames, du café et des glaces. Elles voulurent ensuite aller à la Ménagerie de mon fils, à la cour Senlisse ; elles y allèrent en calèche, Madame Infante et Madame dans une calèche avec Mme de Lède et Mme de Luynes ; Mme Adélaïde et Mme Victoire dans une autre, avec Mme de Chevreuse et Mme de Beauvilliers (2). Après avoir resté quelque temps à voir les dedans et les dehors de la ménagerie, Mesdames remontèrent dans les mêmes calèches, et allèrent voir le grand parc. Elles rentrèrent sur les sept heures. Madame Infante joua au papillon, Madame à quadrille, Mme Victoire accompagna du clavecin, et Mme Adélaïde joua du violoncelle et du violon ; ces amusements durèrent jusqu'au souper. Mesdames se mirent à table à huit heures, avec toutes les dames. Il n'y avoit à Dampierre de dames que Mme de Luynes, Mme de Chevreuse et Mme de Tessé, et d'hommes extraordinaires que M. de Pignatelli,

---

(1) M. le chevalier de Breteuil a été auprès de Mme Infante Isabelle depuis qu'elle est en France, et M. de Sesmaisons auprès de Mme Infante ; mais comme M. de Sesmaisons a fait une chute de cheval assez considérable, M. le chevalier de Breteuil l'a remplacé. (*Note du duc de Luynes.*)

(2) Mme la maréchale de Duras, qui sentoit encore de la douleur à son pied, resta toujours au château sans en sortir. (*Note du duc de Luynes.*)

M. de Ruby son fils, et M. de Saint-Aignan. Pendant le souper de Mesdames, il y eut une table servie en même temps dans la grande salle en haut, où nous allâmes souper avec tous les hommes, mon fils et moi, lorsque Mesdames nous ordonnèrent de quitter leur service, que nous vînmes reprendre avant le fruit.

Les fenêtres du salon étoient fermées avec des rideaux que l'on ouvrit lorsque Mesdames sortirent de table; elles trouvèrent tout le parterre, en face de la maison, éclairé avec des lampions jusqu'au haut du fer à cheval, et le tour des bassins; elles parurent contentes de l'effet de cette illumination; et comme le temps étoit devenu assez beau depuis six heures du soir, Mme Adélaïde et Mme Victoire allèrent se promener un moment dans le parterre. Il y avoit eu pendant le souper de la musique dans l'antichambre de Mme de Luynes, et des cors de chasse dans la cour; pendant l'illumination il y eut dans le parterre des timballes et trompettes, et un peu plus loin des cors de chasse. Mesdames revinrent dans le salon jouer aux dames et aux échecs, et partirent à minuit. J'oubliois de marquer qu'il y avoit une table pour les pages et une autre pour les gardes du corps.

Du samedi 13, *Versailles*. — J'ai parlé au 21 mars des grenadiers de France, mais je n'ai pas entré dans un assez grand détail sur la formation de ce corps. C'est le 15 février 1749 que le Roi rendit une ordonnance qui explique ses intentions à ce sujet. S. M. avoit réservé quarante-huit compagnies de grenadiers dans la réforme des régiments d'infanterie. Ces compagnies tirées du cinquième bataillon des régiments de Picardie, Champagne, Navarre, Piémont, Normandie et la Marine; du troisième bataillon de ceux de Royal, Poitou, Lyonnois, Dauphin, Montboissier, Touraine, Anjou, Custine, Montmorin, Ségur, la Reine, Limosin, Royal-Vaisseau, la Couronne, Gardes-Lorraines; du second bataillon de Boulonnois, Brie, Vexin, Aunis, Beauce, Dauphiné, Vivarois, Luxembourg, Bassigny, Beaujolois; du second bataillon de Ponthieu; du second bataillon de d'Escars, Fleury, la Tour d'Auvergne, Gâtinois, Agénois, Santerre, des Landes; des deux bataillons de Royal-Lorraine, Royal-Barrois, Royal-Wallon, Boufflers-Wallon; enfin du bataillon formé aux drapeaux de la Marine. Ces quarante-huit compagnies forment un corps de 2,560 grenadiers, en quatre brigades, de 12 compagnies chacune; chaque brigade a un drapeau et a rang dans l'infanterie du jour de la création des premiers brigadiers; il fait ses recrues dans les grenadiers royaux. Ce corps est en entier aux ordres d'un officier général sous le titre d'inspecteur commandant; c'est M. de Saint-Pern, lequel a les appointements d'inspecteur, et outre cela 666 livres 13 sols 4 deniers par mois. La première et la seconde brigade sont chacune commandées pendant trois mois par un colonel-brigadier du nombre des réformés qui auront eu des régiments, lequel a 1,500 livres d'appointements pour ses trois mois de service; et pendant six mois par un lieutenant-colonel, lequel a aussi 1,500 livres, mais pour les six mois seulement. Les deux autres brigades ont aussi chacune un colonel pendant trois mois, mais non brigadier; celui-ci n'a que 900 livres pour ses trois mois de service; le lieutenant-colonel est de même que ceux des deux premières brigades. Ainsi c'est en tout 16 colonels et 8 lieutenants-colonels. Il y a 1 major pour tout le corps, lequel sert toute l'année et a 400 livres par mois; 4 aides majors, 1 par chaque brigade, servent toute l'année, et ont 150 livres par mois; 4 enseignes, 1 par brigade; chacun 26 livres 15 sols par mois; 1 tambour major pour tout le corps, et 1 fifre; chacun 20 livres par mois.

Tous les colonels et lieutenants-colonels des régiments supprimés ou incorporés servent chacun à leur tour dans ledit corps. Il y aura toujours 16 colonels, mais les lieutenants-colonels seront un jour réduits à 4, qui alors serviront toute l'année, et dans ce temps aussi seront remplacés par les plus anciens capitaines du corps. Les majors ont la commission de lieutenant-colonel et les aides majors celle de capitaine.

C'est l'ancienneté des commissions de capitaine dans les régiments dont ils sortent qui détermine le rang de leur compagnie. Les capitaines, à compter du 1er avril 1749, ont 100 sols par jour et 200 francs par an de gratification. Les lieutenants 34 sols 10 deniers chacun pour tout. Les lieutenants en second, 20 sols, et les capitaines en second de Royal-Lorraine et Royal-Barrois 3 livres. Mais ceux-ci, à mesure qu'ils s'éteindront, ne seront pas remplacés. Chaque compagnie a 1 capitaine en second et 1 lieutenant en second, 2 sergents, 3 caporaux, 3 anspessades, 36 grenadiers et 1 tambour. Les compagnies de Royal-Lorraine et de Royal-Barrois ont outre cela 1 capitaine en second et 3 sergents; mais dans la suite le capitaine en second et le troisième sergent s'éteindront, et ce sera un grenadier qui remplacera ce troisième sergent.

Il a été fait aussi une réforme, le 20 mars 1749, dans le corps des volontaires du Dauphiné. Ce corps, composé de 210 hommes en 5 compagnies d'infanterie et 2 de dragons de 30 hommes chacune, est réduit à 120 hommes en 5 compagnies d'infanterie de 20 hommes chacune, et 1 de dragons du même nombre. Chaque compagnie d'infanterie a 1 capitaine, 1 capitaine en second ou 1 lieutenant, 2 sergents, 2 caporaux, 2 anspessades, 13 fusiliers, chasseurs ou volontaires et 1 tambour. La compagnie de dragons a 1 capitaine et un second officier, 1 maréchal des logis, 2 brigadiers, 17 dragons et 1 tambour.

Il a été fait aussi, le 1er août 1749, une réforme dans le régiment Royal-Cantabre. Ce régiment, nonobstant les précédentes réductions qui y ont été faites, sur le pied de 500 hommes en 9 compagnies d'infanterie de 50 hommes et 2 de hussards de 25 hommes chacune, sera supprimé, après néanmoins avoir tiré ce qu'il pourra y avoir de meilleur dans les hommes qui le composent, pour former 4 compagnies d'infanterie de 40 hommes chacune, à la tête desquelles S. M. fera placer ceux des officiers qu'elle jugera les plus capables de les commander.

Ces quatre compagnies porteront le nom de Cantabres volontaires, et seront composées chacune de : 1 capitaine, 1 capitaine en second ou 1 lieutenant, 2 sergents, 3 caporaux, 3 anspessades, 31 fusiliers et 1 tambour, et payés par jour savoir : au capitaine, 3 livres 6 sols 8 deniers ; au capitaine en second qui aura été capitaine en pied, 2 livres, et si c'est à son défaut un lieutenant, 1 livre 2 sols 10 deniers. — 11 sols à chacun des sergents ; 7 sols 6 deniers à chacun des anspessades, et 5 sols 6 deniers à chacun des 31 fusiliers et au tambour. Le capitaine recevra de plus trois payes de gratification de 5 sols 6 deniers chacune, sa compagnie ayant passé complète à 40 hommes ; deux à 39, une seulement à 38, et rien au-dessous dudit nombre.

Le régiment étranger de Geschray, qui est actuellement composé de 4 compagnies d'infanterie de 40 hommes et de 4 de dragons de 25 hommes, formant 260 hommes, sera réduit à 120 hommes en 2 compagnies d'infanterie de 40 hommes chacune, et 2 de dragons de 20 hommes. Chaque compagnie d'infanterie sera composée de 1 capitaine, 1 capitaine en second ou 1 lieutenant, 2 sergents, 1 capitaine d'armes, 3 caporaux, 31 fusiliers et 1 tambour, et payée sur le pied réglé par l'article VIII de l'ordonnance du 1er décembre 1748 concernant les corps de troupes légères, avec les mêmes payes de gratification marquées audit article. Chaque compagnie de dragons sera composée de 1 capitaine, 1 capitaine en second ou 1 lieutenant, 1 bas-officier, 16 dragons et 1 tambour, et payée sur le pied, par mois, de 24 livres pour chacun des 20 hommes, sans distinction de grade depuis le capitaine jusques et compris le tambour, avec trois payes de gratification à raison de 24 livres chacune par mois, que le capitaine touchera sa compagnie étant à 20 hommes, deux à 18 et 19, une à 17, et rien au-dessous de ce nombre.

Ordonnance pour la formation du corps des volontaires de Flandre, du 1ᵉʳ août 1749 (1).

Le régiment des arquebusiers que commandoit le Sʳ Grassin et ceux des fusiliers de la Morlière et des volontaires bretons, formant actuellement 1020 hommes, dont 720 d'infanterie et 300 de cavalerie, seront supprimés après qu'il en aura été tiré ce qu'il y a de meilleur, tant en hommes qu'en chevaux, pour former un nouveau corps que S. M. veut qui soit établi et entretenu pour son service, sous le titre de *volontaires de Flandre*.

Ce nouveau corps sera composé de 360 hommes en 3 brigades de 120 hommes, formant 2 compagnies d'infanterie de 40 hommes, et 2 de cavalerie de 20 maîtres chacune.

Chaque compagnie d'infanterie sera composée de 3 officiers, savoir 1 capitaine en pied, 1 capitaine en second, 1 deuxième capitaine en second faisant les fonctions de lieutenant, ou à son défaut 1 lieutenant, 4 sergents, 4 caporaux, 4 anspessades, 27 fusiliers et 1 tambour, et payée sur le pied, par jour, de 3 livres 6 sols 8 deniers au capitaine en pied; 2 livres 10 sols au capitaine en second qui aura été ci-devant capitaine en pied, et seulement 2 livres à celui qui ne l'aura pas été; 1 livre 13 sols 4 deniers au second capitaine en second qui aura été capitaine en pied ou capitaine en second et qui fera les fonctions de lieutenant; et 1 livre 2 sols 10 deniers à celui qui, au défaut de second capitaine en second, remplira la lieutenance et n'aura point eu d'autre grade que celui de lieutenant.

---

(1) Ceci est un extrait. (*Note du duc de Luynes.*)

Les sergents, caporaux, anspessades, fusiliers et tambours auront la même paye que ceux de l'infanterie françoise.

A l'égard des payes de gratification desdites compagnies, chaque capitaine recevra trois desdites payes de 5 sols 6 deniers, chacune, sa compagnie ayant passé complète à 40 hommes, deux à 39, une seulement à 38 hommes, et rien au-dessous dudit nombre.

Les six compagnies de cavalerie seront composées chacune de 1 capitaine en pied, 1 capitaine en second ou 1 lieutenant, 2 maréchaux des logis, 4 brigadiers, 15 cavaliers et 1 trompette, et payées sur le pied, par jour, de 5 livres au capitaine en pied, 3 livres 6 sols 8 deniers au capitaine en second qui aura été capitaine en pied, et seulement 2 livres 13 sols 4 deniers à celui qui n'aura eu précédemment que le même grade de capitaine en second; et si le second officier de ces compagnies est un lieutenant, il ne sera payé que sur le pied de 2 livres 10 sols par jour.

Les maréchaux des logis, brigadiers, cavaliers et trompettes, auront la même paye que ceux de la cavalerie françoise.

La première brigade dudit corps sera commandée par le Sr du Blaizel, qui est actuellement à la tête des volontaires bretons; la seconde par le Sr Bourgmary, lieutenant-colonel des fusiliers de la Morlière; et la troisième par le Sr de Saint-Marceau, lieutenant-colonel des Bretons volontaires.

Le Sr de la Morlière aura le commandement en chef du corps; et il y aura un aide major attaché à chaque brigade, qui aura le détail tant de l'infanterie que de la cavalerie. Il sera payé au commandant en chef dudit corps 500 livres par mois, et 250 livres à chacun des Srs du Blaizel, Bourgmary et Saint-Marceau, en leur qualité de commandant particulier de leur brigade, ne devant point avoir de compagnie.

A l'égard des trois aides majors, leur traitement sera sur le pied de 100 livres par mois à chacun.

Mme de Fransure, religieuse de l'abbaye-aux-Bois, vint ici le 10 de ce mois pour des affaires de sa nouvelle communauté. Il y a déjà quelques années qu'elle a été nommée abbesse de l'abbaye de Villers près Falaise en Normandie.

Du lundi 15, *Versailles.* — On apprit hier la mort de Mme du Châtelet; elle est morte le 10, à Lunéville, le cinquième jour de sa couche; elle avoit quarante-trois ans; elle étoit accouchée fort heureusement et fort promptement d'une fille, après avoir été dix-huit ans sans avoir d'enfant. Elle étoit fille du petit baron de Breteuil. Quoique souvent elle s'occupât de choses aussi frivoles que les femmes les plus ignorantes, elle savoit beaucoup et étoit instruite des sciences les plus abstraites.

Il y a déjà huit ou dix jours que M. le maréchal de Saxe fit une chute considérable de cheval, à la chasse, dans une terre qu'il a à sept ou huit lieues de Paris, que l'on appelle les Pipes. Il s'est cassé la clavicule; il a beaucoup souffert, cependant on croit que cet accident sera sans aucun danger.

Le Roi tint hier conseil d'État à Crécy. M. le maréchal de Noailles et M. d'Argenson étoient en habit vert; c'est le même uniforme que celui de Choisy (1). Le Roi a la bonté de le donner à ceux qui ont ordinairement l'honneur de le suivre dans ces voyages.

On travaille actuellement à un nouveau chemin pour aller d'ici à Choisy; il sera beaucoup plus court, et l'on évite la montagne de la Rue et celle du Plessis-Picquet; on laissera l'une et l'autre à gauche en allant d'ici. Ce

---

(1) Le Roi a fait présent de cet uniforme à M. le maréchal de Noailles. Il n'est différent de celui pour Choisy que par un simple bordé et des boutonnières d'or. Celui de Choisy a un grand galon d'or et un bordé. (*Note du duc de Luynes*, datée du 16 septembre.)

chemin doit être fini pour le retour de Fontainebleau; au moins sera-t-il en état que le Roi y passe.

M. le Dauphin et Mesdames sont allés aujourd'hui, à neuf lieues, à un rendez-vous de chasse, à l'extrémité de la forêt de Saint-Léger, du côté de Houdan. Le Roi s'y est rendu de Crécy, où il retourne coucher. M. de Penthièvre y est aussi; Mme de Penthièvre est à Rambouillet; M. le Dauphin, Madame Infante et Mesdames y vont souper après la chasse. Le Roi a un de ses équipages du cerf aux environs de Crécy; il a déjà fait une chasse dans la forêt de Dreux, dont il a paru content. Il n'y a que quatre dames à Crécy, la maîtresse de la maison, Mme de Brancas douairière, Mme d'Estrades et Mme de Livry.

On vient de recevoir à la musique de la chapelle deux hautes-contre nouvelles; ce sont deux frères, dont l'un est abbé; ils s'appellent Bêche. C'est l'abbé qui a la plus belle voix; aussi M. de Rennes lui donne 1,500 livres d'appointements et douze à son frère.

Du mercredi 17, Versailles. — M. le comte Potowski, dont j'ai déjà parlé, a pris congé; il s'en retourne en Pologne. Il a trois ordres, qui ne produisent aucun revenu; celui de Saint-Alexandre de Néva : lorsqu'un chevalier ne le porte pas, il paye 60 livres d'amende; celui de Saint-André de Russie : manquant à le porter, on paye une amende de vingt roubles, qui valent de notre monnaie environ 120 livres; et celui de l'Aigle-Blanc. Ces trois ordres ne sont sujets à aucun office.

Je crois avoir oublié de marquer que M. le marquis de Lède est entré au service de France; il est du nombre des maréchaux de camp de la dernière promotion.

J'ai appris aujourd'hui que le Roi avoit fait à Crécy l'arrangement des logements de Fontainebleau. M. de la Suze, grand maréchal des logis, qui étoit chez lui à Courcelles, s'est rendu à Crécy pour ce travail.

Il y a ici une espèce de fou nommé Variquez, qui fait avec beaucoup de facilité une grande quantité de mauvais vers. M. le Dauphin et Mesdames s'en amusent beaucoup, et même la Reine; il leur présente souvent des pièces de sa composition. Il y a quelques jours que M. le Dauphin fit la plaisanterie de l'envoyer à Lucienne chez Mme la comtesse de Toulouse, lui faire des compliments, avec le titre d'ambassadeur. M. le Dauphin lui fit donner un de ses carrosses à six ou huit chevaux avec un gentilhomme pour l'accompagner, et une chaise qui suivoit le carrosse. On ne seroit point étonné que cette commission n'achevât de tourner la tête à ce pauvre homme.

Mme de Saulx (Tessé), dame du palais de la Reine, accoucha hier, à Paris, d'une fille. Son mari est neveu de M. l'archevêque de Rouen et menin de M. le Dauphin.

Je crois avoir marqué à l'occasion de la présentation de Mme de Narbonne (Chalut), que son mari est parent de M. de Narbonne chef de brigade des gardes du corps; j'ai appris depuis qu'ils sont originaires de la maison de Narbonne, laquelle vient de la maison de Lara, descendante de celle d'Aragon. C'est de cette maison d'Aragon que viennent les ducs de Medina-Celi. M. de Narbonne, gendre de Mme de Chalut, s'appelle Narbonne-Lara. C'est une seconde branche de la maison de Narbonne, mais séparée depuis si longtemps de celle dont descend le chef de brigade, qu'ils ne sont plus parents; le chef de brigade s'appelle Narbonne-Pelet.

On a appris aujourd'hui la mort de M. de Taillebourg, fils unique de M. de Talmond; il avoit environ quinze ans. Il étoit au collége des Jésuites à Paris, et actuellement à Charenton, dans une maison de campagne où il est mort, de la petite vérole.

Du vendredi 19, *Versailles.* — La Reine alla hier dîner à Lucienne, chez Mme la comtesse de Toulouse. Mme la duchesse de Penthièvre y étoit; elle revint exprès pour cela de Rambouillet, où elle étoit avant-hier; elle y avoit donné à souper à Mesdames lundi après la chasse. La Reine se promena après dîner dans une petite chaise roulante et fermée, faite à peu près comme une vinaigrette, et alla dans une tente que Mme la comtesse de Toulouse a fait mettre au bout du jardin, dans l'endroit d'où l'on découvre la plus belle vue. Au retour de la promenade il y eut un cavagnole, qui ne fut pas fort long. S. M. revint ici à six heures et demie; elle alla chez Mme la Dauphine, qui garde sa chambre, et y joua à cavagnole.

Quoique Mme la Dauphine ne soit point incommodée, elle ne sort point de chez elle depuis trois ou quatre jours; elle a voulu prévenir le temps que l'on saura s'il y a quelque soupçon de grossesse, et a déclaré qu'aussitôt que ce temps seroit passé elle se mettroit dans son lit pour n'en plus sortir jusqu'à ce qu'elle sentît remuer son enfant. Elle a pris ce parti d'elle-même, sans consulter la faculté, et veut ne négliger aucune des précautions, même inutiles, pour une affaire aussi importante.

Le Roi a été, samedi dernier et avant-hier mercredi, de Crécy dans la forêt de Dreux, chasser le cerf avec le petit équipage. Cette forêt est fort bien percée; il y a beaucoup de cerfs, mais le terrain est très dur. S. M. partit mercredi fort tard de Crécy pour aller coucher à Navarre, et elle a dû partir cette nuit de Navarre pour aller coucher au Havre.

Mesdames allèrent hier à Paris. Madame Infante y avoit été avant de partir pour l'Espagne; ainsi il n'y avoit que Mme Victoire qui n'y eût pas encore été. Le Roi, voulant qu'on lui rendît des honneurs qui ne fussent que pour elle, avoit ordonné qu'elle partît la première. Mme Victoire partit donc une demi-heure avant Mesdames. Il y avoit deux carrosses du corps, sans compter celui des écuyers. Mme la maréchale de Duras étoit dans le carrosse de Mme Victoire Madame Infante et Mesdames partirent une demi-heure après, avec deux carrosses du corps et celui des écuyers. Il y avoit en tout seize dames à la suite de Mme Victoire et de Mesdames. Outre celles qui ont l'honneur de leur être attachées, on en avoit averti d'autres, comme Mme la duchesse de Gramont (Gramont), Mme la comtesse de Gramont, Mme de Senneterre, etc. Les gardes françoises et suisses battirent aux champs, suivant l'ordre du Roi. Mme Victoire fut reçue à l'endroit où étoit autrefois la porte de la Conférence, par M. le duc de Gesvres, qui étoit venu dans son carrosse à deux chevaux superbement harnachés ; M. le prévôt des marchands (Bernage) étoit à côté lui. On ouvrit la portière, et M. de Bernage harangua Mme Victoire. M. Berrier, lieutenant de police, étoit aussi dans le carrosse de M. le duc de Gesvres sur le devant. Deux autres carrosses de M. de Gesvres suivoient. De là Mme Victoire alla à Notre-Dame, où M. l'archevêque la reçut à la porte en dedans, et la harangua ; Mme Victoire entra dans le chœur, où elle fit sa prière. Fort peu de temps après qu'elle y fut entrée, Madame Infante et Mesdames arrivèrent ; Mme Victoire sortit du chœur, et vint dans la nef ; elles se mirent toutes quatre sur un prie-Dieu avec un tapis de pied ; chacune de Mesdames avoit derrière elle un exempt des gardes du corps en habit uniforme. Elles entendirent la messe, dite par un chapelain du Roi. MM. du chapitre de Notre-Dame prétendent que si ç'avoit été dans le chœur la messe auroit dû être célébrée par un chanoine de ce chapitre. Après la messe, Mesdames furent reconduites suivant l'usage ordinaire, et allèrent à Sainte-Geneviève.

J'oubliois de marquer qu'en allant, Mesdames passèrent par le Pont-Royal, parce que l'on travaille à une des arches du Pont-Neuf ; elles reprirent seulement par la moitié du Pont-Neuf et allèrent par le quai des Orfèvres à Notre-Dame.

A Sainte-Geneviève, elles furent reçues à la descente de leur carrosse par M. le duc d'Orléans, qui continue d'habiter dans cette maison. Il paroît en bonne santé ; il est vêtu fort simplement. Il ne quitta pas Mesdames tant qu'elles furent à Sainte-Geneviève. L'abbé de Sainte-Geneviève vint recevoir Mesdames à la porte de son église en dedans; il les harangua, adressant la parole à Madame Infante. On dit les prières ordinaires, ce qui dura assez longtemps. Au sortir de Sainte-Geneviève, Mesdames vinrent gagner, en faisant un assez grand tour, le Pont-Neuf du côté de la rue Dauphine; elles suivirent tout le quai jusqu'au Pont-Royal, qu'elles passèrent; elles revinrent le long de l'autre quai jusqu'à la rue du Roule; elles gagnèrent la rue Saint-Honoré, qu'elles suivirent jusqu'à la rue Saint-Nicaise, et entrèrent aux Tuileries par le Carrousel. Elles allèrent d'abord dans leurs appartements, et peu de temps après on leur servit à dîner dans la pièce qui est après la salle des gardes du corps, par delà celle des Cent-Suisses. La table étoit de vingt et un couverts; Mesdames quatre et dix-sept dames, dont seize qui avoient eu l'honneur de les suivre, et Mme de Tallard, qui étoit à Paris. Après le dîner, le café et un peu de conversation. Mesdames jouèrent à cavagnole dans le cabinet qui est avant la chambre à balustre du Roi; le cavagnole ne fut pas long; il n'y eut que deux tirages. Pendant ce jeu, il y avoit une trentaine de dames de Paris en grand habit autour de Mesdames. Après le jeu, Mesdames descendirent dans le jardin des Tuileries, où il y avoit des carrioles qui les attendoient; elles y montèrent et allèrent jusqu'au pont tournant, reprirent par la terrasse du côté du quai, et étant rentrées au château, elles remontèrent sur-le-champ en carrosse; elles allèrent gagner la rue Saint-Honoré, et de là la place des Victoires, dont elles firent le tour; elles revinrent ensuite dans la place Vendôme, et après en avoir fait le tour allèrent gagner le Cours. Il y avoit beaucoup de carrosses, mais on ne voyoit presque plus clair. Mesdames arrivèrent ici un peu avant neuf heures. Il y avoit beaucoup de foule dans Paris, mais un si grand ordre que Mesdames n'en furent point incommodées.

Du samedi 20, *Versailles.* — Il y a longtemps que l'on ignore ce que deviendra la maison que feu Mme la Duchesse avoit bâtie dans la rue de Bourbon, que l'on appelle le Palais-Bourbon et où elle est morte. Cette maison est grande, magnifiquement ornée, une vue et un jardin agréable; mais il n'y a qu'un rez-de-chaussée, de grandes pièces, une galerie dont Mme la Duchesse faisoit peu d'usage, et par conséquent peu de logements. Elle ne convenoit point par cette raison à M. le prince de Condé. Personne dans la famille n'avoit paru jusqu'à présent tenté de la prendre; enfin on apprit hier que Mme la princesse de Conty et Mlle de Charolois l'achètent en commun le prix de 620,000 livres. Mademoiselle en aura seule la jouissance sa vie durant; après elle elle passera à Mme la princesse de Conty, qui peut lui survivre quoiqu'elle soit son aînée, sinon à M. le prince de Conty ou à M. le comte de la Marche. Cet arrangement doit être facile à faire dans cette maison dans les circonstances présentes; Mademoiselle a une fort belle maison dans la rue de Varennes qu'elle peut vendre, et M. le prince de Conty, qui est logé au Temple, peut aussi vendre l'hôtel de Conty, qui est un effet considérable.

Mme de Mézières perdit hier son procès. L'affaire avoit été renvoyée devant les commissaires; elle fut condamnée aux dépens, dommages et intérêts. Il s'agissoit d'un ancien parier [sic] fait par feu M. de Moras contre le Sr André et le chevalier Lambert. Ce parier fut fait, je crois, en 1719 ou 20, sur le prix des actions. M. de Moras avoit gagné. Mme de Moras prétendoit qu'il lui revenoit une part dans ce parier, et que le Sr André ayant payé, la succession de M. de Moras étoit obligée de faire raison à Mme de Mézières de ce qui lui étoit dû. M. de Moras fils et héritier et Mlle de Moras, connue par son affaire avec M. de Courbon (qui est toujours en fuite à Turin), ont dit qu'ils n'avoient rien à demander au Sr André et qu'ils ne devoient rien à Mme de Mézières. Mme de Mézières a été déboutée de toutes ses demandes.

Du dimanche 21, *Versailles.* — J'ai marqué ci-dessus

le jugement du procès de Mme de Mézières sur ce que j'en avois entendu dire. On le verra d'une façon plus juste et plus facile dans le prononcé de l'arrêt qui m'a été remis et que je fais copier ici :

18 septembre 1749.

MM. et Mlle de Moras déchargés des demandes du chevalier Lambert, de la marquise de Mézières et de ses créanciers et enfants qui ont tous été condamnés aux dépens. Les termes injurieux répandus dans les mémoires de la marquise de Mézières et du chevalier Lambert supprimés, et sur la demande d'André, les parties hors de cour, le billet d'André déclaré nul, et permis à lui de déposer chez un notaire la reconnoissance de feu M. de Moras et d'en lever une expédition, le tout aux frais de MM. et Mlle de Moras, dépens à cet égard compensés. Ce jugement tout d'une voix.

J'ai appris aujourd'hui que Mme la princesse de Carignan, qui est à Paris, a terminé depuis peu son grand procès avec les créanciers de feu M. le prince de Carignan. Ce procès duroit depuis bien longtemps, et l'on avoit vu dans le public beaucoup de mémoires imprimés sur cette affaire. Le jugement qui fut rendu ici, il y a environ un an, avoit mis Mme de Carignan dans la nécessité indispensable de recommencer le procès; elle s'est déterminée à l'accommoder. Mme la comtesse de Mortemart (Rouvray) s'est trouvée, comme héritière de sa mère, être une des créancières de la succession. M. le comte de Mortemart est entré en discussion avec les créanciers, et les a fait consentir à un accommodement. Mme de Carignan a abandonné aux créanciers tous les droits qu'elle avoit à répéter dans ladite succession ; les créanciers lui donnent une somme de 400,000 livres pour payer ses dettes personnelles, et s'obligent en outre de lui payer 200,000 livres quand la liquidation de la succession sera faite ; en attendant ils lui payeront l'intérêt des 200,000 livres au denier vingt. Outre ces 10,000 livres de rente, Mme de Carignan aura en 1752 la pleine et entière jouissance des 160,000 livres sur le trésor royal. Ces 160,000 livres lui ont été données par le Roi, moitié à elle et moitié à M. le prince de Carignan, après la mort duquel cette moitié est revenue à Mme de Carignan, suivant qu'il avoit été réglé. Ces rentes ne sont point saisissables par les créanciers (1). Mais feu M. de Carignan ayant obtenu en 1732 un emprunt sur le trésor royal, il fut dit alors et arrêté que le Roi recevroit le remboursement de cette somme en vingt années, à raison de 50,000 livres par an, lesquelles 50,000 livres seroient retenues sur les 160,000 livres de pension de M. et de Mme de Carignan. Ce remboursement sera entièrement fini en 1752. Cette retenue fait que Mme de Carignan n'a joui depuis la mort de son mari que de 110,000 livres de rente, et c'est son seul bien que cette pension.

Cette pension fut faite du temps du maréchal de Villeroy pour indemniser M. de Carignan de plusieurs prétentions de la maison de Soissons. Ces prétentions étoient anciennes et auroient pu être réglées du temps du cardinal Mazarin, au mariage de sa nièce, mais il n'en fut pas question alors.

Du lundi 22, Versailles. — Madame, qui a été un peu incommodée, garda son lit hier l'après-dînée. Dans ce cas, il ne doit entrer en hommes que ceux qui ont les grandes entrées ; on avoit cependant laissé entrer des menins de M. le Dauphin qui l'avoient suivi chez Madame, et les menins de M. le Dauphin n'ont aucune entrée chez Mesdames. Je dois avoir déjà dit ci-dessus que les entrées descendent et ne remontent point ; de même elles ne s'étendent point sur les rangs entièrement ou à peu près égaux.

J'ai aussi observé ci-dessus que, quoique la Reine, lorsqu'elle soupe seule chez elle, mange dans sa chambre

---

(1) Et les 160,000 livres de rente doivent passer en entier après à son fils M. le prince de Carignan, qui en jouira tant qu'il vivra. (*Note du duc de Luynes.*)

à coucher, comme à dîner, et que cependant à dîner tout le monde entre, et à souper seulement les entrées de la chambre, à dîner dans le moment que la Reine a fini de manger et que l'aumônier dit les grâces, l'huissier dit tout haut : Passez Messieurs, tous les hommes qui n'ont point d'entrées sortent, et les dames même assises sortent aussi dans le moment; la Reine alors prend son café, restant toujours à table.

Chez Mesdames, cet usage de faire sortir avant le café ne s'observe plus; Mme la maréchale de Duras l'a changé. Ce changement est fondé sur la différence qu'il y a entre le service de la Reine, de Mme la Dauphine et celui de Mesdames. La Reine et Mme la Dauphine sont servies par leurs femmes, et Mesdames sont servies par les officiers du gobelet; ainsi en faisant sortir avant le café tous ceux qui n'auroient point d'entrées, Mesdames resteroient presque seules avec les officiers du gobelet.

Depuis l'absence du Roi, la Cour étant assez peu nombreuse, la Reine a été deux ou trois jours sans jouer à cavagnole; elle a joué à l'hombre ou au piquet chez elle ou chez Mme la Dauphine. Cette différence de jeux en fait une pour la Cour. Dans quelque pièce que la Reine joue, lorsque ce n'est pas une table ronde, comme lansquenet ou cavagnole, les femmes qui ne sont pas titrées ne peuvent s'asseoir, à moins qu'elles n'aient des nœuds, et que la Reine leur dise de travailler, ou bien qu'elles ne jouent, ou au moins fassent semblant de jouer; mais il faut au moins avoir des cartes devant soi et les payer. L'usage de s'asseoir autour d'une table ronde vient de ce que les femmes qui étoient autour d'une table de lansquenet jouoient à la réjouissance. Mme la maréchale de Duras me racontoit hier un fait qui en est une preuve certaine. M. le prince de Bournonville, son père, avoit une prétention d'un rang ici à la cour, mais cette prétention n'avoit jamais été admise; ainsi Mme de Bournonville (Albert-Luynes) n'a jamais été assise. Elle se trouva ici un jour qu'il y avoit grand appartement et un lansquenet; elle étoit assise autour de la table derrière les joueurs; feu Madame lui demanda si elle jouoit à la réjouissance; Mme de Bournonville, sans faire attention à la conséquence, dit qu'elle n'y jouoit pas. Madame lui dit : « Pourquoi donc, Madame, êtes-vous assise ? » Mme de Bournonville se leva, fit la révérence et n'est pas venue depuis à la Cour. C'est de Mme la maréchale de Duras elle-même que je sais ce détail, aussi bien que ce que j'ai marqué des entrées chez Mesdames.

Mme la princesse de Turenne accoucha hier d'un garçon, c'est son second enfant; le premier est aussi un garçon, comme je l'ai marqué.

J'ai mis sur le voyage de Mesdames à Paris ce que j'en savois dans le temps. Un écuyer du Roi (M. de la Valette) attaché à Mme Victoire, et qui l'a suivie dans ce voyage, m'a remis depuis un mémoire détaillé de ce qui s'y est passé; on en trouvera copie ci-après.

Voyage de Mesdames à Paris.

Madame Victoire partit de Versailles le jeudi 18 septembre 1749, à neuf heures et un quart. Son carrosse, dans lequel étoient, sur le devant, Mme la maréchale de Duras et Mme la duchesse d'Ayen, et, à la portière gauche, la comtesse de Belzunce, étoit précédé par la gondole des écuyers et suivi par un autre carrosse dans lequel étoient la duchesse de Gramont, la comtesse de Gramont, la comtesse de Bentheim, la marquise de Castries et Mlle de Charleval. On arriva à dix heures trois quarts à la porte du Cours; en le traversant, Madame Victoire fut saluée du canon de l'hôtel Royal des Invalides, et en passant devant le pont tournant, elle le fut pareillement de plusieurs boîtes placées sur le rempart. Cette princesse trouva à la porte de la Conférence le corps de Ville, qui lui fut présenté par M. le duc de Gesvres, gouverneur de Paris; elle fit arrêter son carrosse au milieu d'une double haie que formoient le guet, les troupes de la Ville et les gardes du gouvernement. M. de Bernage, prévôt des marchands, monta à la portière droite du carrosse, porta la parole à cette princesse au nom du corps de Ville, et en l'assurant des très-humbles respects de la ville de Paris, il lui exposa l'empressement qu'elle avoit de jouir pour la première fois du bonheur de voir cette princesse. La cérémonie finie, Madame Victoire continua sa route; l'on suivit le quai jusqu'au pont Royal, que l'on passa, puis on longea les quais des Théatins, Malaquais et de Conty. Sur la place du collége Mazarin, l'on trouva la compagnie du guet à cheval, dont il se fit un détachement pour précéder les carrosses. L'on traversa la partie du Pont-Neuf qui conduit dans l'île; l'on passa sur le quai des Orfévres, dans la rue Saint-Louis, au marché neuf et l'on arriva à la métropole par la rue Notre-Dame. Des détachements du guet à pied et à cheval, des troupes de la Ville garnissoient les places et les rues, sur le passage, et des détachements des gardes françoises et suisses étoient en bataille sur la place Notre-Dame. Mme Victoire descendit de carrosse; elle trouva à la porte de l'église l'archevêque, à la tête de son clergé; il lui donna la croix à baiser et lui fit un discours, auquel cette princesse répondit en peu de mots; elle suivit ensuite le clergé dans le chœur, où s'étant mise à genoux sur un tapis, elle fit la prière et reçut la bénédiction de l'archevêque, qui pour cet effet s'étoit placé sous son dais. Madame Victoire sortit du chœur, entra dans la nef et vint joindre, à la chapelle de la Vierge, Madame Infante, Madame et Madame Adélaïde, qui ne faisoient que d'arriver de Versailles. Elles avoient traversé Paris sans cérémonial (y ayant précédemment fait leur entrée); elles étoient accompagnées de la marquise de Lède, des duchesses de Boufflers, de Beauvilliers et de Brissac, des marquises de Senneterre, de l'Hôpital, de la Rivière et de Narbonne. Après la messe, qui fut dite par un chapelain du Roi, et pendant laquelle la musique de la métropole exécuta un motet, Mesdames traversèrent, au milieu des gardes du corps et des Cent-Suisses, l'église, où il y avoit grand monde, montèrent dans le carrosse de parade, dans lequel étoit venue Madame Victoire, et vinrent avec tout le cortége à Sainte-Geneviève. La marche fut dirigée sur la rue Notre-Dame, le Marché-Neuf, la rue Saint-Louis, le quai des Orfévres, le quai des Augustins, la place du pont Saint-Michel, les rues de la Vieille-Boucherie, Saint-Séverin et Saint-Jacques. Mesdames s'arrêtèrent un moment devant le collége de Louis-le-Grand, à la porte duquel étoient rangés les Jésuites de cette maison, et une quantité d'écoliers qui saluèrent Mesdames de nombre de cris de Vive le Roi, ce qui leur valut plusieurs jours de congé après la Saint-Remi. La marche continua par la rue Saint-Jacques et arriva par celle de Saint-Étienne des Grées devant l'église de Sainte-Geneviève. M. le duc d'Orléans, qui demeure dans ce couvent, se trouva à la descente du carrosse de Mesdames, qui l'embrassèrent. Madame Infante et Madame Victoire, qui n'avoient point encore visité cette église, y entrèrent les premières, et furent reçues par l'abbé en crosse et en mitre, à la tête de ses religieux, qui étoient tous revêtus de chappe;

il leur présenta la croix à baiser et leur fit un discours; ensuite de quoi Mesdames se réunirent et suivirent l'abbé dans le chœur. Elles firent leurs prières devant la châsse de sainte Geneviève, pendant lesquelles l'abbé, accompagné de ses assistants, présenta à ces princesses, sur des plats de vermeil, des corbeilles pleines de pains de Sainte-Geneviève. Elles passèrent de là dans la chapelle Sainte-Clotilde, où elles firent leurs prières devant les reliques de cette sainte, que deux religieux leur donnèrent à baiser. Ces cérémonies finies, Mesdames sortirent de l'église et remontèrent en carrosse. L'intérieur de cette église étoit gardé par des gardes du corps et des Cent-Suisses, et un détachement des gardes françoises et suisses étoit en bataille sur l'esplanade. L'ordre de la marche continua par les rues Saint-Étienne des Grées, Saint-Jacques, Saint-Thomas-d'Enfer, place Saint-Michel, les rues des Francs-Bourgeois, des Fossés-M.-le-Prince, de la Comédie, le carrefour de Bussy, la rue Dauphine, les quais Conty, Malaquais, des Théatins; l'on traversa le pont Royal, et l'on suivit les quais du Louvre et de l'École jusqu'à la rue de la Monnoie; de cette rue l'on entra dans celles du Roule, Saint-Honoré, Saint-Nicaise et la place du Carrousel, par où l'on arriva dans la cour royale des Tuileries. Elle étoit bordée par un détachement des gardes françoises et suisses. Il étoit plus de deux heures lorsque Mesdames se mirent à table dans le grand cabinet de l'appartement du Roi; elles y admirent toutes les dames qui les avoient accompagnées et Mme la duchesse de Tallard, qu'elles y avoient priée. Mesdames furent servies par les officiers du Roi. Après le dîner, elles jouèrent à cavagnole avec Mmes la duchesse de Tallard, la maréchale de Duras, Mlle de Soubise, la duchesse de Brissac, la comtesse de Saint-Germain, la marquise de la Rivière et le comte de Bentheim. A quatre heures et demie le jeu finit; Mesdames descendirent peu après dans le jardin, où il y avoit une affluence de monde surprenante. Le public a témoigné, par son empressement à se mettre sur le passage de ces princesses, la satisfaction et la joie qu'il ressentoit de les posséder et de les voir. Mesdames firent presque le tour de ce jardin, s'y promenèrent pendant près de deux heures, et par bonté s'arrêtèrent de temps en temps, et s'assirent sur les bancs placés sur la terrasse qui est du côté du pont tournant, pour se faire voir au public. Elles rentrèrent au palais par la terrasse de la rivière, et sans s'y arrêter elles descendirent dans la cour royale et remontèrent en carrosse à six heures et un quart. Le cortége, dans l'ordre du matin, repassa par la rue Saint-Nicaise et vint par celles de Saint-Honoré et de la Croix des Petits-Champs à la place des Victoires, dont on fit le tour; l'on revint par les mêmes rues, et on longea celle de Saint-Honoré jusqu'à la place de Vendôme, que l'on tourna aussi. On rentra dans la rue Saint-Honoré; on repassa devant le pont tournant, où

M. le duc de Gesvres et le corps de Ville, qui avoient accompagné Mesdames partout, en prirent congé. Le Cours, que Mesdames traversèrent, étoit bordé de carrosses. En le quittant, ces princesses furent saluées par le canon des Invalides et les boîtes du rempart, et elles reprirent le chemin de Versailles, où elles arrivèrent à huit heures trois quarts, bien satisfaites des honneurs qu'on leur a rendus à Paris, et laissant dans le cœur des habitants de cette capitale des regrets de les y posséder si rarement.

Du mercredi 24, Versailles. — Mme la princesse de Rohan (Courcillon) fit hier ses révérences; elle n'avoit point paru ici depuis la mort de M. le prince de Rohan. Il avoit été fort agité si elle marcheroit la première ou si elle seroit présentée par quelqu'un. A la mort de M. de Picquigny, son premier mari, en 1731, elle fut présentée par Mme de Luynes; Mme de Rohan n'avoit alors que dix-sept ou dix-huit ans. Il se trouvoit un embarras dans la circonstance présente; Mme de Luynes, comme femme de l'aîné de la maison de M. de Picquigny et sa cousine germaine, sembloit avoir droit plus qu'aucune autre de faire cette présentation; mais ici par la même raison ç'auroit dû être la femme de l'aîné de la maison de Rohan-Soubise. Cette aînée est Mme de Guémené, qui n'est pas ici et dont la santé ne lui a pas permis d'y venir; d'ailleurs Mme de Guémené est fille de feu M. le prince de Rohan, et il auroit été singulier que la fille eût présenté sa belle-mère. Mme la princesse de Montauban (Mézières), comme femme du cadet de la branche aînée, auroit pu faire cette présentation, mais Mme de Rohan désiroit que Mme de Tallard s'y trouvât. La gouvernante des enfants de France, ainsi que la dame d'honneur de la Reine, ne sont point dans l'usage de se trouver à des présentations, à moins qu'elles ne présentent. Mme de Tallard est, comme Mme de Guémené, fille de M. le prince de Rohan; elle ne pouvoit pas présenter sa belle-mère; elle ne vouloit pas suivre Mme de Montauban, mais elle avoit dit qu'elle suivroit Mme de Rohan, parce qu'en ce cas le titre de fille l'emporte sur les prérogatives de la charge de gouvernante. Outre cela, ce n'étoit point une simple présentation, mais seulement une révérence. Ainsi M⁽ᵐᵉ⁾ de Rohan entra la première dans le cabinet du Roi, suivie par M⁽ᵐᵉ⁾ de Tallard, M⁽ᵐᵉ⁾ de Chevreuse, M⁽ᵐᵉ⁾ de Montauban, M⁽ᵐᵉ⁾ de Brionne, M⁽ᵐᵉ⁾ de Senneterre, M⁽ᵐᵉ⁾ de Maulevrier, etc. M⁽ᵐᵉ⁾ de Luynes l'attendit chez la Reine.

On présenta hier milord Montaigu et son fils. Milord Montaigu est un grand seigneur d'Angleterre, fort riche, mais qui aime beaucoup l'argent. Il est, à ce que l'on dit, assez extraordinaire, et sa femme aussi. On dit qu'elle a beaucoup voyagé. Leur fils a actuellement trente-cinq ou quarante ans. Comme son père et sa mère lui donnoient fort peu d'argent, il a pris le parti de passer en France; il y a fait toutes sortes de métiers jusqu'à celui de décrotteur à la royale; de là, mousse dans un vaisseau; ensuite cuisinier dans le même vaisseau. Comme il a beaucoup d'esprit, dès qu'il a été connu, on a jugé à propos de l'employer; il n'a été d'abord que secrétaire d'ambassade du ministre d'Angleterre aux conférences d'Aix-la-Chapelle (milord Sandwich), et il paroît que l'on a été content de la manière dont il s'y est conduit. On dit qu'il aime beaucoup tous les plaisirs et qu'il est fort aimable.

M. le duc de Richemond étoit aussi hier ici; il y est venu pour ses affaires. Il est petit-fils de M⁽ᵐᵉ⁾ de Portsmouth, et par conséquent duc et pair en France comme héritier de la terre d'Aubigné; mais comme il n'est point catholique, il ne peut être reçu au Parlement. Sa femme est fille de milord Cadogan; elle est actuellement en Hollande, auprès de son père, qui se meurt; sans cette raison elle seroit venue ici; elle y est déjà venue et a joui des honneurs.

M⁽ᵐᵉ⁾ de Maugiron, fille de M. de Sassenage, vient d'accoucher, à Valence en Dauphiné, d'une fille.

M. de Sebbeville mourut avant-hier, à Paris, de la petite vérole, chez M. Chevalier, son grand-père; il étoit guidon de gendarmerie, fort jeune, et frère de Mmes de Mailly et de Gouffier.

Le Roi est parti aujourd'hui pour aller chasser à Rambouillet; il y couche et ne revient que vendredi.

On trouvera ci-après ce que j'ai pu apprendre des voyages du Roi à Crécy, Navarre, le Havre et Bizy.

Le mercredi 10, le Roi partit pour Crécy. S. M. chassa ce même jour, en s'en allant, dans la forêt de Rambouillet. Il y a eu environ vingt-cinq personnes qui ont été du voyage, y compris les quatre dames que j'ai marquées. Les hommes sont M. le duc de Chartres, M. le comte de Clermont, M. le duc de Penthièvre, MM. de Richelieu, de Soubise, de Villeroy, de Luxembourg, de Duras, de la Vallière, d'Ayen, de Gontault, de la Salle, de Sourches, le comte de Maillebois, milord Clare, le marquis de Puisieux, les comtes d'Argenson, de Saint-Florentin, de Brionne, de Noailles et le marquis de Vandières, etc.

M. le cardinal Tencin, M. le maréchal de Noailles, M. de Puisieux et M. de Machault n'ont été à Crécy que pour le conseil d'État que le Roi y a tenu le 14. M. Rouillé y a été pour recevoir les ordres du Roi pour le Havre; M. de Puisieux n'y a resté que quelques jours.

Le 11, le Roi se promena dans les jardins de Crécy. Le 12, après s'être promené dans les dehors près du château d'Aunay, il travailla le soir avec M. d'Argenson.

Le 13, S. M. alla chasser dans la forêt de Dreux, prit un cerf, et travailla le soir avec M. le contrôleur général, qui étoit arrivé ce même jour pour ce travail, et y coucha pour le conseil d'État du lendemain.

Le 14, après le conseil d'État, M. de Machault alla dîner à Maillebois; les autres ministres et M. Rouillé dînèrent avec le Roi.

Le 15, le Roi vint chasser dans la forêt de Rambouillet; M. le Dauphin, Madame Infante et Mesdames s'y rendirent de Versailles. Mme la duchesse de Penthièvre et M. le duc de Rambouillet (1) se trouvèrent au rendez-vous, qui étoit à la maison blanche sur le grand chemin de Houdan. Le Roi retourna après la chasse à Crécy ; M. le Dauphin revint souper à Versailles ; Mesdames soupèrent à Rambouillet, comme je l'ai déjà marqué.

La journée du 16 fut employée à la promenade et au jeu.

Le 17, le Roi chassa dans la forêt de Dreux, revint après la chasse prendre ses carrosses à la porte du château d'Anet, où M™ la duchesse du Maine vint lui faire sa cour ; et après environ un quart d'heure de conversation, le Roi se mit en chemin pour Navarre (2), où S. M. arriva à neuf heures du soir. Elle trouva toutes les avenues éclairées et une très-belle illumination dans le château et les jardins ; le souper fut grand et magnifique ; la table étoit dans le grand salon, qui est de même forme que celui de Marly, précédé de même par quatre antichambres ; il est un peu plus petit que celui de Marly et beaucoup plus élevé. Il étoit prodigieusement éclairé.

Le 18, le Roi se promena dans les jardins, dont les dessins sont de le Nôtre ; S. M. en parut très-contente ; en effet les avant-cours, les jardins, les canaux, et surtout la cascade, qui est en face du château, sont de la plus grande beauté. L'après-midi, promenade en calèche dans la forêt d'Évreux. M. de Bouillon avoit arrangé une chasse de cerf avec l'équipage du baron de Cretot, pour donner au Roi le beau spectacle de voir prendre un gros cerf dans la rivière vis-à-vis la maison. Les cerfs s'y font presque toujours prendre, et même souvent descendent la cascade. On attaqua un gros cerf, mais les chiens prirent le change sur un daguet ; on n'entendit rien de la chasse pendant la promenade du Roi. S. M. rentra à l'entrée

---

(1) Fils aîné du duc de Penthièvre, né le 2 janvier 1746.
(2) Ce magnifique château appartenait au duc de Bouillon. Il fut construit en 1686 par J.-H. Mansart.

de la nuit, et commença une partie de piquet; un moment après on entendit la chasse; le daguet vint dans le canal, où il fut pris, mais on ne put jamais lui faire descendre la cascade; le Roi quitta son jeu, passa le canal, et se trouva à la mort. Le Roi revint souper, et partit dans la même nuit pour Rouen. On ne peut rien ajouter à la magnificence avec laquelle M. le duc Bouillon a reçu le Roi. S. M. arriva à Rouen sur les huit heures du matin. Avant que d'entrer dans la ville, il entendit la messe à Saint-Paul, abbaye près la ville; M. l'archevêque de Rouen fit les fonctions d'aumônier. A la porte de la ville, M. le duc de Luxembourg, comme gouverneur, présenta à S. M. les clefs; ensuite le Roi alla voir la manœuvre du pont de bateaux et le passage d'un vaisseau. Toutes les rues de Rouen par où le Roi devoit passer étoient tendues, et S. M. fut reçue avec les plus grandes acclamations. Le Roi resta tout au plus une demi-heure sur le pont; il partit ensuite pour le Havre, et y arriva à six heures, au bruit du canon du port et de la citadelle. S. M. alla descendre à l'hôtel de ville, où son appartement étoit préparé, et où elle fut assez mal logée. M. le duc de Saint-Aignan reçut le Roi comme gouverneur du Havre. S. M. se promena un peu, monta à la tour, soupa ensuite et se coucha de bonne heure sans jouer. C'étoit un détachement des officiers qui servent aux cabinets qui fit le souper du Roi, et M. le Bel, premier valet de chambre de S. M., étoit chargé de la dépense en général. M. le duc de Saint-Aignan a nourri toute la suite du Roi, la députation du parlement de Rouen, les officiers de marine et la noblesse des environs qui étoit admise aux différentes tables que M. de Saint-Aignan a tenues.

Le Roi avoit trouvé en sortant de Navarre des feux allumés de distance en distance, pendant plusieurs lieues, dans sa route, jusqu'au moment où le jour pouvoit paroître.

Le 20, à neuf heures du matin, le Roi alla voir la

jetée, et revint ensuite vers midi et demi donner audience au parlement de Rouen et à la cour des comptes, prit son café, et sortit immédiatement après pour aller voir le bassin intérieur, à sec, puis rempli. Il y avoit une flûte de 36 canons nouvellement construite, équipée de tous ses agrès; on la fit manœuvrer devant le Roi. On lança ensuite à la mer trois vaisseaux; le second tourna sur le côté, mais il n'y eut qu'un homme qui tomba à l'eau, et il en fut retiré aussitôt. Il y eut ensuite des joutes, qui réussirent médiocrement. On avoit construit une galerie en amphithéâtre où le Roi étoit pendant ces différents spectacles. S. M. vit, après être sortie du port, un assez gros vaisseau marchand qui partoit pour Saint-Domingue, et ensuite un petit combat naval de trois frégates qui étoient à la rade. Le Roi monta en carrosse pour aller voir la corderie, la citadelle, la manufacture du tabac; il alla ensuite sur la côte pour découvrir l'entrée du Havre, et revint souper à six heures. Il y avoit dans ce port 198 bâtiments.

Le dimanche 21, le Roi partit pour Bizy, à huit heures du matin, après avoir entendu la messe dans sa chambre; il passa la ville de Rouen au pas, vit Gaillon en passant, sans y arrêter, parce qu'il étoit nuit, et arriva à Bizy à neuf heures du soir. M. le duc de Luxembourg avoit précédé S. M. pour l'y recevoir, en l'absence de M. le maréchal de Belle-Isle. La grande avenue étoit éclairée avec des lampions. Le Roi soupa en arrivant, et se coucha de bonne heure.

Le 22, le Roi se promena dans les jardins, dans le potager, monta ensuite en carrosse, traversa le grand parc, et rentra dans le grand chemin auprès de la belle vue de Pierre-le-Fort, et continua sa route jusqu'à Versailles, où S. M. arriva à sept heures (1). Le Roi a eu pour garde, au

---

(1) La Reine avoit pris médecine; elle alla chez le Roi à son arrivée. Le Roi alla voir Mme la Dauphine, ensuite il tint conseil d'État; il y eut grand

Havre et à Bizy, un détachement du régiment d'Harcourt-dragons. Le Roi a voyagé dans un vis-à-vis avec un de ceux qui avoient l'honneur de le suivre. Il y avoit une berline pour les quatre dames, une autre berline à quatre places pour les grands officiers du service, et une gondole à six. Il y avoit en tout quinze personnes à la suite du Roi; et au Havre étoient M. le duc de Penthièvre, M. d'Argenson et M. Rouillé.

Du vendredi 26, Versailles. — M. l'évêque de Rennes (Vauréal) fut reçu hier à l'Académie françoise. Son discours dura un peu moins d'une demi-heure. Il paroît que l'on en a été assez content. Fontenelle devoit lui répondre comme directeur, et avoit en effet composé son discours; son âge ne lui permettant pas de le lire, ce fut l'abbé Alaric qui en fit la lecture. Il paroît qu'il a été trouvé un peu long et se sentant du grand âge de son auteur. Après la réception on lut quelques ouvrages, entre autres un opéra fait par M. de Moncrif, intitulé *Les âmes réunies, ou la métempsycose.*

Depuis ce que j'ai écrit ci-dessus de l'affaire de Mme de Carignan, j'ai appris quelques détails. Les prétentions de M. de Carignan étoient au sujet des appointements dus au prince Thomas de Savoie. Ce prince Thomas de Savoie, prince de Carignan, étoit le cinquième fils du duc Charles-Emmanuel Ier du nom, duc de Savoie, mort en 1630. Le prince Thomas avoit épousé la fille du comte de Soissons, dont il eut plusieurs enfants; l'aîné, qui étoit sourd et presque muet, est le père de feu M. le prince de Carignan; le second a fait la branche de Soissons. Ce fut ce second fils, nommé Eugène-Maurice, comte de Soissons, qui épousa la nièce du cardinal Mazarin, et en eut entre autres enfants le prince Eugène, mort en 1736, qui a commandé pendant longtemps les armées de l'empereur et

---

couvert dans l'antichambre du Roi, parce que la Reine ne soupoit point. (*Note du duc de Luynes.*)

qui avoit d'abord porté le nom de chevalier de Carignan, ensuite celui d'abbé de Savoie. Le prince Thomas eut beaucoup de désir de s'établir en France; le cardinal de Richelieu s'y opposa, ce qui le détermina à s'attacher au service d'Espagne; il passa dans les Pays-Bas avec le cardinal Infant en 1634. En 1640, il fit un traité avec le roi Louis XIII; ce traité dura peu et il s'attacha de nouveau à l'Espagne. En 1642, il traita une seconde fois avec la France et avec sa belle-sœur, Mme Royale (1). Il commanda en 1643 les troupes de France jointes à celles de cette princesse. En 1654, il fut honoré de la charge de grand maître de France (2), après la retraite du prince de Condé. Il mourut en 1656, âgé de soixante-dix ans. C'est en conséquence de ces traités avec la France qu'il lui étoit dû des sommes considérables. Ces sommes vraisemblablement n'auroient pas été payées, si l'on n'avoit pas regardé favorablement cette affaire; M. le maréchal de Villeroy s'occupa à la faire réussir, et en vint à bout. On peut dire, sans faire tort à la réputation de Mme de Carignan, qu'il en étoit fort amoureux; la grande vertu et la sagesse de Mme de Carignan et l'âge du maréchal de Villeroy ne permettent pas le plus léger soupçon.

L'affaire de Mme de Carignan, dont j'ai parlé, et qui est signée par toutes les parties qui paroissent y avoir intérêt, se trouve arrêtée par un nouveau créancier qui paroît. C'est celui qui est chargé de la procuration des créanciers de M. Law. M. de Carignan, en 1718, ayant besoin d'argent, vendit à Boffrand (3), architecte, le jardin de l'hôtel de Soissons 340,000 livres. M. le duc d'Orléans régent, qui avoit de grands projets sur ce terrain pour une salle d'opéra, fit dire à M. de Carignan par M. Law qu'il falloit absolument rompre ce marché; tout étoit signé;

---

(1) Christine de France, fille de Henri IV.
(2) Ou grand maître de la maison du Roi.
(3) On prononçait et on écrivait Boisfranc.

www.ingramcontent.com/pod-product-compliance
Lightning Source LLC
Chambersburg PA
CBHW071703230426
43670CB00008B/893